十画	八冖冫刀(刂)	一二二
十画	刀(刂)力匚厂口	一二三
十画	口囗土夂大	一二四
十画	大女子宀	一二五
十画	宀寸ッ尸山	一二六
十画	山工巾广弓	一二七
十画	广弓彳心	一二八
十画	心(忄)戸手(扌)	一二九
十画	手(扌)支(攵)斗方	一三〇
十画	方无日曰月木	一三一
十画	宀寸ッ尸木	一三二
十画	木歹殳	一三三
十画	殳气水(氵)	一三四
十画	水(氵)火(灬)牛	一三五
十画	犬(犭)玄玉(王)田	一三六
[illegible]	[illegible]	一三七
[illegible]	[illegible]	一三八
[illegible]	[illegible]	一三九
[illegible]	[illegible]	一四〇
[illegible]	[illegible]月)	一四一
[illegible]	[illegible]	一四二
[illegible]	[illegible]	一四三
[illegible]	[illegible]	一四四
[illegible]	[illegible]	一四五
[illegible]	[illegible](卩)	一四六
[illegible]	[illegible]	一四七
[illegible]	[illegible]	一五〇
[illegible]	[illegible]	一五一
[illegible]	[illegible]	一五二
十一画	[illegible]	一五三
十一画	[illegible]	一五四
十一画	[illegible]	一五五
十一画	[illegible]	一五六
十一画	[illegible]	一五七
十一画	[illegible]	一五八
十一画	[illegible]	一五九
十一画	文斗斤方无日	一六〇
十一画	日月木	一六一
十一画	木欠殳水(氵)	一六二
十一画	水(氵)	一六三
十一画	水(氵)火(灬)爻牛犬(犭)	一六四
十一画	犬(犭)玄玉(王)生田	一六五
十一画	疒白皿目石示禾穴	一六六
十一画	穴立竹米	一六七
十一画	米糸	一六八
十一画	羊羽耒耳肉(月)臼	一六九
十一画	臼舟艸(艹)	一七〇
十一画	艸(艹)虍虫行衣(衤)	一七一
十一画	衣(衤)見言豕貝	一七二
十一画	貝赤足身車	一七三
十一画	辵(辶・辶)邑(阝)酉釆	一七四
十一画	釆里金門阜(阝)	一七五
十一画	阜(阝)隹雨頁食魚鳥鹵	一七六
十一画	鹵鹿麥麻黄黒	一七七
十二画	人(亻)几凵刀(刂)力	一八〇
十二画	力十卩口	一八一
十二画	口囗土	一八二
十二画	土士大	一八三
十二画	女宀寸ッ尢	一八四
十二画	尢尸山己巾幺广弋弓	一八五
十二画	弓彳心(忄)	一八六
十二画	心(忄)戈戸手(扌)	一八七
十二画	手(扌)支(攵)文斤	一八八
十二画	日曰月	一八九
十二画	月木	一九〇
十二画	木欠歹水(氵)	一九一
十二画	水(氵)	一九二
十二画	水(氵)火	一九三
十二画	火(灬)爪(爫)犬(犭)	一九四
十二画	犬(犭)玉(王)生田疋疒	一九五
十二画	疒癶白皿目矢石	一九六
十二画	示(礻)禾穴立竹	一九七
十二画	竹米	一九八
十二画	米糸肉(月)	一九九
十二画	肉(月)舌艸(艹)	二〇〇
十二画	虍虫血行衣(衤)見	二〇一
十二画	見角言	二〇二
十二画	言豕貝	二〇三
十二画	走足車辛辵(辶・辶)	二〇四
十二画	辵(辶・辶)邑(阝)酉里金	二〇五
十二画	門阜(阝)隹等	二〇六
十二画	隹雨革頁食馬黍黄黒	二〇七
十三画	亠人(亻)	二一〇
十三画	刀(刂)力口	二一一
十三画	口囗土	二一二
十三画	土夕大女宀	二一三
十三画	宀小ッ山巾干广ヨ	二一四
十三画	彳心(忄)	二一五
十三画	心(忄)戈手(扌)	二一六
十三画	手(扌)支(攵)斗斤方日曰木	二一七
十三画	木止	二一八
十三画	止殳水(氵)	二一九
十三画	水(氵)火(灬)	二二〇
十三画	火(灬)父片犬(犭)玉(王)田疒	二二一
十三画	目矢石	二二二
十三画	石示(礻)禾	二二三
十三画	禾穴立竹米糸	二二四
十三画	糸网(罒)羊耳聿肉(月)	二二五
十三画	肉(月)臼舟艸(艹)	二二六
十三画	虍虫行衣(衤)角	二二七
十三画	角言	二二八
十三画	言豆貝足	二二九
十三画	足車辛辰辵(辶・辶)	二三〇
十三画	辵(辶・辶)邑(阝)金	二三一
十三画	金阜(阝)隹雨	二三二
十三画	雨青革頁食	二三三
十三画	食馬髟魚鳥鼎	二三四
十三画	鼎鼓鼠	二三五
十四画	乙(乚)人(亻)儿刀(刂)匚厂	二三八
十四画	口囗土士夕	二三九
十四画	大女宀寸尸	二四〇
十四画	尸山巾广彡彳心(忄)	二四一
十四画	心(忄)戈手(扌)方日曰月	二四二
十四画	木欠殳水(氵)	二四三

刊行されている。しかし難読・難解な文字を読みこなしたいという欲求に応えられる「字典」の出現を望む声は高かった。こうした要望をふまえわれわれはさきに『難字大鑑』を編集刊行した。同書は漢字三千数百年の歴史の中で生まれたさまざまな字体を集大成した文字通り画期的な大字典であった。同書の絶版を期に、より広範な読者に「異体字」を学んでいただくべく再編集したのが本書である。現在の文字、「異体字」のどちらからも縦横に検索できる工夫のされた本書は、国語・漢文・歴史・書道をはじめ、あらゆる分野で活用できるものである。　漢和辞典・国語辞典とともに座右に備えられることを願ってやまない。

一九八七年三月

「難字大鑑」編集委員会

目　次

刊行にあたって ——————————————————— 1

例　言 ——————————————————— 6

文字編 ——————————————————— 1

凡　例 ——————————————————— 2

文字編書写　　服部　大超

検索編書写　　後藤　美江

例　言

㈠　本書は、「文字編」「検索編」より構成される。

㈡
(1)　文字編

㈠　親字の採録

本書掲載の親字は常用漢字が告示される昭和五十六年以前の「当用漢字表」「当用漢字別表（教育漢字）」「人名用漢字」「補正漢字表」および以下に掲げる選択基準によって採用された表外漢字を基礎とする。これに、今回縮刷普及版の刊行にあたって、昭和五十六年十月内閣告示された「常用漢字表」「人名用漢字別表」により改訂、追補した。採字数、採字基準は以下の通りである。

(a)　「常用漢字表」に示す常用漢字（以下、常漢という）のうち一九三二字、および「人名用漢字別表」（一六六字）の合計二〇九七字を収録した。

(b)

1　前掲(a)以外の漢字中、日本古来の通用文字に対象をしぼり、できるだけ古代・中世・近世および近代（幕末・明治期）にまたがるもので、相対的に、古典・資料等における掲出（＝使用）頻度の高いと思われる漢字。

2　全時代的ではないが、たとえば（癬）の文字のごとく、当該時代史との密着性の強い、いわばその一つの指標ともなるような通用文字群。

3　日本の言語・文字文化の風土構築に格別かかわりの深い生産や経済・社会につながる用字・用語の中に多出してきた漢字。

4　漢字導入以後のわが国において独自に創出された、いわゆる国字と称せられる範疇の文字群──など、に該当する漢字を彼此較量のうえ、計二〇二七字を採字した。

(2)　親字の配列

全文字を字画数により分類のうえ、画数順に配列した。同一画数内においては部首別・順によっているが、検索の便宜上、各初出個所には「字画数見出し」「部首見出し」を挿入柱（ハシラ）に

もこれを標示しておいた。

(a)　字体の相違する文字の併載と照合

常漢の元字であるところの旧漢字体（以下、旧漢という）、ならびに文献資料での掲出所見が大きいと思われるものは、適宜、関係親字の所に併記するとともに、字画数の異なるものは該当画数場所に重複配置し、その親字への照合ができるようにした。

〔例〕

1181 【窃】⑫【竊】

〔例〕

「丁」
⇓
20【コト（事）】　⇒　20【コト（事）】

(b)

画数の計算と取扱い

常漢と旧漢とでは画数のうえでの異同があるため、以下にその計算・取扱いについての留意点をあげる。

1　親字には常漢をまず掲げ、必要に応じて旧漢をその下に併記（→(2)(a)掲載例参照）した。したがって、常漢該当画数によって親字の分類配列を行なったので艹・辶は七画計算によっている。

2　併掲の旧漢はその正規の画数による個所に再掲、常漢親字への照合を付した。ただし艹・辶のつく常漢にあっては、邊→辺など字形・画数において著しい相違のある場合を除き、他画数での再掲は省略してある。

3　常漢以外の文字（旧漢）の画数は、すべて正規の計算によっている。したがって、たとえば、艹・辶は共に四画となる。求める親字がその画数にないときは、計算上での混同に起因する場合も考えられるので、該当画数プラス・マイナス一〜二画の部をさがすのも一法であろう。なお「文字編」初出の個所（本文2ページ）に、まぎらわしい画数についての一覧表を掲げておいたので参照されたい。

4　各親字には、掲載順に一連番号のアラビア

数字を配当してある。この数字は検索コードナンバーであり、後述する親字に対応する諸字体(←(4)「親字の諸字体」)への検索用を兼ねるものである。

5　なお旧漢総画数は左記資料に依拠した。

○文淵閣蔵本『康熙字典 [縮版]』(香港・文淵書店)

○上田萬年他『大字典』(講談社)

(3) 音訓の標記

編集にあたってのおもな留意事項は以下のとおりである。

(a) 常漢

『常用漢字表』(以下「表」)に依拠し、音は明朝体カタカナで、訓は明朝体カタカナ・ひらがなによって示した。アンチック体カタカナ・ひらがなは、前掲「表」以外の音・訓を示す。

(例)

【二】　ニ　ジ
　　　に[平仮名]　二[片仮名]
　ふた　ふたつ　ふたたび
　つぎ　たぐい　ならぶ

【七】　シチ
　　　なな　なの　なな[なの]　ナ[片仮名]
　ななつ　ななたび

(b) 旧漢

前述のとおりアンチック体で示されている。なお表記上、歴史的音訓・仮名遣いは原則として用いない。

(c) 特音・訓の掲記

特音・訓・国訓の例示につとめた。

(d) 躍り字の扱い

くりかえし文字——いわゆる躍り字のたぐいは特例を除き、親字としての扱いを省略した。

(4) 親字の諸字体

おおむね以下に示す区分・順序にしたがって、親字に対応する諸字体をかかげた。

(a) 字体種別

左のとおりである。なおカッコ内数字は例示の配列順、〔○〕内文字は標記上の略号をそれぞれ示す。

(1) 古字(古文)　〔古〕

(2) 本(正)字　〔本〕

(3) 同　字　　　　　　　　㊀
(4) 略(体)字　　　　　　㊂
(5) 俗　字　　　　　　　㊃
(6) 別(体)字　　　　　　㊅
(7) 譌　字　　　　　　　㊆
(8) 通用(通音)字　　　㊈
(9) 草(体)字　　　　　　㊉
(10) 仮名(ひらがな・カタカナ)　㊋

なお、ここで前記に対する若干の説明を加え
ておく。(詳しくは文字編凡例を参照)

本書で、**「本字」**といっているのは、造字の
意図に叶っている文字をさし、主として説文
の篆文に従っているものである。

「古字」とは、説文中に見える古字と、『康熙
字典』などに古字として指定されているもの
である。

「俗字」とは含意が広いが、必ずしも文字と
しては正しくはないが、通俗的に広く用いら
れているものをさす。「譌字」でも、通用が広
いものは、場合により俗字として扱っている

こともある。

「譌字」は明らかに誤字と認められるものを
いう。

「略字」は字画を省略した文字で、今日なお
広く一般に通用しているものである。

「通用字」とは、同音の字で、それがたまた
ま同音であるという理由のみで、通用してい
る文字をさす。

また古字のうち則天武后造字にかかわるもの
は、参考までにその旨（則）を注記しておいた。

(b) 合字・省（画）字

二字以上の合字（例、金箸→〔鐼〕）と省画体
字の次に元字を並列、字例を示しておいた。こ
れらも前記（→(a)字種）の分類よりすれば(2)〜
(6)のいずれかに含まれるものであるが、本書で
は合・省字の別だけにとどめてある。また一字
のみの省画体は、前項の配列順序にしたがい(4)
のあとに挿入した。

(a) 国字

いずれの国字にもその旨の注記（国）を施し、つとめて同義の別体字（在来漢字）を併載するよう心掛けた。

(d)　草（体）字

われわれが文献資料の原本や写本に接するとき、それに記述の文字は行・草書体、いわゆる「くずし字」であることが通例で、本編所収のような書きさまは、写経本や造像記など、ごく一部を除いてはまれである。同・略・俗字などについて、いちいちそのくずしの書体を示すことはスペース上困難なので、ごく一部の多用例のみにとどめ、あとは左記の三字典にこれをゆずることにした。参照併読をおすすめしたい。

　○若尾俊平・服部大超編『くずし解読字典』
　○中田易直他編『増訂近世古文書解読字典』
　○林英夫他編『かな解読字典』
　○浅井潤子・藤本篤『古文書大字典』
　　　　　　　　　（いずれも柏書房刊）

(e)　俗字・譌字

俗字や譌字は普通の字書に出てないことが多いのでこの点をかんがえ、とりわけ俗字の所収につとめたつもりであるが、極端に字形の酷似したもの、単にくずれのちがいにもとずくものははぶいてある。　譌字は一部の参考例にとどめた。

(f)　仮名

親字を字母とするひらがなとカタカナを収めた。なおカタカナについては、左記資料に依拠、主として古代・中世関係のものを収めてある。

　○小林芳規「時代別文献別片仮名字体表」〔中田易直他編『時代別文献別かな解読字典』〈前出〉所収〕

(4) 文字、用字の時代的特徴

先に常漢とその元字について述べた（→(1)―(a)）が、これら常漢とその元字は、一口にいって汎時代的用途にこたえてきた文字群であるといえよう。むろん一部の例外はあるが、ほとんどはキャリヤの長い文字である。

これらを組み込んだ用字・用語は各時代・時期における諸事象の反映体でもあるので、それを通じて当時の時代特徴をつかむ手掛りとなることが

多い。また逆に、調べようとする時代・時期によ
く使われた文字や字体がわからぬと、当時の文献
資料にたいするほんとうの理解がむずかしくなる。
その意味で、当時の指標とみられる用字の一斑
は最少限知っておかねばならない。本書ではおお
まかに、古代・中世および近世の三つの時代にわ
け、これらに該当する文字の一部にその区分を標
記しておいた。

なおこの作業にあたり、

古代　　　筑波大学　　井上辰雄氏

近世　　　立教大学　　林　英夫氏

〃　　　　筑波大学　　芳賀　登氏

の三氏の校閲とご教示とをいただいた。記して厚
く謝意を表する次第である。

(5)　掲載例

以上に記した事項について、左記にその具体的
な表記例を示す。

〔例〕

(三)　検索編

本編には、総画引・音訓の両索引を収めた。その
引き方の詳細については、それぞれの「凡例」によ
って承知されたい。以下に、特に着意した事項につ
き二、三摘記する。

(1)　総画引索引

本書は、入門者にとっては読めない文字をさがす、あるいは、知る、自身の習得範囲内の同字への照応をこころみる、といったかたちでまず活用されることが考えられる。その意味で、親字とその併載文字全部の総画引方式を本書では採用した。同一画数内は部首別・順によっており、画数・部首見出しを付してある。

なお画引といっても、画数計算のしにくい異体字が掲出字例の大半を占めている。そこで本書では、本文の親字も併記の毛筆諸字体も、その全部を改めて別の書家の手書きになる楷書体に改め、ある程度画順をたどっての画数計算のしやすいように配慮した。

(2)　音訓索引

掲載親字およびこれを初出字とする併載熟語について、その音・訓を五十音順に配列した。詳しくは該当ページの凡例によって承知いただきたい。

(四)　依拠・参考文献

本書の編纂上、依拠または参照した文献、および異体字を含む古文書学関係の参考書の一部を併載し

【字・辞典関係】

文淵閣蔵本[縮印版]『康煕字典』（香港・文淵書店）

上田萬年他『大字典』（講談社）

諸橋轍次『大漢和辞典』（大修館）

円道祐之・藤圃『草書大字典』（講談社　昭44）

加瀬藤圃『古筆かな大字典』（三省堂　昭45）

児玉幸多編『くずし字解読辞典』（近藤出版社　昭45）

小野鵞堂『古筆かな字鑑』（文海堂　昭47）

林英夫・浅見恵・若尾俊平・西口雅子編『近世古文書解読字典』（柏書房　昭47）

中田易直他『かな解読字典』（柏書房　昭49）

林・中田他『入門近世文書字典』（柏書房　昭50）

若尾俊平・服部大超編『くずし解読字典』（柏書房　昭52）

中田易直・新田英治・中田剛直・浅井潤子編『かな用例字典』（柏書房　昭53）

児玉幸多編『くずし字用例字典』（近藤出版社）

岩澤愿彦・林睦朗・小川信編『古文書文例大字典』
（柏書房　昭55）

池田正一郎編『古文書用語事典』
（新人物往来社　昭55）

若尾俊平『実習・近世古文書辞典』
（柏書房　昭56）

法書会編輯部纂『五體字類』（55版）
（西東書房　昭57）

児玉幸多他編『漢字くずし方辞典』
（近藤出版社　昭57）

荒居英次他編『古文書用語辞典』
（柏書房　昭58）

【資料】

岩倉　家具『楷林　上册・下册』（寛政5）※

松本愚山『省文纂攷　全』（享和3）※

長梅隠士他『古今異字叢』（明治16）※

洛東一心院響誉『正俗字例　両韻辨疑』（元禄12）※

『刊繆正俗字辨』（寛延元）※

松井巖巌『古今字様考』（文久元）※

宇田有齋『正楷字覧』（天保5）※

石野恆山『抜萃正俗字辨　巻上・巻中・巻下』
（寛政9）※

中根元圭『異體字辨』（二巻　元禄5）※

田中道齋『道齋随筆』（三巻　宝暦7）※

伴直方『国字考』（文化15）※

太宰春臺『倭楷正訛』（宝暦3）※

小此木観海『楷法辨體』（明治14）※

岡本况齋『倭字攷』（？）※

『略字便覧』（B5謄写、山田勝美資料）

山田孝雄『当用漢字の新字体—制定の基盤をた
づねて—』（日本大学文学部国語研究室）

中山竹之進『古字便覧』（？）

東大史料編纂所『大日本古文書　編年附録』「異字
一覧」

杉本つとむ『異體字研究資料集成』
（雄山閣　昭50）＊

【注】　＊には、※印各資料を所収するほか、新
井白石『同文通考』（宝暦10）、雲石堂寂本「異字篇」
（元禄3）、湖東布山「俗書正譌」（寛政10）、萩原

秋巌「別體字類」（明治4）、近藤西涯「正楷録」（寛政3）などの関係資料が収められている。

【入門書・研究書】

笹目蔵之助『古文書解読入門』（新人物往来社　昭54・56）

藤本　篤『古文書への招待』〈1・2〉（柏書房　昭54・55）

若尾俊平編『くずし文字の基礎知識』（柏書房　昭54）

古文書解読指導研究会編『異体字の基礎知識』（柏書房　昭55）

相田二郎『日本の古文書』上・下（岩波書店　昭24・29）

吉村茂樹『古文書学』（東京大学出版会　昭32）

伊木寿一『増訂日本古文書学』（雄山閣　昭36）

伊地知鉄男編『日本古文書学提要』上・下（大原新生社　昭41・44）

勝峰月溪『古文書学概論』〈昭5刊の復刻〉（国書刊行会　昭45）

佐藤進一『古文書学入門』（法政大学出版局　昭46）

中村直勝『日本古文書学』上・中・下（角川書店　昭46～52）

高橋碩一編『新編古文書入門』（河出書房新社　昭46）

福尾猛市郎・藤本篤『古文書学入門』（創元社　昭49）

飯倉晴武ほか編『日本古文書学講座』全11冊（雄山閣　昭53～61）

文字編

凡　例

前掲「例言」に記述の事項中、一部について補遺または再掲して左記に示す。

（一）　配　列

親字の配列は、全文字を字画数により分類のうえ、画数順に行なった。同一画数内においては「部首索引」に示す部首別・順によっている。

（二）　画　数

特にまぎらわしいものとその字例を次に示す。カッコ内は常用漢字の画数。

(1) 屯　二画（屯　三画）

(2) 之　三画（二画）
　　例〔之〕〔乏〕など。

(3) 丘　三画

(4) 阝　三画

(5) 屮　三画（屮　四画）

(6) 牙　四画（牙　五画）

(7) 及　四画（及　三画）

(8) 止　四画
　　但し〔乃〕は二画
　　例〔此〕〔武〕など。
　　但し部首となる場合のみ。
　　他の字の構成部分となる場合は三画。
　　例〔皆〕〔此〕〔柴〕など。

(9) 艹　四画（艹　三画）

(10) 辶　四画（辶　三画）

(11) 旡　四画（旡　五画）

(12) 巨　五画（同）

(13) 凹　五画

(14) 瓜　五画（瓜　六画）

(15) 臣　六画（臣　七画）

(16) 免　七画（免　八画）

(17) 華　十二画（華　十画）

（三）　標記記号

(1) 古　古字（古文）

説文中に見える古字と「康熙字典」などに古字として指定されているもの。

(2)
〔則〕
則天武后の造字
〔例〕　〔則〕
囯〔国〕

(3)
〔本〕字
造字の意図に叶っている文字を指し、主として説文の篆文に従っているもの。
〔例〕　〔本（正）字
龝〔秋〕

(4)
〔同〕字
音訓ともに本（正）字と同じで、これと同じように用いられてきたもの。
〔例〕　〔同〕字
陰〔陰〕

(5)
〔略〕
字画を省略した文字で今日なお広く一般に用いられているもの。

(1)
〔古〕
〔例〕　〔古〕
埜〔野〕

---

(6)
〔俗〕字
必ずしも文字として正しくないが、通俗的に用いられているもの。
〔例〕　〔俗〕字
萬〔萬〕

(7)
〔別〕
訓義が同じであるが、文字としては別個のもの。
〔例〕　〔俗〕字
閇〔閉〕

(8)
〔譌〕字
明らかに誤字と認められるもの。
〔例〕　〔別〕字
筒〔个〕

(9)
〔通〕字
同音の字で、それがたまたま同音であるという理由のみで通用しているもの。
〔例〕　〔譌〕字
祇〔祇〕

〔例〕
参〔三〕
〔通〕（通音）字
通用（通音）字

(10)〔草〕　草(体)字
いわゆる「くずし字」をさす。

(11)〔草〕例　　泫（陵）

(11)〔仮〕　仮名(ひらがな・カタカナ)
親字を字母とするひらがなとカタカナ。
なおカタカナは主として古代・中世のもの。

(12)〔仮〕例　こ・く　（三）

(12)〔合〕　合字
二字の熟語が組み合わさって一文字とな
ったもの。

(13)〔合〕例　　麿（麻＋呂）

(13)〔省〕　省字
極端に省画のすすんだ文字。

(14)〔省〕例　　籴（糴）

(14)〔国〕　国字
わが国で創出された文字。

(15)〔国〕例　〔国〕　畠（畑）

(15)〔　〕　常用漢字

(15)〔　〕例　【陰】

(16)†　人名漢字
「人名漢字別表」（昭26・5・25内閣告示
第一号）に掲記の漢字、同51・7内閣告示
第一号、同56年内閣告示による追加のもの
を含む。

(16)†例　〔祐†〕

(17)〔　〕　前掲以外のもの。

(17)〔　〕例　〔个〕

一〜四画

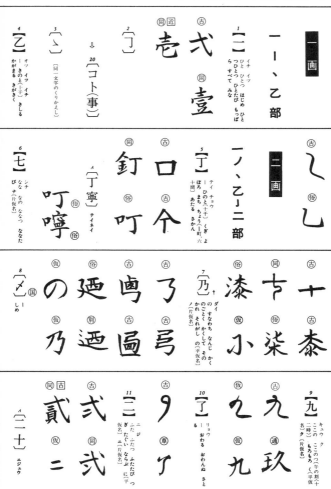

一画

一、乙部

1【一】イチ　イツ　ひと　ひとつ　はじめ　ひと　つ　ひとり　ひとたび　もっぱら　すべて　みな

2【二】（同）（近）

（古）壱

（同）壹

↓20【コト（事）】

3【丁】

4【乙】〔同〕一文字のくりかえし

5【〻】オツ　イツ　イチ　きのと　と〔十一〕　きしる　かがまる　きわだつ

二画

一ノ、乙丨二部

（古）乙　乚（俗）

5【丁】テイ　チョウ　ひのと〔十干〕　まち　ちょう〔一町・六十間〕　あたる　さかん

（古）口　（古）釘　（俗）叮嚀　テイ　（ハ）【丁寧】テイネイ

（俗）个　（俗）町　（俗）叮嚀

6【七】シチ　なな　なの　ななつ　ナ〔片仮名〕　ぴ　ナ〔片仮名〕　ななた

（古）十　（古）泰

（同）古　（俗）柒

（古）九　（通）玖

（仮）く　（仮）九

9【九】キュウ　ク　ここのつ　午の刻〔十二時〕　名　ク〔片仮名〕　もろもろ　く〔平仮名〕

（古）乃　ダイ　ナイ　の　すなわち　なんじ　かく　のごとく　かくして　その　かれ　それがし　ノ〔片仮名〕　の〔平仮名〕

（俗）古　（仮）小

10【了】リョウ　る　おわる　おわんぬ　さと

7【乃】

（俗）乚　（別）廼　（古）迺

（国）〆　シメ　しめ

（俗）の　（仮）乃

（古）弓　（古）丂　（古）乯

（古）圖　（古）嚊

11【二】ニ　ふた　ふたつ　ふたたび　ぎ　ニ〔片仮名〕　に〔平仮名〕　二片仮名〕

（古）夕　（草）了

（同）（古）弐　（古）弐

（同）二

（ハ）【二十】ニジュウ

（俗）貳

人入八刀力 部

B [二百] ニヒャク
合 硴

同古 廿　別古 廿　別 卅

12 [入] ジン ニン
ひと ひとつ
り たみ　ひとりびと
古 壬　則 イ　通 後

13 [入] ニュウ ジュウ ジッ
いる いれる はいる しお
おさめる
古 壬　則 イ　通 後

14 [八] ハチ ハツ
やち やっつ やっつや よう〔片仮名〕
たび かぞう そむく は〔平仮名〕 ハヤ
通古 捌　仮 八　仮 八

15 [刀] トウ
かたな　と〔平仮名〕　と〔片仮名〕
仮古 刀　同古 刂　別 刃
仮古 刀

16 [力] リキ リョク
ちから つとめ つとめる
はたらき いきおい すじ
も べ し
古 刕　俗 力

十卜又部等

17 [十] ジュウ ジッ
とお と とたび おわり
古 十　通 什

18 [卜] ボク
うらない うらなう うら
通古 拾
古 卞

19 [又] ユウ
また さらに
ふたたび た
すける
古 卜　古 卜

俗 乄　俗 メ　古 ヲ
俗古 乂　俗 叉　本 又

20 [コト]
合古 丁

21 [トイウ]
合古 云

22 [トキ]
合古 阰

23 [トモ]
合古 厇

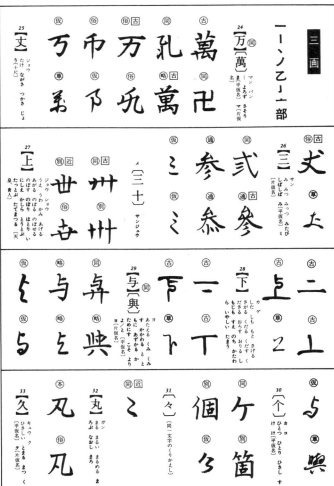

三画

一｜丶ノ乙一部

24
【万】【萬】
同
マン・バン
ま・よろず　きぞう
名〔平仮名〕　マ〔片仮名〕

（同）萬
（古）

（俗・古）卍

（略・古）萬
（俗）卐

25
【丈】
ジョウ
たけ　ながき　つかさ　じょう
う〔十尺〕

（俗・古）孔
（仮）下

（俗）万
（草）弟

（俗）万

26
【三】
サン
みっつ　みっつ　みたび
しばしば　み〔平仮名〕　ミ
〔片仮名〕

（草）弍

（同・古）弐
（通・古）参

（通）参
（通）叅

（仮）ミ
（仮）ミ

27
【上】
ジョウ・ショウ　あげる
うえ　うわ　あがる　かみ
ほとり　のぼる　のぼり
みぎ　たっとぶ　とうとい
よ　かしら　とうとぶ
たっとぶ　たてまつる〔天
子　皇貴人〕

（別・近）卅
（同・古）卅
（俗）凷

（同）丗
（別）卅
（別）卋

（へ）〔三十〕
サンジュウ

28
【下】
カ・ゲ
した　しも　さげる
くだる　くだす　くだり
さがる　おろす　おりる
もとに　すえ　のち　かたわ
らいやしい　たまう
もち　すえ　のち　かたわ

（古）上

（古）二
（草）卜

（古）丅
（古）丁

29
【与】【與】
同
ヨ
あたえる　くみ　くみ
す　かかわる　と
めに　あずかる　か
よ　より

（略）舁
（略）與

（仮）与
（仮）ゟ

30
【与】
カ・ヨ
ひとつ　ひとり
ひさし　す
〔平仮名〕

（仮）与
（草）與

31
【个】
同
〔同一文字のくりかえし〕

（別）ケ
（別）々

32
【丸】
ガン
まる　まるい
まるめる　ま
ろ　なおし　まち

（同・近）个
（別）個
（俗）箇

（本）凡
（俗）凢

33
【久】
キュウ・ク
ひさしい　ひさし
とまる　まつ
ク〔片仮名〕　く
〔平仮名〕

（仮）く
（仮）ゝ

〔之〕シ　これ　ゆき　ゆく　この　にて　おきて　し　の　之(平仮名)　シの(片仮名)

〔及〕キュウ　およぶ　および　とらえる　いた……ると　ともに　いた

〔乞〕キツ　こう　こいねがう　こじき　あたえる　もとめる

〔也〕ヤ　なり　や　また　これ　か　な　乜(平仮名)　ヤ(片仮名)

〔于〕ウ　ここに　より　おいて

〔亡〕ボウ　モウ　ない　ほろぶ　うしなう　ぬ　にげる　し

〔凡〕ボン　ハン　およそ　すべて　あらまし　みな　ことごとく　なみ　つね

刀ク十又ロ土部

〔刃〕ジン　は　やいば　はもの　きす

〔勺〕シャク　くむ　しゃく〈十分の一合〉

〔杓〕シャク　タ

〔千〕セン　ち　ち(平仮名)　チ(片仮名)

士夕大女部

㊙
千 子　〔草〕

㊙
〔又〕
44
こまねく まじわる さすま
たかんざし

㊙
釵 み
〔草〕

通
〔口〕
こぐち しな むなしい ふり
くち ク ケ コウ

㊗
45
〔口〕

㊤
46
〔土〕
つち と　（平仮名）
ドト

㊗
〔土〕

㊙
土 土
〔草〕

㊗
古 古
日 日

㊤
48
〔夕〕
ゆう ゆうべ
セキ

㊙
別
歩 む
〔草〕

㊗
47
〔土〕
きむらい もののふ お
シ

㊙

㊙
尢 メ

㊗

㊤
本 古
夕 夕

㊗
49
〔大〕
おお おおきい おおいに
よい はじめ すぐれる
ダイ タイ

㊙
大才＝太歳
タイサイ

㊗
古 古
尢 尢

㊗
50
〔女〕
おんな め むすめ めあわ
す なんじ め（平仮名）
ジョ ニョ ニョウ

㊚
女

㊙
別 古
尼 露

㊙
51
〔子〕
こ ね おのこ
ね〔十二支、度十〕 し〔爵位〕
子〔北〕 未〔片仮名〕
シ ス

子寸小山巛工部

㊙
め メ

㊙
尸 ヨ

㊙
又

㊙
52
〔寸〕
すん はかる たけ ときす
ん〔十分の一〕 す（平仮名）
ス／キ（片仮名）
スン

㊥
学 学
〔草〕

㊗
学 学

㊗
子

㊙
仮

㊙
53
〔小〕
ショウ ちいさい こ わかい
すこし すくない ほそい
こども いささか

㊙
す 寸
〔仮〕

㊗
54
〔山〕
やま
サン セン

㊙
小 や
〔草〕

㊗
古 俗
山 山

㊙
川
〔仮〕

㊗
55
〔川〕
かわ つ（平仮名）
セン

㊤
本 古
巛 川

㊗
略 古

㊙
56
〔工〕
たくみ しごと わざ
コウ ク

㊙
つ の
〔仮〕

己巾干部

57【己】コ、キ おのれ おの みずから ちのと… コ〔平仮名〕キ

58【已】イ すでに のみ やむ はなはだ だ はなはだい もって

59【巳】シ(十二支、四月、午前十時、東南方) へび

60【巾】キン きれ はば ずきん ちきり おおい

61【干】カン おかす ひる おかす もとむ もとめる あずかる てすり てする たて

2045【幅】

弓手(扌)部 等

62【弓】キュウ ゆみ

63【ヨリ】

64【才】サイ、ザイ に はたらき ざえ わずか

四画

一｜、ノ部

65【不】フ、ブ ず あらず なし いや しい 不〔平仮名〕フ〔片仮名〕

66【丑】チュウ うし(十二支、北東、四ど) ひも むすぶ

67【中】チュウ なか うち なかば あたる かなめ なかごろ なかほど

70【乏】
ボウ
とぼしい　むなしい

〔俗〕攵

〔古〕錢
〔俗〕分
〔草〕
〔俗〕分

69【刄】国
もんめ
め〔十分、千分の一貫〕
ぜに

〔仮〕丑
〔草〕丹

68【丹】
タン
あか　あけ　あかい　に
ま
こころ　に〔平仮名〕

〔俗〕円
〔俗〕丹

〔古〕申
〔古〕中

〔俗〕仲
〔俗〕中

〔古〕申
〔古〕中

72【云】
ウン
いう　ゆく
いわく　ここに　くも

〔別〕偏
〔古〕偏
〔草〕乙

〔俗〕云
〔別〕偏

〔通〕余
〔草〕隙

〔俗〕豫
〔俗〕豫

71【予＝豫】
ヨ
あらかじめ　われ
おのれ　あたえる
か

〔略〕兮
〔草〕旡

〔古〕五
〔略〕乞

丿二亅部

75【井】
セイ　ショウ
いど　いげた
ぬ〔片仮名〕名

〔俗〕五
〔俗〕五

〔同〕伍
〔古〕伍

〔古〕五
〔略〕五

74【五】
ゴ
いつ　いつつ〔八時〕

〔俗〕牙
〔古〕牙

〔俗〕牙
〔略〕牙

73【互】
ゴ
たがい　たがう　かわる
じわる

〔古〕升
〔仮〕井

〔古〕斗

〔仮〕に

〔古〕尼
〔古〕忌

78【仁】
ジン　ニン
なさけ　あわれみ　いつ
くしむ　ひと
に〔片仮名〕

人（イ）部

〔同〕吭
〔俗〕亢

77【亢】
コウ
のどくび　たかぶる　たか
い　あがる　つよい

〔俗〕行
〔俗〕行

76【开】国
その

〔同〕其
〔俗〕丹

【仄】ソク　ほのか　かすか　そばだつ　かたむく

㊢【仆】フ　ボク　たおす　たおれる　ふす

⃝【側】

【仇】キュウ　グ　あだ　かたき　あいて　たぐ

⃝【踣】

㊢【伖】㊢【伖】

㊦【今】コン　キン　いま　このごろ　ここに　ゆ

㊢【今】いま　やがて　よ

【介】カイ　ケ　たすける　あい　はさまる　よろい　ひとり　すけ〔官〕　そえ　たすけ〔片〕　仮名:け〔片〕

【仍】ジョウ　よる　より　よって　たびたび　しきりに　すなわ

⃝【分】

⃝㊢【价】

㊦【个】

㊢【ケ】

【仏 佛】ブツ　フツ　ほとけ　ほのか　さも　にだり　たすけ　フラ

㊥㊦【佹】

⃝㊢【佹】

⃝㊢【佹】

【仕】ジュウ　つかう　〔十〕

㊢㊦【佛】

㊦【佛】

㊦【十】

㊦【什】

㊦【允】イン　まこと　まことに　ゆるす　すけ　じょう〔官〕

⃝【匈】

㊢【匈】

⃝【肉】

⃝㊢【内】

【内】ナイ　ダイ　うち　いれる

儿　八部

㊦【眈】

⃝【尣】

【元】ゲン　ガン　もと　はじめ　きみ　かみ　かしら　こうべ

㊢【元】

㊦【之】

【公】公㊢【公】コウ　ク　おおやけ　おおきみ　き　こう〔爵位〕　み　かみ

㊥【圓】

㊦㊥【圓】

㊦㊥【四】

【円 圓】エン　まるい　まろ　まどか　つぶらに　まる　めぐる

⃝冂　冂　口　刀(刂)部

別㊦【陸】

⃝【六】

別㊦【陸】

㊢【六】

【六】ロク　リク　むつ　むっつ　むい　むたび

㊦【公】

㊦【谷】

⃝【兲】

㊢【六】

⃝【員】

⃝【員】

93【元】ジョウ／むだ　あまり　あまる／ひま　まじる　さまよう

94【凶】キョウ／わるい　あし　わざわい／よこしま　きこん　とが　わ／るもの

95【分(分)】ブン　フン　ワ／わける　わかれる　わ／かる　わかつ　わき／まえる　なかば　ふ／んぶん

96【切】セツ　サイ／きる　きれる　きく　きざむ／おおよそ　すべて　せつせつ／［一々一層々］

97【刈】カイ／かる　くさかる　たつ　けず／る　つくろう　ころす

98【勹】勹匕匚部　イン　キン／すくない　とどのう／いにおい　におう　かおり／ひとし

99【勿】コツ／なかれ　なそ　にわか

100【匂】［匂］におい　におう／はえる　つつやか／におやかに

101【化(化)】カ　ケ／ばける　ばかす／ばかる　ばかす／もの　かわる

102【匹】ヒツ　ヒキ／たぐい　たくう　つれあい／あいて

103【区】［區］ク／さかい　わける／かぎる　まちまち

十厂又土部

104 【升】
ショウ　ます　ます
める　のぼる　のぼす　すす
しょう[一合]

105 【午】
ゴ　うま[十二支、昼十二時、
正南、五月]　きま　まじわる

106 【厄】
ヤク
―　あやうい　わざわい

107 【及】
⇒ 35【及】

108 【友】
ユウ　とも　いつくしみ

109 【双】略【雙】
ソウ　ふた　ふたつ　ならび
ならぶ　たぐい　つい

士大部

110 【反】
ハン　ホン　タン
そる　そらす　かえる　かえす
そむく　むほん　たん[六十四]
十畝、鯨尺一
丈六尺×九寸][平仮名]

111 【壬】
テイ　ぬきでる　たつ

112 【壬】
ジン　ニン
みずのえ[十干、北方]　おも
ねる　はらむ

113 【天】
テン　あめ　あま　そら
テ[片仮名]　て[平仮

114 【太】
タイ　タ
ふとい　ふとる　はなはだ
おおいなり
た[平仮名]　夕[片仮名]

〔通〕泰　〔仮〕〔近〕

〔仮〕右　〔草〕左

【115 夫】フ ブ／おっと つま おとこ それ かれ かの かな

【116 天】ヨウ／わかじに わざわい のびやか にうつくしい　去　妖　〔俗〕〔天〕〔通〕〔古〕

〔同〕〔古〕妖　殀　妖　戎

【117 孔】コウ ク／あな はなはだ はなは だい うじ

子小尢尸屮　部

―――

〔同〕〔古〕孔　孔

【118 少】ショウ／すくない すこし いささか しばらく そしる しょう（官制） わかい　〔俗〕〔古〕　少 少

【119 尢】ユウ／もっとも あやまち とがめ とがめる　〔尤〕〔十尤〕　尢　慫　略 別

【120 尺】シャク／ものさし たけ しゃく さか　〔十〕

【121 屯】トン チュン／たむろ たむろする なやむ おしむ もち　蚗　虬　〔屯〕〔草〕〔俗〕

屯　毛　〔俗〕〔古〕

幺廾弓心　部

―――

七　囮　〔俗〕〔古〕〔俗〕

【122 幻】ゲン／まぼろし ばける　〔古〕

【123 廿】ジュウ ニュウ／はたち　〔廿〕〔二十〕　〔同〕

【124 弔】チョウ／とむらう とぶらう いたむ　〔弔〕〔本〕〔俗〕〔俗〕

廾　廿　〔同〕〔別〕

公　矔　〔古〕〔別〕

弔　希　〔俗〕

―――

吊　吊　〔通〕〔草〕

【125 引】イン／ひく ひける　〔引〕

【126 心】シン／こころ たましい おもい かんがえ わけ　〔心〕〔俗〕

【127 戸】【戸】ト コ／へ（平仮名）　〔戸〕〔俗〕

戸手支攴文斗　部

又　弘　〔同〕〔同〕〔草〕

抅　刃　〔俗〕

小　小　〔別〕〔別〕

尿　妃　〔古〕〔古〕

(俗)古 戸　(俗) 户　(仮) [illegible]　(草) [illegible]

128【手】シュ　て　た

(同) [illegible]　(俗) [illegible]

129【支】(俗)〔攴〕シ　ささえる　えだ　わかれ　わりふ　き〔平仮名〕　キ〔片仮名〕

(古) [illegible]　(同) [illegible]　(同) [illegible]　(仮)近 [illegible]　(仮) [illegible]

130〔攴〕(俗)〔攵〕ホク　ボク　うつ

同古 [illegible]　(同) 朴

131【文】ブン　モン　ふみ　あや　かざり

(古) [illegible]　(同) [illegible]　(俗)近 [illegible]　(草) [illegible]

132【斗】トウ　ト　ー　と〔十升〕　ます　とます　さかずき　ひしゃく　たたかう　ばかり　と〔平仮名〕

(本) [illegible]　(俗) 升　(俗) 斗　(俗)古 [illegible]　(仮)近古 [illegible]

斤方日月部

133【斤】キン　ー　まさかり　おの　はかり　きん〔百六十匁〕

(俗)古 [illegible]　(通) [illegible]

134【方】ホウ　かた　まさに　あたる　ならぶ　くらべる　ひとしい

(古) [illegible]　(古) [illegible]　(俗) [illegible]　(俗) 方

135【日】ニチ　ジツ　ひ　か　ひ〔平仮名〕

(古) [illegible]　(古) [illegible]　(古) [illegible]　(古) [illegible]　(則) [illegible]　(俗) [illegible]

(俗) [illegible]　(仮) [illegible]

〔日下〕くさか

(合)古 [illegible]

136【月】(俗)〔月〕ゲツ　ガツ　つき

(則) [illegible]　(俗) [illegible]　(俗) [illegible]　(草) [illegible]

木欠部

137【木】ボク　モク　き　こ　すなお　あらき　しらき　ひょうしぎ　き〔平仮名〕　キ〔片仮名〕

(俗) 木　(通) 朴

通 樸
仮 本

仮 木
草 木
仮 ホ

A 〔木樋〕きそ
合 古 槢

b 〔木工〕もく
合 杢

C 〔木綿〕もめん
古 櫺

D 〔木鞍〕くら

138 〔欠〔缺〕〕通　ケツ カン　かく　かける　あくび
本 欸
俗 同 缺
通 同 欽
通 同 欲
通 欸 欸

合 古 桜

止母比毛氏部

139 〔止〕シ　とまる とめる あし あと　とどまる とどめる　やむ　ただ ただに　と〔平仮名〕ト〔片仮名〕
古 止
略 心
仮 と
仮 ト

140 〔母〕ブ ム ボウ　なかれ
同 古 死
同 古 無
同 古 め

141 〔毋〕通　カン　つらぬく おかす
同 古 貫
串

142 〔比〕ヒ　くらべる ころ このごろ ころおい たぐい ならぶ しばしば しきりに　ひ〔平仮名〕ヒ〔片仮名〕
古 炊
俗 㕛
古 比
俗 㕬
仮 古 ひ
仮 ヒ

143 〔毛〕モウ　けがわ けもの さくも　も〔平仮名〕モ〔片仮名〕
俗 通 无
通 毛
通 髦
仮 古 も
草 も
仮 古 モ
仮 も
草 も
仮 モ

144 〔氏〕うじ みょうじ だい
俗 古 氏
俗 氏

145 〔水〕スイ　みず みな
水火爪父片部

【146】[火]
ひ か はやく もやす ひ
[平仮名]
（同）シ 氷
（仮）氷 災

（同）災
（別）災
（仮）火

【147】[爪]
ソウ つめ つかむ
す[平仮名] とる にぎる
（別）爪
（同）叉
（俗）爪
（俗）爪

【148】[父][父]
ちち ふ
（俗）枌
（俗）爪
（仮）爪

【149】[片]
ヘン かた きれはし
きれぎれ かた
がた ペンズ
（同）片
（俗）斤
（俗）序

（俗）[ふ]
（草）ん

（俗）舍
（草）序

（俗）釜
（草）釜

（同）父
（又）父

（同）父

牙牛犬玉(王)部

【150】[牙]
ガ きば は

（古）舀
（俗）舀

【151】[牛]
ギュウ うし

（古）半
（同古）牛

【152】[犬]
ケン いぬ

（草）犬
（俗）本

【153】[王]
オウ
ーきみ おおきみ おさ
こにきし こむきし わ
仮名[平]

（古）王
（古）舌

（仮近）己
（草）己

（俗）牙
（草）牙

五〜六画

五画

一一、部

154
【且】
シ
しばらく まさに た
とて かりそめ
ほとんど

155
【世】
セイ セ
よよ よ
せ/よ〔平仮名〕

世 [同][古]
丗 [同]
せ [仮][近]
せ [仮][草]
せ [仮]
せ [仮][古]
せ [仮][近]
き [草]

156
【丘】
キュウ
おか たかい むら

坅 [古][本]
北 [本]
垀 [俗]

邱 [同][古]
北 [同]
邱 [俗]
垀 [俗]

157
【丙】
ヘイ
ひのえ(十千)
あきらか
さかんなり

邶 [同]
丙 [俗]
丙 [俗]

158
【丱】
カン
いとけない
あげまき

両 [古]
丙 [俗]
两 [草]

159
【主】[同]
【主】[俗]
シュ ス
ぬし おも あるじ
つかさどる

丱 [同][同]
北 [同]

160
【乍】
サ
ながら なれども しばらく
にわかに たちまち
さ〔平仮名〕

ノ 人(イ)部

161
【乎】
コ
や かり より に を おい
て ああ を〔片仮名〕
チ

乎 [本]
乒 [本]
乎 [草]
乒 [近][仮]

162
【仕】[俗]
シ ジ
つかえる つかまつる みや
づかえ

乎 [同][古]
厚 [俗][古]
乒 [俗]

163
【他】[同]
タ
ほか よそ

厚 [仮]
よ [仮]
八 [仮]

164
【付】
フ
つける つく
わたす あた
える

仕 [俗]
仕 通
事

仅 [通]
附 [通][古]

他 [同]
佗 [同][仮]
它 [仮]

イ [仮]

165【仙】 ― セン
やまびと　セント

166【儿】 ジン ニン
ひろ〈八尺=四尺〉
ふかい　たかい
はかる

167【代】 ダイ タイ
かわる かえる よ しろ
かわるがわる ‐よ[平仮名]

168【令】 レイ リョウ
おおせ のり おきて つか
さよばう めす よい
をして ……しむ レーン

169【以】 イ
もって もちいる ゆえ
おもう ……より
い[平仮名]　イ

170【兄】 ケイ キョウ
あに　おそれる いわんや
まして　エ[片仮名]

171【充】 ⇩
299【充】

172【冊】【冊】 サツ サク
ふみ ふだ かき
はかりごと

173【回】 ⇩
333【回】

174【写】【寫】 シャ
うつす　うつる

175【処】【處】 ショ
― おる ところ
そ[平仮名]

儿冂一部

几口刀(刂)力部

俗 䖏 俗 䖏
仮近 处 仮近 处

176 〔凧〕国 ― たこ
草

177 【出】 シュツ スイ でる だす いづ いだす
俗 岀 俗近古 岁
俗 屮 草

178 【刊】 カン ― けずる きざむ える
同 栞 俗 栞
俗 刋 草 刋

179 【功】 コウ ク ― いさお つとめ つかさ しごと
俗 叻 草

180 【加】 カ くわえる くわわる かさね る かさなる か（平仮名） カ（片仮名）
仮 か 仮
仮 力 草

勹匕十卜部

181 〔匆〕 ソウ いそぐ にわか あわてる
本 囪 同 匆

182 【包】俗〔包〕 ホウ つつむ かねる
俗 包 通 勹

183 【北】 ホク きた そむく にげる
俗 业 俗 北
別 蚩 草

184 【半】俗〔半〕 ハン なかば はんぶん わ ける は（平仮名）
仮近 半 草

185 【占】 セン しめる うらなう …しむ
通 詹 草

卩厶又部

186 〔卯〕† ボウ う（十二支、午前六時、二月）
本 丣 俗古 丣
俗近 夘 俗近 丣
俗古 戼 草

187 【去】 キョ コ さる すてる かくす コ（片仮名）
仮 士
本 厺 同 厺
同 𠫓 通 弃

188 【収】俗〔收〕 シュウ おさめる おさまる とらえる あつめる
古 糾 略古 収

口部

〈俗〉收 ぬ

〈別〉囯〈古〉故
【189】【古】コ
ふるい ふるす もと
いにしえ こ［平仮名］
コ［片仮名］

〈別〉大〈仮〉古
〈通〉右

【190】【句】ク
― 〈まがる〉

〈別〉弖〈通〉勾
【191】【叮】コウ ク
たたく あつ ぬかずく

〈同〉敏〈同〉扣

〈同〉訒 め
〈草〉

〈同〉祝 旦
【192】【只】シ
ただ これ

〈同〉叫
【193】【叫】ショウ
よぶ まねく
320【叫】

〈略〉召
【194】【召】
めす よぶ

〈略〉台 名
【195】【可】カ
べし よし ばかり
ゆるす か［平仮名］
カ［片仮名］名

〈仮〉〈近〉〈古〉の〈仮〉ろ

〈俗〉甲 丆
〈草〉〈近〉

【196】【台】〈俗〉
【臺】ダイ タイ
― うてな

〈古〉仝〈古〉壇
〈俗〉壷〈古〉臺

〈同〉坮〈俗〉臺
〈俗〉臺〈俗〉墓

〈俗〉臺〈俗〉臺
〈俗〉臺〈俗〉薹

〈別〉叱 씨
【197】【叱】シツ
しかる

【198】【史】〈俗〉嗛
【史】
― シ
しみ ふびと
し［官制］

〈古〉吏 お
【199】【右】ユウ
みぎ たすける すすめる

〈古〉又 各
【200】【叶】
かなう あう やわらぐ

〈同〉叶 叮
【201】【号】〈略〉
【號】キュウ ゴウ
なえ よびな おくり
な よれ よぶ なげく

〈略〉〈古〉號 號
號
〈俗〉號〈俗〉号
〈草〉袮〈俗〉號

【202 司】シ ーつかさ つかさどる つ とめ〔官吏〕

【203 叺】ーかます

【204 囚】シュウ ーとりこ とらえる めしうど

【205 四】シ よっ よっつ よん よ たび よっつ〔午前・午後時〕し〔平仮名〕

口土夂部

【206 圧/壓】アツ ーおし おす おも しへす おさえる しぼる いとう

【四十】シジュウ よんじゅう

【207 圦】ーいり ひのくち

【208 冬/冬】トウ ーふゆ

夕大女子部

【209 外/外】ガイ ゲ ーそと ほか はずす はずれる よそ

【210 央】オウ ーなかば なか つきる

【211 失】シツ ーうしなう あやまち うせる

【212 奴】ド ヌ ーやっこ やつがれ〔片仮名〕ぬ〔平仮名〕

【213 孕】ヨウ ーはらみ はらむ

尸工巾干幺广部

【尼】ニ ジ あまに（平仮名）

㋾㋾ さ さ

㋾㋾ 尼 尼

㋕ 尢 丕

【尻】しり コウ

㋕ 屍 朓

【左】ひだり しも いやしい よ こしま もとる したがう あ しもべ なる さ（平仮名）

㋾略 屮 ナ

㋾㋾古 た き

【巧】コウ たくみ わざ はたらき さ とし いつわり いつわる たくらみ からくり

㋾㋾古 丂 打

【巨】【巨】キョ コ ―おおきい おおい なんぞ あに のり

㋕古 工 五

㋕革 乜 巨

【市】いち いちば まち みやこ あきなう

㋾古 豆 乜

㋾㋾ 岂 市

【布】ぬの しく ぜに ふれ ふ（平仮名）

【希】㋔ 希 希

㋕ 布 㐬

【平】【平】ヘイ ビョウ たいら たいらげる ひら ひらに ひたす ら

㋾古 希 弓

㋕革 帀 㞺

【幼】ヨウ おさない いとけない

㋕古 平 平

㋔ 秀 秀

㋔ 秌 弓

【広】【廣】コウ ひろい ひろまる ひろがる ひろ ひろめる あらい ひろし おおいなり よこ

㋕古 幼 务

㋕㋕ 紷 务

㋕㋔ 幼 务

【庄】【廳】チョウ ―いえ やくしょ

【広】略 广 廣

㋕㋕ 广 廣

【庁】【廳】略

㋕ 応 応

㋕革 庁 廳

㋕㋔ 廰 廰

卅弓心戈部

225　【弁】ベン
（弁）かんむり　（辨）わかつ　（辧）わきまえる　（辯）あらそう

【辨】【辯】【辮】〔辦〕
あむ　くむ　まとう　まつわる　まじえ（平仮名）

226　〔弗〕フツ　ずわる　ドル　いつわる　ドル

227　〔弘〕コウ　グ　ひろい　ひろめる

228　〔必〕ヒツ　かならず

229　〔戊〕ボ　つちのえ（十干）　しげる

230　〔払〕【拂】フツ　ホツ　はらう　はらい
手(扌)斤部

231　〔打〕ダ　うつ　たたく　きる　ダース

232　〔扯〕国　はめる

233　〔斥〕セキ　しりぞく　しりぞける

234　〔旦〕タン　あした　あさ　あかつき　よ　あけ　つとに
日木部

235　〔旧〕【舊】キュウ　ふる　ふるい　ふ　あびる　もと

236　〔未〕ミ　いまだ　あらず　ずひ（十二支）　み（片仮名）

237【末】 マツ・バツ　すえ　こすえ　なし　ついに　ま〔平仮名〕　マ〔片仮名〕

㊒末　㊒末

238【本】 ホン　もと　おこり　もとより　とづく　ほ〔平仮名〕
㊎ま　㊒ま

㊎李　㊒李　㊒李　別喬　㊒卆
㊋夫　㊐本　別呇　別喬　㊒卆

239【札】 サツ　ふだ　きね　わかじに
㊒扎　㊋れ

240【正】 セイ・ショウ　ただしい・ただす　まさに　まさしく　さ・か
略古匹　㊒邼　㊋乚

止　母（母）氏部

241【母】 ボ・モ　はは　めのと　も〔平仮名〕
㊒舌　㊒毋

242【氏】 テイ　いたる　おもむく　ねも　としやしき
㊒母　㊐毋

243【民】 ミン　たみ　じんみん　ひと　み〔平仮名〕
㊒党　㊒民　㊋民

244【氷】 ヒョウ　こおり　ひ　つらら　こる
㊎仌　同仌　㊒氷　本冰　㊐冰

㊒尽　㊒尽　㊒尽
㊒荳　同豆　㊒尽

水（氷冫）部

245【永】 エイ　ながい　とこしえに
古古氶　同永

246【氾】 ハン　ひろがる　はびこる　しく（く）　あまねひろい
㊒氾　㊋氾

247【汀】 テイ　みぎわ　なぎさ　きし　はま
同汎　㊒汎

248【辻】 ジュウ　しる　つゆ　すいもの
㊒町　㊋江
㊒瀋　通協

犬（犭）玄玉部

249 【犯】 ハン ボン／おかす つみ つみびと い／つわる やぶる

250 【玄】 ゲン／～くろ

251 【玉】 ギョク／たま たまう

瓜瓦甘部

252 【瓜】 カ／うり

253 【瓦】 ガ／かわら グラム ガロン

254 【甘】 カン／あまい あまえる あまやか／すうまい うまい くつろぐ

255 【生】 セイ ショウ／いきる いかす いける／うまれる おう はえる／はやす き なま なる／こす おこる いきもの／お

生用田部

256 【用】 ヨウ／もちいる ついえ つかう／はたらき もって

257 【田】 デン／たかり た(平仮名) 夕(片

258 【由】 ユウ ユイ／よし より よる いわれ／わけ なお…ごとし ゆ(平／仮名) ユ(片仮名)

259 【甲】 コウ カン／～きのえ(十干) よろい／かぶと から

260 【申】 シン／もうす いなづま さる(十／二支) のべる

261 【疋】 ショ ソガ／あし ひき むら

疋白皮皿目部

【262 白】ハク ビャク　しろ しらむ しらい　あきらか　もうす

【263 皮】ヒ　かわ うわべ こけ

【264 皿】ベイ　さら はち

【265 目】モク ボク　め まなこ みる すじ　め〔平仮名〕　め〔片仮名〕　さかん(官制)

矛矢石示(ネ)部

【266 矛】ム ボウ　ほこ

【267 矢】シ　や ちかう

【268 石】セキ シャク コク　いし いそ こく(十斗)

【269 示】ジ シ　しめす

【270 礼】(禮)〔略〕レイ ライ　いや のり れ　ネ〔片仮名〕　レ〔片仮名〕

穴立辵(辶・辶)部

【271 穴】ケツ　あな むろ

【272 立】リツ リュウ　たつ たてる たちどころに

【273 辵】〔国〕すべる

㊀別 滑

274【込】㊀略㊀国〔込〕 ― こむ こめる
㊀草 込

275【辺】㊀略〔邊〕 ヘン あたり べ ほとり わたり ふち へり そば へ〔平仮名〕
㊀本 邊 ㊀略 邉 ㊀俗 邉 ㊀俗 邊 ㊀俗 边
㊀略 邉 ㊀俗 邉 ㊀俗 邉 ㊀俗 邉 ㊀仮 辺

一亅二亠部

276〔丞〕† ジョウ ショウ すけ たすける すすめる つぐ そえ じょう〔官制〕
㊀俗 丞 ㊀俗 烝

277【争】㊀略〔爭〕 ソウ あらそう いさめる いかで いかでか
㊀古 事 ㊀古 争 ㊀俗 爭 ㊀通 諍

278〔亙〕† コウ わたる ひろい あまねし きわめる きわまる
㊀本 亙 ㊀俗 亘

279【交】㊀俗〔交〕 コウ まじわる まじえる まじる まざる まぜる かわす かう こもごも かわるがわる とも ともに
㊀俗 文 ㊀俗 这

280〔亥〕† ガイ い〔十二支、午後十時、十月〕
㊀俗 亥 ㊀俗 亥 ㊀俗 亥
㊀俗 亥 ㊀俗 亥 ㊀草 亥

281〔亦〕† エキ ヤク また わき もまた
㊀古 亦 ㊀略 亦 ㊀俗 亦
㊀本 亦 ㊀略㊀古 亦 ㊀俗 亦

人(亻)部

㊀俗 亦 ㊀草 亦

282【仰】 ギョウ コウ あおぐ おおせ うやまう たかい
㊀略 卬 ㊀俗 仰
㊀俗 仰 ㊀草 仰

283【仲】 チュウ なか
㊀通 中 ㊀草 仲

284【件】 ケン ― くだり くだん すじ わかち わける しなじな かどかど
㊀草 件 ㊀草 件

285　【任】 ニン　ジン／まかす　まかせる　になう　たえる　つとめ　ほしいまま
- (俗) 任
- (草) 佢

286　〔仿〕 ホウ　ボウ／さまよう　にたり　ほのか／さまよ
- (同) 彷
- (別) 彷
- (同) 拗
- 防

287　【企】 キ／くわだてる　おもいたつ
- (俗) 企
- (同) 踮
- (同) 企
- (俗) 仚
- (俗) 俗

288　〔伊〕 イ／これ　かれ　かの　この／だい　い(平仮名)　イ(片仮名)
- (俗) 猷
- (俗) 猷
- (俗) 倻
- (仮)(近) 伻

289　【伍】 ゴ／こにんぐみ　まじわる
- (通) 五
- (草) 伍
- (仮) イ
- 小

290　〔伎〕 キ　ギ／わざ　たくみ　ともに　とも　がら　き(平仮名)
- (俗) 伎
- (仮)(中) 伎

291　【伏】 フク／ふす　ふせる　したがう　は　らばう
- (俗) 伏

292　〔伐〕 バツ／うつ　きる　やぶる
- 寞 (通)
- 季
- 匐 (通)
- 佀 (草)

293　【休】 キュウ／やすむ　やすめる　やすまる　いこう　やすし　よし
- (通) 袋
- (通) 閥
- (俗) 怀
- (草) 体
- (俗) 体
- (俗) 怵
- (俗) 体
- (俗) 伏

294　【仮】【假】 カ　ケ／かり　かりに　かす　いつわり　たとえ　たと
- (通)(近) 仮
- (通) 徦

295　【会】【會】 カイ　エ／あう　あつまり　さとり　さとる　たまたま
- (古) 兟
- (古) 岃
- (古) 會
- (俗) 會
- 會
- 乙

296　【伝】【傳】 デン　テン／つたう　つたえる　つたわる　しゅくば　はたご　きゃく　きゃはん　きゃう　うつる　ゆずる　つづく／つて(平仮名)
- (略) 傳
- (俗) イ
- (俗)(古) 傳
- (略) 僡
- (仮)(近) 傳
- (俗)(古) 傳

【297】〔伕〕国
せ－　おっと　つま

298 【全】〔全〕草古別
ゼン　まったく　まったし　そなわる

299 【充】〔充〕〔充〕俗
ジュウ　あてる　みちる　そな　える　ふさぐ

儿部

令

合

300 【兆】
チョウ　きざし　きざす

兆 略本

兆 俗

兆 俗古

兆 俗

兆 俗

301 〔兇〕別
キョウ　わるもの　あし　わざわい　おそれる　みだる

302 【先】
セン　さき　さきがけ　はじめ　も　とふるい　ます

死 古中

充 俗

克 俗

303 【光】
コウ　ひかり　ひかる　ほのおか　がやく　てらす　てる

先 俗

八冂部

304 【共】
キョウ　とも　みな　もろもろ　うや　うやしい　つつしむ

305 〔再〕
サイ　サ　ふたたび　また　ふたつ

306 〔両〕〔兩〕古俗
リョウ　たい　りょう〔十六分ノ一斤、金四匁三分〕　テール　－ならび

冫　几部

307【冱】さむい　こおる　いてる　さえる
（同）【冱】

308【冴】ゴ　さえる　さえ　↓307【冱】
（俗）冴

309【凪】（国）なぎ　なぐ

310【凩】（国）こがらし〔木枯〕
（別）和（草）凩

311【刎】フン　くびきる　くびはねる
刀(刂)力部

312【刑】ケイ　ギョウ　しおき　のり　おきて
（同）刑　（本）刑　（別）刑（草）　殳
（草）殂　（俗）刎

313【列】レツ　つらなる　ならぶ　わける　わかれる　くみ　レ〔片仮名〕
（別）刑（草）　（古）刕　（通）烈　（別）剏（別）剳
（仮）歹　（通）剳

314【劣】レツ　おとる
（俗）劣　（俗）劣

匚卩(卩)部

315【匠】ショウ　たくみ
（本）匡　（俗）匠　（古）匠　（俗）近（同）筐
（俗）匠　（俗）匡　（本）匡　（俗）筐
316【匡】キョウ　ただす　たすける　すくう　はこ
（俗）匡　（俗）庄

317【印】イン　しるし　おしで　あと
（俗）匡　（俗）匡　（俗）卬　（俗）卬（俗）卬
（草）卬　（俗）卬　（俗）印（古）卬

318【危】【危】キ　あぶない　あやうい　そこなう　たかい
（俗）危　（古）㞻　（俗）危
（俗）厄　（俗）危

（俗）厄　（俗）危

厂口部

319 【灰】【灰】カイ　はい
（本）炙　（俗）灰
（草）尼

320 【叫】キョウ　さけぶ　よぶ
（俗）啩　（同）訇
（草）川

321 【吃】キツ　どもり　どもる　らう　なやむ　く
（俗）叫

322 【各】カク　おのおの　めいめい
（同）吃　（同）吃

323 【合】ゴウ　ガッ　カッ　あう　あわす　あわせる　ご（十分の一升　十分の一坪）　はこ
（草）和　（草）名

324 【吉】キチ　キツ　よし　よい　さいわい　よろこび
（通）盒　（通）當

325 【同】ドウ　おなじ　ひとしい　ともに　ともがら　ともにする
（俗）仝　（俗）冈

326 【名】メイ　ミョウ　な　なづける　な（平仮名）
（草）銘　（通）詺
（別・古）全　（俗）全

327 【后】コウ　きみ　きさき　ひめ　の
（草）石　（仮）み
（別）右　（俗）右　（俗）後

328 【更】【更】コウ　り　つかさ　やくにん
（俗）吞
（古）叟　（俗）叟

329 【吐】ト　はく　そそぐ
（俗・古）吐

330 【向】コウ　キョウ　むく　むける　むかう　むこ　うじ　なんなんとす　さきに
（同）嚮　（同）窗　（同）响
（俗）向　（草）卣

331 【吋】トウ　インチ
（俗）叱　（草）叱

332 【吸】【吸】キュウ　すう　のむ　こえ
（同）歓　（別）嗡

口土部

^通翁 ^草収

³³³【回】^俗【囘】^古
カイ　エ
まわす　まわる　めぐ
る　めぐらす

^同迴 ^俗廻

^草囘 ^俗包

³³⁴【因】
イン
たよる　たのむ　もと
づく　ちなみに　よし
と　ゆかり　よすが

^俗囬

^俗囙 ^俗囚

^俗囙 ^俗囙

³³⁵【団】^略【團】
ダン　トン　ドン
まどか　まろ
ろい　かたまり
ま

---

^俗囗 ^草囵

³³⁶【在】
ザイ
ある　います

^本在 ^略在

^俗狂 ^俗狂

^俗狂 ^俗左

^{俗中近}左

^草左

³³⁷【圭】✝
ケイ
たま　かど

^同珪 ^通閨

³³⁸【地】
チ　ジ
とち　つち　くに　ち
〔平仮名〕ち〔片仮名〕ち

^古埊

^古壄

士夕大部

³³⁹【壮】^俗【壯】
ソウ　シ✱ウ
ーさかん　つよい

^俗壮 ^俗壮

³⁴⁰【夙】
シュク
つとに　はやい
あした　あ

^俗址 ^草址

^古佰

^古佰

^{仮近}代 ^草伐

^古陸 ^古坒

^古偉 ^古陸

---

³⁴¹【多】
タ
おおい　まさる　まさに　た
〔平仮名〕タ〔片仮名〕た

^仮ゝ ^仮ゟ

^{俗古}夕 ^俗夕

^俗多 ^俗夕

^俗夛 ^俗多

^俗旻 ^俗夛

^俗夙 ^俗夙

^俗夙 ^俗夙

^古夘 ^本夘

女部

343【妍】
カン
おかす
みだる

342【夷】
イ
えびす　えぞ
たいらげる
ころす　のぞく

子宀部

344【好】
コウ
このむ　すく
よし　よしみ
みめよい

345【如】
ジョ　ニョ
―ごとし　しく
もし　ゆ

346【妃】
ヒ
―きさき　ひめ
つれあい

347【妄】
モウ　ボウ
みだり　みだりに
うそ　いつわり
みだれる

348【字】
ジ
あざ　もじ
あざな　うむ

349【存】
ソン　ゾン
―あり　たずねる
たもつ　ぞんずる
とう

350【宅】
タク
―いえ　やか
くら　やけた

351【守】
シュス
まもる　もり
とめ　そなえ
おさめる　かみ
みさお
〔官職〕

352【安】
アン
やすい　やすか
やすらか
おちつく　いずくんぞ
〔平仮名〕
ア〔片仮名〕

寸小尸部

【354 寺】
ジ
てら
しょ
つぼね　つかさ　やく

【353 宇】
ー　り
ウ
いえ　のき　そら　はと
う［平仮名］
ウ［片仮名］

《巛部

尽【盡】
ジン
つくす　つきる　つか
に；…べし　た［平仮名］
つくことごとく

【356 当【當】
トウ
あたる　おてる　まさ
に；…べし　た［平仮名］
あて

【355 尖】
セン
とがり　とがる　するどい
さき　かど

《巾部

【358 州】
シウ・ス
ー　しま
くに
ツ［片仮名］

【359 巡【巡】
ジュン
めぐる
まわる

【360 帆】
ハン
ほ

干广弋弓部

【361 年】
ネン
とし　よわい
ね［平仮名］　みのる

【俗】卒　章

【俗】【古】年　年　【草】

362【仮】【近】手　【草】
庄 ↑
（→荘）
ショウ

【本】【古】莊　荘　【同】症　【草】

363【弐】【古】〔貳〕　疒　症　【草】
【貳】
ニ　ジ
ふたつ　そえる
ふたつ　ふたたび
たぐう　に〔官制〕
う

【古】貳　貳　【俗】貳

【俗】武　【草】
365【弛】ゆるみ　ゆるむ　ち〔平仮名〕ゆるめる　【仮】弛

【俗】【古】武　武
364【式】—シキ
のり　のっとる　つつし　もって

【本】忙　【同】怚
367【忙】忙　ボウ　いそがしい
【通】刋　杓　【草】
366【忖】ソン　はかる
心(忄)戈部

【古】戚　戚　【本】戌
371【成】成　【俗】戎　セイ　ジョウ　なる　なす　たいらげる
370【戍】戍　ジュウ　つわもの　えびす
369【戍】戍　ジュ　まもり　まもる
【俗】戌　戍　【草】
368【戌】ジュツ　いぬ〔十二支〕西北、午後八時、九月

【本】戟　戟　【俗】戎

【本】成　武　【草】
手(扌)攴(攵)部
372【扱】扱　サ　さて　しかして　そして　そ
373【扪】扪　え　うつ　ひかえ　ひかえる　そ
コウ　え　うつ　ひかえ　ひかえる　そ
初　扨

【通】插　挿　【草】
374【扱】〔扱〕扱　—ソウ　あつかう　しごき　し　ごく　こく　おさめる　はさむ
【同】控　扣　【草】
【同】叩　敀
插　挿

375
【收】
↓
188
【収】

376
【攷】
コウ
たたく　かんがえる

別 古
考

377
【旨】
シ
むね　うまい　よい　おもむ
きわけ

378
【早】
ソウ サツ サ
はやい　はやまる
よあけ　はやめる

俗
【旨】

古
【旨】

略古
【旨】

俗
【旨】

俗
【旨】

日日部

古
【皂】

俗 通
【甲】

俗
【釜】子

古
【旬】

古
【旬】

379
【旬】
ジュン シュン
─じゅん(十日)

380
【旭】
キョク
あさひ　あきらか

同
【旭】

草
【旭】

381
【曲】
キョク
まがる　まげる　まがりま
げくせ　かがむ　つぶさに
ことわけ

曲

古

通
【侏】

草

384
【朱】
─シュ
あか　あけ

仮

草

383
【有】
ユウ ウ
ある　もつ　たもつ　はっす
る　う(宇仮名)　ウ(片仮名)

俗
【脊】

仮

月木部

俗古
【曳】

俗
【曳】草

382
【曳】
エイ
ひく　つまずく

同
【殞】

388
【朽】
キュウ
くちる　くさる

俗
【朽】

388
【机】

俗
【枫】

草

本
【几】

387
【机】
キ
つくえ　さるなし

本
【朵】

俗

386
【朵】
ダ
えだ

同
【樸】

385
【朴】
ボク
─すなお　ほほ　ほほのき

古同
【樸】

欠止歹毋気部

389
【次】
⑰【次】
次
㊤
㒵
ツギ・ジ
つぎ つぐ しゅくば
なみ やど やどる とまる

390
【此】
⑧【此】
㒵
㊥
耑
㊤
㒵
㊗
皆
㊥
此
⑰
此
シ
これ この ここ

391
【死】
㊗
㒵
㓝
夗
シ
しぬ

392
【毎】
㊤【毎】
死
㊦
㒵
每
㊦
㒵
每
㊦
㒵
毒
マイ
つねに ごと ごとに しばしば おの おのの つねども すべ いころ

393
【気】
㊊【気】
气
㊦
炁
⑧
気
㊤
崇
㊦
气
㊦
気
㊦
気
キ ケ いき こころ け(平仮名) ケ(片仮名)

水(氵)部

394
【汗】
氵
㊤
汗
⑧
污
⑧
汗
カン
あせ
【血の忩詞】

395
【汚】
㊗
洴
汚
㊤
汗
㊗
污
㊗
洿
㊗
穷
けがす けがれる けがらわ しい よごす よごれる たない き これる

396
【汝】
女
㊗
気
㊗
氣
㊗
氣
㊗
氣
ジ
なんじ

397
【江】
㊗
点
㊗
氣
㊗
汇
江
㊤
工
㊖
工
コウ
え おおかわ つりえ え(平仮名) エ(片仮名)

398
【池】
㊗
沱
㊗
泡
池
㊖
工
⑰
工
チ
いけ ち(半仮名)

火牛白竹米部

399【灯】 → 3295【燈】
　古 燈／草 灯

400【牝】 ヒン／めす
　同・俗（牝の字体）

401【牟】 ム・ボウ／なくます・む（平仮名）・ム（片仮名）
　俗古・仮

402【百】 ヒャク／ろ・ももたび・もも・もも
　通 陌／古 百／通 佰

403【竹】 チク／たけ
　古 竹／俗 竹

404【米】 ベイ・マイ・メートル／よね・こめ・まい・め（平仮名）・メ（片仮名）
　古 米／近 米／俗 米

405【糸】【絲】 シ・ベキ／いと・はそい（いとへん）
　俗 丝／略 丝／草 糸

糸 缶 羊 羽 部

406【缶】【罐】 カン・フウ／ほとぎ・かめ
　同・俗（缶の字体）

407【羊】 ヨウ／ひつじ
　本 羊／草 羊

408【羽】【羽（俗）】 ウ／はね・は・は（片仮名）
　仮・近

409【老】 ロウ／おいる・ふける・としより
　俗（老の字体）

老 而 耳 肉 部

410【考】【攷（俗）】 コウ／かんがえる・こう【こうの意】
　俗古・草 考

411【而】 ジ／なんじ・ごとし・しかして・しかるに・しかも・しこうして・しかれども・に・て・にて・して
　古 而／仮 而（平仮名）

412【耳】 ジ／みみ・のみ・ばかり・に
　俗・古（耳の字体）

413【肉】 ニク・ジク／しし・ー
　俗・通古 已・し・仮

臣自至臼舌舟艮部

同〔古〕宾　（俗）宓　（俗）宓　（俗）宾　（俗）宾

肉　（草）肉

（俗）因　（俗）因

414〔臣〕→ 616【臣】

415【自】ジシ　みずから、おのずから、おの　ずと　より

416【至】いたる　きたる　つく　きわ

同 鮕　（草）白

〔古〕（俗）至　（俗）全

417〔白〕キュウ　うす

（俗）臼　臼

418【舌】ゼツ　した　ことば

舌　（古）舌

419【舟】シュウ　ふね　ふな

（本）舟　（略）舟

420【艮】コン　ゴン　うしとら（東北方）　とどまる

舟　（俗古）周

色艸(艹・艹)虫血部

（古）同 皀　旦

421【色】シキ　ショク　ジキ　いろ

（俗）厄　（草）色

422【芋】〔芋〕ウ　さといも　いも

同【芋】芋

423【芝】〔芝〕略【芝】シ　しば

（略）芎　芎

424【虫】〔蟲〕略　チュウ　キ　むし　まむし

（俗）芝　（草）芝

行衣西㢟(辶・辶)部

（略）夷　虫

425【血】ケツ　ケチ　ちぬる　ちのみち

（俗）皿　（俗）血

426【行】コウ　ギョウ　アン　いく　ゆく　おこなう　めぐる　てだて　たび　かり　ゆく　くゆく　のべる　みち

（俗）行　行

427【衣】イ　エ　ころも　きる　きせ　る　え（平仮名）　エ（片仮名）

（略）杆　行

（俗古）仾　（仮）え

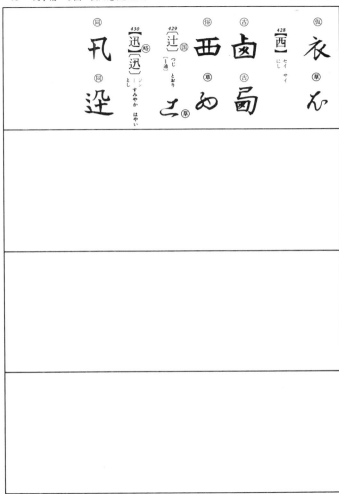

（仮）
（草）
衣ん

〔西〕
セイ
サイ
428
にし

（古）
（古）
卤鹵

（俗）
（草）
西め
（草）
む

〔辻〕
〔一通〕
429
（国）
つじ
とおり

〔迅〕（略）
〔迅〕
430
ジン
すみやか
とし
はやい

（同）
（同）
凡
迲

七

画

乙(乚)二𠆢人(イ)部

【七画】

431 【乱】【亂】
ランロン
みだれる・みだす

（同）斁
（俗）乱
（俗）亂
（俗）亂
（俗）亂
（俗）乱
（俗）舩
（草）亂

432 【此】
サ
すこし・いささか・すくない
（草）乢

436 【估】
コ
かう・うる・あきなう
（通）

433 【亜】【亞】
ア
つぎ・つぐ・にく
（同）炎　�
（通）陌　（草）阪
（通）亚
（俗）垩
（略）亜
（草）椏
（古）惡
（本）㒶

434 【享】†
コウキョウ
とおる・たてまつる・うける
（古）惡　（通）椏
（草）亨
（本）㒵

435 【伯】
ハク
おさ・かしら・はたがし
らはく（爵位）・かみ
（古）享
章　（草）享
（通）亨

（通）霸
（通）覇

437 【伴】【伴】
ハンバン
ともなう・とも・すけ・はべる
（草）伜
（草）伜

438 【伸】
シン
のびる・のばす・せのび
（通）伸

439 【同】
シ
うかがう・うかがい・とう
たずねる・ただす・みる・ね
らう・のぞみみる・まつ
うらよう
（俗）伷
（同）訷
（草）伸
（草）抻

440 【似】
ジ
にる・ひとしい・まもる・た
てまつる・しめす
（同）窺闚
（通）佀
（古）仏
（古）佀
（同）侣
（草）伍

441 【但】
タン
ただし・ただ・ただし
（通）姐
（草）姒

442 【佇】
チョ
たたずむ・とどまる
（通）誕
（略）但
（俗）伹
（俗）伹

数〔通〕　**侸**〔通〕〔草〕

㑃〔俗〕　**㐲**〔俗〕　**伍**〔俗〕　**氐**〔本〕

低〔445〕〔俗〕ジュウ　すむ　すまう　とどまる　する

㐲〔草〕　**伍**〔俗〕〔草〕　**伍**〔俗〕

低〔444〕〔低〕テイ　ひくい　ひくめる　ひくまる　たれる

位〔443〕〔位〕イ　くらい　ほど　だけ

位〔俗〕〔草〕

竚〔同〕〔草〕　**佇**〔俗〕

荷〔俗〕　**訶**〔通〕

何〔448〕〔何〕カ　なに　なん　いずれ　いくばく　いかで　いくんぞ　か〔平仮名〕　ア〔仮〕

骭〔俗〕　**躰**〔俗〕　**髄**〔本〕　**體**〔俗〕

体〔447〕〔體〕タイ　テイ　からだ　み　もと

體〔俗〕　**躰**〔俗〕　**體**〔同〕

优〔俗〕　**优**〔俗〕

佐〔446〕〔佐〕サ　たすける　たすけ　すけ　〔官制〕　き〔片仮名〕　サ〔片〕〔仮名〕

佐〔仮〕　**イ**〔仮〕

作〔453〕〔作〕サク　サ　つくる　おこす　おごる　な

佛〔452〕〔佛〕⇒85〔仏〕

逸〔同〕〔通〕　**失**

佚〔451〕〔佚〕イツ　たのしむ　うしなう　のがれ　る

餘〔仮〕　**餘**〔草〕

予〔450〕〔余〕〔仮〕

余〔草〕

余〔450〕〔余〕ヨ　あます　あまる　われ　よ〔平仮名〕

他〔通〕

侘〔近〕

侘〔449〕〔佗〕タ　ほか　わき　わび　わびる　わびしい　た〔平仮名〕

虎〔古〕　**虎**〔古〕

戸〔古〕　**虎**〔古〕

克〔455〕〔克〕コク　かつ　よく　よくする

ル八冫刀(刂)部

誒〔俗〕　**倭**〔俗〕

倭〔454〕〔倭〕ネイ　おもねる　ねじける　よこし

胙〔通〕　**做**〔通〕

作〔俗〕　**作**〔俗〕

佐〔同〕〔省〕　**乍**〔省〕

古 亮　同 剋　俗 克　俗 泉　俗 克　俗 尅

456〔兌〕
ダ　タイ
よろこぶ　とおる

俗 兊　俗 兊　俗 兑　俗 兊　俗 兊　草 兊

457〔免〕⇩ 672【免】

458【児】俗〔兒〕
ジ　ニ
｜こ　こども
に〔平仮名〕

本 兒　俗 児　俗古 俔　省 儿　譌 児　仮 児

459【兵】
ヘイ　ヒョウ
｜ぶき　つわもの　ものの
ふ　いくさ

古 兵　古 兵

460〔冶〕
ヤ
いる　とかす　なまめかしい
なまめく　かじや

草 冶

461【冷】
レイ　リョウ
つめたい　ひや　ひえる　ひ
やす　ひやかす　さめる　さ
ます　ひややか　すずしい
つめたい

俗 冷　草 冷

462【初】俗〔初〕
ショ　ソ
はじめ　はじめて　は
つ　うい　そめる　は
じまり

俗 初　俗 初　俗 初　草 初

463〔刪〕
サク
けずる　さだめる

本 刪　俗 删　俗 删　俗 删　俗 删　俗 删

464【判】俗〔判〕
ハン　バン
｜わかれ　わかれ
る　わかち　わかつ
わかり　わかる　は
なす　はなれる　へ
だて

同 牉　俗 判

俗 判　草 判

465【別】
ベツ
わかれる　わかれ　わかち
へだて　わける　はなれる
とく　ほか

古 八　本 別　俗 另　俗 別　俗 莂　草 別

466〔刦〕⇩ 470〔劫〕

467【利】
リ
きく　きき　するどい　とし
よい(し)　もうけ　とく　か
が　かがやく　り〔平仮名〕
リ〔片仮名〕

古 𥝢　古 𥝢　俗古 利　俗 利

仮 刂　仮 り

力部

468【助】ジョ　たすける　たすかる　すけ　すけ〔官制〕　すける　すく　ます

俗 助　草

469【努】ド　つとめる　はげむ　つくす　ゆめ　ゆめゆめ〔―々〕　けっして　ぬ〔平仮名〕

俗　仮 近

470〔劫〕コウ　ゴウ　おびやかす　かすめる　とる　うばいとる　おいはぎ　ぬすつと　こう〔劫〕〔刹の対、長時間〕

本 刦　本 刧　俗 刼　俗

俗　草

471【励】略〔勵〕レイ　はげむ　はげます　はげみ　つとめる　すすめる

略 励　草

匕匸卩(㔾)部

472【壱】略〔壹〕イチ　―　ひとつ　はじめ　ひとたび　もっぱら　一〔誠〕

俗 古　俗 壹　俗　草

473〔匣〕コウ　くしげ　はこ　ひつ

俗 古　俗 匣

通　草

474【医】略〔醫〕イ　―　いやす　くすし　いしゃ　なおす　うめ　ざけ

同 古　同 醫　俗 古　俗　俗　俗

475【即】略〔卽〕ソク　―　つく　すなわち　とりもなおさず　すぐ　すぐに　いま　ただいま　もし　これ

同 卽　俗 即

476【却】キャク　―　しりぞく　しりぞける　かえって　かえりて　あおぐ　ひま　あいだ

本 卻　同

俗　草

477【卵】ラン　たまご〔魚の子〕

俗　俗　俗　俗　俗　俗　俗　草

口部

478【君】クン　きみ

古　古　則　草

479【吝】(音) リン／おしむ　やぶさか　しわい　けち—
（同）（俗）

480【吞】(同) のむ

481【吟】ギン／—うた　うたう
（同）（俗）

482【否】ヒ／いな　あしし　とじる　ふさ—がる
（古）（草）

483【含】ガン／ふくむ　ふくめる
（通）（古）（草）

484【呈】(俗)【呈】テイ／—しめす　あらわす
（別）（俗）（草）

485【呉】(同)【呉】ゴ／—くれ　くれる
（俗）（近）（略）（草）

486【吶】トツ／どもる

487【吸】→ 332【吸】

488【吹】スイ／ふく　はやし

489【吻】フン／くちさき　くちもと
（俗）（俗）

490【吾】ゴ／われ　わが　ふせぐ
（古）（略）

491【告】(俗)【告】コク／つげる　もうす
（古）（草）

491　通　鞠（草）菐

492　呂　リ・ロ　なが　ろ　「平仮名」　ロ「片仮名」
　同　呂　ろ　仮　口　草　ろ

493　呆　ホウ　おろか　あきる　あきれる　仮　口　草

494　呎　国　フィート　通　呎

495　呀　ガ　ガロン　別　哦

496　呵　—　いぐち　みつくち

497　听　国　フィート

498　困　コン「門の止め木」　こまる　くるしみ　くるしむ

口部

499　図　略　図〔圖〕　ズ・ト　はかる　え　同　朱　通　閭
　略　図　略　畳　略　圖　略　畱

別　磅　ポンド

土部

500　囲〔圍〕　イ　かこう　かこむ　めぐる　りめぐる　略
　俗　圖　俗　圖　古　口　俗古　團　俗　圍　俗　围　俗　闥　草　囲
　俗　圖　俗　圖　俗　畱

501　址　シ　あと　いしずえ　同古　阯　同　趾

502　坂　ハン　さか　同古　阪　同　岅　同　阰

503　均　キン　ひとしい　同　皇　省　匀　俗　均　別　鈞

504　坊　ボウ　ボッ　古　陸　同　防　通　房　草　坊

士夂大部

505【坏】ハイ つき おか
（俗）坏
（同）阹
506【坯】（同坏）
坯
（俗）坒
（俗）坒
（草）坒
507【坑】コウ —あな
（俗）坑
（草）坑
（同）阬
（草）坑

508【壯】→ 339【壮】
509【声】【聲】セイ ショウ こえ こわ こわね おと せ（平仮名）
（略）声
（俗）聲
（俗）聲
（仮）声
〔声聞〕
510【売】【賣】バイ うる うれる ひさぐ
（略）売
（会）メ
（本）賣
（本）賣

511【麦】【麥】バク むぎ
（俗）麥
（俗）麦
512【夾】キョウ はさむ
（俗）夾
（俗）夾
（俗）夾
（草）夾
女子宀部
513【妊】【姙】ニン はらみ はらむ

514【妓】キ ギ うたいめ わざおぎ まいひ
（俗）妓
515【妖】ヨウ わざわい なまめく
（通）伎
（草）妖
516【妙】ミョウ ビョウ たえ
（同）妙
（通）天
（同）祆
（草）妖
517【妥】【妥】ダ おだやか やすんず やすら
（同）娑
（俗）娑
（同）婜
（俗）倭
（俗）娑
（俗）娑

521 【完】 カン　―まったし　しし　にく

520 【孝】 コウ　きょう　こうこう　つかえる
(同) 孝　(草) 孝

519 〔孚〕 フ　まこと　たまご　はぐくむ
(古) 桑　(通) 孵

518 【妨】 ボウ　さまたげる
(草) 妨　(草) 妨

(同) 敬　(同) 敬

---

524 【対】【對】 タイ　ツイ　―むかう　こたえ　こたえる
(古) 對　對

寸力尸部

(俗) 宗　(俗) 宕
(俗) 宏　(俗) 宕

523 〔宏〕 コウ　ひろい　ひろし　おおいなり

522 【宍】 ニク　ジク　しし　ししむら
(同) 肉　(同) 完

(通) 寛　(草) 完

---

526 【労】【勞】 ロウ　―いたわる　ねぎらう　ほねおる　つかれる　る
(俗) 勞　(俗) 劵

(俗) 壽　(仮) 寿
(俗) 壽　(俗) 壽
(古) 曷　(仮) 壽

525 【寿】【壽】 ジュ　ことぶき　ことほぐ　はく　ひさしい　す
〔寿〕(平仮名)

(略) 対　(俗) 對　(略) 對
(俗) 對　(俗) 對
(俗) 勞　(俗) 勞
(俗) 劵　(俗) 勞

---

528 【尿】 ニョウ　―いばり

527 〔尾〕 ビ　おわり　を(平仮名)
(同) 尾　(俗) 尾
(仮) 尾　(俗) 尾
(同) 尾　(同) 尾
(俗) 勞　(俗) 劵
(俗) 勞　(俗) 勞

(同) 溺　(本) 屎
(本) 屎　(本) 屎

山工巾广部

530 【岐】
― わかれる

529 【局】 本
―キョク つぼね しきり しきる

㊦局 ㊦屌 ㊦肩 ㊦屌 ㊦肩
㊦屌 ㊤尿 ㊦肩 ㊦昌 ㊦居

㊤㊦屍 ㊦源 ㊦漻
㊤㊦屍 ㊦漻

531 【巫】 古
かんなぎ みこ

532 【希】
キ めずらしい すくない まれ ねがう こいねがう け〔草仮名〕

㊦布 ㊦希 ㊦希
㊤通稀 ㊦希

古㊦舜 ㊤坐
㊤㊦㊦㊤ 坐㊦殺 ㊦㊦正

㊦邡 ㊤㊦邰
㊦歧 ㊦㊦岐
㊤通歧

533 【庇】
ヒ おおい おおう かげ かば うひさし

534 【床】 同
ショウ とこ ゆか ゆかしい

535 【序】 通
ジョ ついで はし のべる え〔平仮名〕

536 【応】【應】 略
オウ こたえる あたる

㊦應 ㊤癃 ㊦叙
㊦慝 ㊤応 ㊦敘

㊦牀 同㊤宅
㊦林 ㊦㊦宂
同 ㊦㊦床

㊤㊦應 ㊦恋

537 【廷】【廷】 略
―テイ にわ やくしょ

538 【延】 通 古
⇒ 766 【延】

539 【弄】
ロウ もてあそぶ たわむれる なぐさむ

廴廾弓彡彳部

㊦卞 ㊦拼 ㊤庭 ㊤廷
㊦弁 ㊦卡 ㊦延 ㊦廷

（俗）（草）予

540【弟】テイ ダイ デ　おとうと　じゅんじょ
（古）孝
（俗）（古）弟（草）
（古）（俗）弟

541【形】ケイ ギョウ　かた　かたち　あらわれる
（俗）（草）形
（俗）形

542【彷】ボウ ホウ　さまよう　ほのか　きもにた　り

（俗）（別）仿 彷

543【役】ヤク エキ　つとめ　しごと　つかえ　る
（同）（古）役
（同）（匠）役

心(忄)部

544【忌】キ　いむ　いまわしい　いみ　は　ばかる　きらう
（古）（俗）亟 忌

（合）（古）導

545【忍】ニン　しのぶ　しのばせる　しのび
（俗）（古）忍 思

（通）（俗）（古）切 忍

546【志】シ　こころざし　こころざす　し　るし　しるす　きかん(官制)　シリング　し(平仮名)
（通）（草）靭

547【忘】ボウ【忘】　わすれる
（本）（俗）忘 忘

548【快】カイ　こころよい　はやい
（通）（仮）忠 志
（古）忠
（通）誌

（本）（草）怏 快

549【忸】ジク　はじる　なれる
（同）聏
（同）狃 恧
（圖）（草）齟 怛

戈戸部

550【我】ガ　われ わ　か(平仮名)　カ(片仮名)

（古）成 戉
（古）戉 戋
（古）茂 戉

俗 我　仮 𢦏

〔我等〕 われら　合 㦰

551【戒】 カイ　いましめる　いましめ
古 𢦓　古俗 𢦓　俗 戎　俗 戒

552【戻】俗〔戾〕 レイ　ライ　もどす　もどる　もどり　もとる　そむく　かえす
俗 戾　俗 戾

手(扌)部

553〔扱〕 ⇩ 374【扱】

554【扶】 フ　―たすける
古 扶　古 扶　俗 扶　俗 扶

555【批】 ヒ　―うつ　たたく
同 𢪛　草 批

556〔扼〕 ヤク　おさえる　とる　とりひしぐ
同 搹　同 搤　通 搤　草 扼

557【技】 ギ　わざ　たくみ
通近 伎　草 技

558【抄】 ショウ　―とる　すくう　かすめる　うつす　ぬきがき
同 鈔　俗古 𨓏

559【抑】 ヨク　おさえる　そも　そもそも
本 归　俗 抑　俗 抑　俗 抑

560〔抔〕 ホウ　すくう　にぎる　など
同 掊　俗 等

561【投】 トウ　なげる　なげうつ
古 投　俗 投　俗 投　俗 投

562【抗】 コウ　―ふせぐ
古 亢　省 亢　俗 抗　草 抗

563【折】 セツ　おり　おる　おれる　くじく
古 𣂚　俗 折

564【択】略〔擇〕 タク　―える　えらぶ　よる　とる

（本）擇 （同）
（俗古）擇 （草）

565【抜】（俗）〔拔〕
バツ ぬく ぬける ぬかす ぬかる ぬきでる ぬきんでる

（俗近）拔 （草）

支(攵)日曰部

566【改】
カイ あらためる あらたまる あらため

（本）攺 （俗）改
（俗）改 （俗）改

567【攻】
コウ せめる うつ おさめる

（同）攻 （草）

568〔旱〕
カン ひでり

（草）

569【更】〔更〕
コウ さら ふける かえる かわる かわるがわる

（本） （俗）

木部

570〔杆〕
カン てこ ポール

（俗）桿

571【杉】
サン ─ すぎ

（古） （略）
（俗） （別古）
（譌） （草）

572〔李〕†
リ すもも り（平仮名）

（古） （仮）

573【材】
ザイ ─ やくにたつ木 はたらき

（通）才 （通）栽

574【村】
ソン むら

（本）邨 （俗）村

（俗） （草）

575〔杓〕
シャク ひしゃく

（俗）杓 （俗）杓

576〔杖〕
ジョウ つえ つえつく うつ たたく むち

（俗）杖 （草）

577〔杜〕
ト もり とざす ふせぐ やま なし

（俗）杜 （草）

578【束】
ソク たば つかねる

（俗古） （俗）

止毋水(氵)部

〔俗〕束　東

579 〔杢〕【国】　もく　↓137〔木工〕

580 【来】〔略〕來　〔俗〕徠　未　〔同〕【来】　らい　くる　きたる　きたす　いたる　き〔平仮名〕

581 〔柸〕【国】　—　ざま　そまやま　そまぎ

582 【条】〔條〕〔略〕　条　〔同〕橛　〔俗〕條　ジョウ　—　えだ　すじ　くだ

583 〔歩〕　↓844〔歩〕

584 〔毎〕　↓392【毎】

585 〔求〕【古】　キュウ　グ　もとめる　もとめ　こう　く〔平仮名〕

586 〔汏〕　タ　よなぐ　そそえる

587 【決】〔決〕　ケツ　きめる　きまる　きめ　きま　り　けっして

〔本〕泣　〔俗〕決

588 〔汽〕〔同〕　—　キツ　—　ゆげ　水がかれてなくなる

589 〔沃〕　ヨク　そそぐ　うつくしい　やわら　か〔肥土〕

590 〔沈〕　チン　シン　しずむ　しずめる

〔俗〕汔　汽　〔略〕沃　〔同〕渓　沃　〔俗〕沉　沈　〔俗〕沈　沈　〔俗〕炎　况

591 〔没〕【没】　ボツ　—　しずむ　おぼれる　しぬ　〔近〕　漫　没　〔同〕叉　殁　〔俗〕没　汲

592 〔沖〕【通】　チュウ　おき　むなしい　とぶ　〔略〕勿　〔草〕殳

593 〔沙〕†　サ　シャ　すな　よなぐ　さ〔平仮名〕　〔略〕冲　冲

〔俗〕砂　砂　〔同〕垈　〔同〕汰

火牛部

〔沢〕〔澤〕略
タク
さわ　つや　うるおい
うるおう
澤　澤

595
〔灸〕
キュウ
やいと

596
〔灼〕同
シャク　あつい　あきらか
やく

597
〔災〕
サイ
わざわい

灼　灼通俗

焰　焈俗草
焞　焈通通

﹅火牛犬(犭)瓦田部

《《《古

裁　裁古同

災　炎古俗

災　炎同俗

突　災古俗

598
〔牡〕
ボウ
おす

牡　牪略古

599
〔牢〕
ロウ
ひとや　おり　かこい　かこ
むかだい

窂　窂俗

599

窚　窚俗草同

犬(犭)瓦部

600
〔状〕〔狀〕略
ジョウ
│かたち　さまで
がみ

601
〔狂〕
キョウ
くるう　くるおしい
くるい

状　狀俗

狂　狱俗俗

狂　獣俗同

狴　狾同草

崇　狾同

603
〔狄〕
テキ
えびす

604
〔竓〕国
│
デカグラム

田矢示(礻)禾部

605
〔男〕
ダン　ナン
おのこ　おだん
〔爵位〕

606
〔町〕国
チョウ
まち　ちょう(三六〇尺)里程
三千歩〔地積〕

狄　狾俗草

男　男俗

男　偊俗俗

甼　塷同俗

609 【秀】 シュウ ひいでる

608 【社】〔社〕 シャ、ジャ やしろ こそ

607 【矢】 イ 一語気詞

別近
丁
草 町

本
秀
草 秀

---

611 【究】 キュウ きわめる きわまる

穴立糸肉(月)部

610 【私】 シ わたくし わたし ひそか ひそかに

---

616 【臣】 シン ジン おみ

臣艮艸(++ ++)部

615 【肝】 カン きも こころ

614 【肖】〔肖〕 ショウ にる かたどる

613 【系】 ケイ かける つなぐ すじ

612 【升】〔国〕 デカリットル

古 悪ト

---

619 【花】〔花〕 カ はな はまれ

618 【芒】 ボウ のぎ さき すすき

617 【良】 リョウ よい やや よく おさ ら〔平仮名〕ら〔片仮名〕

見角言谷豆貝部

620【芳】
ホウ
かんばしい・かおり
におい・においう

621【芸】
〔艹芸〕
ゲイ
わざ・のり
うえ・る

622【見】
ケン・ゲン
みる・みえる・みせる・あらわれる・まみえる ……らる
み〔平仮名〕
み〔片仮名〕

623【角】
カク
かど・つの・すみ

624【言】
ゲン・ゴン
いう・こと・われ

625【谷】
コク
たに・きわまる・はざま

626【豆】
トウ・ズ
まめ・たかつき

627【貝】
かい
ハイ・バイ

赤走足身車辛辰部

628【赤】
セキ・シャク
あか・あかい・あからむ
あからめる・あけ

629【走】
ソウ
はしる

630【足】
ソク
あし・たりる・たる・たす

【631 身】シン み はらむ み[半仮名] みずから

【632 車】シャ くるま

【633 辛】シン からい かのと(十干) うじて からし つらい

【634 辰】シン たつ(十二支) とき

【635 迂】ウ まがる うとい

辵(辶・辶)部

【636 迄】キツ およぶ まで いたる

【637 迎】ゲイ むかえる むかえ

【638 近】キンコン ちかい ちか ちかず そば そばだたわら てじか ちかごろ のごろ こ やむ

【639 返】ヘン かえす かえる しかえり え かえ

邑(阝)部

【640 邑】ユウ くに むら みやこ さと

【641 那】ナ なに なんぞ お いかんぞ おいて な[半仮名] ける

〈642〉
【邦】【邦】（古・俗）
ホウ
―くに

〈俗〉那　（仮）

首（俗）

〈里〉（仮名）
り〔三十六町〕り〔里〕
さと

〈645〉【里】（仮名）

〈俗〉酉（古・俗）

〈同〉魹（俗）魹（俗）邦

〈俗〉耗（草）邦（俗）邦

〈俗〉邦
邦

〈643〉【邪】↓〈930〉【邪】

酉里阜（阝）部

〈644〉【酉】
ユウ
とり〔十二支〕西方、午後五
時〕さかだる

〈己〉（仮・草）己
己

〈646〉【阨】
ヤク
せまい　ふさがる
ふせぐ

〈同〉阤

〈647〉【阪】（古・同）
ハン
さか　かえって

坂（同・古）
岅（同）

〈648〉【防】
ボウ
ふせぐ　つつみ　どて

堕（同）
坊（通）

八

画

一ノ乙(乚)亅二部

八画

649
【並】〔竝〕
ヘイ
なみ ならぶ ならべ
る ならびに
みな あわす

〔本〕
〔同〕
並

〔草〕
业

650
〔乖〕
カイ
そむく もとる
たがう もとる はなれる

〔通〕
并

〔俗〕
垂

〔俗〕
垂

〔俗〕
乗

〔俗〕
乗

〔草〕
乗

651
【乳】〔乳〕
ニュウ ジュウ
ちち ちちし
しる

〔本〕
湩

〔同〕
潼

〔本〕
汁

652
【事】
ジズ
こと ことがら つかえる
つとめ いとなむ
おさめる し〔平仮名〕

〔同〕
屍

〔略〕
叓

〔古〕
叓

〔近古〕
事

〔略近古〕
事

〔略〕
丁

〔俗〕
事

〔仮近〕
了

653
〔亞〕
⇩
433
【亜】

654
【享】
キョウ
―うける たてまつる も
てなす すすめる

〔同〕
亨

〔俗〕
亨

〔古〕
享

〔俗〕
言

〔通〕
行

〔通〕
饗

655
〔京〕
―キョウケイ
―みやこ

〔同〕
臭

〔俗〕
京

〔俗〕
亭

〔俗〕
市

人(イ)部

656
〔佩〕
ハイ
おびる はく おびだま お
おおび

657
〔佪〕
カイ
めぐる たちもとおる

658
【佳】
カ
―よい よろしい うつく
しい うるわしい みめよい
か〔平仮名〕

〔同〕
徊

〔俗〕
佪

659
【併】〔倂〕
ヘイ
あわせる ならぶつ
らねる しかし しか
しながら されども

〔俗〕
嘉

〔仮名〕
佳

〔同〕
珮

〔古〕
佩

〔俗〕
佩

〔俗〕
佩

〔俗〕
佩

〔俗〕
風

〔同〕
并

〔同近古〕
并

【660】
〔俾〕〔使〕
シ　つかう　つかい　…し
む　…せしむ

【661】
〔侃〕
カン　つよい　ただしい　すなお

【662】
〔來〕
↓
【580】〔来〕

【663】
〔侈〕
シ　おごり　おごる　ほしいまま

〔侶〕〔侈〕

〔俛〕〔侔〕〔俛〕

〔侔〕
同〔倆〕

【664】
〔例〕
レイ　たとえる　ためし　ならわし　さだめ　たぐい　おおよそ

〔侚〕

〔侍〕
【665】〔侍〕
ジ　さむらい　はべり　はべる　さぶらう　さむらい　きそう　はんべり　つきそい　つ

【666】
〔侑〕
ユウ　すすめる　たすけ　たすける　ゆるす

【667】
〔侘〕
タ　おごる　わび　わびる　わび　さびしい

【668】
〔供〕
キョウ　ク　グ　そなえる　とも　そなえ　そなえもの　〈平仮名〉

【669】
〔依〕
—　イ　エ　—　よる　たよる　たのむ

〔供〕〔仸〕

〔仮〕〔俠〕
同　仮

直　便
通　仮

〔辰〕〔依〕
通〔侮〕草

【670】
〔侮〕〔侮〕略
ブ　あなどる　あなどり　かろんじる　おかす

〔侮〕〔侮〕
俗

〔姆〕〔姆〕
通　草

【671】
〔価〕〔價〕略
カ　あたい　ね　ねうち

〔价〕〔鑕〕
略　俗

ル入八部

【672】
〔免〕〔免〕
メン　まぬかれる　め〈平仮名〉　ゆるす

【673】
〔兎〕
ト　うさぎ

【674】
〔兒〕
↓
【458】〔児〕

〔兔〕〔免〕〔免〕〔冤〕〔兎〕〔兎〕〔兎〕〔兎〕

【675】
【両】
→ 306
【両】

【676】
【其】
キ
その　それ

（古）其
（古）亣
（草）之

【677】
【具】【具】
グ
そなえ　そなえる
つぶさに　ともに
つわ　く〈平仮名〉

（俗）具
（草）具

（俗）異
（草）之

（本）昇
（草）臭

（仮）（近）

（古）【典】
【典】
テン
のり　つかさ　つかさどる
さかん（官員）

（同）

（古）箕
（同）箕

─

【678】以下第二段

（同）興
（俗）典

几凵刀（刂）部

【679】
【凭】
ヒョウ
よる　もたれる　もたす
（同）馮

（俗）馮

【680】
【函】
カン
いれる　つつむ　ふくむ　は
こひつ

（俗）函
（草）函

（俗）函
（俗）函
（草）之

【681】
【到】
トウ
いたる

─ 第三段 ─

（草）到

【682】
【制】
セイ
おきて　のり

（古）制
（俗）制
（古）刾

（俗）制
（俗）制
（草）制

（俗）掣
（草）之

（俗）剒
（草）わ

【683】
【刷】
サツ
する　きる　こする　はけ　あつかう　つ
くろい　ぬぐう　はらう

（本）刷
（草）刷

（俗）別
（草）刷

─ 第四段 ─

【684】
【券】【券】
ケン
わりふ　てがた

（俗）券
（俗）券
（草）券

（俗）纂
（草）之

【685】
【刹】
セツ
サツ
てら

（同）刹
（古）刹
（俗）刹
（草）之

【686】
【刺】
シ
さす　ささる　とげ　なふだ
ささる・とげ　なぶだ
そしる　ぬう

（俗）剁
（俗）剎
（草）刹

（同）刺
（同）（古）刺
（草）之

（俗）判
（草）刾

カ十部

㊤【刻】㊙【刻】
687
コク
きざむ　とき
はる　けずる

㊙剞
㊤剋　㊙剌
㊤尅　㊙剙
㊙刻　㊤剚

㊙【効】㊙【効】
688
コウ
いきおい　きく
きざめ　きくめ
いたす　ならう
㊙㐾
㊤㐶
㊤功

㊙【勀】㊙【勀】
689
ガイ
きわめる　しらべ
る

㊙劾　㊤劾

㊙卒㊙【卒】
690
ソツ
しもべ　もろもろ
にわかに　にわかに
てる　ついにに　しぬ
おわ　おわ　あわ
㊙卆　㊤卆
㊙卆

㊙殍
㊙【卓】
691
タク
すぐれる　たかい　つく
え

㊙常
㊤章

㊙【協】
692
キョウ
かなう
したがう
㊙叶
㊤忺

卜口ム又部

㊙【卦】
693
カ　ケ
うらかた　めど

㊙【卸】
694
⇓
988
【卸】

㊙【參】㊤【參】
695
サン
まいる（ニ）
まみえる（三）
まじわる

㊙【叔】
696
シュク
おじ

㊙【取】
697
シュ
とる

㊙㗊　㊙㪍
㊤㩮
㊤㪍　㊙㪍

㊤叠　㊙叅　㊤叅
㊤曓　㊙曇　㊙厽

㊙尗　㊤枀　㊤叅　㊤曑
㊤尗　㊙叒　㊤枀　㊙曫

㊙朿　㊙朱　㊙叔　㊤朿
㊙朿　㊙朿

口部

【699】
〔古〕周
〔俗〕周
〔俗〕冎
【周】【周】
シュウ
まわり　あまねく
めぐる　め

【698】
〔受〕
〔近〕取
〔俗〕取
〔仮〕
ジュ
うける　うかる

〔俗〕受
〔俗〕受
〔俗〕受
〔俗〕受
〔俗〕受
〔俗〕受
〔古〕受
〔古〕受

【700】
〔呪〕
〔同〕詋
〔俗〕古 呪
〔同〕説
〔俗〕呪
〔別〕呪
ジュ
のろい　のろう
いわんや　まじない

【701】
〔皆〕
〔俗〕皆
〔通〕祝
〔草〕呪
シ
しかる　そしる　これ　この

【702】
〔味〕
〔通〕味
〔通〕茉
ミ
あじ　あじわう　あじわい

【703】
〔呵〕
〔通〕咪
〔通〕茉
カ
しかる　わらう　せめる

【706】
〔命〕
〔通〕詊
〔草〕呻
〔同〕詞
〔同〕詂
〔俗〕欤
〔同〕歌
〔通〕苛
メイ　ミョウ
いのち　おおせ
と　みこと　のり
めす　みこ

【704】
〔呻〕
〔通〕歌
〔同〕唈
シン
うめく　うなる

【705】
〔呼〕
〔俗〕瘠
〔草〕呻
〔古〕吟
〔同〕譁
〔俗〕誇
〔俗〕嘷
〔俗〕呼
コ
よぶ　さけぶ　ああ

〔通〕詊
〔草〕呻
〔俗〕侴
〔俗〕侴
〔略〕侴
〔俗〕命
〔俗〕命

【707】
〔呫〕
〔俗〕侴
〔俗〕侴
〔草〕呭
トツ
しかる　はなし
はなす　ものがたり

【708】
〔咆〕
〔草〕咄
〔同〕嚈
〔草〕呟
ホウ
ほえる

709【和】 ワ・ワク・ワウ
やわらぐ　やわらげる　なご　やわらか　なごむ　なごやか　のどか　あわ　す　なぎ　なぐ　わ（平仮名）
ワ（片仮名）

味　餬

和　愁

私　禾

わ　ゎ

〔和尚〕ワジョウ　クワジョウ　おしょう

咎　咎

710【咎】 キュウ
とがめ　とがめる

歪

711【舍】【舎】 シャ
いえ　やど　やどる　やどす　とどまる　おく　すてる

712【町】 チョウ　ダース

釋　仐

打

口土夕部

713【固】 コ
かためる　かたまる　かたい　もとより　まこと

志　固

714【国】【國】 コク
うち　くに　〔諸侯・外邦〕〔都邑、故郷〕内、城邦

忠　固

外　む

715【坤】 コン
つち　ひつじさる〔西南方〕

巛　與

埜　坤

眞　臾

口　囶

囜　国

囯　囸

囻　囻

囻　囻

民　國

716【坦】 タン
ひろい　たいらか

垣　坦

717【坪】 つぼ〔六尺平方、十合〕

坒　塮

718【垂】 スイ
たれる　たらす　なんなんと　す

乖　毐

垂　垂

乘　坐

秂　歪

大部

719 【夜】ヤ／よ（平仮名）　よる

720 【奄】エン　おおう　たちまち　しばらく　にわかに

721 【奇】キ　—　めずらしい　あやしい

722 【奈】ナ　なんぞ　なに　いかん　からめ　ナ（片仮名）　な（平仮名）

723 【奉】ホウ　ブ　たてまつる　うけたまわる　まいらす　あてがい　ささげる　ほ（平仮名）

724 【奔】【奔】ホン　—　はしる

女部

725 【姐】ダツ（姓）

726 【姐】あね

727 【妬】ト　ねたみ　むねたむ　やく　にく

728 【妹】マイ　いもうと　いも

729 【妻】サイ　つま　めあわす　め（平仮名）

730 【妾】ショウ　めかけ　そばめ　わらわ

731 【姉】シ　あね

【姉】姉 姉

【始】しめる はじまる はじま
始 乱 乱

【乱】りもと おこり
乱 乱

【姑】しうとめ おば しばらく
姑 姑

【姙】姙 姙

【姓】—セイ ショウ —かばね うじ
姓 姓

【着】（同）着 牲

【胜】胜 姓

【委】イ ゆだねる まかせ つぶ さにくわしい ぬ（平仮名）
委 委

子宀部

【季】—キ わかい すえ おわり とき（平仮名）
季 季

【学】学 学

【期】期 亰

【季】季 季

【宗】—ソウ シュウ —むね むねとする おき つかさ とうとぶ とうとい たかし
宗 宗

【窋】窋 窋

【官】カン —やく やくめ つかう おおやけ くらい はたらき つかさ つかさどる つとめ る（宮仕、役人、有司、役所）
官 官

【用】用 官

【宙】—チュウ —そら
宙 宙

【鈾】鈾 鈾

【定】テイ ジョウ —さだめる さだまる さだか さだめ さだめし さだめて
定 定

【正】正 定

【宄】宄 定

【宛】エン —あたかも きながら うて ずつ しだが
宛 宛

【窓】窓 宛

【宛】宛 宛

【宜】—ギ —い よろしく…べし よろし うべ うめ むべ
宜 宜

【窐】窐 窐

【宊】宊 宊

【宐】宐 宐

【宝】【寶】—ホウ —たから ほ（平仮名）
宜 宜

【宷】審 審

【寶】寶 寶

【琲】琲

【寶】寶

【瑘】瑘

【琋】琋

小⺌尸山部

744
【実】【實】
ジツ
みのる まこと
まことに げに
まめ

745
【尚】【尚】
ショウ
―とうとぶ たっと
とうとし たっと
しばらく
なお ひさしい
かみ むかし ねがう
もし もしくは

向
通

上
通

746
【学】【學】
ガク
まなぶ まなび

747
【居】
キョ
いる おる
丸(平仮名)

748
【届】【屆】
―カイ
とどく とどける
【忠節】

749
【屈】
―クツ
かがむ

750
【岡】
コウ
おか

751
【岨】
ソ ショ
そば

752
【岩】
ガン
いわ いわお

㊤ 嵒 ㊒
㊒ 岊

753【岬】コウ　みさき　きき

㊌【岳・嶽】古

754　砑　㊒【岳・嶽】たけ　ガク

㊒ 屮 ㊒ 出
㊌ 嶨 ㊒ 嶽
㊒ 岙

755【岸】ガン　きし　みぎわ　なぎさ　がけ

㊒ 忢 ㊒ 岧

㊒ 埖 ㊒ 坧
㊒ 岸 ㊒ 峠

巾干部

756【帖】ジョウ　チョウ　てがた　はりがみ　じょう〔で占〕　とばり

757【帙】㊒古〔書物をつつむもの〕チツ

㊌【帙】古 ㊒ 疊
㊒ 袠 ㊒ 袟

758【帚】ソウ　はらう　はく　ほうき

㊌ 掃 ㊌古 帚
㊒ 篲 ㊒ 帚

759【帛】ハク　きぬ

760【并】ヘイ　ならびに　かねる　もっぱら　あわす

761【幷】略

㊒ 帛 草
㊒ 并 草

广部

762【底】テイ　そこ　した　なんぞ　いたる

763【店】テン　みせ

764【庚】コウ　かのえ　じっかんの七〔西方、秋〕

㊌ 店 ㊒ 弖
㊒ 底 省

㊌ 幸 ㊒ 夲
㊌ 奏 ㊒ 卒
㊒ 幸 ㊒ 倖
㊒ 夲 ㊒ 卒

765【府】フ　くら　やくしょ　あつま　る　みやこ　〔行政区域〕

㊌ 庰 ㊌ 塵
㊒ 玽 ㊒ 廛
㊌ 庫 ㊒ 庚
㊌ 庢 ㊒ 府

夂 弓 彳 心(忄)部

766
【延】【延】
エン
のびる のばす のべ
る（平仮名）
え

767
【弦】
ゲン
つる ゆづる

768
【弥】
同→ビ ミ
いや あまねや
いよ や ひさし
いや ひろし
わたる（片仮名）

769
【彼】
ヒ
かれ かの かれ

770
【往】【往】
オウ
―ゆく いにしえ
むかし さきに

771
【征】
セイ
―ゆく うつ とる から

772
【径】【徑】
ケイ
―こみち ちかみち
きしわたし ただちに

773
【忝】
テン
かたじけない
かたじけなく す

774
【忠】
チュウ
ただ まごころ
（官職） じょう

775
【念】
ネン
―おもい おもう
ね（二十）
（仮名） ねん（平

776
【忽】
コツ
たちまち にわか
ゆるがせにする つい
ゆるがせ

781
古
同
【怪〔忰〕
カイ・ケ
あやしい
ものの
け
あやしむ
いぶかる
ばけもの

780
同
【悋】
ジ
はじ
はじる

忌
忌

779
同
【性】
セイ・ショウ
さが
たち
うまれつき

靈
性

778
同
【怖】
フ
こわい
おそれ
おそれる

悑
怖
怖

777
【忿】
フン
いかり
いかる

憤
忿

784
【或】
ワク
あるいは
あるは
あるく
に

戈
戸
部

783
別
【恌】
国
こらえる

堪
恓

782
同
【怯】
キョウ
おそれる
おじける

狂
怯

同
俗
草
怚
怪
怚

同
俗
俗
䢙
悷
忰

俗
俗
古
俗
787
略
786
785
俗

斦
斯
斦
所
【所〔所〕
ショ
ところ
ほど
ばかり
がり
…る
…らる
そ〔平仮名〕

所
【房〔房〕
ボウ
ふさ
や
つぼね

房

【戻】
↓
552
【戻】

或
戈

俗
俗
俗
俗
房
房
戻

草
仮匠
䢙
不

古
789
俗
俗匠
同
古
788
草

䊹
【扳】
ヒ
ひらく

泵
兼
挈
承
【承】
ショウ
うけたまわる
うける
さきげる
たすける

手(扌)
部

社
不

同
俗
俗匠
俗
本

殁
乘
承
乘
承

790
〔抱〕(俗)〔抱〕
ホウ
いだく　だく　かかえ
る　かかえ　やしい
ふところ　むね

(同)
〔抝〕
(俗)

791
〔抵〕
テイ
おしひらく　あたる
かす　おくる　お
こばむ

(古)
〔匜〕
(同)
〔氐〕

792
〔抹〕
マツ
すりけす　けす
なする

(俗)
〔抵〕
(草)
〔拒〕

(草)
〔抹〕

793
〔抽〕
チュウ
ぬく　ひく

(同)
〔揟〕
(草)
〔抽〕

794
〔押〕
オウ
おす　おさえる　かきはん
かかわる

(通)
〔狎〕
(草)
〔押〕

795
〔拂〕
↓
230
〔払〕

796
〔担〕(俗)〔擔〕
タン
かつぐ　になう　かた
ぐ　にもつ

(俗)
〔擔〕
(草)
〔担〕

(俗)
〔橹〕
(草)
〔擔〕

797
〔拇〕
ボ
おやゆび

798
〔拍〕
ハク　ヒョウ
うつ　ひょうし　かしわ

(俗)
〔胇〕
(俗)
〔拇〕

799
〔拐〕
カイ
かたり　かどわかす

(俗)
〔拐〕
(草)
〔拐〕

800
〔拒〕(俗)〔拒〕
キョ
こばむ　ふせぐ
える　さき

(俗)
〔拒〕
(俗)
〔拐〕

801
〔拓〕
タク
ひろう　ひらく

(通)
〔距〕
(草)
〔拓〕

(同)
〔拓〕

802
〔抜〕
↓
565
〔抜〕

803
〔拙〕
セツ
つたない

(俗)
〔攘〕
(同)
〔托〕

(同)
〔拍〕
(同)
〔搏〕

804
〔拘〕
コウ
とどめる　とらえる　か
かわる　まがる　めぐらす

(俗)
〔拘〕
(俗)
〔拘〕

(古)
〔拙〕
(同)
〔拙〕

(同)
〔岐〕

805
〔招〕
ショウ
まねく　まき
だす　あげる　かかげる

(同)
〔招〕

806
〔拝〕(同)〔拝〕
ハイ
おがむ　おろがむ
かがむ　ぬ
かずく　かがむ

(略)
〔召〕
(略)
〔招〕

(俗)
〔拜〕
(古)
〔橈〕

(俗)
〔拜〕
(同)
〔拜〕

806 【擧】
〈俗〉

〈俗〉

〈草〉
ね

807 【拠】 拠
—キョ
—よる
たよる

〈俗〉
援

〈俗〉
援

808 【拡】 擴
—カク
ひろめる
り　ひろがる
ひろめ
ひろが

〈略〉
据

〈略〉
据
ね

809 【放】
はなす
はなつ
はなれる
ホウ

支(攵)文 部

掷

拡

810 【斉】 齊
—セイ
く　そろう　みな
ひとしい　ひとし
とのう　みな　と

〈本〉
亠

〈古〉
亝

〈本〉
齊

〈略〉
斉

〈略〉
齊

〈俗〉
齎

〈俗〉
齏

〈俗古〉
齊

〈俗古〉
齏

〈俗古〉
齎

〈俗古〉
齊

〈俗古〉
齊

〈俗古〉
齎

斤方日 部

811 【斧】
おの
まさかり
フ

〈俗〉
鈝

〈俗〉
鈝

812 【於】
お
あ　あより　を　お
いて　おける　を
名　米片仮名
お　起平仮
名

〈古〉
扵

〈俗近〉
扵

〈俗〉
扵

〈仮〉
お

〈俗〉
扵

〈俗近〉
拸

〈俗〉
扗

〈仮〉
才

813 【旺】
おう
さかん

〈同〉
睢

〈同〉
睢

814 【昂】
コウ
あがる　のぼる　あお
あげる　たかい
ぐ　たかい

〈通〉
昂

〈俗〉
昂

〈草〉
仰

〈通〉
高

〈通草〉
高

815 【昃】
ショク　シキ
かたむく〔午後〕

〈本〉
厄

〈同〉
厄

〈俗〉
呉

816 【昇】
ショウ
のぼる

816 （俗）昇　昇

817 【昌】ショウ　さかん

818 （略）【明】メイ　ミョウ　ミン　あかり　あかるい　あからむ　あかるむ　あける　あく　あくる　あかす　あかり　あき　あらわれる　ひかり

819 （古）（草）（同）【昏】コン　くらい　くれ　たそがれ

本　百　（同）昏

（同）暗　暗（俗）昏

820 【易】エキ　イ　やさしい　かえる　かわる　やすい　あなどる　おさめる

821 【昔】セキ　シャク　むかし　いにしえ　さき

822 【朋】【朋】ホウ　とも　なかま

月　木部

823 【服】【服】フク　きる　したがう

824 【杭】コウ　くい　いかだ

825 【東】トウ　ひがし　と〔平仮名〕

826 （草）（仮）（匠）【杳】ヨウ　くらい　ひろい　はるばる　はるか

827 （草）（通）【杵】ショ　きね

828 【枠】〔国〕わく

829 【梓】シ　ハイ　さかずき　ほとぎ　つき

本　梓　（別）框

〔俗〕
歨

〔革〕
歨

〔俗〕
歧

〔俗古〕
尖

〔同〕
坒

〔俗〕
走

844
【步】
〔步〕
ホ　ブ
フ　ツ
あるく　あゆむ
み　ほ〔距離単位〕
あゆ
〔照合〕

〔俗〕
欧

〔俗〕
攺

〔俗〕
嘔

〔略〕
歐

〔同〕
忻

〔俗〕
欣

843
【欧】
【歐】
オウ
ど—はく　もどす
へ

842
【欣】
キン
よろこぶ
わらいよろこぶ
たのしむ

歹夊母（母）毛氏部

歧

歧

政

殼

〔同〕
歧

〔同古〕
歧

846
【歧】
キギ
えだみち
ふたまた

〔仮〕
む

〔革〕
武

〔俗〕
武

〔俗〕
或

武

845
【武】
ブ　ム
たけし　つよし
もの
ふ　つわもの〔半歩〕
皇平

古
畫

本
莓

850
【毒】
【毒】
ドク
—あし　そこなう
わざわい　よこしま

〔俗〕
政

〔俗〕
政

849
【殴】
【毆】
オウ
なぐる　うつ
たたく

848
【妖】
↓
116〔天〕

〔通近〕
沒

〔俗〕
殳

〔俗〕
殳

本
殘

〔同〕
殳

847
【殳】
ボツ
しぬ

〔俗〕
吝

〔俗〕
鮯

853
【沓】
トウ
くつ

水（氵）部

〔俗〕
珉

〔俗〕
珉

852
【珉】
ボウ
たみ

〔同〕
挫

〔俗〕
拐

851
【毛】
モウ
むしる　もぐ　もぎとる

〔俗〕
毒

〔革〕
毒

（通）（古）
川
【河】856
かわ
カ
弘（俗）
浉（俗）
池（同）
【沱】855
（川名）
ダ　ダ
いけ
沰（草）
沫（俗）
【沫】854
マツ
あわ　あわだつ
つばき　しぶく
あわ
咕（俗）
岾（草）

（草）
いう
泄（俗）
泄（俗）

酷（通）
冴（古）
【沽】860
うる　かう　あたい
コ
【沼】859
ぬま　いけ　ぬ
ショウ
沼（草）
釉（古）
【油】858
あぶら
ユ　ユウ
油（草）
鬻（古）（同）
衆（同）
沸（草）
濡（草）
【沸】857
わく　わかす
にえたつ
フツ
汛（通）
冴（俗）
況（俗）
党（古）
汜（草）
【況】863
いわんや　まして　おも
むき　ありさま　ますます
キョウ
沿（俗）
治（草）
沈（同）
汃（俗）
乱（別）
汯（仮名）
【沿】862
なお　そう
したがう
エン
【治】861
ジ　チ
おさめる　おさまる
なおす　ち（平仮名）
酒（同）
沿（草）

泊（俗）
【泊】864
とまる　とめる
とまり　とめる
ハク
泡（通）
汎（通）
汜（通）
【泛】867
うかぶ
ハン
迬（古）
法（俗）
盧（古）
金（古）
【法】866
ホウ　ハッ　ホッ
のり　のっとる
てだて　おきて
涎（草）
【泌】865
ながれる　しみでる
ヒツ　ヒ
酒（同）
【泡】868
あわ　うたかた
ホウ

（俗）泹泡

【波】[869]
なみ　は[平仮名]ハ[片仮名]

（通）（仮）陂は
（草）波

【泣】[870]
キュウ　なく　なみだ

（通）（草）澁は
【泥】[871]
デイ　どろ　ぬかるみ　ぬかる

（同）坭埿
（俗）渥渥

【注】[872]
チュウ　そそぐ

（通）（草）註は

【泳】[873]
エイ　およぐ

（同）泳泅
（同）游泅
（草）汙

（通）鑢（草）幼

火爪(爫)片部

【炊】[875]
スイ　たく

（俗）欻烞

【炒】[876]
ショウ　いる

（同・古）釁嚳
【炎】[877]
エン　ほのお　はむら　もえる　や

（同）焔（略）炑
（略）岺岺

【争】[878] ⇩ 277【争】

【版】[879]
ハン　いた　ふだ

牛犬(犭)部

（俗）（通）版板

【牧】[880]
ボク　まき　うまかい　やし　かう　つかさ

（俗・古）物

【物】[881]
ブツ　モツ　もの

（省）牛物

【状】[882] ⇩ 600【状】

【狃】[883]
コウ　なれる　あなどる　かろんじ　るわる　かわるがわる

（俗）甭

玉(王)瓦田部

884
【狐】
きつね

885
【狗】
コウク
いぬ

(同)
貆

(俗)
狐

886
【狙】
ソ
ねらう

(俗)
狥

(俗)
狗

(別)(国)
怒
(草)
狙

887
【狛】
ハク
こま
こまいぬ

(同)
狀
(草)
狛

白目矢示(ネ)部

888
【玩】
ガン
もてあそぶ

(通)
翫

(通)
抏

(草)
玩

889
【瓩】
—
キログラム

(通)
瓩

(同)
画
(同)
畫

890
【画】【畫】
ガク
さかいする
つかがる
わか
はかる
くわかりごと
えが

(俗)
画

(俗)
畵

(匠)
重
(草)
甴

白目矢示(ネ)部

891
【的】
テキ
まと
あきらか
ただしい

(同)
旳

(俗)(古)
皍

892
【盲】
モウ
めくら
めしい

(俗)
皏

(俗)
軍

893
【直】
チョク ジキ
ただちに なおす なおる
ただ じか あたい あたる
なお すぐに

(草)
疽

(俗)
晴

(俗)
崤

(俗)
脏

(古)
稟

(俗)
直

(俗)
宜

(略)
直

894
【知】
チ
しる
ち(平仮名) きとる
チ(片仮名) きとる

(古)
矧

(古)
庆

(仮)(中)
千

(仮)
ち

(仮)
直

(俗)
囱

(俗)
直

895
【社】
↓
608
【社】

896
【祀】
シ
まつり まつる とし

(草)
祀

【古】�años
【同】祖

【俗】禝

【同】禩
眞

【897】
【祈】〔祈〕
いのる いのり
き〔平仮名〕

【俗】【仮中】
靳
〔仮〕
衫

【898】
〔祉〕〔祉〕
シ
─ さいわい
祉〔草〕

穴立竹部

【899】
【空】
そら あく あける から
むなしい あな うつる

【略】
空

【900】
【突】〔突〕
トツ
つく つきでる
にわかに
にわ
突

【俗】突
【俗】穼
【俗】冗

【901】
〔奸〕
【国】
キロリットル

【902】
〔竺二〕
たけ あつし
ジク トク

【同】
箮
【俗】笠

糸老肉(月)部

【903】
〔糺〕
↓
【1189】
〔糾〕

【904】
〔者〕〔者〕
シャ
もの は この これ
てへり〔といへり〕て
へれば は〔片仮名〕
ハ〔片仮名〕

【俗】
臽
【草】耂

【仮近】
乚
【仮】耒

【905】
〔股〕
コ
── また
もも

【同】
骰
【草】毀

【906】
〔肢〕
シ
てあし

【俗】
肢
肢

【俗】
躯
躯

【俗】
肦
【907】
〔肥〕
ヒ
こえ こえる こやし こや
す

【俗】
肥

【俗】
脃

【俗】古
肩
【草】屠

【908】
〔肩〕〔肩〕
ケン
かた

【俗】古
肋

【909】
〔肪〕
ボウ
── あぶら
こえる

【同】
骷

【910】
肯
コウ がえんず うべなう
けがう うべないて
あえて

【古】
胃
【本】胃

【911】
〔肚〕
コウ
ひじ

【俗】
肥

【古】
左

【古】
厶

【本】
丞

【俗】
肬

【育】(俗) 912
イク
そだつ　そだてる　はぐくむ
そだち　そだて　やしなう

(本)【育】
(同) 毓

【肴】(俗) 913
コウ
(草)
さかな

衰(本)

臣艸(艹・艹)部

【臥】(俗) 914
ガ
ふす　ふしど　やすむ

饒(俗)
肴(草)

肴(俗)
肴(本)

臥(同)
臥(俗)

【芙】915
フ
はす　はちす

【芽】(本)【芽】(俗) 916
ガ
めぐむ　めざす

【切】(国) 917
せ
―き

【苗】(略)【苗】(俗) 918
ビョウ　ミョウ
なえ・なわ　かり
すじ　もみ
もろもろ　ち

美(俗)
芒(草)

芽(俗)
芽(本)

苗(草)
苗(俗)

芍(略)
苗(略)

為(略)
萬(草)

苗(俗)
苗(草)

【若】(略)【若】(俗) 919
ジャク　ニャク
わかい　もしくは　し
たがう　なんじ　ごと
く　なんぞ　ごと
し　いかで　もしも
しいかで　もしも

【苦】(略) 920
ク
くるしい　くるしむ
くるしめる　にがい
にがる　はなはだ
ねんごろ

【英】921
エイ
―はな　ひいでる

【茂】(略)【茂】(略) 922
モ
しげる　しげし
も・平仮名

茂(俗)
茂(俗)

若(俗)
苦(俗)

吾(略)
吾(俗)

英(略)
英(俗)

茂(略)
茂(俗)

【茲】(俗)【茲】(俗) 923
ケイ
くき

【茎】(俗)【茎】(仮名)
【茎】(略)【茎】(俗)

【苑】(略)【古)
【苑】(略)
⇒ 1211【苑】

【芦】
⇒ 3872【蘆】

【虎】(俗) 924
コ
とら

虍
衣辵(辶・辶)部

茲(俗)
茲(俗)

莖(俗)
莖(略)

莖(草)
莖(略)

芦

表
衰　袤　衰　【表】ヒョウ　帇　席　席　虚　帗
　　　　おもて　　　　　　　　　　　　虎
　　　　あらわす
　　　　あらわれ
　　　　もと
衺　哀　褘　うわぎ　帍　帗　帒　虎
　　　　しるし
　　　　しめす
　　　　おおやけ
　　　　のり
　　　　めし
　　　　ところ
　　　　し

述　【述】【逑】　佚　【送】【送】テツ　趄　擋　【迚】国
　　　ジュツ　　　　　かわる、たがう　　　　ー
　　　のべる　　　　　かわるがわる　　　　　とても
邑(阝)釆金部　さめる　逸　したがう　お　迫　坦
　　　　　　　述　あらわす　お

採　【釆】サイ　邱　郆　邱　【邸】ー　耶　耶　【邪】【邪】
　　　とる　　　　　　　　　　　やしき　叿　ジャ
　　　いろどり　　　　　　　　　やど　　　　よこしま　いつわ
宋　かたち　す　第　邱　邸　いえ　邪　邪　やり　かじけ
　　　がた　　　　　　　　テイ　　　　ねじける

鎬　【金凾】　釜　盒　金　【金】キン　菜　【釆女】うねめ
　　　キンレン　　　　　　　　コン　栗
鎬　　　　　　釪　盒　金　ゴン　　姝
　　　　　　　　　　　　　かね(かな)
　　　　　　　　　　　　　かね(曲尺)
　　　　　　　　　　　　　はもの　かなもの
　　　　　　　　　　　　　まっすぐ
　　　　　　　　　　　　　[五行の一]
　　　　　　　　　　　　　こがね

〔B〕
【金箸】
キンチョ

〔C〕
【金椀】
キンワン

〔D〕
【金剛】
コンゴウ

鋎
鋭

長門阜(阝)部

【長】
934
チョウ
ながい　たけ　はじ
つめ　うえ　かしら　おいた

釒

㊒㊖
蓑
も

㊕㊒
㐅
介

㊒㊕
卨

㊒㊖
七
去
も

【門】
935
モン
かど　もん

閅
〜

【阜】
936
おか　さかん　こざと

𨸃

本
𨸁
阝

㊖
島
埠

㊕
挬
早

【阻】
937
ソばむ　けわしい　たかい
へだてる　へだたる　とど
める

俎
㊙

【阿】
938
ア
くま　おもねる　ああ
あ〔平仮名〕ア〔片仮名〕

【陀】
939
ダ
けわしい

阿
13

尸
マ

【附】
940
フ
つく　つけたり

陁
陁

屺
陁

阞

㊒㊖
附
附

雨
青
非部

【雨】
941
ウ
あめ　あま　あめふる　ふらす

【青】
942
セイ　ショウ
あお　あおい

永
丙

【非】
943
ヒ
たがう　あらず　そしる
うらむ　ひ〔平仮名〕

卆
宵

匹
水

𠤎
水

㊖
附
附

九
画

九画

一ノ二亠 部

944 俗【昼】(畫) チュウ ひる

945 略【書】【書】

945 略【乗】【乗】 ジョウ のる のせる のりも のつい

946 俗【亞】 キョウ すみやかに はやい とし いそがしい ただただ しば

947 【亭】 テイ チン たこ あずまや やどや て(平仮名)は しゅっぱ は

948 俗【亮】 リョウ すけ(官制) あきらか

949 俗【侮】 ↓ 670 【侮】

人(イ)部

950 【侯】 コウ だいみょう まと

951 草【侶】 リョ なかま ともだち つれ と もたぐい

952 俗【侵】【侵】 シン おかす すすむ せめ るやぶる

953 本【便】【便】 ベン ビン たより おとずれ よ ろしい すなわち ちまち ゆばり た

954 【係】 ケイ かかる かかり つなぐ か かわる ひく

953 通【促】 ソク うながす せまる つまる いそがしい みじかい

955 略古【促】【促】

956 通【俄】 ガ ダ にわかに にわかに ロシア

957 【俊】 シュン とし すぐれる

略 後
俗 島
俗 雋
草 俊

958 【俎】ソ・ショ　まないた　つくえ
俗 俎

959 〔俑〕トウ・ヨウ　いたみ　いたむ　ひとがた
草 俑

960 【俗】ゾク　―ならい　ならわし　いやしい　ひくい

略 俗
古 仜
略 倍

俗 俗
俗 俉
俗 偖

961 〔俚〕リ　いやしい　いなか　たのしむ　たのしみ
俗 俉
俗 俚

962 【保】ホ・ホウ　もつ　もる　まもる　やすんじる　ほ〔字仮名〕
俗 鄙
通 里

古 朵
同 柔
古 禾

通 俕
仮 ほ

仮 ホ
草 保

963 〔俟〕シ　まつ　うかがう
同 竣
同 妃

同 俟
草 侯

964 〔俠〕キョウ　おとこだて　おとこぎ　たのもつ
俗 侠
通 夾

略 俠
草 俠

965 【信】シン　―まこと　あかし　たより　おとずれ　のべる
通 挟

同 訫
同 狺

古 仴
古 訫

966 〔俥〕国　くるま

967 〔俤〕国　おもかげ〔面影〕

968 〔俣〕国　また

同 俁
草 俟

入
八
冂
一
部

969 〔俞〕ユ　しかり
俗 俞

古 俞
俗 俞

970 【卷】カン・ケン　まき　まく　まきもの
本 卷
同 古 弓

刀(刂)力部

（國）冠 （古）�509冠 （草）冠

（古）冠 （俗）冠 （草）冠

【973 冠】
カン　かんむり
はじめ　とさか　かしら

972【冒】
↓
1083【冒】

（俗）輩 （俗）軸

（俗）971【胄】
チュウ　かぶと〈胄と胄とは別〉

（俗）卷 （草）巻

（同）弓 （略）巻

（本）976【削】 （俗）【削】
サク　けずる
そぐ　さく　へらす

（俗）則 （草）㓟

（古）剮 （古）剮

（古）剮 （古）則

【975 則】
ソク　のり　のっとる　すなわ

（同）髟 （草）和

（本）鬆 （草）

974【剃】
テイ　タイ　そる　けずる

（本）鞘 （本）郒

979【勁】
ケイ　つよい

（俗）偷 （草）㕛

（略）肯 （俗）前

（古）歬 （俗）前

978【前】 （俗）【前】
ゼン　セン　まえ　さき　はじめ
すすむ　きる　通中

（同）斚 （俗）尅
かつ〈—を〉たえる

977【尅】
コク
かつ〈—を〉たえる

（同）鞘 （通）稍

（略）勁 （俗）勁

（略）勁 （草）勁

（同）愚 （同）戡

982【勇】 （俗）【勇】
ユウ　いさむ　いさましい
つよい　つわもの

（本）勅 （俗）救

（本）勅 （俗）救

981【勅】【敕】
チョク　みことのり　いま
しめ　いましめる

（俗）勗 （俗）勗

（同）教 （俗）勗

980【勃】
ボツ
にわかに

㊑毕

㊑毕

【卑】㊑卑
984
ヒ
いやしい　いやしむ
いやしめる　ひくい
…しむ　…せしむ

別
十卩部

克
983
【尅】㊑
かつ　つとめる

㊑戝

㊑勇

㊑猇

㊏古易

㊐勳

㊑勐

㊑勇

㊏古夐

㊑却

㊑郤

【卻】㊑
986
キャク
しりぞける　かえす
てひま　かえっ　かえす　かえっ

㊑甫

㊏仮

㊑南

㊑南

古南

㊑牵

985
【南】㊏古
ナン　ナ
みなみ　な（平仮名）

㊑毕
㊏草

㊑尸

㊑却

㊑却

㊑甬

㊑南

㊑挐

㊑卸
㊑草

厂又部

989
【彪】㊏同
ボウ
おおきい

988
【卸】㊑
【缷】㊑
シャ
おろし　おろす
おろす　とく
すてる

987
【卽】㊑
↓
473
【即】

991
【厚】
コウ
あつい　あつさ

㊐本螯

㊐本螫

990
【厘】㊏略
リン
りん（十分の一
の一分）みせる
の一銭、十分の一

㊏同庬
㊏草庀

口部

㊑叛

㊑叛

993
【叛】㊑
ハン
そむく　はなれる

㊑敘

㊑叙
㊏草

992
【叙】㊏同
【敍】㊑
ジョ
のべる　ついで
ついずる　いとぐち

㊑厚

㊏同厗

㊏古厔

㊑厚

㊑厚

㊏本厚

㊑叛

㊑叛
㊐匠

【994 咤】タ　しかる　（同）吒　吒

【995 咫】シ　たけ　あた　〔八寸〕　（俗）咫　（草）咫

【996 咳】ガイ　せき　しわぶき　（俗）只　（同）咳　（俗）胲

【997 咸】カン　みな　すべて　ことごとく　（草）

【998 咽】イン　のど　のんど　のむ　むせる　（通）緘　（通）函　（草）

【999 哀】アイ　あわれ　あわれむ　かなしむ　かなしみ　かなしい　いつく　（同）哩　咺　（俗古）衰　（同）懐　（俗古）衰

【1000 品】ヒン　ホン　ボン　しな　かず　もろもろ　（略）品　（略）只

【1001 哉】サイ　かな　はじめ　や〔平仮名〕　（古）哉　（本）哉　（略）戈　（略）哉　（俗）哉　（略）戈　（俗）哉　（通）載　（俗）小

【1002 咲】【唉】　さく　わらう

土部

【1003 芙】（古）芙　（草）

【1004 垣】エン　かき　かきね　（古）垩　（古）型

【1005 城】【城】ジョウ　しろ　きずく　（俗）墈　（匠）甊　（古）甊　（同）盛　（草）塲

夂大女子宀部

1006
【変】【變】
ヘン
かわる かえる かわ
みだれ へ〔平仮〕
なり〔変体仮名〕

㊨變 ㊁變 ㊨㊒變 ㊨變

1007
【奏】
ソウ
かなでる
もうす すすめる
㊒奏 ㊒奏
㊨卞 ㊨袞 ㊒袞

1008
【契】【契】
ケイ
ちぎる ちぎり わり
ふ てがた
㊨葵 ㊒挈 ㊨峯 ㊨奏

1009
【姙】
↓
513【妊】
㊨㊒尋 ㊨尋 ㊒㊒軔

1010
【姥】
ボ
うば ばば
㊨媽 ㊁姆

1011
【姦】
カン
かしましい わるい いつわ
り やかましい
㊑姧 ㊨㊒姧

1012
【姪】
テツ
めい おい
㊨妷 ㊁妷

1013
【妍】
ケン
うつくしい なまめかしい
㊑姸 ㊒妍 ㊁娊

1014
【姻】
イン
したしむ
㊨姻 ㊒姻

1015
【姿】【姿】
シ
すがた かたち しな
おもむき
㊒嫡 ㊑姫 ㊒姐

1016
【威】
イ
たけし おどし おどす
おごそか いかめしい
㊨豊 ㊨㊒農 ㊑威 ㊒威

1017
【孤】【孤】
コ
ひとり みなしご
そむく
㊨孤 ㊒孤

1018
【客】
キャク カク
まろうど たびびと ひ
とくいど
㊑客 ㊒客

1019
【室】
シツ
むろ
へや や いえ さや
㊨㊒室 ㊒室

子宀寸部

1019
（俗）宕
（俗）宵

1021〔宥〕
ユウ
ゆるす　なだめる

（古）宣
（本）宣
（草）宣

1020【宣】
セン
―のべる　のる　とく　の
たまう　みことのり

（俗）室
（草）室

〔室生〕
むろう

（略）室
（俗）室
（省）宀

1022【封】
フウ・ホウ
―さかい　おか　とじる
つつむ　ポンド（大名にと
りたてる）

1024【県】〔縣〕
（省）
―ケン
かかる　かける
へだたる　あがた

小ヅ尸山巾部

1023【専】〔專〕
（略）
―セン
もっぱら　もはら
しいまま　は

（古）直
（略）皀

（俗）㞢
（古）㞢
（草）㞢
（俗）㞢
（草）寿

（古）對
（古）坴
（同）叔
（俗）坴

（古）杜
（古）牡
（俗）牡

1025【単】〔單〕
ダン・ゼン
―ひとつ　ひとえ
ひとえに

（俗）県
（通）懸

（同）縣
（俗）縣

1026〔栄〕〔榮〕
（略）
エイ・さかえる
あおぎり　しげる
やいろち　きり　つ

（略）単
（草）単

（略）單
（草）單

（略）単
（略）單

（俗）県
（草）㕣

1030【峡】〔峽〕
―キョウ
かい　はざま

1029【峠】国
―とうげ〔國〕

1028〔屍〕
シ
かばね　しかばね

1027【屋】
オク
やいえ
や（平仮名に）

（俗）茱
（草）茱
（仮）

（同）陜
（略）陜

（古）尻
（本）尻

（古）臺
（本）臺

（俗）屋
（草）屋

（通）陋
（草）峠

1031
【帝】(俗)【帝】
テイ
みかど　きみ　て
[平仮名]

(古)帝　(俗)帝

1032
【帥】
スイ
ひきいる　かしら　そち
そつ〔首領〕

(仮)帥

(本)【衛】(略)衛
(古)(俗)帥
(草)(俗)帥

幺广廴部

1033
【幽】
ユウ
かすか　ふかい　くらい

(略)幽　(同)幼

1034
【度】
ド　ト　タク
たび　のり　のっとる　もの
さし　はかる　わたる　わたす　ころ　たし　と
[平仮名]

(古)庇　(俗)庶　(古)(俗)慶

(俗)懐　(俗)(古)度
(中)(通)渡　(草)庋

1035
【建】(俗)建
ケン　コン
たつ　たてる

1036
【廻】
カイ　エ
めぐり　めぐる　めぐらす
かえる　まわり　まわる　まわし　ま

(本)【廻】(俗)廻

1037
【廼】(同)廼
ダイ
すなわち　その　の

1038
【弧】
コ
ゆみがた　まがる

(草)孤

弓彡彳部

1039
【彦】(俗)彦
ゲン
ひこ男子称

(本)彦　(略)彦
(俗)弥　(草)弥
(俗)庀　(草)走

1040
【待】
タイ
まつ　あしらう

時　待

1041
【律】
リツ　リチ
のり　きまり　おきて
ただす

1042
【後】
ゴ　コウ
あと　うしろ　おくれる
のち　しり　しりえ　すえ

(略)後　(通)律

1043
【怒】
ド　ヌ　ド
いかる　おこる　いかり
きどおる　ぬ[平仮名]　い

心(忄)部

(同)后　(古)(俗)遉　(古)(俗)俊

(古) (俗) (仮) (草)

1044【思】シ おもう おもい ここに

(古) (古) (古) (古) (古) (古)

1045【怠】タイ おこたる なまける おこたり あなどる

(通) 殆 (草)

1046【急】(俗)〔急〕キュウ いそぐ せく はやい きびしい せまる

(本) (俗)

1047〔怨〕エン オン うらみ うらむ あだ

(古) (古) (古) (古) (古) (古) (俗) (俗)

1048〔怱〕

⇩

1703〔悤〕(同)

1049【恒】(俗)〔恆〕コウ ゴウ つね

(古) (古)

(略) (俗) (通) (草)

1050〔恟〕キョウ おそれる

(略)

1051〔恢〕カイ ひろい おおきい

(同) (俗) 恢

1052【恨】コン うらむ うらめしい うらみ くいる

(本) (本) (通) (草)

1053〔恪〕カク つつしむ

(本) (同)

1054〔恬〕テン やすし やすらか

(本) (草)

1055【悔】(俗)〔悔〕カイ くいる くやむ くやしい くやみ うらむ

(古) (同) (同) (俗)

手(扌)部

1056〔拝〕

⇩

806【拝】

1057 【括】 カツ　｜くくり　くくる　つかねる　むすぶ
本 括　通 筈

1058 〔拭〕 シ■ク　ぬぐう　ふく
俗 拭　通 恜

1059 〔拵〕 ソン　こしらえ　こしらえる
俗 拵

1060 〔挱〕 サツ　せまる　おしせまる
本 揱　同 攡

1061 【拷】 ゴウ　｜うつ　かすめる
略古 攷　草 拷

1062 【拾】 シュウ　ジュウ　ひろう　おさめる
通 十　草 拾

1063 【持】 ジ　もつ　もち　とる　にぎる
俗 持　草 持

1064 【指】 シ　ゆび　さす　ゆびさす　さし　さしず
古 指　略 指　俗 指　草 指

1065 〔按〕 アン　おさえる　ひかえる　しらべる
通 案　通 桉

1066 〔挊〕 ロウ　かせぎ　かせぐ　もてあそぶ

1083 【冒】 略〔冐〕 ボウ　おかす　おおい　おおう　かぶる　こうぶる　ずきん　かぶりもの

1067 〔挌〕 カク　うつ　たたかう
同 敋　草 挌

1068 〔挵〕国 ｜むしる
同国 挘　同国 毟

1069 【挑】 チョウ　いどむ　もてあそぶ　かかげる　みだす
俗 挑　通 誂　通 挏　草 挑

【挟】 ⇩ 1389 〔挾〕

攴(攵)方部

1070 【政】 セイ　ショウ　まつりごと　まさ　まさに　ただす
同近 㱏　俗 政　俗 衍　譌 㱏　譌 政　草 政

1071 【故】 コ　ゴ　ゆえ　ゆえに　いにしえ　ふるい　ふる　わざと　もとより　かるがゆえに　こ〔平仮名〕
同 故　俗 故　俗 故　通 古　仮 攷　草 故

【1072】〔施〕シ　セ　ほどこす　ほどこし　めぐみ

〔1073〕〔昂〕→〔814〕〔昂〕

【1074】〔星〕セイ　ショウ　ほし　しるし　めあて

【1075】〔映〕エイ　うつる　うつす　はえる　あ　きらめく

【1076】〔春〕シュン　トウ（ー宮）　はる　す（平仮名）

〔1077〕〔昧〕マイ　くらい　くらます

〔1078〕〔昨〕サク　ーきのう

〔1079〕〔昭〕ショウ　ーあきらか

【1080】〔是〕ゼ　ーただしい　これ　ここ　ここに　うじ　まこと　この

〔1081〕〔昵〕ジツ　ちかずく　したしむ　むつむ　むつぶ

〔1082〕〔曷〕カツ　なんぞ　いずくんぞ

〔1083〕〔冒〕〔冐〕ボウ　おかす　おおい　おおう　おお　かぶる　こうぶる　すきん　かぶりもの

木部

〔1084〕〔柿〕シ　かき

〔1085〕〔枯〕ーかれる　からす　かわく　か　わかす

【1086】〔架〕カ　ガ　かける　かかる　たな　やね　わたす

1087
【柄】ヘイ
えがら　つか　もと　から

1088
【某】ボウ
それ　それがし　なにがし
しかく　かく　くれ　しかじか

1089
【染】セン
しみ　しみる　そまる　そめ
る　そめ　ひたす

1090
【柔】ジュウ ニュウ
やわらか　やわらかい　やわ
らぐ　やさしい

1091
【柏】ハク ビャク
かしわ　このてがしわ
ひのき　かし　かや

1092
【柝】タク
〔柝子木〕

1093
【査】サ
ー　しらべる　いかだ

1094
【柩】キュウ
ひつぎ

1095
【柱】【柱】チュウ
はしら　ことじ　える　さき

1096
【柳】リュウ
やなぎ

1097
【柵】サク
やらい　ませがき　とりで
しがらみ　かけはし

1098
【柾】ー
まさ　まさめ

1099
【柴】サイ
しば　まがき

1100
【梢】ー
とが　つが

【1101 栃】国
とち

（別）枋　橡

歹殳母（母）比部

【1102 殆】別
タイ
あやうい　ほとんど
あやぶむ　ちかい

【1103 段】俗
ダン　タン
きざはし　だん一｜反
三百六十／三百歩
（通中）反　段

【1104 毒】俗
敊　厫
古
↓
【850 毒】

【1105 毘】
↓
【1106 毗】

【1106 毗】
ヒ
あきらかにする
たすける　あつくする
（草）毗

【毘】本
（草）毗

（合）毗登
ビトウ

【1107 泉】古
セン
いずみ　せん　ぜに
泅　㵎

水（氵）部

鑋

【1108 洋】略
ヨウ
ーなだ　おき　ひろい
（草）泉　泉

【1109 洌】同
レツ
きよい

【1110 洒】俗
シャ　サイ　セン　ソン
そそぐ　あらう　すすぐ
（同古）洗　洌

（同）頰　祥

（通）洗　巌

【1111 洗】通
セン
あらう　あらい　すすぐ

【1112 洛】草
ラク
みやこ〔川名〕

【1113 洞】俗
ドウ
ほら　うつろ（一族、仲間）
ふかい

【1114 津】俗
シン
つ　わたし
わたしば〔平仮名〕
洞　炯

（通）洗　泍

（草）洛　絡

（古）艃　艃

（俗）洒　瀝　灑　漮　汛

古 津　古 𦨖
古 𦨖　古 建
仮 は　草 津

1115〔洩〕エイ　もれる　もらす
同 泄　俗 洩

1116【洪】コウ　―　おおみず
同 洚　俗 洚
通 鴻　草 洪

1117〔洲〕シュウ　す　しま　くに

本古 州　同 洲

1118〔洵〕† ジュン　まこと　まことに
俗 洵

1119【活】カツ　―　いきる　いかす　よみがえる
古 活　同 活

1120〔洽〕コウ　うるおう　うるおす　やわらぐ　あまねし
草 洽

1121【派】〔派〕ハ　―　わかれ　わかれる　えだ
本 𠂢　俗 派

1122〔流〕⇩ 1439【流】

1123【浄】略〔淨〕ジョウ　―　きよい　きよらか
同 瀞　略 瀞
俗 瀞　通 瀞
通 儭　草 浄

1124【海】略〔海〕カイ　うみ　わた　あま　み
同近 𣴴　略 海
俗 𣴴　草 海

1125【浅】略〔淺〕セン　あさい

同 俴　略 浅
略 浅　俗 浅

火(灬)部

1126〔炬〕キョ　たいまつ
通 苣

1127【炭】俗〔炭〕タン　すみ
同 炭　草 炭

1128〔炯〕ケイ　あきらか
同 烱

1129　【炳】ヘイ　あきらか
(俗)(古) 灺　(同) 昺

1130　【点】テン　しるし　うなずく　なかで　あらためる
【點】(同)　黔 (略)　点 (俗)　卓 (俗)

1131　【為】　【爲】イ　なす　する　しむ　ために　…らる　られる　まちる　ぬ(平)　仮名　ス　キ(片仮名)
为 (略)　爲 (略)　为 (略)　爲 (略)　为 (略)

1132　【爰】エン　オン　ここに
爰 (草)　爰 (草)

1133　【牲】セイ　いけにえ
牲 (草)

1134　【狡】コウ　ずるい　こすい　わるがしこい　はやい　くう
狡 (草)　姣 (同)　狡 (俗)

爪(爫)牛犬(犭)部

1135　【狩】シュ　かり　かる
狩 (草)

1136　【狭】キョウ　せまい　せばめる　せまる　せ
【狹】(古)　狭 (通)

1137　【独】ドク　ひとり
【獨】(古)　獮 (古)(同)　獣 (同)　獝 (略)　獣 (略)　獸 (俗)　獝 (俗)　獨 (俗)(古)　獨 (俗)

玉(王)瓦甘部

1138　【玲】レイ　たま
玲 (草)　玲 (草)

1139　【珊】サン　さんご
珊 (草)　珊 (俗)　珊 (俗)(古)　珊 (本)　珊 (別)
【珊瑚】サンゴ　珊 (俗)(古)　珊 (俗)(古)

1140　【珍】チン　めずらしい　うつ
王 (省) 玉

〔古〕 鑫 〔古〕

〔俗〕〔古〕 珎

〔俗〕〔古〕 珎 珎

〔草〕 罜 弘

1141 〔甀〕国
━ ミリグラム

1142 〔盼〕
━ デシグラム

1143 〔甚〕
ジン
はなはだ つとも

〔古〕 甚

〔俗〕〔古〕 甚

〔俗〕 甚

〔俗〕 咠

田广癶 部

1144 〔界〕
━ カイ
━ さかい さかいする か ━ぎり かぎる

〔同〕 堺

〔俗〕 畍

〔同〕 隈

〔草〕 喂

〔同〕 帛

〔同〕 昂

1145 〔畏〕
イ
おそれ おそれる かしこむ かしこい かしこくも い(平仮名)

〔古〕 㒼

〔同〕 畏

〔俗〕 愳

〔俗〕 畏

〔仮〕 㞣

1146 〔畑〕国
━ はた はたけ

〔同〕 畠
〔草〕 夆

1147 〔疫〕
━ エキ ヤク
━ えやみ やくびょう

〔俗〕 発

〔同〕 畠

1148 〔癸〕
キ
みずのと(十干)

〔同〕 疲
〔草〕 疲

〔古〕 癸

〔略〕 关

1149 〔発〕〔發〕略
ハツ ホツ
━はなつ はなす ━おこる おこす ━ひらく あばく る あらわれ つかわす

〔俗〕 發

〔俗〕 發

〔俗〕 發

〔俗〕 發

〔略〕 发

〔俗〕 發

〔俗〕 發

白皿部

1150 〔皆〕
━ カイ
━ みな ともに ━ ことごとく

〔略〕 発

〔草〕 敎

〔俗〕 皆

〔草〕 𣅀

1151 〔皇〕
━ コウ オウ
━ すめらぎ きみ かみ すめらみこと

〔古〕 畠

〔同〕 皇

1152 〔盃〕
⇩
829 〔杯〕

【盆】1153
ボン
うつわ　はち　ほとぎ
ぼん〔盆栽盆〕

【盍】1154
エイ
→
【盍】1477

【盈】1155
エイ
みちる　あふれる
あまる
え〔平仮名〕

【相】1156
ソウ　ショウ
あい　あう　みる　かたみ
かたち　たすけ
すがた　ショウ〔官制〕
つきぞえ　しょう〔官制〕

目部

【盾】1157
ジュン
たて

【省】1158
セイ　ショウ
かえりみる　はぶく　みる
やくしょ　しょう〔官制〕

【眄】1159
ベン
ながしめ　ながしめにみる

【眉】1160
ビ
まゆ　まゆげ

【看】1161
カン
みる　みまもる

【矜】1162
キョウ　キン　カン
あわれむ　つつしむ　ほこる

矛矢石部

【矧】1163
シン
いわんや　まして　はぐ

【砂】1164
サ　シャ
すな

【砌】1165
セイ
みぎり

【研】【研】1166
ケン
とぐ　みがく　する
きわめる

㊌
祐

㊨
祐

1170
【祐】
↑
ユウ
たすける
さいわい
すけ[官制]
たすける
すけ

1169
【祈】
↓
897
【祈】

㊄
祇
祇

㊄
祐
祇

1168
【祇】
ギ
くにつかみ
まさに
ただ
まき

㊟
示(ネ)部

㊌
砕
砕

㊋
1167
【砕】【砕】
サイ
くだく
くだける
こなごな
くず
こまかい

㊗
神
沖

㊎
檀
袖

1173
【神】【神】
シン
かみ
かん
たましい
こう
こころ

㊊
呪
祝

㊌
祝
祝

1172
【祝】【祝】
シュク シュウ
いわう はふり かん
なぎ ほがひ
のりと のる

㊌
祖
祖

㊌
禮
礼

1171
【祖】【祖】
ソ
おや かみ
はじめ もと

1176
【秒】
ビョウ
のぎ

㊎
枓
枓

1175
【科】
カ
あな
ほど しな すじ とが

㊌
扒
秋

㊌
穐
妺

㊋
龝
龜

㊋
龝
穗

1174
【秋】
シュウ
あき とき
みのり みのる

禾穴部

1180
【突】
↓
900
【突】

㊌
穿
窡

㊌
穿
穽

1179
【穿】
セン
うがつ きる
ほる つらね

㊌
阱

1178
【窣】
セイ
おとしあな あな

㊌
粃
柴

1177
【秕】
ヒ
しいな

㊊
妙
籵

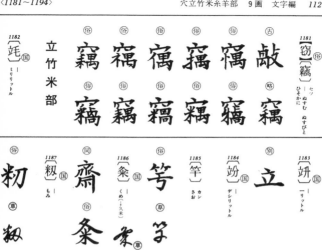

【1181】〔竊〕〔竊〕セツ ―ぬすむ ぬすびと ひそかに

【1182】〔竓〕国 ―ミリリットル

立竹米部

【1183】〔妍〕国 ―リットル

【1184】〔籾〕国 デシリットル

【1185】〔竿〕さお カン

【1186】〔籵〕国 くめ ―久米

【1187】〔籾〕国 もみ

齋 条

笶 芋

籺 籾

糸部

【1188】〔粁〕国 キロメートル

【1189】〔糾〕〔糺〕キュウ ―ただす しらべる あざなう なう よる

【1190】〔紀〕略 キ ―おさめる すじ のり きまり しるす

【1191】〔約〕ヤク ―むすぶ くくる ちかう ちぢめる ほど はぶく ちかい

【1192】〔紅〕通 コウ ク ―くれない べに あかい なに は

【1193】〔級〕〔級〕通 キュウ ―しな くらい

【1194】〔美〕ビ ミ ―うつくしい よい よしう まい うまし むまし この むこのまし うるわしい ほめる み〔平仮名〕え〔片仮名〕

羊老而耳部

肉(月)部

（通）（仮）爺　邪

1197 【耶】（俗）† ヤ　よこしま・いつわり・やか

（同）靦　形（俗）耐

（俗）耐

1196 【耐】タイ　たえる　こらえる　（俗）耐

1195 【者】⇩　904 【者】

（仮）み　（草）

（仮）（俗）み

1194 羹　美　み　（仮）

（同）膧　臏（俗）胆

1201 【胆】（俗）【膽】タン　きもい

（俗）青（草）肖

1200 【胄】チュウ　よつぎ・胃とは別

（俗）腊　胄（草）月

1199 【胃】イ　いぶくろ　こころ　（古）胃

1198 【肺】ハイ　こころ　ふくふくしい　（俗）肺

（俗）肺

1204 【胚】ハイ　はらみ　はらむ　（俗）胎

1203 【胎】タイ　はらむ　えな　きざし　（同）囚

（俗）胄（草）育

（俗）倄　（略）肖（俗）昔

1202 【背】ハイ　せい　そむく　そむける　うしろ　うら　そびら　たがう　（俗）臂（草）絡

（俗）膳　膳（俗）膳

1208 【臭】【臭】シュウ　くさい　くさみ　におう　かぐ　いにおう

自至艸(艹・䒑)部

（俗）倄　（俗）倄

1207 【胤】イン　たね　つぐ　うける　（同）胤　（草）妁

1206 【胡】コウ　えびす　なに　なんぞ　いず　くんぞ　くび　（通）疱　（通）庖

1205 【胞】ホウ　はら　えな　【胞】（俗）胞　（本）肧

（俗）臭　（草）
1209

【致】↓
1548【致】
1210

【艸】くさ
1211

【苑】【苑】その　エン
1212

【苔】こけ　タイ
（略）苑　（俗）（古）苑　（略）苑　（俗）苑

（同）浩　（草）
1208

1213
【苟】いやしくも　そめにも　かりそめ　かり　コウ
1214
【苺】いちご　バイ
1215
【茶】【茶】チャ　サ　ダ　（同）苺　（草）苺
1216
【草】【草】くさ　ソウ

（古）艸　（古）屮
（略）茶　茗　（草）茶

（略）艸　草
（草）艸
1217
【荒】【荒】コウ　あらい　あらす　あれる　あれ　あばれる　あらぶ　すたれる　すむ　（本）荒　（俗）慈　（古）㐬　（俗）荒　（草）荒
1218
【荘】【荘】ソウ　ショウ　おごそか　しもや　さかん
（略）（古）庄　（略）荘　（略）（古）庄　（俗）荘

（略）艸　草
（俗）艹

1219
【虐】【虐】ギャク　しいたげる　しいたげ　そこなう　わざわい
1220
【虹】にじ　コウ
1221
【虹】あぶ　ボウ
（俗）辰　（俗）虐　（同）虐
（俗）壹　（草）壹
（同）蛋　（草）蚰
（俗）蚫　（同）虹

虍　虫　行　衣（衤）部

同 蟲／蚕

1222 〔衍〕 エン　はびこる　ひろがる　ひろい　しく　ほしいまま　ゆたか　あまり
俗中 衍
俗中 衍
俗 衍
草 衍

1223 〔衿〕 キン　えり　くび　えりくび
同 衿

本 袷
同 絵（繪）

1224 〔袂〕 ベイ　たもと　そで
同 襟
同 袷
同 襦

1225 〔衷〕 チュウ　こころ　おもい　まこと　うち
古 衷
俗 衷

俗 喪
俗 襃

両言貝部

1226 〔要〕〔要〕 ヨウ　いる　かなめ　くくり　こし　もとめる　まち　ぶせる　え（平仮名）
同 要
草 要

仮中 要
同 変（變）
草 変

1227 〔訂〕 テイ　はかる　ただす
草 訂
草 訂

1228 〔訃〕 フ　しらせ　しらせる　つげる
同 赴
草 訃

1229 〔計〕 ケイ　はかる　はからう　はかりごと　かぞえる　ばかり　け（平仮名）　ケ（片仮名）
同 赴
草 赴

略中 斗
通 斗

仮中 け
仮 ケ

1230 〔貞〕 テイ　ジョウ　ただしい　さだまる　ただ
貞

古 鼎
省 片

1231 〔負〕〔負〕 フ　おう　まける　まかす　おいめ　まけ　そむく　になう
俗 負
俗 貟

走車部

1232 〔起〕 キ　おきる　たける　つとし
同 起
俗 起

1233 〔赴〕 フ　おもむく　はしる　いたる
俗 赴
草 赴

通 訃
草 訃

1234 〔軌〕 キ　わだち　のり　みち
俗 軌
俗 軌

古 迚
古 術

【軍】グン
―　いくさ　もろもろ

【哭】古

【匐】軍　古

【哭】古　草

1235

1236
辵(辶・辶)部

【辿】古
【辿】俗
タイ　およぶ　いたる　まで　つい　に

【迫】本
【逮】本　草

【迬】俗　古
【迯】略

1237
【迷】略
【迷】俗
メイ　まよう　まよい　まど　う

【迷】俗
【迋】草

1238
【追】略
【追】追
ツイ　おう　おいつぐ　おしたがう　およ

【追】俗
【迫】古

1239
【退】略
【退】退
タイ　しりぞく　しりぞける　ひく　のく　のける　どく　しさる

【復】古
【復】俗

【還】古
【還】俗

【送】同
【送】俗

1240
【送】略
【送】送
ソウ　おくる　おわり　した　がう　つかわす

【迺】俗
【迴】草

【迖】俗
【迌】草

1241
【逃】略
【逃】逃
トウ　チョウ　にげる　にがす　のがす　のがれる　のがれ　まぬかる

【迯】同
【迯】俗

【逃】古
【逃】草

【逃】俗
【迯】俗

1242
【逆】略
【逆】逆
ギャク　ゲキ　さか　さからう　さか　しま　さかさま　よこしま　もと

【逆】俗
【送】俗

【蓮】本
【送】草

1243
【郁】†
イク
[〈文物の〉さかんなるさま]
かおる

邑(阝)酉里部

1244
【郊】通
コウ
―　いなか〈郊外〉

【郊】俗

1245
【郎】略
【郎】郎
ロウ
―　おとこ　おのこ

1246
【酊】同
テイ
―　よう

【郢】同
【郢】草

1247
【重】通
【重】重
ジュウ　チョウ　おもい　かさ　ねる　え　おもり　かさ　なる　おもむき　おもき　しげし　しげし　おもんじる　おもんじる　おもしろい　とうとい

【芋】通
【芋】草
―　よう

【或】通
【或】草

【侅】通
【侅】草

【重】俗
【重】俗

阜(阝)面革韋韭音部

【1248 陋】
ロウ
せまい　いやしい　ひくい　みにくい

【1249 降】
↓
【1397 降】

【1250 限】
ゲン
かぎる　かぎり　しきり

【1251 面】
メン
おもて　つら　かお　おんせん　むかう　あたりみる　めんゆ　め(平仮名)　まみゆ

【1252 革】
カク
かわ　あらためる　あらたまる　かえる　かわる

【1253 韋】
イ　カイ　エ
そむく　なめしがわ　韋(片仮名)　かこむ

【1254 韭】
キュウ
にら

【1255 音】【音】
オン　イン
ね　ひびき　たより　こえ　ね(平仮名)

【1256 頁】
コウ　ケツ
かしら　こうべ　ページ

頁風飛食首香部

【1257 風】
フウ　フ
かぜ　かざ

【1258 飛】
ヒ
とぶ　とばす　ひ(平仮名)

【食】[食]
（俗）
ショク ジキ
くう くらう たべる
けめし しろす め
すめ
はむ むしばむ

餐
（本）
餐
（古）

会
（俗）
倉
（俗）

飠
（草）
飠
（草）

【首】
（草）
シュ
くび こうべ しるし かし
ら はじめ もうす
おうと かみ（官制）

旹
（同）

百

【香】
1261
コウ キョウ
か かおり かおる こうば
しい かんばしい におい
におう か（平仮名）カ（片
仮名）

香
（古）
香
（古）

臰
（古）
臰
（俗）

（仮）《草書》

香
（草）

十
画

十画

ノ人(イ)部

1262【乗】(通) ↓ **945**【乗】

1263【俯】(同) フ　ふす　うつむく　かがむ

【俛】(略) 頎　【俛】(同)

1264【俳】(通) ハイ　わざおぎ　たわむれ　たちもとおる　たわむれ
【府】(略)(草) 付

1265【俵】 ヒョウ　たわら　わける　あたえる
徘(通)(草) 俶

1266【俸】(通) ホウ　―ふち
奉(草) 俸

1267【俺】(通) エン　われ　おれ
俺

1268【修】 シュウ　シュ　おさめる　おさまる　かざる　つくろう　ととのう　そなわる
我(別)(草) 俄
脩(俗)(古) 倐(俗)(古)
儲(俗) 脩(俗)
倣(略) 脩(俗)(中)

脩(區) 修(區)
脩(草) 脩(區)

1269【併】(草) ↓ **659**【併】

1270【倅】(俗)(近) サイ　せがれ
倅(俗)(近) 体(通)
躰(俗)(近) 悴(俗)

1271【倉】(古) ソウ　くら　にわか　あわてる
仝(俗) 仝(古)
仓(俗) 仝(古)

1272【個】(同) ―コ　カ　ひとり　ひとつ
箇(同) 伵(同)

1273【倍】(同) ―バイ　ます　そむく
佰(同)(草) 㑌

1274【候】(同) コウ　そうろう　うかがう　さぶら　ふ　ものみ　きざし　しるし
候(略) 候(同)
小(草)(中) 候(俗)(近)
侭(草) 隻(俗) 候(俗)

〔1275〕〔倏〕たちまち　すみやか　シュク

〔1276〕〔倒〕トウ　たおす　たおれる　さかさ　さかしま　さからう

〔1277〕〔倚〕イ　よる　たのむ　かたまる　か

〔1278〕〔借〕シャク　かりる　かす　たとい　かり　にかす(―貸)

〔1279〕〔倣〕ホウ　ならう　よる

〔1280〕〔値〕チ　あたい　ね　あう　あたる

〔1281〕〔倦〕ケン　うむ　つかれる　おこたる

〔1282〕〔倩〕セン　うつくしい　あざな　つらつら　らつくづく　やとう

〔1283〕〔倫〕リン　たぐい　ならび　ともがら　くらべる　みち　すじ　ついで

〔1284〕〔倭〕ワ　したがう　やまと　わ(平仮名)

〔1285〕〔倹〕〔儉〕ケン　つづまやか　とぼ　―しい

〔1286〕〔党〕〔黨〕トウ　むらさと　くみ　なかま　ともがら

〔1287〕〔真〕〔眞〕シン　まこと　まことに　ま(平仮名)

儿八一部

仮　草

1288【兼】俗〔兼〕ケン　かねる　かねて　あわす

古　俗　無

俗　俗

草中　草

1289〔冢〕チョウ　つか　はか　もりつち

本古　塚　俗　冢

1290〔冤〕エン　うらみ　あだ

同　俗

俗　冤　俗　寃

通　草

1291〔冥〕メイ　ミョウ　くらい　とおい　かすか

同　暝　俗

俗　冥　草

冫部

1292〔凄〕セイ　さむい　すさまじい　すごい

俗　淒　草

1293【准】ジュン　―なぞらう　なずらう　ならう　のっとる

同　準　草

1294〔凉〕俗　⇩　1785【涼】

1295〔凋〕チョウ　しぼむ　いたむ

俗　凋　通　彫

通　雕　草

1296〔凌〕リョウ　しのぎ　しのぐ　しのぶ

古　同

俗　淩　俗　

1297【凍】トウ　こおる　こごえる

略　草

刀（刂）部

1298〔剔〕テキ　テイ　タイ　えぐる　ほふる　けずる　そる

同　草

1299【剖】ボウ　―さく　わかつ　わる

古　草

1300【剛】ゴウ　―つよい(し)　こわい(し)　かたい(し)

古　古

古　略

⑰ 劒
㊤ 鎲

1302【剣】⑯【劔】
ケン つるぎ たち

⑰ 剛
㊢ 剝

⑰ 切
㊢ 剝

㊤ 刅
㊢ 刌

1301【剝】
ハク はぐ はがす むく けずる
うつ はがす

⑰ 刜

⑯㊤ 對
㊢ 對

⑰ 剉
㊢ 剉

1304【勉】
ベン つとめる はげむ

カ匚部

㊤ 劍
⑯ 剂

1303【剤】⑯【劑】
ザイ きりそろえる あ わす

⑯ 劍
㊢ 剑

⑯ 劒
㊢ 劒

⑯ 釼
㊢ 劍

⑰㊤ 釼
⑯ 煭

⑰ 剣
⑯ 劍

⑰ 厡
㊢ 厡

⑯ 原
⑯ 厡

⑯ 原
⑯ 厡

㊟ 厡
㊟ 逢

1306【原】
ゲン はら もと おこり

厂口部

1305【匿】
トク かくれる かくす

通 俛
㊢ 勉

⑯ 逸
⑯ 勉

㊢ 笑
⑯ 笑

1310【哭】
コク なげく なく なきさけぶ

通 嘿
⑯ 唖

1309【哩】
リ ……するわい マイル

通 誐

1308【哦】
が うたう うなる ガロン

㊢ 貟
㊢ 隕

1307【員】
イン かず しばしば

〈俗〉
坐
哭

1311
【哲】
テツ
しい
あきらか
さとい
さか

〈古〉
惣
〈同〉
詰

〈俗〉
哲
〈俗〉
詰

1312
【哺】
ホフ
ふくむ
ふくます
やしなう

〈俗〉
蛞
〈草〉
蛞

〈別〉
歌
〈別〉
哥

1313
【唄】
バイ
うた
うたう

〈同〉
吷
〈同〉
舗

1314
【唆】
サ
そそのかす

〈同〉
詼

1315
【唇】
シン
くちびる
⇩

1316
【唐】
【唐】
トウ
から
もろこし

〈古〉
唐
〈俗〉
塵

〈俗〉
雪

口土部

1317
【圃】
ホ
はたけ

〈同〉
團
〈草〉
圃

1871
【脣】

1318
【圄】
ギョ
ひとや

〈同〉
圉
〈草〉
圉

1319
【埃】
アイ
ちり
ほこり
ごみ

1320
【埋】
マイ
うめる
うまる
うもれる
うずめる

〈通〉
壒
〈草〉
埵

1321
【埒】【埒】
ラチ
ラツ
かこい
らち

〈同〉
蘿
〈通〉
貍

〈俗〉〈近〉
埈
〈俗〉〈近〉
埈

〈俗〉〈近〉
埒
〈草〉
埒

夂大女部

1322
【夏】
カゲ
なつ

〈古〉
夓
〈古〉
夏

1323
【套】
トウ
かさなる
ながい〔長大〕

〈古〉
是
〈草〉
套

1324
【奚】
ケイ
いずくんぞ
なんぞ

〈同〉
袞
〈草〉
套

〈俗〉
奚
〈俗〉
奚

〈俗〉
奚
〈俗〉
奚

この部分は漢字字典の字形見本ページであり、各見出し字と異体字（俗・古・同・略・草・本・通・中など）が並んでいる。

大女子宀部

1327【娯】【娯】— ゴ　たのしみ　たのしむ
1326【娘】— ロウ　ジョウ　むすめ
1325【姫】【姫】— キ　ひめ

1331【孫】— ソン　まご
1332【宮】— キュウ　グウ　みや　いえ　かき
1333【宰】— サイ　つかさ　つかさどる　お
1334【害】【害】— ガイ　そこなう　いずれ　いつか　なんぞ　くんぞ　いず
1330【娩】— ベン　うむ
1329【娣】— テイ　いもうと
1328【娠】— シン　はらむ　みごもる　み

子宀部

1336【宵】【宵】— ショウ　よい　よ
1335【宴】— エン　うたげ　たのしみ　たの　しむ　やすむ

1337【家】カ ケ　いえ　や　うち　か〔平仮名〕
古 冡　古 𡨴
古 宊　俗 家
俗 冡　俗 冢
仮 か　草 家

1338〔宸〕シン　〔宮庭〕　のき
俗 宸　俗 宸

1339【容】ヨウ　― かたち　すがた　かたどる　いれる　ゆるす　…べし
俗 㝐　俗 㝐

寸ッ尸部

1340【射】シャ　セキ　いる　あたる　あてる
古 弢　本 䠶
俗 躾　草 射

1341【将】略【將】ショウ　― ひきいる　うける　ねがう　まさに…せん　とす　もって　はた　いでいで〔―々〕
略 収　俗 將
俗 捋　通 寽

1342【挙】略【擧】キョ　あげる　あがる　こぞる　こぞりて　みな　ふるまい
古 弄　古 舁
略 擧　略 舉
略 舉　略 舉
略 挙　略 挙
略 擧　略 擧

1343〔屑〕セツ　いさぎよい　くず
本古 屑　草 屑

1344〔屓〕キ　ひいき　⇩ 3947〔屭〕

1345【展】テン　― のべる　のばす　ひらく　つらねる
本 㞡　略古 展

譌 展　草 展

山部

1346〔峨〕ガ　さがしい　けわしい
同 峩　同 𡾊
同古 峩　草 峨

1347【峰】ホウ　みね　ね
同 峯　同 峯

1348【島】同【嶋】トウ　しま
古 島　俗 嶌

㊎ 岩　㊋ 嵳　【1351 差】　工巾部　⊜ 嶐㊞陵　1350【峻】けわしい たかい　1349【峡】⇩　1030【峡】　㊎⊘ 嶋

岩　㊞㊎ 岨　⊘陵　㊞陵　㊎ 島　㊞㊎ 島

㊎⊘ 箟　㊞㊎ 簾　⊙ 石　1353【席】セキ むしろ まく せき　㊞ 帥　㊞ 師　㊞ 师　1352【師】シ いくさ もろもろ みやこ おき し〔平仮名〕　㊞ 爯

箟　㊞ 䕃　⊙ 石　しとむ しく　帥　㊞⊙ 師　㊞ 师　㊜草 迺

1355【帯】㊜【帯】タイ おび おびる　㊞⊘ 歸　㊞ 歸　㊞ 趫　㊞ 歸　㊞ 皈　⊙ 婦　1354【帰】㊞【歸】キ かえる かえす かえり おくる ゆく つぐ と　㊞ 席

帰　㊞ 歸　㊞ 歸　㊞ 䟆　㊞ 归　㊞ 歸　㊞ 誄　㊜草 庶

1358【庭】テイ にわ〔朝廷のなかにわ〕　㊜草 庫　1357【庫】コク くら　1356【座】ざ すわる とこ しきもの ねまる　广弓部　㊞ 帯　㊞ 帯　⊙ 帯

庭　㊜草 庫　㊜草 座　㊞ 带　㊞ 带　㊞ 帯

彳 心（忄）部

1360 【徐】
ジョ
─おもむろ　おもむろに　しずか

1359 【弱】【弱】
ジャク　ニャク
よわい　よわる　よわ　よわめる

1362 【徒】
ト
─かち　ともがら　むだ　ただ　いたずら　いたずらに　つ／と（平仮名）

1361 〔徑〕 ↓ 772 〔径〕

1363 【従】【従】
ジュウ　ジュ　ショウ
したがう　したがえる　とも　つきさい　より　よる　つく　ほしいまま　たて　ゆるやか　まて

1364 〔恐〕〔恐〕
キョウ
おそれる　おそれ　おそろしい

1365 〔悉〕
イ
いかり　いかる　うらむ

1366 【恣】
シ
ほしいまま

1367 【恥】
チ
はじ　はじる　はじらう　はずかしい　は

1368 〔恩〕
オン
─めぐみ　いつくしみ

1369 〔恭〕
キョウ
うやうやしい　つつしむ

1370 【息】
ソク
いき　いこう　やすむ　むす　こ

1371 〔惠〕【惠】
ケイ　エ
めぐみ　めぐむ　さと　恵（平仮名）

1372 【恋】【戀】レン　こう　こい　こいしい　したう

1373 【悦】【悦】エツ　よろこぶ

1374 【悋】リン　おしむ　しわい　やぶさか

1375 【悌】テイ　やすい　やすらか　た　のしむ

1376 【悔】⇒　1055 【悔】

1377 【悖】ハイ　もとる　みだれる

1378 【悛】シュン　あらためる

1379 【悟】ゴ　さとる　さとり

1380 【悩】【惱】ノウ　なやむ　なやます

1381 【悧】リ　さとい　さかしい

1382 【扇】【扇】セン　おうぎ　あおぐ

戸手(扌)部

1383 【拳】ケン　こぶし　にぎる　うやうや

1384 【拿】ダ　つかむ　とらえる

1385 ㊄
【挨】
アイ
ひらく おす

擘 ㊇

1386 ㊉
【挫】
ザ
くじく おさえる

挨 ㊃

1387 ㊉㊎
【振】
シン
ふる ふるう

挫 ㊄㊃
挫

1388 ㊉
【挽】
バン
ひく
ふり より

撮 ㊉㊎
振

振 ㊉

振 ㊉㊎
抍

1389 ㊉㊄
【挾】〔挟〕
キョウ
はさむ はさまる
さしはさむ

挽 ㊄
挿

挽 ㊉

1390 ㊄㊎
【捉】
ソク
とらえる とる

挟 ㊇
挾

挟 ㊃

1391 ㊉
【捏】
ネツ
でっちる
ひねる こねる

捉 ㊄
㊉
捏

1392 ㊉
【捐】
エン
すてる へらす

捍

捏 ㊉

1393 ㊎
【捕】
ホ
とらえる とられれる
つかまえる つかまる
とる

捐

搏 ㊉㊎
捕

1394 ㊉㊎
【捗】
チョク
はかどる
おさめる はかどる
く

挵 ㊇
捗

1395 ㊎
【捜】〔捜〕
ソウ
さがす
さぐる
める もと

搜 ㊉
捜

捗 ㊉

搜 ㊎㊉
授

1396 ㊎
【挼】
⇩
688
【効】

㊉
【挿】
⇩
2079
【插】

支(攵)
斗部

1397 ㊇
【敏】〔敏〕
ビン
― はやい とし
とい
さ

敏 ㊎
敏

1398 ㊎
【料】
リョウ
― はかる
かぞえる
れ〔平仮名〕
仮

料 ㊄
料

敏 ㊎

1399 ㊄
【旁】
ホウ
かたわら はとり
かたがた ついで
つくり

料 ㊉
斩

料 ㊉
料

方无日曰
部

1400 ㊄
【旆】
ハイ
はた

旁 ㊇
旆

料 ㊉
判

（本）
旡

（略）
斾

（俗）
斾

【1401
旅（俗）旅】
リョ
たび
もろもろ
たび

（古）
㫃

（本）
放

（俗）
旅

（俗）
挼

【1402
既（俗）旣】
キ
すでに
おわる
およぶ
つく

（同）
旣

（草）
挼

（俗）
袄

（俗）
旅

（古）
㫃

（俗）
既

（通）
既

（古）
旣

（俗）
旣

己

【1403
時】
ジ
とき
これ

（古）（古）
旹

（略）
旹

（俗）
�

（俗）
�

（俗）
時

（俗）
晴

（俗）
肯

（俗）
肯

（俗）
旺

【1404
晃（晃）】
コウ
あきら
ひかり
かがやく

（同）
晄

（晋）【1405
晋（晋）】
シン
すすむ
さしはさむ

（俗）
炭

（古）
晋

（本）
晉

【1406
晒】
⇩
【4023
曬】

（俗）
晋

（俗）
晋

【1407
書】
ショ
かく
しるす
あらわす
ふ

（古）
書

（略）
书

月木部

（略）
书

（俗）
昼

（略）
昏

【1408
朔】
サク
ついたち
（北）

（古）
朏

（略）
朏

（略）
朏

肺

（古）
𣎴

（古）
栗

【1411
栗】
リツ
くり
つつしむ
おののく

（俗）
瞞

（草）
洵

（古）
腹

（同）
腸

（同）
朗【1410
朗（朗）】
ロウ
ほがらか
あきらか

（古）
臍

（俗）
臁

（古）
辦

（同）
辨

【1409
朕（朕）】
チン
われ〔天子の
自称〕きざし

（略）
朔

（俗）
肺

【1412】（略）【校】〔校〕　コウ　キョウ　／　かせ　くらべる　かんがえる　ただす　〔学校〕

【1413】【株】　─　シュ　／　かぶ　くせ　おきまり

【1414】（国）【栲】　─　／　たへ　たく

【1415】【梅】（香木）　セン

【1416】（俗）【核】〔核〕　─　カク　／　さね

【1417】【根】　コン　／　ね　もと　はじめ　ね（片仮名）　ね（平仮名）

【1418】（本）【格】　カク　コウ　／　いたる　ただす　いたす

【1419】（本）【栽】　─　サイ　／　うえる

【1420】【桀】　ケツ　／　はりつけ

【1421】【桁】　コウ　／　けた

【1422】（国）【桂】　ケイ　／　かつら

【1423】【桃】　トウ　／　もも

1424 【案】 —アン つくえ かんがえる
梹
㊨
桜 ㊗

按 ㊚
㆙ ㊘

1425 【桐】 桐 きり
桐 ㊙
ドウ トウ

柄 ㊟
草

1426 【桑】 桑 くわ ソウ
枲 ㊙
㊒ 桼
㊒ 桑 ㊙
㊗ 桑
桒 ㊙

1427 【桜】櫻 オウ さくら
櫻 ㊚略

櫻 ㊙古
㊗

1428 【艶】 —もみじ〔紅葉〕
椛 ㊙国略

楓 ㊙別国

1429 【桛】 かせ かせぎ ㊨別国

1430 【梅】梅 バイ うめ
梅 ㊟古
梅 ㊟
毒 ㊟近同
楳 ㊟同
槑 ㊙古

1431 【栖】 セイ すむ すみか ねぐら やすむ
䆃 ㊚
栗 ㊚通
呆 ㊨同

1432 【桟】棧 サン —たな かけはし さじき
棲 ㊙略
棲 ㊙
栖 ㊙同
萋 ㊙

1433 【殉】 ジュン —したがう
徇 ㊚通
狥 ㊙國

万殳部

楡 ㊙俗
橠 ㊙俗

1434 【殊】 シュ こと ことに こ
殊 ㊙古
殊 ㊙俗

1435 【残】殘 ザン のこる のこす そこ なう あます —
㚌 ㊙略
殘 ㊙本
残 ㊙俗古
残 ㊙略
残 ㊙俗古

1436 【殺】殺 サツ サイ セツ ころす へらす そぐ
㱖 ㊙略
㱩 ㊙
双 ㊙俗
殺 ㊙同
殺 ㊙同
敫 ㊙同古
敌 ㊙通

同 杀　同 杀
俗 䍜　俗 煞
俗 殺　俗 殽
俗 殺　俗 救
俗 敍　草 殺

气水(氵)部

1437 〔氣〕 ⇩ 393 【気】

1438 【泰】 タイ ─やすし　おおいなり　はなはだしい　はなはだ
同 夳　俗 泰

俗 泰　俗 泰
俗 太　草 泰

1439 【流】 俗 〔流〕 リュウ　ル　ながれる　ながす　ながれ　る〔平仮名〕　ル〔片仮名〕
古 㳅　本 流
略 古 流　俗 流
俗 㳅　俗 流
俗 流　俗 流
俗 水　俗 㳡
仮 近 は　仮 ル

1440 〔浚〕 シュン　さらう　くむ
俗 浚　草 浚

1441 【浜】 俗 〔濱〕 ヒン　はま　ほとり　きし　みぎわ
古 涁　同 古 濵
俗 濵　俗 濵
俗 古 濵　俗 古 賔
俗 濵　草 濱

1442 〔涜〕 カン　あらう　そそぐ
同 澣

1443 【浦】 ホ　うら　はま
草 浦　草 浦

1444 〔浩〕 † 〔浩〕 コウ　ひろい　ゆたか
同 晧　同 澔
俗 澔　俗 浩
通 鵠　草 浩

1445 【浪】 ロウ ─なみ　なみだつ　うごかす　おろそか
俗 浪　譌 浪

1446 【浮】 俗 〔浮〕 フ　うく　うかぶ　うかべる　うかれる　うき　ただよう

㊙
浮
ほう

1447
【浴】
㊪
あびる　あびせる　ゆあみ　ヨク

⑩
㳒　泑
㊒

1448
【海】
⇩
1124
【海】

1449
【浸】㊙【浸】
ひたす　ひたる　ようやく　ますます　シン

⑩
濬　濬
㊪

⑩
浠　渡
㊪

⑩
㳂　濬
㊪

㊙
濬
㊙

1450
【涅】
くろ　くろぐろそめる　ネ　デツ

㊙
涅　涅
㊙㊕

㊙
涅　浧
㊪㊕

㊒㊕
涅槃
ネハン

㊒㊕
涅槃(槃)
㊙㊕合略㊒

1451
【消】㊙【消】
きえる　けす　ショウ

⑩通
酋　銷

㊒
酋　銷

1452
【渉】
⇩
1780
【渉】

火(灬)牛犬(犭)部

㊪
渡　汸
㊪

⑩
涼　泪
㊪

1454
【涙】㊙【涙】
なみだ　ルイ　なく

㊙
倮　涎
㊪

㊙
泒　泒
㊙㊪

1453
【涎】
よだれ　セン　ゼン

㊎本
次　泶
㊪

⑩
㳘　㴑
㊪

1455
【烈】
はげしい　レツ

古
烈　烈
㊒本

㊙近
烈　丞
㊪

1456
【烏】
からす　いずくんぞ　なんぞ　ウ　エ　ああ

古
羇　焉
㊒草

1457
【丞】
むす　すすめる　もろもろ　ショウ　ジョウ

㊪
蒸　烝
㊒草

1458
【特】
おうし　ひとり　とくに　トク

⑩
㺆
㊪

⑩
犆

俗 兹	俗 兹	古 兹	1461 【玆】 ここに　ジ ここに	玄玉(王)田部	1460 【狭】 ↓ 1136 【狭】	同 狸 草 狸	1459 【狸】 たぬき　り	同 獨 同 独
俗 兹	本 兹							

| 略 畾 | 本 畾 | 1465
【留】
リュウ　ル
とめる　とまる
ルーブル ルービ
仮名）ル〔平
仮名）ル〔片仮名〕 | 俗
坢
通
盤 | 1464
【畔】【畔】
ハン　ハン
くろ　あぜ　そむ
俗
く | 同
班
草
班 | 1463
【班】
ハン
わける　つらねる　なら
びならべる　くばる　なら
くらい　あまむし　しく | 草
珠 | 1462
【珠】
— シュ
— たま |
| 略 畾 | 略 畾 | | | | | | | |

| 1467
【畜】
チク
たくわえ
やしなう
たくわえる | 俗 畜 | 同 畜 | 同 畜 | 1466
【畚】
ホン
もっこ　ふご | 仮中
る
草
る | 仮中
る
仮
る | 俗
畄
俗 古
畄 | 略
畄
略
助 |
| | 俗 畜 | 俗 畜 | 同 畜 | | | | | |

| 1469
【畠】
国
はた
— はたけ | 俗 畝 | 省 畝 | 同 畝 | 本 畝 | 1468
【畎】
— （せ（三十歩））
— うね
— あぜ | 俗
盉
俗
牆 | 俗
壽
俗
叀 | 古
罍
同
罍 |
| | 俗 畝 | 草 畝 | 同 畝 | | | | | |

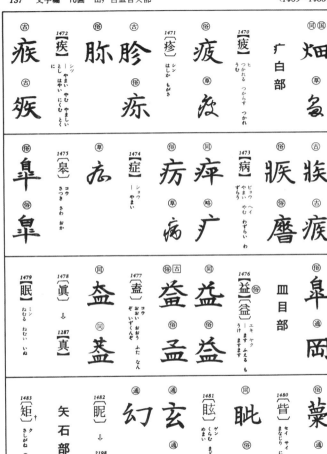

畑 [草] 㽵

<同><国>

广白部

1470 【疲】 ヒ つかれる つからす つかれ

【疲】<俗> 疲 <草>疲

1471 【疹】 シン はしか もがき

胗<古> <俗>疹

胗<古> 眕<俗>疹

【疾】<俗> 疾 にし とし やむ やまい やましい はやい にくしむ とく

疾<古> 㽱<古>

族<古> 㾹<古> 㾠<俗>

1473 【病】 ビョウ ヘイ やまい やむ わずらい わ ずらう

㾕<俗> 㾶<俗>麿

【病】<同> 痒<同> 㾱<草>疒 痛<草>

1474 【症】 ショウ やまい

疠<草>

1475 【皐】 コウ さつき さわ おか

皐<俗> 皐<俗>

皐<通> 岡

1476 【益】<俗>[益] エキ ヤク うけ ますます も

皿目部

【益】<同> 益<俗> 孟<俗>

1477 【盡】<同> コウ おおい おおう ふた なん ぞ いずくんぞ

益<俗><古> 益<俗> 盂<同>

1478 【眞】 ⇩ 1287【真】

益<同> 盓<俗>

1479 【眠】 ミン ねむる ねむい いぬ

1480 【眥】<同> セイ サイ まなじり にらむ

蘂<通> 瞑<通>

1481 【眩】<同> ゲン くらむ まどう くるめく

眦<同> 眈<俗>睬

1482 【眤】 ⇩ 2198【睇】

眊<通> 玄<通> 眴<通>

1483 【矩】 ク さしがね のり おきて

矢石部

本 矩　同 榘
同 萬　草近
1484 〔砥〕 シ といし と とぐ と〔平仮名〕　仮
同 厎　俗古 砥
俗古 砡　俗 砬
1485 〔砦〕 サイ とりで
俗 磔　別 寨
1486 〔砧〕 チン きぬた
同 碪　同 椹
同 柘　草

1487 【砲】 俗 〔砲〕 ホウ いしびや おおづつ つつ
同 礮　同 礟
通 炮　草 砲
1488 【破】 ハ やぶる やぶれる われる さける めげる すたる やれ は〔平仮名〕
古 碬　仮近

示(ネ)部

1489 〔祐〕 ⇩ 1170 〔祐〕
1490 〔祓〕 フツ はらい はらう
同 袚　俗 祓
俗 秡　草
1491 〔祕〕 ⇩ 1500 【秘】
1492 〔祖〕 ⇩ 1171 【祖】
1493 〔祗〕 シ つつしみ つつしむ まさに
同中 祬　同 秪
俗 衹　草
1494 〔祚〕 ソ さいわい くらい
同 胙

1495 〔祝〕 ⇩ 1172 【祝】
1496 〔神〕 ⇩ 1173 【神】
1497 〔祟〕 スイ たたり たたる
俗 崇
1498 〔祠〕 シ ほこら やしろ まつる
俗 祠　草
1499 【祥】 俗 〔祥〕 ショウ さいわい よろこび しるし
古 礿　同 祥

禾部

1504 【奏】 〔国名〕 シン はだ　はた	同 稱 草	1503 【秤】 ショウ　ヒン はかり　はかる	同 餗 袜	1502 【秣】古 マツ まぐさ	1501 【租】略 ソ みつぎ	俗 祖 俗　古 祖

（以下は図版内の漢字一覧。縦書き・複数段の字形見本のため、見出しのある項目のみ翻刻）

1500
【総】秘【祕】
ヒ ヒン
ひめる　かくす
む　ひそ

1505
【秩】古
チツ
ーふち　てあて

1506
【称】略【稱】
ショウ
ーとなえる　たたえる
ーほまれ　となえる
える　はかり　はかる
かなう〔名字〕

1507
【窄】
サク
せまい　すぼむ　しぼる

穴立竹部

1508
【竜】古【龍】
リュウ　リョウ
たつ

1509
【竝】古
↓
649
【並】

1510
【笄】本
ケイ
こうがい　かんざし

1511
【筅】古
ショウ
ざる　いかき　す〔巣〕

1512
【笑】
ショウ
えむ　わらう
えみ　わらい　え

糸部

米部

（俗）嗟笑
（俗）笑

1513【粉】フン　こな　デシメートル
（俗）粉
（草）粉

1514【粍】（国）ミリメートル

1515【粋】【粹】（略）スイ　いき　まじりけなし　もっぱら

1516【粃】（国）た　じんた（「秕」）
粋
（草）粃

1517【紋】モン　あや　もんどころ

1518【納】【衲】ノウ　ナッ　ナン　おさめる　おさまる　いれる
（俗）紋
（草）紋
（通）納
（通）鞆

1519【紐】チュウ　ひも　ひぼ
（通）納言　ナゴン
（省）糸言

（同）縕
（俗）紐

鞀
紐

1520【絧】⇩　3109　緬

1521【純】ジュン　きぬいと　いと　もっぱら　ら　へり　ふち　すみ

1522【紗】サ　シャ　うすぎぬ

1523【紙】シ　かみ

1524【級】⇩　1193　級
（同古）虻
（古）純
（同）漛
（同返古）帋
（古）絺
（俗）紙
（俗）絺
（通）緲

1525【紛】フン　まぎれる　まぎらす　まがう　まぜる　まがい
（同）忿　紛

1526【素】ソス　もと　もとより　しろき　しろい　ぬ　しろ
（同）繁　繢

1527【紡】ボウ　つむぐ

1528【素】サク　なわ　つな　きがる　もとめる　わびしい
（俗）索
（俗）素
（草）紆
（草）纺

俗 㯮
俗 索

缶网(罒)羽部

1529 〔缺〕 ⇩ 138【欠】

1530 〔罠〕 ビン　わな　つる
同 罠

1531 【翁】俗〔翁〕 オウ　—　おきな
通 老
草 翁

1532 〔翅〕 シ　キ　つばさ　はね　ただ　ただに
同 翍
同 翄
俗 趐

老耒部

1533 〔耆〕 キ　としより　としよる
同 耆
俗 耆
俗 耆

1534 〔耄〕 ボウ　モウ　おいぼれ　おいぼれる
同 耄
同 薹
俗 皏
俗 耄
俗 耗

1535 【耕】俗〔耕〕 コウ　たがやす
同 㮹
同 畊
俗古 耕
俗 耕
俗 耕

1536 【耗】俗〔耗〕 モウ　コウ　—　へり　へる　めり
同 秏
同古 毦
俗 祂
草 耗

1537 〔耘〕 ウン　くさぎる
同 䪝
同 耘
同 秐
俗 耘
俗 芸

耳肉(月)部

1538 〔耽〕 タン　ふける　たのしむ　すさむ
俗 耽
俗 躭
俗 躭
俗 躭
俗 躭
俗 躭

1539 【胴】 ドウ　—
草 胴
草 胴

1540 【胸】 キョウ　むね(むな)

1551 【舫】 ホウ ふね ふなこ もや いかだ ちゃう もや

1552 【般】通 ハン めぐる はこぶ

班 通　盤 通

1553 【茲】 ジ ここ ここに しげる ふえ

1554 【茝】国 ところ(野老)　茲 略

艸(⺾・⧺)部

1555 【荒】 ↓ 1217【荒】

1556 【荷】【荷】略古 カ になう はす のさき(=前)

1557 【華】【華】略 カ ケ はな はなやか

琴 本　花 同　華 同　華 俗　華 俗　華 俗　華 俗

虫部

1558 【蚊】 ブン か

华 合

【華厳】ケゴン イ

蛬 古　蛭 同　䖝 同　蟲 本　蚕 略　䗣 略

1559 【蚕】【蠶】略 サン かいこ

華 俗　華 俗

蜜 略　蟁 略　蟁 略　蟁 俗　蚕 俗　蛬 草

1560 【蚤】 ソウ のみ はやい つとに

蚤 俗　蚤 俗　蚤 俗　蚤 俗　蚤 通 早

1561 【蚓】 イン みみず

蛤 俗　蚤 俗　蚤 俗

衣(ネ)部

同 蜎

俗 裏
俗 麗
俗 嚢
通 寿
草 衮

1562 【衰】〔衺〕
スイ
おとろえる　よわる
へる　おとろえ

1563 【衾】
キン
ふすま　よぎ　えり

同 衾

1564 【袞】
エン
—

言部

俗 衿
略 裘
古 求
俗 求
古 衣

1565 【衿】
レイ　リョウ
えり

同 褵
通 領

1566 【袖】
ショウ
そで

古 襃
同 褒
草 袖

俗 袖

1567 【被】
ヒ
こうむる　よぎ　ふすま　お
おう　かぶる　かぶ
らす　こうむる　こうぶる
きる　……る　……せら

通 髪
通 披

言部

1568 【訊】
ジン
とう　しらべる
たずねる

同 喃
俗 許
俗 訝

1569 【討】
トウ
うつ　たずねる
もとめる

草 討
草 討

1570 【訓】
クン
—
おしえ　おしえる　みち
みびく　さとす　よむ

俗 訓
通 俣

古 誉
略 川

1571 【訖】
キツ
おえる　おわる　ついに　お
よぶ

俗 託
古 訖
通 迄

1572 【託】
タク
よる　たよる　もたす
もたれる　かこつ
かこつける　まか

通 托
通 毛

1573 【記】
キ
しるす　しるし　かく
わす　ふみ　かきもの　あら
き(平仮名)

同 中 詭
仮 记
草 记

1574 【豈】
ガイ
き(仮名)
あに　なんぞ　いかで

豆貝走身部

〈同〉〈仮〉　凱

1575 【財】　ザイ　サイ　―たから　わずか　〈同〉

1576 【貢】　コウ　ク　みつぐ　みつぎ　みつぎもの　〈同〉〈俗〉　賍　財

1577 【起】　〈俗〉　おきる　おこる　おこす　た　〈本〉　起　〈古〉略　起

1578 【躬】　キュウ　み　みずから　起

〈本〉躬　迺　車辰走(辶・辶)部

1579 【軒】　ケン　のき　ひさし　たかい　かる　〈同〉〈俗〉〈近〉　鞨　軒

1580 【辱】　ジョク　はずかしめる　はじ　しめる　かたじけない　はずか　〈草〉　辱

1581 【迹】　セキ　あと　〈同〉　厯　跡　蹟

1582 【迺】　ダイ　ナイ　すなわち　の　この　なんじ

〈同〉〈俗〉　乃　迺　迺

1583 【透】　〈俗〉【透】　トウ　すく　すかす　すける　すかし　とおり［一通］　すきとおる　逎

1584 【逐】　略【逐】　チク　おう　はしる　〈通〉　通　透

1585 【途】　〈略〉【途】　ト　みち　と［平仮名］　〈古〉　遙　逐　〈仮〉　途　〈通〉　塗　鏊　塗

1586 【通】〈同〉【通】　ツウ　とおる　とおす　かよう　とおり　つう　逎　通

1587 【速】略【速】　ソク　はやい　はやめる　すみやか　とし　まねく　〈古〉　緐　緐

1588 【造】略【造】　ゾウ　つくる　つくり　たてる　はじめる　みやつこ　〈古〉

1589 【遞】略【遞】　テイ　かわる　たがいに　しゅくば　〈俗〉　莶　〈草〉　送

1590 【連】略【連】　レン　つらなる　つらねる　つれる　つらつら　しきりに　むらじ　れんれん［一々］　れ［平仮名］　〈同〉　遞　遞

⑩古
配
⑩俗
配

⑩中
1593
【配】
ヘイ
ならべ
くばる
れあい
たぐい
ならぶ
たらう
あわす

⑩通
酌
灼
シャク
く
くむ

1592
【酌】
シャク
く
くむ

⑩俗
郡
郡
1591
【郡】
グン
こおり

邑(阝)酉金部

逝
↓
1928
【逝】

⑩仮
辷
辷

⑩俗草
連
連
⑩通
聯

1596
【針】
シン
はり
きす
ぬう

⑩俗
�86
鈞
⑩草

⑩俗
釜
釜
⑩草

⑩同
釜
釜
⑩俗
餔

1595
【釜】
フ
かま
かなえ

⑩俗古
涓
洧
⑩草

⑩同
粟
⑩俗古
酒

1594
【酒】
シュ
さけ
さか
くさん

⑩俗
配
配
⑩草

1599
【陞】
ショウ
のぼる
のぼす

⑩俗
埜
埜
⑩略

1598
【陛】
【陛】
ヘイ
きざはし
きだはし

本
夅
降
⑩省

1597
降俗
【降】
【降】
コウ
おりる
くだる
くだる
おろす
ふる
くだ
くだ
す

阜(阝)部

⑩略
針
針
⑩草

⑩本
鍼
鍼
⑩同
箴

1603
【除】
ジョ ジ
のぞく はらう
さる
（四
月）

本
陳
陳
⑩同
墮

1602
【陣】
ジン

⑩俗
隗
隗
⑩草

⑩同
埦
埦
⑩俗古

1601
【院】
イン
にわ いん上皇
所 寺 役所）同御

⑩同
徙
徙

1600
【陟】
チョク
のぼる
のぼす

⑩同
阡
阡
⑩俗
陞

隹食馬部

【隻】1606
ーセキ
ひとつ　かたわれ

墟（通）
垎（略）

坎（同）
岤（同）
峪（俗）

陌（略）1605
【陥】陥
カン
おちいる　おとしいれ
る　はまる　あな

陋（同）
陋（俗）

陋（本）1604
【陋】
ロウ
ひくい　せまい　いやしい　みにくい

余（省）
陙（草）

隹食馬骨高鬲鬼部

駅（古）1609
【馬】
バ　メ
うま（ま）　ひま
マーク　ま／め（平仮名）

馬（略）

餞（同）
饌（同）

雛（本）1608
【飢】飢
キ
うえる　うえ　かつえ
かつえる

雛1608
【飢】飢
うえる

鶉（同）

隼（通）1607
【隼】
ジュン
たか　はやさ

只（通）
爰（草）

俟（俗）
俟（俗）

隻（俗）1603
【隻】
隻（古俗）

马（略）
马（俗）

ふ（仮）
弓（仮）

骼（古）1612
【鬲】
レキ　カク
かなえ　かま

伦（俗）
高（古俗）

高（俗）1611
【高】
コウ
たかい　たか
たかまる　た
かめる

骨（俗）1610
【骨】
コツ
ほね　かばね　むくろ

骨高鬲鬼部

彌（古）
彌（本）

鬶（古）

鬼（鬼）1613
【鬼】
キ
おに　たましい　ばけもの

槐（古）
鬼（俗）

鬼（草）

十一画

十一画

乙(し)人(イ)部

1614 【乾】 カン ケン かわく かわかす ひる ほ いぬい〔西北方〕 あめ〔天〕 そら

1615 〔亀〕略→〔龜〕 キュウ かめ

1616 〔偃〕 エン ふせる たおれる なびく したがう おごる

1617 〔假〕 → 294 〔仮〕

1618 〔偉〕 → 1971 〔偉〕

1619 〔偏〕→〔偏〕 ヘン かたよる かたより かたほとり ひとえに はし

1620 〔偕〕 カイ ともに ともなう ひとしい

1621 〔偖〕 シャ きて ひらく

1622 〔停〕 テイ チュウ とどまる とどめる と どこおる やすむ

1623 〔偟〕 コウ きまよう たちもとおる い とま

1624 〔健〕 ケン すこやか たけし つよし したたか

1625 〔偬〕 ソウ くるしむ せわしい

1626 〔側〕 ソク かわ そば そばだつ わら ほのか かた

〔同〕 反 〔略〕 偽

1627 【偶】 〔通〕 耦 耦
―　グウ
たぐい　つれあい　なら

1628 【偵】 〔通〕
―　テイ
うかがう　さぐる　もの

1629 〔同〕 偓 遺 〔通〕
【偷】
ぬすむ　ぬすびと　かりそめ

1630 〔本〕
【傴】
いわく〔一日、二、=〕 ⇒ 2819 〔稱〕

1631 〔略〕
【偽】〔偽〕
―　ギ　カ
いつわる　にせ　いつわり　あざむく　いつ

〔略〕 偽 〔略〕 偽 〔草〕 偽

1632 【兜】
―　かぶと

ル刀(リ)カ部

〔俗〕 塊 鬼 〔草〕 〔俗〕 鬼

1633 【剪】
―　セン
きる　たつ　そえる

1634 〔俗〕 翦 芳 〔草〕
【剩】【剰】
―　ジョウ
え　あまる　あまつさ

〔同〕 剥 剥 〔草〕 剥

1635 【副】
―　フク
そえ　そえる　ひかえ

〔俗〕 副

1636 〔古〕 畐 畐 〔俗〕
【動】
―　ドウ
うごく　うごかす　やや　やもすれば　ともすれば　や

〔古〕 運 〔略〕 运

〔俗〕 動 〔俗〕 戝

〔通中〕 働 〔草〕 勤

1637 【勘】
―　カン
かんがえる　しらべる　さだめる　とう　きわめる

〔略〕 坎 〔俗〕 勘

1638 〔合〕
【勘定】
カンジョウ

【務】
―　ム
つとめる　つと　め　む〔平仮名〕

〔仮〕 務

〔古〕 敫 〔略〕 務 務

〔古〕 勢 勢 〔俗〕 勢

1639 【區】 ⇒ 103 〔区〕

1640 【參】 ⇒ 695 〔参〕

匚ム口部

1641 【唯】
―　イ　ユイ
ただ　はい

〔略古〕 唯 〔通〕 惟

賬

維

⑱
誰

⑱
囂
〔草〕
匂

⑱
碞

⑱
啓

⑯
碦

⑱
啞

⑯
唖

1642
【唱】
ショウ
となえる うたう

鬸
〔同〕
倡

1645
【唔】
ブン モン コン
くちさき ほおく

⑱
吻

⑱
喀

1648
【啖】
タン
くらう

別
啓

別
啓

⑱
启

1651
【國】
⇓
714
【国】

1650
【㖿】〔国〕
オンス

⑯
咡

口土部

1643
【唾】
ダ
つば つばき
た（平仮名）

⑱
涶
〔仮〕

1646
【問】
モン
とう とい とん ただす
おとずれ おとずれる

⑳
問

古
番

⑱
向

⑱
聞
〔草〕

1647
【啓】〔啓〕
ケイ
ひらく もうす

⑱
喟

同
呇

㕚
噇

1649
【啞】
ア アク
わらう おし

1652
【域】
イキ
さかい くに

1653
【埠】
フ
はとば つか

⑳
陹

古
戫

本
唾

⑱
涶

1644
【商】
ショウ
あきなう あきない あきう
どはかる

同
商

⑱
風

鬸
賣

鬸
商

古
商

鬸
賣

鬸
商

鬸
商

1654 【埴】 ショク　はに　ねばつち

1655 【執】 シツ　シュウ　とる　もつ　たもつ　とらえ　るしう

1656 【培】 バイ　つちかう　やしなう

1657 【基】 キ　もと　もとい　もとづく

1658 【堀】 クツ　コツ　ほり　ほる　あな

1659 【堂】 ドウ　たかどの　た〔平仮名〕

1660 【堅】 ↓ 2008【堅】

1661 【堆】 タイ　うずだかい　おか

1662 【壷】【壺】 コ　つぼ〔局〕

士女部

1663 【娶】 シュ　めとる

1664 【娼】 ショウ　あそびめ

1665 【婁】 ロウ　ル　むなしい　しばしば　ろ〔平仮名〕　あ〔仮〕

1666【婆】バ ―ばば うば は〔平仮名〕

同 媻　同　仮　草

1667【婚】コン ―よめいり むことり とつぐ

同　同　同　俗　俗　草

1668〔婢〕ヒ はしため こしもと

俗　俗　俗古　草

1669【婦】俗〔婦〕本 フ ―よめ つま ふ〔平仮名〕

古　同　同 媍　略 妇　仮　草

1670〔婪〕ラン むさぼる

同 惏　同

1671〔婬〕イン みだり みだら

略　俗　俗　俗

宀部

1672【宿】シュク スク やど やどる やどす やどり とまる

本　俗　俗　俗

1673【寂】ジャク セキ さび さびしい さびれる しずか

古古　同 宗　俗　俗　俗 家　俗　俗　草

1674【寄】キ よる よせる よせ より おくる

俗　草

1675〔寅〕† イン とら〔十二支、東南北方、午前四時〕

本　俗　俗近　俗近

1676【密】ミツ ―ひそか ひそかに こまか しげし

本 宓　俗　俗　俗

俗 宼　俗 寇
俗 宼　草 寇

1677〔寇〕コウ　あだ　かすめる

同 敂　俗 冦
俗 冦　俗 冦
俗 冦　俗 冦

寸尸山部

1678〔將〕⇩ 1341【将】

1679〔專〕⇩ 1023【専】

1680【尉】イ　｜　やすんじる　じょう〔官制〕

古 尉　本 叞
俗 叞　草 尉

1681〔屏〕ヘイ　ビョウ　びょうぶ　ついたて　おおう　のぞく　しりぞける

俗 屛　俗 屛
俗 箳　草 屏

1682〔崇〕スウ　｜　とうとぶ　あがめる　たかい

同 崈　俗 崇
俗 崇　草 崇

1683【崎】キ　さき　けわしい

同 嵜　俗 崎
俗 崎　草 崎

1684〔崩〕俗〔崩〕ホウ　くずす　くずれる〔天皇の死〕

俗 崩
俗 崩

巾广部

1685【帳】チョウ　｜　とばり

略 帖　俗 丁
通 張　通 悵

1686〔帶〕⇩ 1355【帯】

1687【常】ジョウ　つね　とこ　なみ　つねに　とこしえに

略 常　俗 常

1688〔帷〕イ　まく　ひきまく　とばり　たれぎぬ　かこい

古 㡓　草 帷

1689〔庵〕アン　いほり　いえ

同 菴　同 蓭
俗 葊　俗 庵

1690【庶】ショ　｜　もろもろ

1690
（古）廃
（略）廃
（古）廃
世
世

1691【康】
―やすし
コウ
（同）（近）康
廃
世

1692【庸】
ヨウ つね もちいる みつぎ
いたわる
（古）庸
庸
原

1693【張】
チョウ
はる ひろがる はり
弓彡彳部
（略）（古）冑
庸
（俗）庸
庸

1694【強】
本強
（俗）強
キョウ ゴウ つよい つよまる つ
よめる しいる つと
める こわい こわい
あながち
（通）帳
張
（草）帳
（古）歫
胀

1965【彩】
（俗）彩
サイ
いろどる いろどり
つや かざり
あや
（同）羖
彩

1696【彫】【彫】
（俗）彫
チョウ
はる える きざむ
（通）雕
彫
（通）琱
鋼

1697【彬】
ヒン
あきらか
（古）份
斌
（同）

1698【得】
トク
える うる え（平仮名）
（略）尋
（同）尋
（俗）得

1699【従】
⇩
1363
【従】
（古）寻
得
（俗）得

1700【御】
⇩
2054
【御】
（俗）財
⇩
心（忄）戸
部

1701【悉】
シツ
ことごとく つぶさに つく
す
（古）恩
恩
（俗）恩
恶

1702【悠】
ユウ
はるか とおい
（俗）悉
悉
（草）恶
恶

1703【恩】
ソウ
にわか いそがしい
（俗）悠
悠
（同）慾
悠
（俗）悠
悠
（同）慈
悠

（俗）倅　（俗）瘁　（同）瘁
（草）忰　（俗）�　（俗）忰

1705【忰】スイ　やつれる　うれえる　せがれ

（古）悶　（古）懇　（同）忽
（草）亾　（古）閔　（俗）忩

1704【患】カン　わずらう　うれい　うれえる

（同）悸　（俗）瘆　（俗）侔
1706【悸】キ　わななく　どうき

1710【惚】コツ　ぼんやり　うっとり　ほれる
（古）憕　（俗）惇

1709【惇】トン　あつい　まこと
（俗）惉

1708【情・情】ジョウ　ゼイ　なさけ　こころ　おも
（同）悳（草）惪

1707【悼】トウ　いたむ　あわれむ　おそれる

（俗）悪　（俗）慝　（略）悪
（俗）惡　（俗）惡

1713【悪・惡】アク　オ　わるい　わろし　あし　みにくい　にくむ　ああ　あ（平仮名）

（古）惷（草）惟

1712【惟】イ　ユイ　おもう　おもんみるに　これ　ひとり　ただ

（草）惜　（俗）惜

1711【惜】セキ　おしい　おしむ　いたむ

（通）芴
（通）忽

（俗）悳　（本）采　（俗）採
（俗）徠　（俗）採

1717【捧】ホウ　ささげる

1716【採・採】サイ　とる　つむ

（古）岯　（俗）厖

1715【卮】コ　したがう

手(扌)部

（俗）憐　（草）憐

1714【惨・惨】サン　ザン　みじめ　いたむ　むご

〔同〕
挰
略
拝

1718
〔捨〕
俗〔捨〕
シャ
すてる

通
舍
草
捨

1719
〔据〕
キョ
すえる　すわる
もつ

通
據
草
擄
通
援

1720
〔捷〕
ショウ
かち　かつ
はやい　とし
すみやか

擨
攄

俗
擏
通
捷

穂
俗
捷

1721
〔捺〕
ナツ
おす　おさえる

1722
〔捻〕
ネン
ひねり
ひねる　ねじる

俗
捼
草

俗
捺
草
捯

〔同〕
攟
同
掿

略
搽
草
拵

俗
攭
草
捨

1723
〔掃〕
俗〔掃〕
ソウ
はく　はらう

通
敆
本
埽
略
扫

俗
捅
同
擾

1724
〔授〕
ジュ
さずける　さずかる
る　わたす
あたえ

俗
授

略
授
俗
授

1725
〔掉〕
チョウ
ふる　ふるう

古
稱

草
狭

草
柈

1726
〔排〕
ハイ
―
おしひらく
つらねる

通
配

俗
䪴

1727
〔掘〕
クツ
コツ
ほる

俗
掘

通
堀

1728
〔掛〕
カイ
―
かかり
かかる　かけるか
けめ

草
挂
草
掛

1729
〔捏〕
トウ
チョウ
おきて
きだめ

草
掟
草
拉

1730
〔掠〕
リャク
かすめる

俗
掠

俗
剠

通
撃

1731
〔探〕
タン
さぐる　さがす

同
摸

俗
探

俗
撩

俗
略

㊀
【掩】
㊦

掩
�同
捔

1735
【掩】
エン
おおう
きんぎる

㊏
捴

挐

1734
【推】
む

1733
【控】
㊐【控】
コウ
ひかえる
おしひらく　おしすす
※

㊀
翣

挟

1732
【接】
セツ
つぐ
まじわる

㊀
揮

煤

支(攵)文部

�同
拮

捘

�同
撤

揭

1738
【揭】㊎【揭】
ケイ
かかげる
あげる

㊏
描

掮

1737
【描】【描】
ビョウ
えがく

㊋
揩

厝

1736
【措】
—ソ
—おく

㊉
掩

竃

㊎
數

敎

1740
【教】【教】
キョウ
おしえる　おそわる
おしえ　…しむ
しむ　…しむ　…せ

1739
【敍】
↓

992
【叙】

1742
【救】
キュウ
すくう
たすける　たすけ
る　く〔平仮名〕

攺

1741
【敏】
↓

1397
【敏】㊐

㊉
敎

敔

㊉
敆

敠

㊍
赶

戩

㊎
效

㊎
赸

㊍
效

㊍
颔

㊏
盈

㊀
竇

1745
【斎】
【齋】
—サイ
つつしみ　つつし
む　いつくし　ものいみ
いむ　いつく　ものいみ

㊎
敗

敿

㊍
敗

敗

㊌
斀

斁

㊌
斀

1744
【敗】
ハイ
やぶれる　やぶれ
くずれる　くずれる

1743
【敕】
↓

981
【勅】

㊎
救

叔

㊏
救

捘

㊋
殺

斗斤方部

【斛】
コク
とます　こく〔一石・十〕

1746

（同）枡

（俗）（古）齊

（略）夋

（同）斋

1747
【斜】
（俗）斜
（名）
シャ
ななめ　すじ
かい　さ〔平仮〕
（仮）新

（通）石

（同）斜

（俗）斜

（俗）夋

（俗）袞

（死刑）
1748
【斬】
きる　ザン
たつ

1749
【断】
（俗）断
ダン
たつ　ことわる　こ
とわり　きる　さだめ
る

（草）乱

（草）折

（略）斷

（本）斷

（略）斷

（略）断

（俗）断

（俗）斷

（俗）渐

（俗）断

（草）巧

（俗）斷

（俗）断

（俗）斷

（本）鑑

1750
【旋】
セン
めぐる　まわる　やや
ゆばり

（略）挍

（俗）旋

（俗）挍

（俗）桓

1751
【族】
ゾク
やから　やじり　むら
がる　あつまる

（古）旌

（俗）旋

（俗）挻

（俗）挺

（古）炭

（古）炭

（俗）媄

（俗）挨

（同・古）炭

（俗）族

（俗）狭

（俗）袭

无日部

1752
【既】
↓
1402
【既】

1753
【晝】
↓
944
【昼】

1754
【晦】
カイ
くらい　くらます
みそか　つごもり
かくれる

（俗）晦

（草）贼

1755
【晨】
シン
あした　あさ　あけ

（同）晨

（俗）辰

（俗）晨

（俗）農

日月部

【曹】1756　ソウ　つかさ　ともがら　へや　つ　ほね　やくしょ
本　⑯　⑱　曹（曹）

【曼】1757　マン　ひく　はびこる

【曾】1758　⑯　⇩　2105【曾】

【朗】1759　†　⇩　1410【朗】

【望】1760　⑯【望】　本【望】　のぞむ　ボウ　モウ　のぞむ　もち

古　墾　同　朙
⑲　望　⑯　淫
略　望　⑯　望
⑯　望　⑯　望
⑯　鑾　⑯　望
通　望　⑯　望

【巣】1761　⑯【巣】　ソウ　すくう
木部
古　巢　⑯　巢　盛　巢　草　巢

【梁】1762　リョウ　はし　やな　うつばり　はり
同　樑　⑯　樑　⑯　梁

【梅】1763　⇩　1430【梅】
⑯　楳

【梓】1764　†　シ　あずさ
草　梓

【條】1765　⇩　582【条】

【梡】1766　カン〔丸木の罇〕　まないた

⑯古　椀　⑯　櫞

【梢】【梢】1767　ショウ　こずえ　えだ
同　杪

【梨】1768　†　リ　なし　ありのみ　リ〔平仮名〕
同　梨　仮　梨　⑯　黎　同　黎

【梭】1769　シュン　サ
本　楂　同　筴

【械】1770　カイ　―かせ　からくり　しかけ

【別】麓

【禁】—
ふもと　1774【国】

【通】藪（草）苂

【梵】（印虎国）ボン　1773

【梳】くしけずる　すき　すく　1772

【同】梱（草）梱

【梱】コン　こり　しきみ　1771

【草】械（草）械

【俗】罄

【俗】磬

【同】殻

【殻】殻
から　1777【俗】

【俗】慾

【仮】欲

【欲】ほしい　はっする　上平仮　よく　名）1776

欠殳毛部

【別】榿

【柿】—
しきみ　1775【国】

【同】歩

【本】歩

【本】粦

【涉】【渉】—
わたる　かかわる　ショウ　1780

水（氵）部

【俗】被（同）耗

【毬】まり　けまり　いが　キュウ　1779【俗近】

【古】宅（古）豪

【毫】—
け　ふで　すこし　いささか　ゴウ　1778

【草】淀（草）涉

【同】洇

【草】洇

【固】くれる　からす　つきる　つ　1784

【本】涌（俗）涵

【涵】うるおう　ひたす　カン　1783

【俗】泳（俗）溂

【液】—しる　エキ　1782

【同】溢崖

【漄】—きし　みぎわ　かぎり　ガイ　1781

1785
【涼】
リョウ
すずしい　すずむ
すい　まことに

(通)涼

(俗)(古)涼

1786
【凄】
セイ
きみい　すずしい　すごい

(通)醇

(草)涼

1787
【淤】
オ
どろ　おり

(同)清

(通)凄

1788
【淫】
イン
ひたす　ひたる　みだりに
だら　みだりがわしい　みだ
るほしいまま

(通)垯

(通)汚

(古)坙

(俗)滛

1789
【深】
シン
ふかい　ふかまる　ふかめる
ふかは　はなはだ

(古)婬

(草)淫

(通)淫

(草)淶

(俗)(古)深

(古)深

(古)澡

(古)滾

(草)溪

(俗)深

(俗)深

(俗)流

(俗)滾

(略)深

1790
【混】
コン
まじる　まざる　まぜる
ごる　ながれる　に

(俗)梁

(俗)深

1791
【清】
【清】
セイ　ショウ
きよい　きよめる　き
よまる　すむ

(俗)昆

(通)渾

1792
【淀】
テン　デン
よど　よどむ

(古)測

(草)清

1793
【淑】
—シュク
きよし　よし　よくす

(同)淵

(草)洦

(通)洍

(俗)(古)湗

(俗)俶

(略)沬

1794
【涙】
⇩
1454
【涙】

1795
【淡】
タン
あわい　うすい

1796
【浄】
⇩
1123
【浄】

1797
【淳】†
ジュン
あつい　すなお　きじ　あつし

(本)漳

1798
【浅】
⇩
1125
【浅】

1799
【添】
テン
そう　そえる　そえ
ます

(草)淳

(俗)淯

(同)鹻

(草)淳

(俗)諄

(俗)澹

(俗)淚

(草)澹

（同）
谿

（同）
磎

本
1802
【渓】
【渓】
ーケイ
ーたに

略
渓

本
激
通
曷
ーカツ
かわく

1801
【渇】
【渇】

俗
忽

俗
澁
略
汲

本
澁
略
汲

俗
濕
俗
忍

1800
【渋】
【澁】
ジュウ
しぶ・い
しぶる
なやむ

同
泰
俗
添

同
羹
同
燙

1804
【烽】
ーのろし

〔渚〕
↓
2138
〔渚〕

火(灬)
爻牛
部

俗
濟
俗
済

古
漁

1803
【済】
【濟】
サイ
すむ　わたる
すます　すくう
わたる　すくう

同
溪
俗
渓

俗
彰
俗
淫

俗
濟
俗
済

俗
斧
草
條

俗
宰
俗
享

1807
【牽】
ーケン
ひく

俗
牽
俗
廃

俗
爽
俗
爽

1806
【爽】
ソウ
あきらか
さわやか
たがえ
るのみ

〔焔〕
↓
2167
〔焔〕

俗
為
草
爲

1805
〔爲〕
ーエン
いずくんぞ　これ　ここに

同
鳥
略
焉
略
近

同
牽
俗
牽
草

古
牽
俗
牽

1810
【猜】
サイ
そねみ　そむ　ねたみ　ね
たむ　そむ　ねたみ　ね

古
厓
俗
猛

1809
【猛】
ーたけし　たける

同
魘
俗
貌

1808
〔猊〕
ゲイ　ガイ
〔獅子〕

犬(犭)
部

⑰ 獦

⑰ 獡

俗古 獦

略 獵

1812
【猟】
【獵】
略
ー リョウ
かり　かる　さつ

⑰ 豬

本
豬
同
草 㹠

1811
【猪↑】
【猪】
⑰
いのしし　チョ
しし

⑰
猜
猪
草
猜

⑰ 獵

⑰ 獦

⑰ 獵

略 獵

⑦ 琱

1815
【球】
キュウ
たま

⑦ 俔

1814
【現】
ゲン
あらわれる　あらわす
うつつ　うつし
ひきいる　おおむね　まぼろし

草 率

1813
率古
【率】
率
ソツ　リツ
したがう　わりあい
おおむね

玄玉(王)瓦
部

【猫】
⇩
2176
【猫】

⑰ 獡
獷

草 球

草 見

⑰ 産

1819
【産】
⑰
【産】
サン
うむ　うまれる　うぶ

生田广部

1818
【㢳】
ー
ヘクトグラム

俗古 朓

本
瓶
同
草 缾

1817
【瓶】
かめ　ヘイ
みか　びん

⑦
【琢】
⇩
2180
【琢】

1816
【理】
仮
ー　みち
すじ　みちすじ
ことわり　ことわけ　わけ
おさめる　きめ　おさめる
ただ　すじ（里仮名）

⑦ 李
㻋

略 产

⑰ 症

1823
【異】
ー　こと
ことなる
ことにする
あやしい　たがう

同
曨

1822
【畦】
ケイ
あぜ　うね

同
略

1821
【略】
ー　ほぼ
あらまし　おさめる
はかりごと

⑰
畧
略
草 略

略近
畢
略古
畢

1820
【畢】
ー　ヒツ
おえる　おわる
ごとく　みな
ことごとく　すべて　ついに

⑰
産
草 厓

同 瞰 瞰	1825 〔皎〕 コウ しろい きよい あきらか	白皿目部	同 饢 饢	1824 通 〔痒〕 ショウ ヨウ かさ　かゆい	通 异 兵	俗 異	俗 異 異	本 略 異 呉

| 通
牟
眸 | 1829
〔眸〕
ボウ
ひとみ | 同
睠
婘 | 1828
〔眷〕
ケン
かまりみる | 古
炎
通
厭 | 1827
〔盗〕
俗
〔盗〕
トウ
ぬすむ　ぬすみ | 古
盛
俗
戚 | 1826
〔盛〕〔盛〕
セイ
ジョウ
もる　さかる　さかん | 同
朕
咬 |

| 1834
〔票〕
ーヒョウ | 1833
〔祥〕
↓
1499
〔祥〕 | 1832
〔研〕
↓
1166
〔研〕 | 石示禾部 | 俗
眶
眶 | 古
見
本
眼 | 1831
〔眼〕
ガン　ゲン
まなこ | 同
覭
草
眺 | 1830
〔眺〕
チョウ
ながめる
ながめ |

| 通
室
草
室 | 1837
〔窒〕
ーチツ
ふさぐ
ふさがる | 穴立部 | 俗
秭
福 | 本
迻
俗
古
移 | 1836
〔移〕
イ
うつる　うつす
い(平仮名) | 俗
祭
俗
祭 | 1835
〔祭〕
サイ
まつり　まつる | 同
覂
俗
票 |

1838【窓】俗　ソウ　まど〔煙突〕
古　古　本　同　同　俗　俗　草

1839〔竟〕キョウ　おえる　おわる　きわまる　ついに
通 境　草

1840【章】ショウ　―　ふみ　しるし　あきらか
俗　通 樟
通 障　草

1841〔竡〕国　―　ヘクトリットル

竹部

1842【笛】テキ　ふえ
同 篴　草

1843〔笞〕チ　むち　むちうつ
同　同　同　同　草

1844〔笠〕リュウ　リツ　かさ
同　草

1845〔符〕フ　―　い　しるし　わりふ　まじな
俗古 苻　草

1846【第】ダイ　テイ　―　ついで　ただ　やしき　いえ
同 苐　略　通古 邸　草

1847〔笹〕国　―　ささ　†
別 篠　草

米部

1848【粒】リュウ　つぶ
古　譌 立

1849〔粕〕ハク　かす
同　譌 魄

1850【粗】ソ　あらい　ほぼ
同古 麤　俗　俗　草

1851【粘】ネン　デン　ねばる　ねばり

糸部

1853
【紫】
むらさき　シ

㊣
1852
【粛】【蕭】
やすらか　シュク
こそか　つつしむ
お

同
黏
草

㊣
1855
【累】
ルイ
しばる　まきそえ　わず
らい　わずらわす
かさなる　しきりに　かさ
る〔平仮名〕

㊣
1854
【紬】
チュウ
つむぐ　つむぎ　いとぐち
あつめる　おさめる　わざ

㊣
紫
草
㊣
紫

本
絗
㊣
細

1856
【細】
サイ
ほそい　ほそる　こまか　こ
まかい　くわしい
こまやか

仮
分
草
黑

同
絷
同
灸

1860
【終】【終】
シュウ
おわる　おえる　おわ
り　しまい　ついに　お

㊣
継

草

1859
【紺】
コン
こんいろ

略
紹
古
繁
略
紹

㊣
1858
【紹】
ショウ
つぐ　つぐ　たすける

草
紳

1857
【紳】
シン
おおおび　〔貴人〕

古
舟
同
終

1863
【経】【經】
ケイ　キョウ
へる　すじ　みち　つ
ね　のり　へ〔平仮名〕

同
鞋
草
雅

1862
【絆】
ハン
きずな　ほだし　ほだす
なぐ　つ

略
久
略
終

1861
【組】
ソ
くみ　くむ　くみひも

草
狙

羊羽未耳部

仮近
經

古
坙
略
經

1864〔羞〕 シュウ すすめる はじ はじる はずかしめ はにかむ
同 羞　俗 着　俗 着　俗 羞

1865【翌】俗〔翌〕 ヨク ― あす あくるひ
俗 翌　草

1866【習】俗〔習〕 シュウ ならう ならい ならわし
略 习　俗 習

1867〔耜〕 シ すき
本 梠　同 耙

同 耜　俗 粔

1868〔聊〕 リョウ いささか しばらく たのしむ
本 聊　同 聊　同 聤　草

肉(月)部

1869【脚】 キャク キャ あし
本 腳　俗古 胠　俗 腳　草

1870〔脛〕 ケイ はぎ すね あし
同 踁

1871〔脣〕 シン くちびる
古 脣　俗古 脣　俗 脣　俗 唇

1872〔脩〕† シュウ ほじし おさめる ながい
同 脩　俗古 修　別 修　草

1873【脱】俗〔脫〕 ダツ ぬぐ ぬげる はずれる ぬけ ぬく おち はなす はなれる もし
略 脱　草

1874【脳】略〔腦〕 ノウ ― のう のうずい のど
同 𩩲　同 堖　同 匘　略 腦　略 脳　俗 腦　俗 聰　俗 脳

臼舟部

1875〔舂〕 ショウ つく うすづく
略 舂　俗 舂　俗 舂　俗 舂

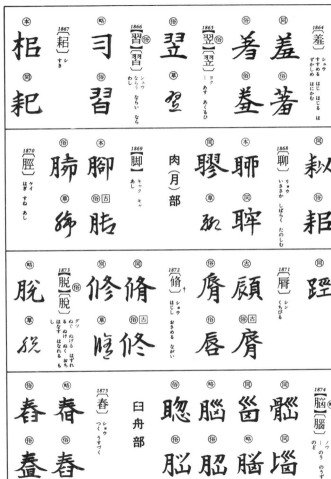

1879
【舩】
ふね・ふな
セン

(俗)
舶

(俗)
舶

(草)
舩

1878
【舶】
ーハク
ーふね

(俗)
舶

(同)
枙

(同)
舵

(俗)
舵

【舵】
1877
【舵】
かじ
ダ

1876
【昪】
かく・かきあげる
キョ・コ

(略)
昪

(俗)
舁

(同)
蒞

1881
【苙】
つく・のぞむ〔一種〕
リ

(略)
荻

(同)
蔺

1880
【荻】
おぎ
テキ

(草)
弃

(同)
遥

艸(艹・艹)部

(俗)
舮

(草)
舮

(俗)
舡

(俗)
舨

(略)
船

(俗)
船

(略)
菊

(同)
蕲

(俗)
蘮

1886
【菊】
【菊】
ーきく
キク

(略)
莫

(俗)
茸

1885
【莫】
くれ・くれる・くらい・なかれ・なし
ボ・バク

(同)
藺

(草)
襄

1884
【甚】
まじる・たばこ
ロウ

1883
【莖】
↓
923
【茎】

1882
【壯】
↓
1218
【荘】

1890
【著】
【著】
チョ・あらわす・いちじるし・あきらか・あらわれる・きる

(俗)
菜

(略)
菜

1889
【菜】
【茶】
なさい・な(平仮名)
サイ

(俗)
菜

(仮)
菜

(俗)
蒄

(略)
蒄

(同)
菓

(草)
菓

1888
【菓】
【菓】
ーくだもの・このみ
カ

(略)
菌

(草)
菌

1887
【菌】
【菌】
ーきのこ・たけ・くきひて〔一大〕
キン

見言部

1904
【袷】国
[コウ]
ゆき
ゆきたけ　えこう〈衣

1905
【規】同
[キ]
のり　ただす　コンパス
ぶんまわし

1906
【視】俗
【視】古
[シ]
みる

1907
【訛】俗
[カ]
あやまり　あやまる　いつわる
る　いつわり　なまり
なま

1908
【訝】通
[ガ]
いぶかる　むぎらう

1909
【訟】古
【訟】通
[ショウ]
うったえ　うったえる
あらそい　あらそう

1910
【訣】
[ケツ]
わかれ〈生別、死別〉
わかれ　いとまごいする
るきめる　さだめる

1911
【訪】本
[ホウ]
おとずれる　たずねる　とう

1912
【設】別
[セツ]
もうける　もうけ
もし

1913
【許】通
[キョ]
ゆるす　ゆるし　はかり
とばかり　まかす　も

1914
【訳】本
【譯】俗古
【訳】略
【訳】仮匹
[ヤク]
わけ　とく　つたえる
のべる

1915
【豚】同
[トン]
ぶた　いのこ

1916
【貧】
[ヒン　ビン]
まずしい

家貝部

㋫〔貨〕
—カ
たから
しなもの
1917

㋐真
㋬俟
㋫〔販〕
—ハン
あきない
あきなう
1918

㋫〔貪〕
—ドン タン
むさぼる
1919

㋫販
㋱販

㋫貪
㋮貪

㋫貫〔貫〕
—カン
つらぬく すじ みち かん〔二
ぬく ぜにさし きし
千文/九百六十文.千文〕
1920

㋫冊
㋰夫

㋫貫
㋬メ

㋫ㄨ
㋬夫

セキ
せめる せめ
める しかる
とがめ とが
〔責〕
1921

㋐賷
㋭賣

㋫責
㋫貴

赤足身車部

㋫赦〔赦〕
—シャ
ゆるし ゆるす
1922

㋐赦
㋫攺

シ〔趾〕
あし あしおと あと
1923

㋰跐

㋫址

㋬〔跂〕
↓
846
〔歧〕
1924

㋙〔趵〕
—せがれ
1925

㋼〔悴〕
—
1926
ナン
やわらか やわらかい
よわ
〔軟〕

㋙俤
㋙俤

㋼怀

㋙奀
㋙輭

㋫轉
㋲輾
テン
ころがる ころがす
ころげる ころぶ
くる まわる まろぶ
ころばす うたた
た〔平仮名に
て〔平仮名〕てし
1927
〔転〕〔轉〕

㋫轉
㋬捗

走(辶・辶)部

㋫〔逝〕〔逝〕
セイ
ゆく いく
1928

テイ
たくましい
たくましす
こころよい
1929
〔逞〕

シュン
しさる あとしさりする
めらう しりぞく
た
1930
〔逡〕

ホウ
あい あう
であう むかえ
る
1931
〔逢〕

㋫駿

㋫逢
㋱迕

㋫遞
㋬遷

㋫盈

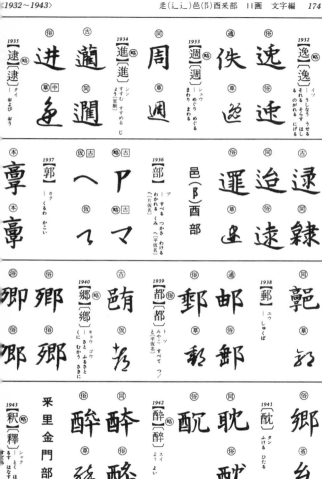

1932 【逸】[逸] イツ それる そらす はしる にげる のがれる うせる

1933 【週】[週] シュウ まわり めぐる まわる めぐり

1934 【進】[進] シン すすむ すすめる よう〔官制〕 じ

1935 【逮】[逮] タイ およぶ おう

1936 【部】 ブ すべる つかさ わける わかれる くみ とき〔片仮名〕〈平仮名〉

1937 【郭】 カク くるわ かこい

1938 【郵】 ユウ しゅくば

1939 【都】[都] トッ みやこ すべて つ と〔片仮名〕

1940 【郷】[郷] キョウ ゴウ くに むかう さきに さきごろ ふるさと

1941 【酖】 タン ふける ひたる

1942 【酔】[醉] スイ よい よう

1943 【釈】[釋] シャク とく はなす とける おく はどく ゆ

采里金門部

【野】
の や いやしい の（平仮名）

〔釈迦〕
シャカ

阜(阝)部

【問】
つかえ つかえる

1947

【閉】
ヘイ とじる とざす しめる
まる しまり じょう
し

1946

【釣】
チョウ
つる つり

1945

【陰】
イン かげ かげる
かに くらい かくれる
くす ひそか ひそ
か

1949

【陪】
バイ そえ そえる ます
た すける したがう ともなう

1948

【陳】
チン つらねる つらなる な
らび つらな ふるい
なめ のべる

1950

【陵】
リョウ みささぎ おか つかさ
しのぐ ぎ あなどる

1951

【陶】
トウ すえ すえもの

1952

【1956 隆】【隆】
リュウ
かん　たか　たかい　さ

⟨通⟩崚
⟨略⟩嶮
⟨草⟩陰

⟨略⟩険
⟨俗⟩険

【1955 険】【嶮】
ケン　けわしい　さがしい

⟨通⟩坴
⟨草⟩陸

⟨俗⟩陸
⟨俗⟩坴

⟨古⟩陸
⟨俗⟩陸
⟨俗⟩陸

【1954 陸】
—おか　くが　ろく
リク

【1953 陥】
⇓
【1605 陥】

隹雨頁食魚部

【1957 雀】
ジャク
すずめ

⟨俗⟩隆
⟨俗⟩隆

⟨俗⟩隆
⟨俗⟩隆

⟨俗⟩隆
⟨俗⟩隆

⟨略⟩隆
⟨草⟩隆

⟨古⟩隆
⟨略⟩隆

【1958 鴬】【鴬】
オウ
⟨同⟩鴬

⟨俗⟩頃
⟨草⟩頃

【1961 頃】
ケイ
ころ　こめかみ
きさきに　うね　しばらく

⟨俗⟩頂
⟨略⟩頂

⟨同⟩頂

【1960 頂】
チョウ
いただき　いただく

⟨別⟩滴
⟨草⟩滴

【1959 雫】国
—しずく　したたり

⟨古⟩霽
⟨俗⟩雪

⟨本⟩霽
⟨略⟩霽
⟨俗⟩雪

鳥歯鹿麥麻黄黒部

【1965 鹵】
ロ
しおつち　しお
たて

【1964 鳥】
チョウ
とり

⟨略⟩鳥
⟨略⟩烏

【1963 魚】
ギョ
うお　さかな　な　いお

【1962 飢】
⇓
【1608 飢】

⟨略⟩魚
⟨俗⟩魚

⟨略⟩魚
⟨俗⟩魚

⟨古⟩奐
⟨俗⟩奐

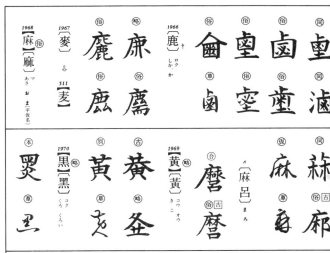

【第一段・右から左】

同 壷

同 滷

仮 赫

草 廊

古 廊

俗 廊

俗 鹵 壷

俗 窒

俗 壷

草 麻

俗 麻

俗 會

俗 鹵

1966【鹿】† ロク しか・か

略 麃

俗 麀

略 麻

俗 麤

1967【麥】↓ 511【麦】

1968【麻】[麻] マ あさ お 圭(平仮名)

【第二段・右から左】

本 罞

草 黑

別 黃

草 黃

古 黃

草 黃

略 釜

1969【黃】[黃] コウ オウ き こ

合 麿

古 俗 麿

イ〔麻呂〕まろ

1970【黒】[黑] コク くろ くろい

十二画

人(イ)几凵刀(刂)部

【十二画】

1971【偉】(略)
イ　えらい

1972【傳】(俗)
フ　もり　かしずき　かしずく

【傳】(俗)
かたわら　そば　わき　そえる

1973【傍】(俗)
ボウ　かたわら　そば　わき　そえる

1974【傑】(俗)
↓
【傑】2359

1975【傘】(本)
サン　かさ　からかさ

(同)傘
(略)仐

1976【備】(俗)
ビ　そなえる　そなわる　つぶさに　みな　ことごとく
ひ〔平仮名〕

(本)備(略)備
(古)偹(略)备
(俗)俻(畧)備
(俗)偹(畧)俻
(俗)備(畧)備

(俗)傘

1977【凰】(仮)
オウ　コウ　おおとり

(草)凰(草)凰

1978【凱】(同)凰
ガイ　かちどき

(同)凰
(俗)凱(草)凱

(同)鵞

1979【歯】(同)齔
シ　よわい　よわいす

(同)齔(草)齿

1980【剰】(古)函
↓
【剰】1634

(略)函
(略)歯(略)齒

1981【割】(俗)割
【割】カツ　さく　わり　わる　わ

(略)剙
(古)刵
(古)剞(本)割

1982【創】(同)剏
ソウ　きずつく　はじめる　は
じめる　つくる〔一作〕

(同)剏
(俗)剏(本)剖

(俗)割
(草)剝

1983【勝】(俗)勝
【勝】ショウ　かつ　まさる　すぐれ　たえる

力十卩口部

(同)劒
(俗)劒

(古)創
(俗)戧

(古)剏
(古)剏

(同)勝
勝

(同)剏
(本)割

〔勝鬘〕 ショウマン

1984 〔労〕 ⇩ 526 【労】

1985 【募】〔募〕 ボ つのる まねく めす

1986 【勤】*〔勤〕 キン ゴン つとめる つとまる いそしむ ねんごろ つとめ

1987 【博】〔博〕 ハク バク ひろい ひろし ひろ

1988 〔卿〕 ケイ キョウ くげ まえつぎみ

1989 〔啻〕 シ ただ ただに

1990 〔啼〕 テイ なく なげく

1991 【善】 ゼン よい よくする よみす

1992 〔喉〕 コウ のど のんど のどぶえ

1993 〔喋〕 チョウ しゃべる くらう ついばむ つつく

1994 〔喙〕 カイ くちばし くちさき はし

1995 〔喘〕 ゼン せき せく あえぐ

【喚】カン／よぶ よばわる わめく　〔1996〕

【喜】キ／よろこぶ よろこび たのしむ たのしき（平仮名）　〔1997〕

【喞】ショク シツ ソク／かこつ すだく　〔1998〕

【喧】ケン／かまびすしい　〔1999〕

【喩】ユ／さとし さとす さとり さ たとえ たとえる ゆ（平仮名）　〔2000〕

【喫】【喫】キツ／くらう のむ　〔2001〕

【喬】キョウ／たかい　〔2002〕

【單】⇒【単】1025　〔2003〕

【喪】ソウ／もうしなう ほろびる　〔2004〕

【喰】（国）／くらう くう　〔2005〕

口 土 部

【圈】【圈】ケン／わ はんい まげ もの おり　〔2006〕

【圍】⇒【囲】300　〔2007〕

【堅】ケン／かたい かたし　〔2008〕

【堡】ホ ホウ／とりで　〔2009〕

【堤】テイ／つつみ　〔2010〕

㊀報（通）　報【本】

狼（通）　报（俗）　抧（仮）〔平仮名〕

2013【報】ホウ　むくいる　しらせ　ほ

榲（同）　陧（同）

2012〔堰〕エン　せき　せく　ふさぐ

堪（俗）　坭（草）

2011【堪】カンタン　たえる　こらえる

隁（同）

陡（古）　埫（同）　堤（草）

墙（同）　墶（草）

2017【塔】【塔】トウ　そとば　とうば

埭（俗）　埸（草）

陕（同）　界（同）

2016〔堺〕カイ　さかい　わける

坮（略）　埸（俗）

2015〔場〕ジョウ　ば

轄（同）　坮（草）

2014〔堵〕トかき

2022〔堉〕↓　2026【壻】

2021〔壹〕↓　1662〔壷〕

2020〔壹〕↓　472〔壱〕

士大部

〔埖〕↓　2709〔埖〕

坔（俗）　坴（草）

壘（俗）　埿（俗）

2019【塁】【壘】ルイ　とりで

墥（同）　墑（同）

2018【堕】【隋】ダ　おちる　おとす　こぼつ

女部

奥（俗）　奥（俗）

鼻（本）　寏（俗）

2025【奥】【奥】オウ　おく

奢（俗）　奓（草）

2024〔奢〕シャ　おごり　おごる

厦（同）　奠（俗）

賁（俗）　奠（草）

2023【奠】テンデン　きだめる　すすめる　おく　まつり　まつる

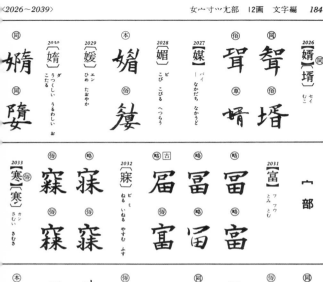

2026 【婿】【壻】
セイ
むこ

（同）（俗）

2027 【媒】
バイ
― なかだち なかうど
（草）

2028 【媚】
ビ
こびる へつらう
（俗）

2029 【媛】
エン
ひめ たおやか
（俗）

2030 【嫷】
ダ
うつくしい うるわしい お こたる
（本）

（同）（同）

宀 部

2031 【富】
フ フウ
とみ とむ
（俗）（略）（略）（略）（古）

2032 【寐】
ビ ミ
ねる いねる やすむ ふす
（略）（俗）（俗）

2033 【寒】【寒】
カン
さむい さむさ
（俗）（俗）

寸ツ尢尸部

2034 【寓】
グウ
やどる やどり よる かつける ことよする
（俗）（同）（俗）（草）

2035 【寔】
ショク ジキ
まことに ただ これ
（同）

2036 【尊】【尊】
ソン
たっとい とうとい たっとぶ とうとぶ みこと たる
（本）（同）

（俗）（草）（俗）

2037 【尋】【尋】
ジン
たずねる ひろ(八尺) つぎて なみ
（俗）（同）（俗）

2038 【営】【營】
エイ
いとなむ いとなみ
（同）（略）

2039 【就】
シュウ ジュ
つく つける ついては なす なる おわる たかい
（俗）（略）（草）

（俗）就　就

2040【屬】【属】ゾク　つく　まかす　つらなる　このごろ　から　や

2041【嵐】ラン　あらし　あれ

山己巾部

2042【巽】ソン　たつみ（東南の間）

（古）巽　（俗）巽　（俗）巽

（俗）巽　（通）遜

2043【帽】【帽】ボウ　ぼうし　かぶりもの　ずきん

2044【幄】アク　とばり

2045【幅】フク　はば　ひろさ　むかばき

（同）編　（略）巾

幺广弋弓彳部

2046【幾】【幾】イク　きざし　おそう　ちかい　くば　ほとんど　ねがう　き（平仮名）　キ（片仮名）

2047【廁】シ　かわや　まじる　けがれる

2048【廊】【廊】ロウ　ろうか　ほそどの

（同）幾　（略）幾

（通）几　（仮）き

（仮）き

（草）庚

2049【廢】【廢】ハイ　すたる　すたれる　やむ　すてる

2050【弒】シ　シイ　しいする

2051【強】⇒ 1694 強

2052【弼】ヒツ　たすけ　たすける　だめ　すけ（官制）

2053【彈】【弾】ダン　ひく　はずむ　たま　はじく　ただす

（略）廃　（草）廃

（同）弔　（俗近）弼

弘　(同)弓

2054【御】【御】
ギョ　ゴ
おん　み　おわす
おさめる　たまう
(俗)御　(略)御　(略)御　(略古)御　(同)御
(俗)御　(俗)胐　(略)御　(略)御　(略)御

2055【編】
↓
2321【遍】

彈　禅

2056【復】
―フク
―かえる　もどす　また

復　(本)復　(同)復

2057【循】
―ジュン
―したがう　めぐる

夏　(本)夏　(同)渡

修　(俗)循
(草)順　脩
　
　循　(俗)循

心(忄)部

2058【悲】
ヒ
―かなしい　かなしむ
ひ(平)

唼　(同)唼
(仮)悲

2059【悶】
モン
もだえる　もだえる　いかる

惘　(草)心

2060【惑】
ワク
まどう　まよい　まよう

或　(俗)惑

2061【惠】
↓
1371【恵】

2062【惡】
↓
1713【悪】

2063【惣】
† ソウ
すべて

總　(本)總
　(俗)摠

2064【惰】
―ダ
―おこたり　おこたる

惰　(本)惘
(草)忄

隨　(同)惰

2065【惱】
↓
1380【悩】

悩　(俗)悩

2066【愉】【愉】
―ユ
む　かりそめ
よろこぶ　たのし

愉　(俗)愉

2067【愕】
ガク
おどろく
あわてておめく

愕　(俗)愕

2068【慍】
ウン
いかる　うらむ　いきどおる
うれえる　むっとする

懍　(本)懍
(草)愕

慍　(本)慍
(草)恛

戈戸手(扌)部

2069
【慌】〔慌〕
コウ
あわてる　あわただしい
いくらい

㊧㊨悗
愡

2070
〔戟〕
ゲキ
ほこ

本 芦
㊥ 戟

略 戟

2071
【扉】〔扉〕
ヒ
とびら

古㊧ 扅
㊧㊨ 扅

俗古㊥ 闗
㊥ 飛

2072
【掌】
ショウ
てのうち　てのひら
てだ　さ　つかさどる
—たなごころ

通 爪
㊥ 掌

2073
【掣】
セイ
ひく　ひかえる

俗 掣
㊥ 製
㊧ 製

2074
【掾】
エン
よる　じょう〔官制〕

俗 掜
㊧ 掾

2075
【揃】
セン
こする　きる　そろい　そろ
うそろえる

揿
㊧ 揿

俗㊥ 撒
㊥ 撒

2076
【揆】
キ
はかりごと　はかる

揣
草 揣

俗 揆
俗 撥
俗 撜

2077
【揉】
ジュウ ニュウ
もむ　ためる　ためる　も
めこと

㊥ 撜
㊥ 撘

俗 煤
㊥ 揉

2078
【提】
テイ
さげる　ひっさげる

椶
㊥ 提

2079
【插】〔插〕
ソウ
さす　さしはさむ

俗 揷
㊨ 插
㊨ 插

俗 揷
草 揷

2080
【揖】
ユウイ
えしゃく

俗古 揖
草 揖

2081
【揚】
ヨウ
あげる　あがる

俗 揚
㊥ 揚

2082
【換】
カン
かえる　かわる

古 敠
略 扬

略 換
俗 換

2083
【握】
アク
にぎる　にぎり　もつ

支(攵)文斤部

〈古〉臺　臺〈古〉

2084【揭】　1738【掲】〈古〉

2085【揮】　キ　ふるう　さしず

〈同〉擇　〈草〉擇

2086【援】〈俗〉援　ひく　エン　たすけ　たすける

〈俗〉援

2087【搖】略搖　ヨウ　ゆれる　ゆらぐ　ゆする　ゆすぶる　ゆさぶる　ゆらゆら　めく　うごく

〈同〉搨

〈俗〉撼　〈俗〉挭

2088【敝】　ヘイ　やぶれる　つかれる

2089【敢】〈本〉敢　カン　あえて　あえてする　〈草〉敢

〈古〉毃　〈草〉毃

2090【散】〈略〉枚　サン　ちらす　ちらかる　き〔平仮名〕　サ〔片仮名〕

〈本〉敵　〈本〉叙

〈俗〉散　〈俗〉散

2091【敦】†　トン　あつい　あつし　〈草〉敦

〈本〉敵　〈仮〉サ〔草〕

2092【敬】略敬　ケイ　うやまう　つつしむ　いましめる　うやうやしい

〈本〉敳　〈本〉敳

〈俗〉散　〈仮〉近 サ　〈俗〉散

2093【斐】†　ヒ　あや

〈略〉敬　〈本〉敵

〈俗〉敬　〈本〉敳

〈俗〉斐　〈俗〉斐

〈俗〉髪　〈俗〉髪

2094【斑】　ハン　まだら　むら

〈同〉辩　〈俗〉斑

〈俗〉琴　〈草〉斑

2095【斯】　シ　この　こと　これ　かく　か　くのごとく

〈古〉所　〈同〉此

〈同〉斯　〈俗〉斯

〈俗〉斯　〈俗〉斵

日日月部

2096【晩】バン
—おそい　ゆうぐれ　くれ

㊗絖
㊗中晚

2097【普】フ
—あまねく　ひろい

㊗普
㊗普

2098【景】ケイ
しき
—かげ　ひかげ
ひかり　け

㊗景
㊗景

2099【晳】セキ
あきらか

㊔断【晰】
�same皙
�same晰

2100【晴】㊗【睛】セイ
はれる　はらす　はれ

2101【晶】ショウ
—あきらか　あき

㊗晶

同暒
㊗晠

㊗䨺
㊗睅

2102【智】チ
—ちえ　さとい　しる　さとり
㊏ち[平仮名]

2103【暑】㊗【暑】ショ
あつい　あつさ

㊎近具
㊏具

㊐矯
㊗智

㊕昃
㊕昆

2104【暁】㊗【曉】ギョウ
あかつき　さとる　き
—とす　あきらか

㊚曉
㊚暁

2105【曾】ソウ
—かつて　すなわち　そ[平仮名]
㊏ソ[片仮名]

㊗㊏曾
㊗曾

㊗㊐曽
㊗曽

㊏そ
㊏ソ
㊏万

2106【替】タイ
かえる　かわる　すたれる

㊚普
㊚替

2107【最】サイ
—もっとも

㊗替
㊏昝

㊗最
㊏最

㊗最
㊗㊐最

㊗最
㊗昮

㊗最
㊗㊐昴

㊗冣
㊗㊐冣

2108【朝】㊗【朝】チョウ
—あさ　あした　あつめる
る　あつまる

㊗寂
㊗寂

㊕昆
㊏朝

木部

2109 【期】 キ ゴ／あう ちぎる とき か／き〈二字仮名〉

2110 【棄】 —すてる

2111 【棉】 メン もめん きわた

2112 【棋】 キ ゴいし

2113 【棒】 ボウ つえ

2114 【棗】 ソウ なつめ

2115 【棚】【棚】 ホウ たな

2116 【棟】 トウ むね むな むなぎ

2117 【桟】 → 1432 【桟】

2118 【森】 シン もり

2119 【棲】 セイ すむ すみか

2120 【棹】 トウ さお こぐ

2121 【棺】 カン ひつぎ

2122 【椀】 ワン はち まり

（略）
�

2125
〔椏〕
みつまた　また

（略）
椏

（俗）
植

2124
〔植〕
ショク
うえる　うわる
たつ

（俗）
植

（俗）
椅

2123
〔椅〕
イ
いす　こしかけ　はし

（俗）
椅

（草）
椅

（俗）
盏

（同）
盌

（同）
盌

（草）
椀

（別）
杉

2129
〔椙〕国
—　すぎ〔杉〕

（別）
杚

（草）
柮

2128
〔栬〕国
—　もみじ〔紅葉、槭〕

（俗）
枡

（同）
椒

2127
〔椒〕
ショウ
さんしょう

（俗）
枡

（別）
樫

2126
〔椚〕
—　くぬぎ〔橡〕

（別）
椢

2133
〔欽〕†
キン
つつしむ

（草）
歌

2132
〔欺〕
ギ
あざむく　いつわり
いつわ

（草）
欺

欠歹部

（略）
捡

2131
〔検〕〔檢〕
ケン
しらべる　ただす
ひきしめる　しめくく
る　しめくく

（別）（古）
撿

（俗）
橵

（甌）
板

（俗）
極

（俗）
盉

2137
〔淵〕
エン
ふち

水（氵）部

（俗）
殖

2136
〔殘〕
⇩
1435
〔残〕

2135
〔殖〕
ショク
ふえる　ふやす
うえる　し

（俗）
歃

（同）
歃

（本）
歃

（古）
欽

2134
〔款〕
カン
—　まこと　しるす
きざむ

（草）
欽

同 陼

2138 【渚】【渚】シ ョ／なぎさ みぎわ

俗 渊
俗 瀾
俗 渊
古 淵 渊
略 淵 渊
同 淵
古 函 涵
同 涵
略 淵 渊
俗 渊
俗 渊
俗 淵

俗 渚

同 泜
草 波

2142 【渡】ト／わたす わたる わたし わ／たり

俗 渼 渼
2141 【渠】キョ／みぞ なんぞ いずくんぞ かれ きやつ あいつ
通 停 停
草 蔵
2140 【淳】テイ／とどまる とどめる ぬま
俗 減
草 蔵
2139 【減】ゲン／へる へらす
俗 渼 泷
草 渼

同 盟
俗 温

同 過 渦
2146 【温】【温】オン／あたたか あたたかい あたためる あたたまる ぬくい ぬくもる ぬくむ
俗 渦
2145 【渦】カ／うず うずまく
同 腥 渥
草 渥
2144 【渥】アク／うるおう あつい
略 淳 渤
同 郭 激
2143 【渤】ボツ／[海名]

2151 【游】ユウ／およぐ あそび あそぶ
俗 熅 泷
2150 【渇】⇒ 1801 【渇】
俗 港 巷
2149 【港】【港】コウ／みなと
草 測 泗
2148 【測】ソク／はかる
草 渙
2147 【渫】セツ／さらう もる もらす

㊗ 漆
㊗ 溱

2154
【湊】
ソウ
みなと
あつまる
おもむく
㊀ 滾
㊀ 混

2153
【渾】
コン
にごる
ひろい
すべて

2152
【渺】
ビョウ
はるか
ひろびろ
同 焱
同 炎

㊀ 泅
㊓ 游

㊗ 游
㊗ 蜉

古 浮
同 斿

2159
【湯】
ゆトウ

㊗ 滿
㊗ 滿

――

㊗ 澷
草 㳟
同 陲

2158
【湮】
イン
しずむ
ふさぐ
ふさがる

同 涌
㊗ 湧

2157
【湧】
ヨウ
ユウ
わく

古 溰

2156
【湛】
タン
しずむ
たたえる

草 湖
草 㳶

2155
【湖】
コ
みずうみ

㊗ 湊
草 湊

㊗ 滿
㊗ 滿

2162
【滿】【滿】
マン
みちる
みたす
まⁱ(平仮名)

草 灣
草 㴠

2161
【湾】【灣】
――ワン
いりえ

㊗ 湿
草 湿

古 湦
本 瀑

2160
【湿】【濕】
シツ
しめす
うるおす
しめり

㊗ 湯
草 湯

同 炎
同 熿

2164
【焚】
フン
やく
たく

火(灬)爪(爫)部

㊗ 滋
草 㴱

古 滋
草 㱼

2163
【滋】【滋】
ジ
ます
しげる
しげし
ます

㊗ 洆
草 㳶

㊗古 疥
㊗ 滿

㊗古 滿
㊗ 滿

〔俗〕焚　〔俗〕焚　〔無〕ムブ ない なし む〔平仮名〕　燚

〔仮近〕厶　〔俗近〕奱　〔同〕燊　〔同〕森　〔略〕无　〔略〕无

〔草〕芇　〔同古〕無　〔同〕森

2166【焦】 ショウ あせる こがす こがれる こげる
〔草〕焦

2167【焰】〔焔〕 エン ほのお ほむら
〔草〕焰

〔俗〕然　〔俗〕然　〔略〕太　〔古〕默　**2168【然】** ゼン ネン しかり しかる しかし て しかるに しかれども　〔古〕爤　〔俗〕焰　〔同〕燗

〔俗〕尢　〔俗〕然　〔俗〕然　〔古〕狄

2169【煮】〔煮〕 シャ にる にえる にやす

〔草〕烑　〔俗〕倸　〔同古〕炎

牛犬(犭)部

2170【焼】〔焼〕 ショウ やくやける　〔俗〕曓　〔同〕鼺　〔同古〕羹

2173【犂】 レイ リ すき からすき　**2172【犀】** サイ　**2171【爲】**→1131【為】　〔同〕頁　〔草〕焼　〔草〕耂　〔同古〕羮

〔略古〕犀　〔草〕烑

2174【猥】 ワイ みだり みだりに いやしい　**2175【猪】〔猪〕**→1811【猪】　**2176【猫】〔猫〕** ビョウ ねこ　〔本〕貓　〔同〕蜎　〔同〕燅

2178【猶】〔猶〕 ユウ なお ことし さ〔ながら〕　**2177【猬】** イ はりねずみ　〔草〕狠　〔草〕焼　〔草〕烑　〔草〕犁

〔俗〕猶　〔同〕彙　〔俗〕猯　〔略古〕犁

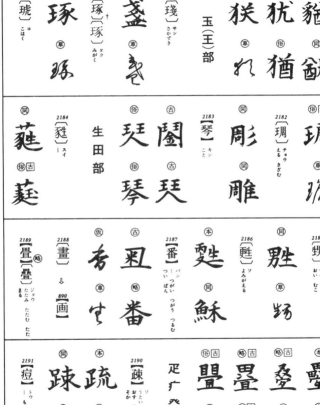

玉(王)部

2179【琖】さかずき

2180【琢】〔琢〕琢　タク　みがく

2181【琥】こはく

2182【珊】チョウ　きざむ

2183【琴】キン　こと

2184【猤】スイ

生田部

2185【甥】セイ　おい　むこ

2186【甦】よみがえる

2187【番】バン　—つがい　つがう　つるむ　ついばん

2188【畵】⇩【画】890

2189【畳】〔畳〕たたみ　たたむ　たた　まる

疋广部

2190【疎】ソ　うとい　うとむ　とおる　と　おす　あらい　おろか　おろ　そか

2191【痘】トウ　もがさ

【発】(俗)

【甄】(同)

【聲】(古)

2194
【登】
のぼる　トウト
上〔平仮名〕

2193
【痢】
(革)
—〔くだす病〕

2192
【痛】(俗)
ツウ
いたい　いたむ　いためる
いたい　いたましい　いたく
はなはだしい

【症】(草)

や(仮匠)

【発】(俗)

【嶐】(古)

【眠】(俗)

【睞】(同)

2198
【睇】
よこめ　テイ
ぬすみみる

2197
【盗】
↓
1827
【盗】

2196
【皓】†【皓】
しろい　コウ
ひかる

2195
【発】
↓
1149
【発】

【眠】(同)

【嵩】(同)
【睗】(同)

【皓】(同)

白皿目矢部

【碭】(草)

2201
【硝】【硝】(俗)
ショウ
—えんしょう

【短】(本)

2200
【短】
みじかい　タン
そしる

2199
【着】(本)
チャク　ジャク　チ・
きる　きせる　つく　つける

【桓】(俗)

【桓】(俗)
【尅】

石部

【著】(俗)
【苩】(草)

2206
【硲】(国)
はざま　峠
たにあい(通)

【硯】(俗)
【研】(通)

2205
【硯】
ケン
すずり

【鞭】(俗)

2204
【硬】【硬】(同)
コウ
かたい　つよい

2203
【硫】【硫】(同)
リュウ
—いおう

【輭】(同)
【軭】(俗古)

示(ネ)禾部

【硬】(草)

【磂】(革)
硫

【転】(同)

2207 【禄〈禄〉】ロク ふち さいわい

2208 【稀】キ まれ まばら け〔平仮名〕

2209 【稈】フ もみがら

2210 【税〈税〉】ゼイ みつぎ かかりもの ちから

2211 【稈】カン わら

2212 【程〈程〉】テイ ほど のり ころ み みちのり はかる ばかり

2213 【稍】ショウ やや しだいに みつぎ

2214 【窘】キン たしなむ くるしむ せまる

穴 立 部

2215 【竣】シュン おわる

2216 【童】ドウ わらべ わらわ

竹 部

2217 【笹】セン ささら

2218 【筆】ヒツ ふで

2219 【筈】カツ やはず すじ

2220 【等】トウ ひとしい ら など まつ ともがら だい ら／と〔平仮名〕

竹部

| | | 2221【筋】キン すじ ことわけ | | | |

2222〔筍〕ジュン たけのこ

2223〔筏〕バツ いかだ

2224〔筐〕キョウ かご はこ

2225〔筑〕チク ツク（弦楽器）

2226〔筒〕トウ つつ

2227【答】トウ こたえ こたえる いらえ

2228【策】サク むち はかりごと はか るえ つえ

米部

2229〔粟〕ゾク あわ

2230〔粤〕エツ ここに

2231【粥】シュク かゆ

2232 【粧】ジョウ よそおい よそう けし

（同）糚 （同）妝

2233 【結】ケツ むすぶ ゆう ゆわえる ゆわえる むすび

糸部

（略）妆 （草）妆

2234 【絶】ゼツ たえる たやす たつ たつ はなはだ

（俗）絶

（古）紒 （俗）結

2235 【袴】
↓
1900 【袴】

（古）綯 （古）幽

2236 【絞】コウ しぼる しめる しぼり しまる くびる

2237 【絡】ラク からむ からまる つながる まとう まつわる

2238 【絢】ケン あや †

2239 【給】キュウ ― たまう たぶ

（略）約

2240 【絨】ジュウ ― (細い布)

（草）絞 （草）絞

（草）絞 （草）絞

（草）� （草）絡

（草）約

（草）絡 （俗）絽

2241 【統】トウ すべて おさめる すじ す

2242 【絲】
↓
405 【糸】

2243 【絵】【繪】エ カイ いろどる ぬう

2244 【脹】チョウ ふくれる ふくらむ

（俗）（古）絨

（草）絞

（略）絵

肉(月)舌部

（略）（古）繪 （略）絵

（草）絞

2245 【脾】ヒ ひぞう

2246 【腋】エキ わき

2247 【腎】ジン じんぞう

2248 【腕】ワン うで かいな

（俗）脾 （草）絽

（俗）脾

（俗）腋 （草）脈

（同）亦 （草）脈

（同）醫 （草）脂

（同）捥 （同）挛

（俗）腕 （俗）挛

2251
【華】
⇩
1557
【華】

2250
【菩】ボ
〔草名〕
古合

【菩薩】ボサツ
古合

【菩提】ボダイ
古近合

(同)
艸(艹・艹)部

(俗)
2249
【舒】ジョ
のべる　ゆるし　ゆるす

2252
【拡】コ
こも　まこも

(俗)
【椀】カン
(草)

2253
【菰】リョウ
ひし
(同)

(俗)

2254
【菴】アン　エン
いほり
(同)

(俗)
【菱】
(草)

2255
【葅】ソショ
〔京物〕
(同)

2256
【萃】スイ
あつまる　あつめる

2257
【萉】
(国)
くたびれ　くたびれる

2258
【落】
【落】ラク　おちる　おとす　おち　むらさと　ら〔平仮名〕

(略)
【葉】
(仮近)

2259
【葉】【葉】
は　ば　ヨウ
〔平仮名〕
(略)

(俗)

2260
【葬】
【葬】ソワ
ほうむる
(俗古)

〔萩〕
↓
2571
〔萩〕

虍虫血
行部

2261
【虚】
↓
1892
【虚】

2262
【蛙】
ア
かえる　かわず

2263
【蛤】
コウ
はまぐり

本
畫
(草)
蛙

2264
【蛀】
国
— えび〔海老〕
(草)
蛀

別
鰕
別
鱘

2265
【蛮】【蠻】
略
— バン
— えびす

蠚
(草)
蠚

俗
衆
衆
(草)
衆

2267
【街】
ガイ　カイ
まち　ちまた

同
衆
略
衆

2266
【衆】
俗
衆
— シュウ　シュ
— おおい　もろ　おおぜい
もろもろ　たみ

本
衆
同
衆
略
衆

衣(ネ)部

2268
【裁】
サイ
たつ　さばく　した
たてる　ただす　きだ
めさだめる　わずかに

古
裝
同
囊

2271
【裙】
クン
すそ　もすそ

同
裒
俗
裕

2270
【裕】
ユウ
— ゆたか

俗
裂
草
裂

同
裂
同
裂

2269
【裂】
レツ
さく　さける

通
才
草
裁

俗古
儀
才
俗
才

2274
〔視〕
↓
1906
〔視〕

見角部

俗古
裝
俗
妝

同
褻
同
裝

2273
【装】【裝】
略
ソウ　ショウ
よそおう　よそおい

略
補
俗
補

2272
【補】
ホ　フ
おぎなう　おぎのい
うつくろい

同
幣
俗
黻

2275【覗】シ　うかがう　のぞき　のぞく

2276【覘】テン　うかがう　のぞき　のぞく　ねらう

2277【覚】覺　カク　おぼえる　さます　さめ　さとり　さとる

2278【觝】テイ　ふれる

2279【訴】ソ　うったえる　うったえ　さか　しらごと

言部

2280【診】シン　みる

2281【註】チュウ　とく　しるす　のべる

2282【証】證　ショウ　しるし　あかし

2283【蕠】

2284【詑】タ　あざむく

2285【詐】サ　いつわり　いつわる　あざ

2286【詒】イ　あざむく　いつわる　おくる

2287【詔】ショウ　みことのり　ふれ　ふれぶみ　つげ　つげる

2288【評】評　ヒョウ　はかる

2289【詛】ソ　のろう

2290【詞】ことば

同
言
（俗）
司

2291
【詠】
エイ
よむ　うた
ながめる
うた　うたう　ながめ

同
詠
（同）
咏

豕貝部

2292
【象】本
【象】
ショウ・ゾウ
かた　かたち・か
たどる　のり・のっと
る　おもり
のかた　かたちか
たどる　のりのっと

同
爲
（略）
鳬

2293
【貶】
ヘン
おとす
しりぞける　けなす

古
尋
（草）
珍

象
（草）
豸

2294
【貯】
チョ
—　たくわえ
たくわえる
たくわわる

同
瀦
（俗）
貯

2295
【貰】
セイ
もらい
もらう〔一曹〕

草
貰
（草）
菅

2296
【貮】
↓
363
【弐】

2297
【貴】
キ
たっとい　とうとい　たっと
ぶ　とうとぶ　たっと
き〔平仮名〕

古
片
（本）
貧

俗
貴
（俗）
書

2298
【買】
バイ
かう　かい

仮近
告
（草）
貴

2299
【貸】
タイ
かす
かし

古
買
（俗）
買

古
償
（草）
傷

古
儥
（草）
貳

2300
【費】
ヒ
ついやす　ついえる　ついえ

俗
貴
（草）
費

2301
【貼】
テン
つく
はりつける　はる

草
玖
（草）
貼

2302
【貿】
ボウ
—　かう
あきなう　とりか
える

俗
貿
（俗）
賈

同
賈
（略）
貪

俗
賀
（俗）
賀

俗
賃
（俗）
賃

略中
賀
（俗）
賀

俗
賀
（仮）
賀

2303
【賀】
ガ
よろこび
よろこぶい
かい　いわう
めでる
かい〔平仮名〕

走足車辛部

【超】2304
チョウ
こえる
こす

【越】2305
エツ
こえる　こす　こし
ここに　をこ(平仮名)

【跋】2306
バツ
おくがき　ふむ
こえる

【跛】2307
ハヒ
びっこ　ちんば　あしなえ

【距】2308
キョ
—けづめ　たがう
ふせいたる　より

【軸】2309
ジク
—の　よこがみ　しん
まきもの

【軽】【軽】2310
ケイ
かるい　かろやか
かろんずる　かろ
がろし　かろがろ
しい　かるがるしい

【辜】2311
コ
つみ　かならず

【逢】2312
ホウ
はしる　ほとばしる　たばし

【逄】2313
キギ
おおじ

走(辶・辶)部

【逸】2314
→1932

【達】【達】2315
タツ
—とおる　とどく
たっしだち　たち
とち　だし

【遂】【遂】2316
スイ
とげる　ついに

【遅】【遅】2317
チ
おそい　おくらす
〈くれる　ゆる
やか　におい　すなわ

2320【運】〔運〕
略
ウン
はこぶ めぐる
めぐらす
めぐりあわす

挀 草 挀 俗
遊 俗 遊 俗
迁 古 遷 本

2319【遊】〔遊〕
略
ユウ ユ
あそぶ あそび
ゆげ(切人名)
奂 古 送 草

2318【遇】〔遇〕
略
グウ あう
もてなす
あしらい あしらう
たまたま
遲 遟 同 遟 仮

2321【遍】〔遍〕
古
ヘン
〜あまねし
〜まねし(〜平 仮名)
逫 古 運 通 运 草

衞 同 道 本 道 俗 衞 俗 術 俗

2323【道】〔道〕
略
ドウ トウ
みち いう みち
びき みちびく
よる

過 俗 過 俗 過 俗

2322【過】〔過〕
略
カ
すぎる すごす
あやまち あやまつ
とがめる とが
よぎる
遍 俗 遍 同 遍 俗

編 同 漏 俗

邑(阝)酉里金部

2324【都】
⇩
1939【都】

2325【酢】
俗
サク
す

酢 醋 同 酢 俗

2326【酣】
俗
カン
たけなわ

2327【量】
俗
リョウ
はかる はかり
かき かず
ますめ

仕 俗 仵 草

2331【銛】
国
はばき
鉤 古 釜 同

2330【鈞】
略
キン
きん(三千斤)

抄 俗 抄 草

2329【鈔】
略
ショウ
とる うつしとる
ぬきがき
かすめる

鈍 略 鈍 俗

2328【鈍】
略
ドン
にぶい にぶる
まるい のろい
なまり な

量 古 量 俗 童 古

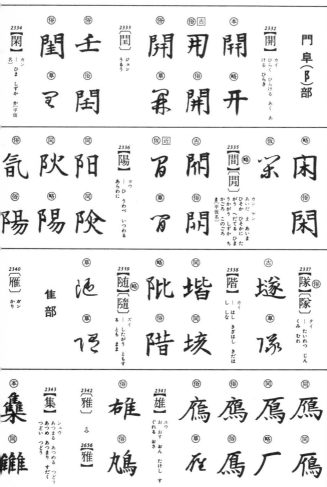

門阜(阝)部

2332 【開】 カイ　ひらく　ひらける　ひらき　あく　あける

2333 【閏】 ジュン　うるう

2334 【閑】 （名）カン　ひま　しずか　か（平仮）

2335 【間】【閒】 カン　ケン　あいだ　ま　あい　ひま　ひそか　へだてる　うかがう　しずか　かこう　このころ　ま（平仮名）

2336 【陽】 ヨウ　ひ　うわべ　いつわる　あらわに

2337 【隊】【隊】 タイ　くみ　むれ　たいれつ　じん

2338 【階】 カイ　はし　きざはし　しな

2339 【随】【隨】 ズイ　したがう　ともす　る　とも　まま

2340 【雁】 ガン　かり

隹部

2341 【雄】 ユウ　おす　おん　たけし　す　ぐれる　おさ

2342 【雅】 ⇒ 2656【雅】

2343 【集】 シュウ　あつまる　あつめる　つどう　あつまり　すだく　つどい　つどう

【雲】
ウン
くも
う〔平仮名〕

【雰】
フン
きり

雨革頁部

【雇】
コ
やとう　やとい

【勒】
サイ
うつぼ　ゆき

【勒】
ジン　ニン
しなやか　うつぼ　ゆき

【靭】
コウ
うなじ　こう

【項】
コウ
うなじ　こう

【順】
ジュン
したがう　すなお

【須】
ス　シュ
ひげ　まつ
もちいる
しばらく　すべからく…べし
す〔平仮名〕　ス〔片仮名〕

食馬黍黄黒部

【飲】【飮】
イン
のむ　のます
みずか

【飯】【飯】
ハン
めし
いい〔ひ〕　け

【駁】
バク
おさめる　つかう　つかえる
すすめる

【黍】
ショ
きび

【黍】
ショ
きび

【黄】
→
1969
黄

【黑】
→
1970
黒

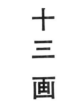

十三画

十三画

一人(イ)部

【亶】2358（直）
タン　セン
もっぱら　ほしいまま　あつ
し

【擅】2359
（傑）ケツ
― すぐれる　ひいでる

傑（俗）　樊（俗）　傑（俗）　杰（俗）
傑（草）　傑（俗）　傑（俗）　傑（草）

【催】2360
サイ
もよおす　うながす

催（草）

【傭】2361
ヨウ
やとい　やとう　かせぐ　やとわれる　あたい

傭（俗）

【傲】2362
（傲）ゴウ
おごる　あなどる　ほこる

敖（同）　嫩（俗）　傲（草）

【傳】2363
↓
296【伝】

【債】2364
サイ
― かり　かし　おいめ

【傷】2365
ショウ
きず　いたむ　いためる　そこなう　やぶる　きずつく

傷（同）　殤（略）　債（通）
傷（草）　傷（略）　債（草）

【傾】2366
（傾）ケイ
かたむく　かたむける　かた　かたぶく　よく　くつがえす

傾（俗）　頃（俗）
傾（俗）　頃（俗）

【僅】2367
キン
わずか　わずかに　とす　なんなん

僅（俗古）

【勵】
勵（同）　僅（俗古）

【僧】2370
（僧）ソウ
― ぼうず

僧（俗古）　僜（草）

【働】2369
国ドウ
はたらく　はたらき

仂（略）　動（通中）

【僉】2368
セン
みな　ことごとく

僉（略）　僉（略）

蘆（通）　董（通）
蘆（草）　僅（通）

刀(リ)カ口部

(仮)(中)	(俗)	(俗)	(俗)	(俗)	(同)	2372 【勢】 セイ いきおい　せ　せ(平仮名)	(同)	2371 【剽】 ヒョウ さす　かすめる　おびやかす はぐ
勢	勢	勢	勢	勢	埶		勡	
(仮)(近)	(俗)	(俗)	(俗)	(俗)	(俗)		(俗)	
勢	勢	勢	勢	勢	勢		勡	

(俗)	(同)	2375 【嗔】 シン いかる	(俗)	(古)	2374 【嗄】 サ しわがれこえ　かれる	(俗)	(同)	2373 【勧】【勸】 カン すすめる　はげます
慎	瞋		歌	嗖		劝	勸	
	(同)			(同)			(略)	
	謓			嗄			劝	

(俗)	(同)	(古)	2377 【嗟】 サ なげき　なげく　ああ	(通)	(俗)	(同)	(古)	2376 【嗜】 シ たしなみ　たしなむ　このむ　このましい
嗟	謯	蹉		耆	膳	餚	听	
(俗)(古)	(同)	(同)			(俗)	(俗)(古)	(同)	
嗟	䜖	譽		耆	啫	嗜	醋	

(同)	2379 【嗣】 シ あきわらい　あざわらう　わらう　あげける	(俗)	(俗)	(俗)	(古)	2378 【嗣】 シ —つぎ　つぐ　あとつぎ	(俗)	(俗)
吙		嗣	嗣	嗣	嗣		譽	嗟
(同)		(俗)	(俗)	(俗)	(同)		(草)	(俗)
歙		嗣	嗣	刷	嗣			吙

〈通〉園

〈俗〉薗

〈同〉苑

2381
【園】
エン
その

〈略〉園
〈古〉

口
土部

〈古〉噬
〈同〉歎

〈革〉嘆

2380
【嘆】【嘆】
タン
なげく　なげかわしい
なげき

〈俗〉嘆

〈別体〉嘆

〈草〉園

〈俗〉蘭

〈俗〉塗

2385
【塗】
ト
ぬる　まみれる　まぶす　ど
ろみち　まぶた

〈同〉壞

〈草〉壁

2384
【塑】
ソ
ー　すえものづくり

〈俗〉凸

〈同〉凸

〈草〉垤

〈本〉凸

〈同〉墳

2383
【塊】
カイ
かたまり　つちくれ　ほど

2382
【圓】
↓
92
円

〈俗〉余
〔山〕

〈俗〉塩

〈同〉塩

2390
【塩】【鹽】
エン、
しお　しおけ　しおず
け

〈古〉嶼
〔水〕

〈同〉寘
〈草〉寘

2389
【填】
テン
ふさぐ　うずめる　はめる
こめる

〈本〉窼
〈同〉敦

〈通〉涂
〈草〉途

2386
【塘】
トウ
つつみ　どて

〈俗〉淦
〈草〉塗

〈本〉窒
〈俗〉寒

2388
【塞】
ソク、サイ
ふさがり　とりで
ふさがる　ふさぐ

〈俗〉蜜

〈俗〉塚

2387
【塚】
チョウ
つか　はか　もりつち

〈俗〉塘

〈通〉唐

〈俗〉途
〈草〉途

〈俗〉淦
〈俗〉涂

〈本〉塞

㊗ 夢

㊗ 夢

2392
【夢】[夢]
㊛
ゆめ ゆめみる
む〔平仮名〕
ム

㋨ 夕大女部

㋽ 蓋

㊒ 蓁

2391
【墓】[墓]
はか つか
ボ

㊗ 盐

㊗ 塩

㋽㋾ 塩

㊗㋾ 塩

㊗㋾ 塩

㊒㋾ 鹽

㊗ 塩

㊗ 塩

㊗㋾ 塩

㊗㋾ 塩

2396
〔媾〕
よしみ ちぎる
コウ

㊌ 媼

2395
〔媼〕
ばば おうな
オウ オン

㋄ 奬

㊗ 奨

2394
[奬][奨]
すすめる ほめる
ショウ

2393
〔奧〕
→
2025
【奥】

㊗ 梦

㊗ 薁

㊒ 夛

㊗㋾ 癁

2400
〔嫋〕
たおやか しなやか
ジョウ

㊌ 瘱

㊗ 㑃

2399
〔嫉〕
そねむ ねたむ
シツ

㊗ 娉

㋄ 嫂

㊌ 嫂

㋽ 娿

2398
〔嫂〕
あによめ
ソウ

㋻ 娵

㋲ 婏

2397
〔嫁〕
よめ とつぐ よめいる
カ

㊌ 孅

㊗㋾ 嬢

㊌ 寢

㋽ 寠

㋽ 寢

2402
【寝】[寝]
いぬ やすむ やすむ ふし
ど ね〔平仮名〕
シン
おかす ねる

〔小ソ山 部〕

㊌㊒ 寢

2401
〔勔〕
たわむれる なぶる
ドウ

㋻ 裊

㋲ 嫋

㊌ 嬢

㊗㋾ 嬢

㋽ 宴

㋽ 寝

㋽ 寠

俗 寢 俗 寢
俗 寑 俗 寑
俗 寢 俗 寢
通 寢 仮近 寝

2403【寛】略〔寬〕 カン ― ひろい ゆたか ゆるやか くつろぎ くつろぐ

略 寛 俗 寃
俗 寛 俗 寛

2404〔尠〕 セン すくない すこし

同 尟 通 鮮

2405【誉】俗〔譽〕 ヨ ほまれ ほめる たたえる

略 誉 略 誉
略 誉 俗 誉

2406〔嵩〕† スウ たかい かさ

俗近 嵩 草 嵩

2407〔嵯〕 サ 〔山石のさま〕

同 嵳 草 嵳

〔嵯峨〕 サガ

省 山山

巾干广彐彳部

2408〔幌〕 コウ オウ ほろ

同 縨 草 幌

2409【幕】略〔幕〕 バク マク ― とばり おおう

同 幙 俗 幙

2410【幹】 カン みき わざ はたらき よく する うちかう

同 榦 俗 幹
俗 幹 俗 幹

2411〔廈〕 カ いえ

同 厦

2412【廉】俗〔廉〕 レン ― かど すみ

本 廉 同 廉
俗 廉 俗 廉
俗 廉 草 廉

2413〔廊〕

⇩

2048【廊】

2414〔彙〕 イ あつまる たぐい

同 彙 同 彙
俗近 彚 草 彚

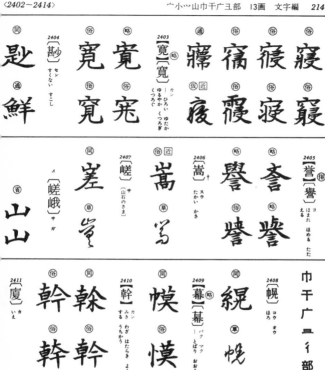

2415【繇】ヨウ　えだち　[同]

2416[同][古]【微】【微】ビ　かすか　しのびゆく　なし　あらず　み(平仮名)　(略)　[仮]

心(忄)部

2417【想】ソウ・ソ　―おもい　おもう　(略)

2418[惹]【想】ジャ　ジャク　ひく　かかる　[同]

2419[同]【愁】シュウ　うれい　うれえる　かなしむ　[同]　(俗)　[草]

2420[俗]【愈】ユ　いよいよ　まさる　[俗]　(略)　[草]

2421[意]イ　―こころ　こころばせ　か　んがえ　おもむき　おもう　おもうに　そもそも　い(平仮名)　(仮)

2422【愍】ビン　あわれむ　つとめる　いたむ　かなしむ　[同]　[同]　(仮)　(俗)

2423(俗)【愚】グ　おろか　(俗)　[草]　(略)　(古)　[愛]

2424[愛]アイ　いつくしみ　いつくしむ　あわれむ　おしむ　あ(平仮名)　(俗)　(俗)　(俗)　(俗)　[仮][匠]

2425[感]カン　―こころうごく　[古]　(俗)[古]

2426[愧]キ　はじ　はじる　[同]　[同]　(俗)　[草]　(略)

2427【慎】【慎】シン　つつしむ　つつしみ　[古]　[古]　(俗)　(古)

〔俗〕
順
憙

〔慄〕
リツ
おののく
わななく
おそれ
2428

〔同〕
懍
〔通〕
栗

〔略〕
慈
慈
〔慈〕〔慈〕
ジ
いつくしむ いつくし
みなさけ いつくし
2429

〔通〕
兹
〔通〕
兹

〔俗〕
慼
慾

〔略〕
〔慨〕
〔慨〕
ガイ
ーる
なげく
いきどお
2431

〔略〕
〔慌〕
↓
〔慌〕
2069
2430

〔同〕
𢣷
〔同〕
愬

戈
手(扌)
部

〔略〕〔近〕
〔戦〕〔戦〕
セン
いくさ たたかう た
たたか おののく
それる おそれ おの
2432

〔俗〕
戦
〔略〕〔近〕
戦
戦戦
〔俗〕
战

〔同〕
搔
〔同〕
搔

〔搔〕
ソウ
かく
2434

〔古〕
扱
〔近〕
損

〔損〕
ソン
そこなう そこねる へる
へす
2433

〔通〕
仡

〔略〕
搔
〔草〕
搔

〔搖〕
〔搖〕
↓
〔搖〕
2087
2435

〔同〕
携
〔携〕
トウ
つく
うつ
2436

〔俗〕
搗
〔古〕
擣
〔俗〕
搗

〔俗〕
搬
〔搬〕
ーうつす はこぶ
ハン
2438

〔捜〕
〔捜〕
↓
〔捜〕
1395
2437

〔俗〕
擎
〔草〕
擎

〔搭〕
〔搭〕
トウ
つむ
のせる
のす
うつ
2439

〔同〕
搭
〔略〕
搭

〔携〕
ケイ
たずさえる
たずさわる
つきそい
ひ
2440

〔本〕
攜
〔本〕
携

〔搾〕
サク
しぼる
〔国〕
2441

〔本〕
携
〔本〕
攜
〔草〕
攜

〔通〕
窄
〔草〕
窄

〔摂〕
〔攝〕〔攝〕
セツ
ーとる おさめる
〔代理〕
2442

〔俗〕
摺
〔俗〕
摺

〔俗〕
摶
〔俗〕
塌

支(攵)斗斤方日曰部

2442 摺

俗 摺　俗 摺
俗 摺　俗 摺

2443 【数】【數】
かず　かぞえる　しば　せめる　すう・ス〔仮名〕

仮・近 れ　俗 數　俗 數　俗 數　略 敉
仮 れ　俗 数　俗 數　俗 數　略 敉

2444 【斟】
シン　くむ　くみとる

同 斟　俗 斟
俗 斟　俗 斟

2445 【新】【新】
シン　あたらしい　あらた　にい　たきぎ　し〔仮名〕

古 新　同 新　俗 新
古 芳　俗 新　仮・近 新

2446 【旒】
リュウ　はたあし　たれ　はた

同 斿
略 斿

2447 【暇】
カ　ひま　いとま

俗 暇
俗 睱

2448 【暑】 → **2103【暑】**

2449 【暖】【暖】
ダン　あたたか　あたたかい　あたためる　あたたまる　ぬくい　ぬくもる

同 暖　俗 暖
畧 炅　同 晼

2450 【暗】
アン　くらい　やみ　あんに

通 煖
畧 炅

2451 【曾】 → **295【会】**

本 曽
同 曾

木部

2452 【椿】
チン　つばき

本 枛　同 椿
単 枛　同 椿

2453 【楕】
タ　ダ〔長円形〕

同 櫄　同 箶
同 楕

2454 【楚】
ソ　いばら　しもと　そ〔国名〕

本 楕　同 櫄
同 櫝

俗 楚
畧 梵

止殳部

〈古〉毀
〈同〉譭

2469【毀】
キ
こぼつ　こわす　やぶる
く　そしる　やせる
か

〈草近〉
〈草近〉〈行川〉
〈草近〉〈同〉
〈同〉

2468【殿】
デンテン
との　どの　しんがり

〈通古〉才

〈草〉窜

【略】淮
〈俗〉準

2471【準】
ジュン
ひとしい　なぞらう
—「水準器」かた　のり

2470【源】
ゲン
みなもと　もと

水(氵)部

〈俗〉斅
〈俗〉毃
〈俗〉毁
〈俗〉毆

〈俗〉毈
〈俗〉殷
〈俗〉毇
〈俗〉毄

2475【溢】
イツ
あふれる　みちる

〈俗〉溟
2474【溟】
メイ
くらい　うみ

〈俗〉渹
〈俗古〉溝
2473【溝】
コウ
みぞ　ほり

〈本〉潘
〈草〉溏

2472【溜】
リュウ
したたる　ためる
まる　たまり　た

2480【溺】
デキニョウ
おぼれる　いばり

〈通〉熔
〈草〉溶

2479【溶】
ヨウ
とける
とかす　とく　とろ

〈同〉沂
〈草〉溺

〈同〉遡
〈草〉溯

2478【溯】
ソ
さかのぼる

2477【温】
↓
2146【温】

2476【渓】
↓
1802【渓】

〈略〉溫
〈俗〉溢

2481 【滂】 ホウ　ひろい　（古 伙／俗 溺）（同 溂／俗 滂）

2482 【滅】 メツ　ほろびる　ほろぼす　きえる　（略 灭／俗古 滅）

2483 【滑】 カツ　すべる　なめらか　ぬめる　ぬめり　みだれる　（略 滅／草 㓕）

2484 【凗】 サイ　シ　かす　おり　（俗 滑／俗 澔）

2485 【滔】 トウ　はびこる　（古俗 澤）

2486 【滞】【滞】 タイ　とどこおる　（略 泊）

2487 【漢】【漢】 カン　から　あや　国　名　おとこ　（略 滞／俗 滞）（汉／俗 漢）（漢／芺）

2488 【滝】【瀧】 ロウ　たき　（俗 瀧／草 瀧）（草 近 漠／草 漠）

2489 【煌】 コウ　かがやく

【漠】 ⇩ **2785** 【漠】

火(灬)部

2490 【煎】 セン　いる　にる　（同 燻）

2491 【煖】 ダン　ケン　カン　あたたか　あたためる　（同 煎／俗 煎）

2492 【煙】【煙】 エン　けむり　けむる　けむい　けむ　けむたい　けむが　いぶる　いぶす　（同 煊／同 暄）（通 暖）（同 暎）

2493 【煤】 バイ　すす　せきたん　すみ　（本古 烟／同 烟）（俗 炮／草 熁）

2494 【煥】 カン　ひかり　ひかる　あきらか　（俗 炯／俗 熐）（草 煉）

火（灬）部

〈同〉灸　灸

2495【照】［照］ショウ　てる　てらす　てれる　かがる　かがみ

〈同〉墅　墅

〈同〉炤

〈俗〉照

〈草〉奨

〈俗〉焣

〈俗〉瞧

2496【煩】ハンボン　わずらう　わずらわす

2497【烟】国　やく

〈草〉灺

父片犬（犭）玉（王）部

2498【爺】ヤ　ちち　じじ　じじい

〈同〉爺

2499【牒】チョウ　ふだ

2500【猿】エン　さる

〈同〉猴

〈畧〉猿

〈俗〉獏

〈俗〉獌

〈草〉猨

〈同〉猨

〈同〉猭

〈俗〉猭

2501【献】［獻］ケンコン　たてまつる　すす　める

〈畧〉獻

〈俗〉獻

〈俗〉献

〈古〉獻

〈草〉猷

2502【瑕】カ　きず　たまのきず

〈俗〉瑕

2503【瑠】ル　めのう　ノウ

〈俗〉瑁

〈古〉碯

〈同〉瑙

〈俗〉瑙

〈畧〉瑠

2504【瑞】ズイ　みず　めでたい　しるし　よろこび

2505【瑟】シツ（弦楽器）

〈草〉瑯

2506【當】⇒　356【当】

〈本〉瑟

〈草〉瑟

田疒部

2507【畷】テツ　なわて

2508【痴】［癡］チ　おろか　しれもの

〈畧〉畷

【瘁】
〔同〕

【悴】
〔同〕顇

2511
【瘁】
スイ
つかれる　やむ

〔同〕

疛
ア
やまい

〔本〕

2510
【痾】

本
痹

2509
【痹】
ヒ
しびれ　しびれる

〔草〕

〔俗〕
癡

〔同〕促
〔同〕

2508
癡

皿目部

2512
【盞】
サン　セン
さかずき

〔本〕盟

2513
【盟】
メイ
―ちかい　ちかう

〔俗〕醠

〔草〕

珹
〔同〕餞

〔俗〕盟
〔本〕盟
〔俗〕盟
〔草〕

2514
【睡】
スイ
り―　ねむり　ねむる　いねむ

睡
〔俗〕睡
〔俗〕

2515
【督】
トク
る―みる　ひきいる　すべ
うながす

2516
【睥】
ヘイ
ながめ　うかがう

〔略〕督
〔俗〕督

2517
【睦】
ボク
むつむ　むつぶ
むつましい

睟
〔同〕睟
俾

2518
【睨】
ゲイ
がう
にらむ　ねめ　ねめる　うか

睳
〔俗〕睳
〔草〕

〔古〕
畬
〔俗〕睦

2519
【睫】
ショウ
まつげ

〔略〕睨

2520
【矮】
ワイ
ひくい　みじかい

矢石部

2521
【碁】
ゴ
―ごいし

〔同〕矮

〔同〕毬
〔同〕毬

〔同〕映
〔同〕耗

〔草〕

基
〔草〕

2522【碇】いかり

【碇】(俗)

砢 礦

2523(同)【碗】【碗】ワン わん はち

椀 (同)

埦 (同)

示(ネ)部

2524【砕】⇩ 【砕】1167

2525【碑】⇩ 【碑】2810

2526【祿】⇩ 【禄】2207

2527【禁】キン／いましめる いましめ おきて とどめる たえる

2528【禍】【禍】(俗) カ わざわい まがこ

禁 (俗)

禁 (俗)

祄 祸 (古)

殟 (古)

祸 (略)

福 (俗)

禍 (俗)

禍 (略)

稢 (俗)

2529【禎】【禎】(移) テイ さいわい ただしい

褙 (俗)

禍 (俗)

貞 (通)

禎 (草)

2530【福】【福】フク／いわい しあわせ さきわう ひもろぎ とみ

畐 (略)

禍 (略)

禍 (俗)

福 古

福 (同)(古)

福 (俗)

福 草

福 俗

2531【禅】【禪】ゼン／しずか ゆずり ゆずる

禮 (同)

禪 (略)

禾部

2532【稔】ジン ネン／みのる みのり とし

年 (通)

稔 (通)

2533【稗】ハイ ひえ

黐 (同)

稗 (草)

稗 (俗)(近)

2534【稚】チ／おさない わかい いと けない

稗 (同)

稗 (俗)

稗 (草)

2535【稜】リョウ／いつ いきおい かど すみ うね

雅 (俗)(近)

雅 (草)

2536【稟】リン／こめぐら うける ふち

稜 (俗)

稜 (草)

〔本〕亩　〔俗〕禀

〔俗〕凛　〔俗〕稟

〔俗〕亰　〔俗〕稟

〔俗〕棗　〔俗〕廩

2537 〔稠〕チョウ チュウ しげし　〔通〕綢

穴立竹部

〔俗〕壙　〔俗〕窪

2538 〔窟〕クツ いわや ほらあな

2539 〔竪〕 ↓ 3150 〔豎〕

2540 〔筥〕リョ はこ

2541 〔筮〕ゼイ うらない うらなう めどき　〔同〕筮

〔同〕箬 篛　〔草〕箬

2542 〔筵〕エン むしろ しきもの しく

〔草〕莚　〔草〕莚

2543 〔節〕略〔節〕セツ セチ ふし みさお きだめ ころ ころあい とき おり しるし ノット

〔古〕尸　〔俗〕近 節　〔俗〕節

米糸部

2544 〔粱〕リョウ あわ よいこめ

〔同〕梁　〔同〕梁

2545 〔粲〕略 サン いひ あざやか あきらか　〔俗〕粲

2546 〔粳〕略 コウ うるち ぬか あらぬか　〔俗〕粇

〔同〕秔　〔同〕粳

2547 〔絹〕略近 ケン きぬ　〔俗〕絹

2548 〔經〕略近〔経〕 ↓ 1863〔経〕

2549 〔継〕〔繼〕本国 ケイ つぐ つづく つづき まま ままし

2550 〔絏〕〔綛〕本国 かせ かせいと かすり(絣)

2551 〔続〕〔續〕別 ゾク つぐ つづく つづける つづ　〔草〕絣　〔草〕續

糸部

（俗）續 縍

网(罒)羊耳部

2551
【罪】
ザイ
つみ とが

（同）
皐
ケイ すじ すじめ

（通）
皐

2552
【罪】
サイ
つみ とが

（同）
罰
ケイ
カイ すじ すじめ

（俗）
劂

2553
【罫】
ケイ
カイ すじ すじめ

（俗）
罷

2554
【置】
チ
おく

（俗）
劂

（古）
毀

（古）
羂

（古）
毀

（俗）
罝

（俗）
置

（俗）
罝

（俗）古
置

（古）
置

（俗）
罝

（俗）
罝

（俗）
置

（俗）
置

2555
【署】
ショ
やくわり やくし
しるし しるす

略
【署】
よ しるし しるす

2556
【群】
グン
むれる むれ むら
ともがら むらがる
あつまる もろもろ
むら

本 近 古
羣

草
羣

通
書

草
羣

2557
【羨】
セン
うらやむ
あまる

同
【羨】

（俗）
嗟

（俗）
羨

2558
【義】
ギ
ーのり すじ すじみち
よし ぎり

略
【義】
義

（俗）
义

2559
【聖】【聖】
セイ
ひじり

（俗）
叉

（俗）
義

2560
【聘】
ヘイ
とう
おとずれる
めす めとる
うかがう

略
【聖】
埊

（俗）
圣

（俗）
埀

聿肉(月)臼舟部

（同）
躬 躳

2561
【肅】
⇩
1852
【肅】

2562
【肆】
シ
ほしいまま
ほしいままにす
る みせ かるがゆえに

2563
【腦】
⇩
1874
【脳】

同
隸

草
隷

2564
【腫】
シュ
はれる はれ
はれもの
はれる はれもの で

2565
【腰】【腰】
ヨウ
こし

（俗）
瘇

（俗）
腫

【腸】
チョウ
ーはらわた　わた
2566

（同）臂
（草）

（略）肠

古腸
俗膓

【腹】
フク
はら
2567

（同）腹
（俗）腹
（俗）腹

【腺】
セン
すじ
2568
国

【舅】
キュウ
しゅうと
2569

（同）甥
（章）甥

【艇】
テイ
ー(小船)
2570

（草）舵

艸(艹艹)部

【萩】【萩】
シュウ
はぎ　よもぎ
2571

（同）蘇
（略）萩

【萬】
↓
24【万】
2572

【萱】
ケン
かや
2573
本

（本）蘐
（同）蘐

（同）護
（同）薆

【著】
↓
1890【著】
2574

（同）薆

【葛】
カツ
つる　かずら　かつら　くず
2575

（俗）葛
（草）葛

【葱】
ソウ
ねぎ　ねぶか
2576

（古）蔥
（本）蒽

【茸】
シュウ
ふく
2577
本

（本）茵
（俗）茲

【菁】
2578近
国　すくも

（俗）菁
（草）芏

【蒸】【蒸】
ジョウ
むれる　むらす
おからむ　もろもろ
2579

（同）迸
（略）蒸

（俗）蒸
（俗）燕

【蓄】【蓄】
チク
たくわえる　たくわえ
2580

（略）烝
（俗）烋
（俗）燕

（同）穑
（章）蓄

虍 虫 行 部

2581
【虜】【虜】(俗)
リョ
─ とりこ　いけどる
えびす

2582
【虞】【虞】(俗)
グ
おそれ　おもんぱかり
おもんぱかる　うれえる
うれえ

(略) 虜 (草) 宕

(略) 虜 (草) 虞

(俗) 虞
(俗) 虞
(草) 云

2583
【號】
↓
201
号

2584
【蛹】
ヨウ
さなぎ

(同) 蛹

2585
【蛾】
ガ　ギ
はむしし　あり

(本) 蟻
(同) 蟣

(同) 蟻
(俗) 蟊

2586
【蜂】
ホウ
はち

(本) 逢
(同) 蛆
(草) 蜂

2587
【衙】
ガ
やくしょ　つかさ
あつまる

(俗) 蜂
(草) 蜂

(俗) 衙

衣(ネ)部

(俗) 衙

2588
【裏】
リ
うら　うち　なか

(同) 裡
(俗) 裏

2589
【裔】
エイ
すそ　すえ
はて　あとつぎ　たね

(同) 裔
(俗) 裔

2590
【装】
↓
2273
装

(俗) 裔
(俗) 裔

2591
【裟】
サ
けさ

(同) 縱
(草) 裟

2592
【裸】
ラ
はだか　かたぬぐ

(草) 裸

2593
【裾】
キョ
すそ

(草) 裾

2594
【褄】(国)
─ つま

(草) 褄

2595
【解】
カイ　ゲ
とく　とかす　とける　ほどく
わける　きとる　しる

(本) 赢
(同) 赢

(同) 儳
(同) 倮

(同) 躶
(草) 裸

(通) 裾
(草) 裾

(俗) 裩
(草) 裩

(俗) 褐
↓
2882
褐

角 部

俗 觧　俗 解
俗古 觕　俗 觧
俗 觧　俗 觧
俗 解　俗古 觧
俗古 觧　俗古 觧
俗 觧　俗 觧

2596 【触】略〔觸〕 ショク ソク ふれる さわる ふれ
同 𧣴　同 䚷
俗 𧣴　草

言部

2597 〔詢〕 ジュン はかる まこと まことに
同 謜　同 謜

2598 〔詤〕 コウ ねごと
同 詤　同 謊

2599 〔詣〕 ケイ いたる まいる もうで もうでる
通 倪　草

2600 【試】 シ こころみる ためす こころみ ためし
通 式　草

2601 【詩】 シ うた
古 𧥮　同 訨
俗 訨　草

2602 〔詫〕 タ わび わびる わびしい かこつ
同 誇　通 詑

2603 〔詭〕 キ いつわる あざむく
通 欺　草

2604 〔詮〕 セン そなわる さとす えらぶ せんずるところ のり
草

2605 【詳】 ショウ くわしい つまびらか つまびらかに
本 詳　通 佯

2606 【詰】 キツ つめる つまる つむ つめ づめ つまり せめる なじる
俗 喆　草

2607 【話】 ワ カイ はなし はなす かたる
古 䛡　本 話
同 譮　同 譮
通 咶　草

2608 【該】俗〔該〕 ガイ ―その それ みな ことごとく かねる

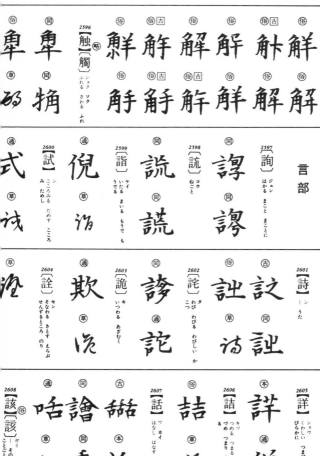

229　文字編　13画　言豆貝足部

2609
【誂】
チョウ
あつらえ
あつらえる
いざ
いどむ

2610
【誅】
チュウ
ころす
のぞく
せめる

2611
【誇】
コ
ほこる
ほこらかに

2612
【誠】【誠】
まこと
まことに
ま

2613
【豊】【豐】
ホウ
ゆたか

豆貝部

2614
【賂】
ロ
まいない
まいなう
おくる

2615
【賃】
チン
やとう
やとわれる

2616
【賄】
まかなう
まかない
まいない
まいな

2617
【資】【資】
シ
もと
もとで
たから
たち

2618
【賈】
コク
かう
うる
あきない
あきんど

2619
【賊】【賊】
ゾク
ぬすむ
ぬすびと
こEします

足部

2620
【跡】
セキ
あと

2621
【跪】
キ
ひざまずく

2622
【路】
ロ
みち
じ
ろ〔平仮名〕

【2623】
【跳】チョウ　とぶ　はねる　おどる

【2624】
（同）
【晒】国　ふむ　おう

【2625】
【踐】【踐】セン　ふむ

【2626】
【較】カク　コウ　くらべる　やや

車辛辰部

【2627】
【載】サイ　のせる　のる　しるす　はじ　めはじめぬ　こと　とし　その

【2628】
（俗）
【辞】【辭】ジ　やめる　ことば　こと　わる……かは　こう

【2629】
【農】ノウ　の（平仮名）

足(辶・辶)部

【2630】
【逾】ユ　いよいよ　こえる　わたる　わたす

【2631】
【遁】トン　のがれる　のがれる　にげる

【2632】
【遉】テイ　うかがう　みまわる　さすが

【2633】
【遑】コウ　いとま　ひも

【2634】
（略）
【違】【違】イ　ちがう　ちがえる　た　がう　そむく　よこし　ま　あやまち

2635 【邎】俗

2636
【遠】国
【遠】略
あっぱれ あわれ

2637
【遣】
【遣】俗略
エン オン
とおい とおざける
とおざかる おちう
とし を[平仮名]
ケン
つかう つかわす つ
かい やり やる
しむる け[平仮名え]

邑(阝)酉部

2638
【郷】
↓
1940
【郷】

2639
【酩】
メイ
よう

2640
【酩】
─ラク
─ちちざけ

2641
【酬】
─シュウ
─むくい むくいる

金部

2642
【鈴】
レイ リン
すず

2643
【鉄】俗
【鐵】
─テツ
─くろがね

2644
【鉈】
─タ
─なた

2645
【鉋】
ホウ
かんな

2646
【鉛】
【鉛】俗
─エン
─なまり

2647 【鉞】エツ　まさかり　おの
(俗) 鏚

2648 【鉢】ハツ　ハチ
(同) 盋
(草) 鉢

2649 【鉤】コウ　かぎ　つり　ひっかける
〔鈎〕つる　つりばり

2650 【鉦】セイ　ショウ　かね

(俗) 鉤
(俗) 銅

2651 【鉱】略 【鑛】コウ　あらがね
(草) 鉱

2652 【隔】略近 【隔】別 〔隔〕カク　へだてる　へだたる　へだて　へだたり

阜(阝)隹部

2653 【隕】イン　おちる　おとす
(俗) 隔

2654 【隘】アイ　せまい
(同) 碩
(草) 頂

(同) 釖 礦
(俗) 鑛 礦
(同) 釗 釖

2655 【隙】別 〔隙〕ゲキ　すき　すきま　ひま　なかだ　がい　あらそい

(俗) 陷 隘
(別) 陀 隘

2656 【雅】俗 〔雅〕ガ　みやび　みやびや　もとより　まさに　つね

(同) 陳 隙
(草) 崇 崇
(古) 陷
(本) 雅
(古) 正
(俗) 崇
(同) 隙隙
(同) 崇 崇

2657 【雉】チ　きじ　きぎす

2658 【雌】シ　めす　めん

2659 【零】レイ　おちる　おとす　ゼロ

雨青革部

(同) 鷄 鷄
(俗) 雜 雜
(古) 雄
(俗) 蓉 零
(同) 蓉 零
(同) 容 霎

〔電気〕
デンキ

A

（俗）
电
（草）
宒

（俗）
電
（俗）
宅

（本）
電
（俗）
電

2661
【電】
―デン
いなづま　いなびかり

（古）
品
（草）
雳

（本）
靁
（本）
晶

2660
【雷】
ライ
かみなり　いかづち

（俗）
霝
（通）
泠

頁部

（同）
鞾
（草）
靴

（同）
鞾
（同）
鞲

2663
【靴】
カ
くつ

（通）
清
（草）
頙

2662
〔靖〕靖
セイ
やす　やすし　やすん
じる

〔電車〕
デンシャ

B

（合）国
氕

（通）
肦
（草）
纪

2667
【頒】
ハン
わける　しく　くばる

（俗）
頑
（俗）
兀頑

2666
【頑】
ガン
かたくな

（俗）
預
（通）
忤

（俗）
預
（俗）
頧

2665
【預】
ヨ
あずける　あずかる
あずかり　あらかじめ
あずけ

（同）
額
（草）
頋

2664
【頌】
ショウ
たたえる　ほめる　ほめごと
ばかたち　すがた

（俗）
餝

2670
【餝】
チョク
ただす　いましめる　つつし
む

（略）
飩

2669
【飩】
トン、ドン
むしもち　うんどん

食部

（俗）
頮
（俗）
頺

（俗）
頖
（俗）
頳

（俗）
頓
（俗）
頓

2668
【頓】
トン
ぬかずく　つまずく　やがて
とみに

2671【飲】
↓
2352【飲】

2672【飯】
↓
2353【飯】

2673【飼】【飼】略
シ かう やしなう かい

同【飲】
飮 俗

2674【飽】【飽】略
ホウ あきる あかす あき
飼 俗
飼 草

古【餝】
餘 同略

2675【飾】【飾】略
ショク かざる かざり
飽 草
飽 草

同【餝】
餝 略

餬 俗
餝 俗

歸 俗
餝 俗

飯 俗
飾 俗

飯 俗
飾 俗

馬髟魚鳥部

2676【馳】
チ はせる かける はしる
ち（平仮名）

駁 仮
馳 略

駁 同
馳 草

2677【馴】
ジュン したがう なれる なおらす すなお
馴 仮
馳 草

2678【髭】通
コン そる
通
駄

訓 通

同【髮】
髮

2679【魿】国
えり えそ

同【髮】
髮
頎 俗

2680【鳧】
フ けり かも

髯 俗

鳧 同
鳧 俗

鳧 俗
鳧 俗

2681【鳩】
キュウ はと あつめる あつまる

鳩 同
雄

鴒 俗
鳩 草

2682【鳰】国
り にお かいつぶり かいつむ

鳰 俗

鳰 俗

鼎鼓鼠部

2683【鼎】
テイ かなえ

鳰 俗

鼎 同

鼎 俗

㊨	㊨	㊨	同	同		㊨	㊨	㊨
皷	鼔	皷	鞁	鼔	2684 【鼓】 コ つづみ	斳	鼎	鼎

㊨	㊨古	㊨	同	同		草	㊨	㊨
鼓	皷	鞁	鞏	鞁		鼎	鼎	鼎

	㊨	略	略	略		別
	鼁	鼡	鼠	鼡	2685 【鼠】 ソ ねずみ	皷

	草	略	略匠	略匠		別
	荒	鼡	鼠	鼡		皷

十四画

乙(し)人(イ)部

【2686】
【亂】
↓
431
【乱】

【2687】
【像】【像】
― ゾウ ショウ
つかさ かたち かたどる

【2688】
【僕】
― ボク
しもべ つがれ
めしつかい や

〈古〉𣊷

〈俗〉僞像

〈古〉僕
〈俗〉僕
〈草〉僕
〈俗〉僕

【2689】
【僚】
― リョウ
つかさ とも なかま

〈同〉寮
〈草〉僚

【2690】
【僞】
↓
1631
【偽】

【2691】
【僧】
↓
2370
【僧】

【2692】
【僭】
セン
おごる おかす たがう い
つわり みだれる

〈俗〉僭
〈草〉偺

儿刀(刂)匸厂部

【2693】
【兢】
キョウ
おそる わななく
ふるえる いましむ
める つつしむ

〈古〉竸

【2694】
【劃】
カク
わける

〈俗〉劃
〈俗〉劃

【2695】
【剳】
サツ トウ
さす とどまる みる

〈同〉劃
〈草〉劂

【2696】
【匱】
キ
ひつ とぼしい

〈同〉匫
〈同〉匲

【2697】
【厭】
エン ヨウ
おす いとう
うむ あきる

〈俗〉厭
〈通〉櫃

〈俗〉戩
〈俗〉猷
〈俗〉戩
〈俗〉猷

〈俗〉猷
〈俗〉猷
〈草〉猷

【2698】
【歴】【歴】
― レキ
ふる へる
あまねく ことごとく

〈略〉愿
〈俗〉歴

【2699】
【曆】【暦】
― レキ リャク
こよみ

〈略〉厂
〈略〉歴

〈古〉厤
〈略〉厂
〈俗〉暦

〈略〉歷
〈略〉厂

口口部

2700 〔嗾〕
同〔嗾〕俗
ソク ツウ
そそのかす　けしかける

2701 〔嘆〕
⇓
2380
〔嘆〕

2702 〔嘉〕†
カ
よし　よみす　よしみ　よい
か〔平仮名〕

2703 〔嘔〕
略
オウ
はく　もどす

2704 〔吐〕
同〔噴〕
略
サク
かまびすしい

2705 〔嘗〕
同俗
ショウ
なめる　こころみる　かつて
にいなめ

2706 〔噓〕
本通草
キョ
よく
はく　うそ

2707 〔圖〕
通
⇓
499
〔図〕

2708 〔團〕
同
⇓
335
〔団〕

土　士　夕　部

2709 〔塀〕〔塀〕俗草
ヘイ
かき　ついじ　へい

2710 〔塵〕
同古本草
ジン
ちり　ほこり　ごみ

2711 〔塾〕
本俗
ジュク
いえ　へや　〔学舎〕

2712 〔境〕
俗
ケイ　キョウ
さかい　かぎり

2713 〔増〕〔増〕同俗草
ゾウ
ます　ふえる　ふやす
まさる　ますます

2714 〔壽〕
⇓
325
〔寿〕

2715 〔夥〕
同俗
カ
おびただしい

大女部

2716
【奪】
ダツ
うばう

2717
【奬】
⇒
2394
【奨】

2718
【嫖】
ヒョウ
うかれを

宀寸部

2719
【嫗】
オウ
ばば　おみな

2720
【嫡】
チャク
よつぎ　むかひめ

2721
【嫩】
ドン
わかい　みめよい

2722
【察】
サツ　みる　みまもる
しらべる　あきらか

2723
【寡】
カ
すくない　やもめ

2724
【實】
⇒
744
【実】

2725
【寈】【寍】
ホイ
やすし　やすらか
ねんごろ　もしろ
ずくんぞ

2726
【對】
⇒
524
【対】

尸山巾广部

2727
【屢】
ル
しばしば
たびたび

2728 層【層】【層】 ソウ かさ かさなる だん だん だん	2729 嶋 ↓ 1348 島	2730 幔【幔】 マン まく ひきまく とばり	2731 廐【廏】 キュウ うまや

㊟ 层 ㊙ 層

㊙ 㕁 ㊙ 㕁 ㊔ 㕁 ㊙ 㕁 ㊙ 㕁 ㊙ 㕁

2732 廓【廓】 カク くるわ むなしい ひらく	㊛ 麗 ㊕ 庽	彡彳部	2733 彰【彰】 ショウ あきらか あらわれる	2734 徴【徴】 チョウ めし めす きざ しるし	2735 德【德】【德】 トク とく(品性)

㊙ 崖 ㊔ 崟

㊔ 悳 ㊙ 徎

心(忄)部

2736 愬【愬】 ソ うったえ うったえる	訴	2737 態【態】 タイ すがた なり・かたち ふり・さま わざと・わざわい ざ(〜ざ) わざとらしい	2738 慕【慕】【慕】 ボ したう	2739 慘【慘】 ↓ 1714 慘	2740 慚【慚】 ザン サン はじ はじる はじらう

㊔ 态 ㊙ 態

㊙ 恭 ㊔ 慕

㊙ 惭

㊔古 慣	2741 慟【慟】 ドウ トウ なげき なげく かなしむ	㊔ 慟 ㊕ 慟	2742 慠【慠】 ゴウ おごり おごる	㊛ 慠	2743 慢【慢】 マン あなどる おごる おこ	㊔ 慢 ㊙ 慢	2744 慣【慣】 カン なれる ならわし らわし ならい な

2741 慟【慟】

㊔ 擯 ㊔ 愩

㊔ 愩 ㊙ 嫚

心(忄)部

2745 【慫】ソウ たしかに しかと まこと しかじか(一々)（俗）慫

2746 【慨】（同）→ 2431【慨】慨

2747 【悭】ケン やぶさか おしむ（俗）悭

2748 【慷】コウ なげく（略）慷（草）慷

2749 【憎】ゾウ にくむ にくい にくらしい にくしみ（同）【憎】憎

【慈】（通）僧 ⇩ 2429【慈】（草）

戈 手(扌)方 部

2750 【截】セツ きる たつ（本）截 切

2751 【摑】カク つかみ つかむ うつ（同）【摑】摑（草）摑

2752 【摘】テキ つむ つまむ ひろう あば（同）甌（草）摘

2753 【撤】サイ くじく おる はばむ くだ（同）撤（草）撤

日 曰 月 部

2754 【堊】ヒョウ うつ とさす きっさき（通）堊（草）撰

【標】（本）擽（同）擽 擽 擽

2755 【旗】キ はた しるし（略）旗（本）旗 旂（俗）籏 籏（同）旂（俗）籏 籏

木 部

2756 【暢】チョウ のびる のべる（俗）暢（通）㫚 㫚

2757 【暮】【莫】ボ くれる くらす くれ（通）㬳（草）暮（略）暮

2758 【望】ボウ モウ もちづき（近）暮（略）暮（同）望 望（俗）望 望

2763
【構】【構】俗
コウ
かまえる　かまう　か
まえ　かまえて

2762
【榮】
↓
1026
【栄】

本
㯅

2761
【榜】
ボウ
ふだ　ゆだめ　こぐ

俗
榜

草
藤

同
橰

2760
【榛】
シン
はしばみ　はり(の)き　はぎ

同
榑

2759
【榎】
カ
えのき

槓

草
榎

2768
【概】【概】略
ガイ
し　おおむね　あらま
し　おもむき　とかき

別
楔

2767
【樴】
—
くさび　かすがい

2766
【榊】国
—
さかき

榊 草

同
瘡

2765
【槍】
ソウ
やり

草
榜

2764
【槌】
ツイ
つち　かなづち

略
柏

同
枸

草
攗

俗
拌

本
樣 匠

欠
殳
部

俗
樣 匠

略
樣 匠

2770
【樣】【樣】略
ヨウ
さま　ためし

俗中
摸

同
抔

略
撫

草
囡

2769
【模】【模】略
モ　ボ
—　かた　かたどる

略
檠

草
�ள

同
檠

同
杚

略
滲

俗
漆

2774
【滲】
シン
しみる　にじむ

2773
【滯】
↓
2486
【滞】

水(氵)部

同
叩

同
敲

同
稾

2772
【殻】
コウ　カク
たたき　たたく

古
哥

同
謌

2771
【歌】
カ
うた　うたう

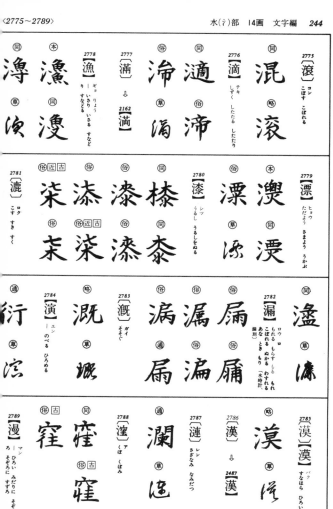

2775 〔滾〕コン こぼす こぼれる
同 略 混 滾

2776 〔滴〕テキ しずく したたる したたり
同 滴 滴

2777 〔滿〕→2162〔満〕
滿 沛 滞

2778 〔漁〕ギョ りょう ―いさり いざる すなど り すなどる
本 漁
同 漫
同 溥
單 溁

2779 〔漂〕ヒョウ ただよう さまよう うかぶ
本 澳
同 溇
單 溇

2780 〔漆〕シツ うるし うるしをぬる
俗 漂
俗 溇
同 椿
俗 漆
近 古 榇
俗 漆

2781 〔漉〕ロク こす すき すく
近 古 栄
俗 漆
俗 末
俗 栄
俗 漆

2782 〔漏〕ロウ ロ もれる もらす もれ こぼれる ぬかる あな とき もり 漏刻「水時計」
同 盗
單 滷

俗 漏
俗 漏
俗 漏
通 漏

俗 扇
俗 扇
通 扇

2783 〔溉〕ガイ そそぐ

2784 〔演〕エン ―のべる ひろめる
略 溉
單 堋

通 行
單 沈

2785 〔漠〕〔漠〕バク すなはら ひろい
略 漠
單 沒

2786 〔漢〕→2487〔漢〕

2787 〔漣〕レン さざなみ なみだつ

2788 〔窪〕ア くぼ くぼみ

通 瀾
單 澸

2789 〔漫〕マン ひびい みだりに そぞろに そぞ
俗 古 窪
俗 古 窪
同 窪

同 澫
同古 潟
同 澇
草 澇

2790 【漬】 シ つかる つける ひたす ひたる
本 漬
草 漬

2791 〔漲〕 チョウ みなぎる
略 漲

2792 【漸】 ゼン ― ようやく すすむ ます ―ます
通 巉
通 淅
通 潜
通 䟅

2793 〔漾〕 ヨウ ただよう
古 瀁
略 漾
俗 漾

火（灬）爻犬（犭）部

2794 〔熄〕 ソク やむ やすむ きえる うずみび
草 熄

2795 〔熊〕† ユウ くま
本 熊
略 熊
俗古 獿
俗 熊
俗 熊
草 熊

2796 〔熏〕〔燻〕 クン かおる けぶる いぶる いぶす くすぶる
同 焄
略 熏

2797 〔熕〕 コウ おおづつ
草 熕

2798 〔爾〕† ジ ニ ちかし なんじ しかり のみ しかじか〔―々〕 に〔平仮名〕 ニ〔片仮名〕
同 你
同 尒
略 甭
略 爯
略近古 尔
略近古 尔
仮 尓
仮 尓

2799 【獄】 ゴク ― ひとや
同 獄
草 獄

玉（王）瓦疋部

2800 〔瑠〕† ル リュウ るり
本 璢
同 琉
俗古 瑠
草 瑠

〔瑠璃〕 ル リ
合古 圭

2801 〔瑣〕 サ ちいさい こまかい つらなる くさり

俗 琑 俗 瓆
俗 璅 草 (草書)

2802 〔瑳〕 サ みがく
同 磋 草 (草書)

2803 〔甅〕 国 ー センチグラム

2804 【疑】 ギ うたがう うたがい うたがわしい まどう
通 𠤕 俗 疑

疒皿目石部

2805 〔瘉〕【癒】 ユ いえる なおる
同 癒 同 瘉

2806 〔盡〕 ⇩ 357【尽】

2807 【監】 ⇩ 3078【監】

2808 〔睹〕 ト ツ みる
同 覩

2809 〔睿〕 エイ あきらか さとし さとる
同 叡 俗 睿

2810 【碑】 俗 〔碑〕 ヒ ー いしぶみ
俗 碑 俗 碑

2811 【磁】 略 〔磁〕 ジ ー く やきもの じしゃく
本 磁 同 礠

2812 〔碧〕† ヘキ みどり あお
俗 碧 草 (草書)

示(ネ)禾部

2813 〔禊〕 ケイ みそぎ はらい はらう
俗 禊 草 (草書)

2814 〔禍〕 ⇩ 2528【禍】

2815 〔禎〕 ⇩ 2529〔禎〕

2816 〔福〕 ⇩ 2530【福】

2817 【種】 シュ たね くさ くさぐさ しな しなじな いろいろ たぐい
略 种 俗 種
俗 種 草 (草書)

2818 〔稱〕 ⇩ 1506【称】

2819 【稻】 俗 〔稲〕 トウ いね いな
俗 古 稲 俗 古 稲
俗 稲 俗 稲
俗 稲 俗 古 稲

2820 【穀】〈穀〉 — コク — たなつもの

〈同〉穀 〈俗〉縠

〈俗〉穀 〈俗〉穀

〈俗〉檓 〈俗〉穀

2821 【竭】 ケツ つきる つくす

2822 【端】 タン はた はて だす ただしい はじめた ままに なら

立部

〈俗〉穀 〈通〉谷

〈俗〉竭

〈俗〉竭

2823 【蛗】国 — センチリットル

2824 【箇】 コ カ このつひとつびとつ それぞれ かず

2825 【箋】 セン かきもの ふだ ふみ

〈俗〉端 〈本〉耑

〈俗〉端 〈草〉媏

〈俗〉端 〈草〉媏

竹部

〈同〉个 〈俗古〉箇

〈同〉牋 〈略〉箋

〈略〉箋 〈俗〉ケ

2826 【箍】〈たが〉 — コク たが

2827 【箕】 みキ

2828 【算】 — サン かず かぞえる そろば

2829 【箙】 フク えびら やなぐい

〈同〉箍 〈俗〉箍

〈同〉笊 〈草〉笊

〈同〉算 〈俗〉算

〈同近古〉筭 〈略〉筭

〈略近〉筭

〈略〉筭

2830 【箝】 カン はめる ふくます つぐむ くびかせ

2831 【管】 カン くだ ふで

2832 【節】 ↓ **2543**【節】

米部

〈同〉籏 〈俗〉簸

〈同〉箝 〈俗〉箝

〈通〉筦 〈通〉館

2833 【粹】 ↓ **1515**【粋】

2834 【精】〈精〉 — セイ ショウ くわしい こまか いき こころ たましい

2834
【精】
（草）
セイ
しらげ

2835
【糀】（国）
こうじ

別
麹
こうじ

2836
【緑】（俗）緑
（俗）
みどり
リョク
ロク
もえぎ

糸部

2837
【維】（通）
イ
だ｜
つなぐ つな これ
た

2838
【綱】（通）
コウ
つな

唯

惟

2839
【網】（本）
モウ
あみ

（古）
経
（俗古）
經

（俗古）
總
（俗）
繼

（古）
松
（俗）
綱

2840
【綴】
テイ
セッ テツ
とじ
る とじる つづり つづ

綱
（俗古）
綱
（俗）

綱
（俗）
綱
（俗）

网
（本）
綱
（本）

綱
（草）

繼
（俗）

綱
（俗）

2841
【綸】
リン
いと いとすじ つり
ひも つかさどる
いと

2842
【綺】（通）
キ
あや あやぎぬ
いろい はなやか

（草）
倫
綸

2843
【綻】
タン
ほころび ほころびる

（草）
綺

2844
【綽】
シャク
ゆるやか
えす しなやか おしか

（古）
韓
（草）

2845
【綾】
リョウ
あや あやぎぬ
うすぎぬ

同
組
（同）
綻

定

拜

綾

2846
【綿】（同）
メン
わた つらなる
つらねる

2847
【緊】（草）
⇩
3103
【緊】

2848
【緒】（仮）緒
ショ チョ
お いとぐち
を（平仮名）

2849
【練】（仮）練
シャク
ゆるやか
れん
ねる ねりぎぬ

（略）
綾
（草）

（略）
絃
（草）

2850
【総】（略）總
ソウ
ふさ すべる すべて
ふき おおよそ

綾
後

縣
繹

緒

絃
綵

練
絲

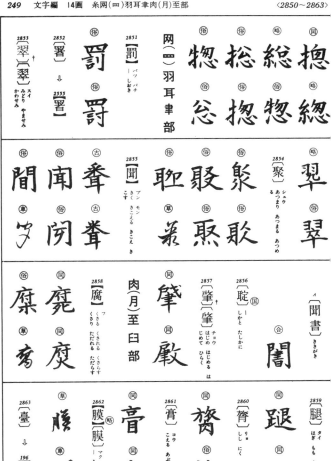

网(罒)羽耳聿部

【罰】⒀
ー バツ バチ
ー しおき

2851

【罰】⒀
ー しおき

【署】⒀
↓
2555
【署】

2852

【翠】†【翠】⒀
スイ
みどり
かわせみ
やませみ

2853

（同）總
（略）総
（略）総
（俗）総
（俗）惣
（俗）惣
（俗）惣
（俗）惣
（俗）惣

2854
【聚】
シュウ
あつまり
あつまる
る
あつまる
あつめ

（略）翠
（俗）翠
（俗）聚
（俗）聚
（俗）聚
（草）聚
（俗）聚
（俗）聚

2855
【聞】
ブン モン
きく
きこえる
きこえ
こす
きこえき

（古）聲
（古）聲
（俗）聞
（草）聞

肉(月)至臼部

2856
【錠】⒀
ー しかと
たしかに

2857
【肇】【肇】†
チョウ
はじめ
はじめる
は
はじめて
ひらく

（同）肇
（同）肇

2858
【腐】
フ
くさる
くされる
くさらす
くさり
くだれる
くだらす

（同）腐
（俗）腐
（草）腐

（イ）【聞書】
ききがき

（合）闇

2859
【腿】
タイ
はぎ
もも
ふくら

2860
【膂】
リ
しし

2861
【膏】
コウ
こえる
あぶら

2862
【膜】【膜】⒀
ー マク
ー うすかわ

2863
【臺】
↓
196
【台】

（同）躃
（同）躃
（同）骸

（同）贅
（同）贅

（同）膏
（同）膏

（草）膜

（草）膜

同 ⿰衤制　草 製

2879【複】フク　｜ふたたび　かさねる　かさなる
本 複　草 複

2880〔褌〕コン　ふんどし　ふどし
同 裩　俗 ⿰巾昆

2881〔褓〕ホウ　むつき　おしめ
同 緥

2882〔褐〕【褐】カツ　かち　ぬのこ〔毛の衣〕
俗古 褐　草 褐

言部

2883【誌】シ　｜しるし　しるす
通 痣　通 志

2884【認】俗〔認〕ニン　みとめる　みとめ　したためる
通 訒　通 仞

2885〔誑〕キョウ　いつわる　たぶらかす　あざむく
本 ⿰言崔　同 ⿰言王

2886【誓】セイ　ちかう　ちかい
古 ⿰𠦄斤　俗 ⿱扌言

俗 誓　草 誓

2887〔誕〕⇩ 3134【誕】

2888【誘】ユウ　さそう　さそい　いざない　いざなう
古 羑　同 羑　俗 唀　草 誘

2889〔誼〕ギ　よしみ　よし
同 誼　俗 誼

2890【語】ゴ　かたる　かたらう　かたり　かたらい　ことば　はなし
通 篽　草 語

2891〔誡〕カイ　いましめ　いましめる
俗 誡　俗 誡　俗 誡　草 誡

2892【誤】俗〔誤〕ゴ　あやまる　あやまり
同 悞　略 誤　俗 悮　草 误

2893〔誣〕フ　しいる　いつわる　あざむく　そしる
俗 誙　通 誣　通 䛢　通 調

2894 【誦】ショウ・ジュ よむ となえる 〔通〕誦

2895 【誨】カイ おしえる おしう 〔誨〕

〔通〕誦

2896 【説】セツ・ゼイ とく よろこぶ いのる 〔古〕喜 〔俗〕説 〔略〕説

2897 【読】トク・トウ よむ よみきり 〔略〕読 〔俗〕説 〔俗〕悦

〔古〕請

A 〔読誦〕 請 〔俗〕讀 〔宮〕讀

〔読誦〕言言

豕豸貝赤足部

2898 【豪】ゴウ すぐれる つよい えら 〔古〕豪 〔本〕豪

2899 【貌】ボウ かたち すがた かおいろ 〔同〕貌 〔本〕皃 〔俗〕貇

2900 【賑】シン にぎわい にぎわう にぎわい 〔俗〕貌 〔革〕躯

〔本〕皃 〔同〕逸 〔同〕頯 〔俗〕頯

2901 【賓】→ 3151【賓】

2902 【赫】カク かがやく あかい ひかる

2903 【跼】キョク かがむ かがまる せくくま

2904 【踊】ヨウ おどり おどる あらかじめ 〔通〕偈

2905 【毟】

2906 【輒】チョウ すなわち たちまち わきぎ 〔別〕狙

2907 【輓】バン ひく

2908 【輔】ホフ たすける たすけ ためぎ 〔首制〕

身車部

〔同〕躇 〔同〕逼

眼 眼 貽 貼 賑 賑

赫 煉

報 輒

挽

車部

- (略) 甫　(俗) 輔
- 2909【輊】(通)(輕)↓ 1927【転】　輒 (草)

辵(辶辶)邑(阝)部

- 2910【遙】遥† ヨウ はるか はるけし さまよう　(同) 遟　(俗) 遟
- 2911【遜】ソン へりくだる したがう ゆずる　(同) 遜　(俗) 遜　(同) 憖　(草) 圅
- 2912【遞】↓ 1589【逓】
- 2913【適】(略)【适】テキ ゆく いたる かなう ひとしい したがう たまたま まさに　(俗) 適
- 2914【遭】(略)【遭】ソウ あう めぐりあう　(俗)(古) 遭 ↓ 3172【遮】　(草) 去
- 2915【鄙】(俗) ヒ いなか いやしい いやしむ ひな ひなびる ひなだ　(俗) 鄙　(草) 鄙　(俗) 鄙　(草) 鄙

酉　里部

- 2916【酵】コウ もと　(草) 酵
- 2917【酷】(酷) コク むごい きびしい はなはだしい　(草) 酷
- 2918【酸】サン すい つらい　(草) 酸
- 2919【墨】(略)【墨】ボク すみ すみなわ いれずみ　(俗) 墨　(俗) 墨　(俗) 墨

金部

- 2920【銀】ギン しろがね　(同) 垠　(草) 艮
- 2921【銃】ジュウ つつ　(草) 銃
- 2922【銅】ドウ あかがね　(草) 銅
- 2923【銑】セン づく なべがね　(同) 釜　(草) 銑

2924
【銘】メイ
―します

2925
（草）
名　銘

2926
【銚】チョウシ　わん
（同）
鋩　銚

2927
【鋺】カン
くつわ　くつばみ　ふくむ
（俗）
鋺

【錢】【錢】ゼニ
（略）（略）
（同）噺街　（俗）噺衔　（俗）御街　（俗）御衔
（近）

2928
【閣】カク
かんのき　くしょ　たかどの　や
門部
（俗）（古）
錢　錢（俗）
戋　戋（略）

2929
【閤】コウ
くぐりど　もん
（俗）（草）
閤　閤

2930
【閥】バツ
いえがら　いさおし
（草）
閥
（通）
閥　戈（略）

2931
【閨】ケイ
ねや

2932
【関】【關】カン
かんのき　せく　せきしょ　とじる　かかわる　かかる　から　くり
（略）（略）
關　關
（略）（俗）（古）
開　開
（略）（省）
閞　关
（略）
閞　关
（近）
示　祭（俗）

2933
【際】サイ
きわ　あい　しお　おり　ま　じわり　まじわる
阜(阝)隹雨部

2934
【障】ショウ
さわる　さわり　さえ　ふせぐ　ささわり　だて　へだたる
（本）
墇　埠（俗）
鄣　鄣（俗）

2935
【隱】【隱】イン
かくす　かくれる　かくし　かくれ　ひそか　むい　たむ　よる　お（平）　仮名）
（略）（古）
し　隱
（略）
隱　隱（俗）
（略）
隱　隱（仮）

2936
【雜】【雜】ザツ　ゾウ
―まじり　まじる　まぜる　まじわる　じ　まる　あつまる　は　さ　まる　ともに
（俗）（古）
隱　隱
（略）
隱　隱（俗）
（同）
雜　黍（余）
（同）
襍　朶（杂）

〔2937〕
【霊】
— ジュ
もとめる　まつ

〔本〕
需
〔古同〕
需
〔略〕
需

〔2938〕
【静】〔靜〕
セイ　ジョウ
しずか　しず
しずめる

青革頁部

〔古〕
彰
〔俗〕
静

〔2939〕
【鞄】
ハク
かばん　なめしがわ

〔同〕
範
〔草〕
範

〔2940〕
【鞆】〔鞆〕〔国〕
— とも　ほむだ

〔2941〕
【頗】
ハ
かたよる　すこぶる　はなは
だは 〔平仮名〕

〔仮〕
頗

〔2942〕
【領】
リョウ　レイ
うなじ　えり　おさめる
すべる　おさ　かしら

〔通〕
衿　拎

風食部

〔2943〕
【颯】
サツ
はやて

〔草〕
颯　颯

〔2944〕
【飴】
タイ
あめ

〔同〕
饋　飴

〔2945〕
【飼】 ⇩ 2673【飼】

〔2946〕
【飽】 ⇩ 2674【飽】

〔2947〕
【飾】 ⇩ 2673【飾】

馬髟鬼部

〔2948〕
【駄】
ダ　タ
〔荷物をのせる〕

〔本〕
駄
〔略〕
駄

〔2949〕
【駆】〔驅〕〔略〕
ク
かける　かる

〔俗古〕
駄　駄
〔草〕
駈　駄

〔古〕
駄　駆　敺
〔同〕
駆　敺

〔2950〕
【駅】〔驛〕〔略〕
エキ
つぎ　うまや　やど　しゅくつぎ

〔俗〕
駅
〔俗古〕
驛

〔2951〕
【髟】〔髟半〕
ゼン
ひげ　あごひげ

〔同〕
頗　頗　顎
〔俗〕
髣　髦　鬢

<2952〜2959>

魚鳥鼻齊部

〔俗〕
虵
〔同〕
〔俗〕
竈
〔俗〕
鬼
〔草〕
鬼

2953
【魂】
コン
たましい
たま
だま
みた

〔俗〕
髮
〔俗〕
鼕
〔俗〕
〔古〕
髮

〔俗〕
䰄
〔同〕

〔俗〕
鼕
〔同〕

〔古〕
顏
〔古〕
斮

2952
【髪】【髮】
ハツ
かみ　かみのけ

〔同〕
鴬
〔同〕
鳴

2957
【鳶】
エン
とび　とんび

〔別〕
〔草〕
訳

2956
【鳴】
メイ
なく　なる　ならす　なき　なかす

〔俗〕
〔古〕
鳳

〔同〕〔古〕

2955
【鳳】
ホウ
ほうおう

〔俗〕
鳳
〔草〕

〔同〕

鮠
鉈

2954
【鮠】
タダ
はや　はえ　さば

2959
【齊】
↓
810
【斉】

〔俗〕
鼻
〔草〕
鼻

〔本〕
自
〔俗〕〔古〕
鼻

2958
【鼻】【鼻】
ビ
はな

十五画

十五画

人(イ)部

2960
僵
キョウ
たおれる たおす

2961
(通) 價
↓
671 価

2962
(俗) 辟

2963
儀
ギ
のり ぎしき のっとる
ならい ならわし

(通) 傹

(俗) 僻

(通) 癖

(単) 傯

2964
億
(億)
オク
はかる やすんじ

2965
儉
↓
1285 倹

(俗) 億
(俗) 意

(本) 億
(単) 億

(俗) 仅
(俗) 仪

(俗) 儀
(俗) 蟻

(本) 儀
(俗) 儀

冫刀(刂)匚部

2966
凜
リン
はげしい さむい

2967
劇
ゲキ
はげしい

(俗) 澟
(俗) 凛

(本) 槀
(俗) 凜

(略) 劇
(俗) 刟
(俗) 劇

(俗) 劇
(俗) 劇
(俗) 劇

2968
劉
リュウ
ころす 〔姓〕

(通) 鐳
(古) 鎦

(同) 鑮

(略) 刟
(古) 戳

2969
劍
↓
1302 剣

2970
奩
レン
くしげ

(同) 區
(同) 匽

2971
厲
レイ
はげしい はげます きびし
いい おごそか とし やま
えやみ

(略) 劉
(俗) 劉

(略) 刟
(俗) 劉

厂口部

(同) 笈
(同) 笈

匚口部

(同) 礪
(略) 厉

2972 【嘩】 カ かまびすしい

同 【譁】 （通）（草）

2973 【嘱】【嘱】 ショク —たのむ つげる （略）（通）

同 【嘱】（俗）（草）

2974 【嘲】 チョウ あざけり あざける わらう

2975 【嘸】 ブ きぞ きぞや きだめし

同 【謿】（草）

2976 【噂】 ソン うわさ うわさする かたる （草）（草）

同 【譖】 キ いつわり

2977 【譌】 キ いつわり

同 【譌】（同）（草）

2978 【噎】 エツ むせび むせぶ むせる エ —カー （同）

同 【讍】（同）

2979 【器】【器】 キ うつわ はたらき （俗）

古 【饐】（通）

古 【餐】（通）

略 【器】

古 【嚣】

略 【器】

俗 【器】

俗 【器】

同 【譖】 キ （草）

俗 【器】

俗 【器】（俗）

同 【器】

同 【器】

2980 【噴】 フン ふく はく はきだす しかる しかりつける （俗）

同 【吩】（同）（草）

略 【噴】 フン はく はきだす しかる しかりつける

同 【敷】（同）（草）

2981 【舗】【舗】 ホ —しく つらねる しきつらねる いたむ もうける みせる （本）（草）

2982 【墜】【墜】 ツイ —おちる おとす （俗）

土部

本 【舗】（草）

略 【噴】（同）（草）

同 【隊】 俗 【磽】 同 【磽】

俗 【隊】 俗 【隊】 同 【磽】

2983 【増】 ⇓ 2713 【増】

2984 【墟】 キョ あと おか （古城）

2985 【墨】 ⇓ 2919 【墨】

2986 【堕】 ⇓ 2018 【堕】

2987 【墳】 フン —つか はか つつみ

俗 【墟】（俗）

俗 【壖】（俗）

土女宀寸尸巾广部

女宀部

2987 〔古〕墳
〔同〕隓

2988 〔俗〕墳
〔俗〕墳

〔俗〕墳
〔俗〕坟

【墳】
ホウ
はか
つか

2988 【嬉】
キ
たのしむ

2989 【嬌】
〔俗〕嬌
キョウ
なまめかしい
なまめく
う

2990 【審】
〔俗〕嫣
〔草〕媚
シン
つまびらか
きわめる
だす しらべ た

2989 〔俗〕嬛
【嬌】
キョウ
なまめかしい
なまめく
う

2990 【嬌】
〔草〕嬌

寸尸巾广部

2994 【導】
〔略〕導
【導】
ドウ
みちびく みちびき
おしえ しるべ

2993 〔同〕寮
【寮】
〔官制〕
リョウ
つかさ（小舎）
りょう

2992 【寛】
⇩
2403
【寛】

2991 【寫】
⇩
174
【写】

〔同〕寮
〔俗〕僚
〔俗〕寮

〔俗〕寮

〔略〕宲
【審】
〔略〕宷

〔略〕家
【家】

2999 【幡】
〔俗〕〔古〕幡
ハン ホン
はた ひるがえる

2998 〔俗〕幟
【幟】
シ
のぼり はた
しるし はただるし

2997 【嘆】
〔俗〕噗
ボク ボク
はちまき ずきん つつむ

2996 【履】
〔俗〕屝
リ
はく くつ
ふむ

2995 【層】
⇩
2728
【層】

〔本〕導
〔略〕导

〔同〕蔵
〔同〕識

〔同〕帋
〔同〕帋

〔同〕襆
〔俗〕幞

〔本〕屝

〔本〕導
〔略〕导

3002 【塵】
テン
みせ やしき

3001 【厨】
〔俗〕厨
【厨】
チュウ
くりや

3000 【幣】
〔俗〕〔古〕幣
【幣】
ヘイ
ぬさ にぎて
でつかいもの
ぜうみ
たから

〔略〕〔古〕幡
【幡】
〔草〕幡

〔略〕厨
〔俗〕厨

〔省〕帀
〔草〕帀

〔同〕贇
〔古〕葬

广
廾
弓
彡
彳
心
(忄)
部

| 3005 【廣】 ↓ 223 【広】 | 3004 【廢】 ↓ 2049 【廃】 | 古 略 草 廣 廱 庶 | 3003 【廟】 ビョウ みたまや | 俗 草 壜 廛 | 同 俗 壜 廛 |

| 3011 【徹】 ─ テツ とおる | 3010 【德】 ↓ 2735 【德】 | 3009 【徵】 ↓ 2734 【徵】 | 同 俗 歘 歘 | 3008 【影】 かげ エイ ひかげ すがた | 3007 【彈】 ↓ 2053 【弾】 | 仮 草 㗊 弊 | 同 俗 獘 弊 | 3006 【弊・弊】 やぶれる つかれる たおす へ(平仮名) |

| 俗 俗 愍 嚩 | 本 同 愍 慰 | 3014 【慰】 イ なぐさめる なぐさむ なぐ さみ やすんじる | 略 俗 � 慮 | 3013 【慮】 ─ リョ おもんぱかり かる もろもろ おもんぱ | 通 仮 惠 㥯 | 3012 【慧】 ケイ エ さかしい かしこい 仮名 魚 平 | 略 草 彻 徹 | 古 同 徹 徹 |

| 仮 草 㥯 㥯 | 通 通 愍 慢 | 通 通 愍 恩 | 俗近 俗 憂 憂 | 略 俗近 憂 忱 | 3016 【憂】 ユウ うい うれい うれえる やまい う(平仮名) | 俗 草 慮 慶 | 略 俗 慶 庆 | 3015 【慶】 ケイ よろこび よろこぶ わう さいわい |

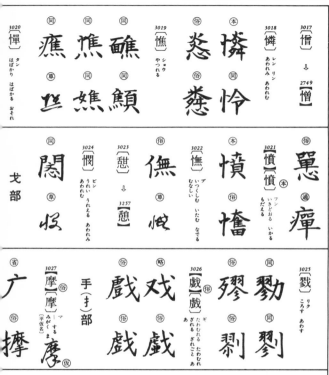

3017
〔憎〕
→
2749
〔憎〕

3018
〔憐〕
レン・リン
あわれみ
あわれむ

〔憐〕同
レン・リン
あわれみ
あわれむ

〔憐〕本
あわれむ

〔怜〕同

3019
〔憔〕
ショウ
やつれる

〔慈〕俗

〔慾〕俗

3020
〔憚〕
タン
はばかり
はばかる
おそれ

〔癙〕草

〔瘷〕同

〔醮〕同

〔顱〕同

〔顥〕同

〔媰〕同

3021
〔憤〕
〔憤〕本

〔憤〕憤本
フン
いきどおる
いかる
もだえる

〔憤〕憤俗

〔慣〕俗

3022
〔憮〕
ブ
いつくしむ
むなしい
いたむ　なでる

〔憮〕草

〔嘿〕俗

〔罵〕俗

〔癉〕通

3023
〔憩〕
→
3257
〔憩〕

3024
〔憫〕
ビン
うれい
うれえる
あわれむ
あわれみ

3025
〔戮〕
リク
ころす
あわす

〔勠〕同

〔勠〕俗

3026
〔戲〕
〔戯〕
ギ
たわむれる　たわむれ
ざれる　ざれごと
あ

〔戮〕俗

〔剹〕俗

〔戯〕略

〔戯〕俗

〔戲〕俗

戈
部

〔闃〕同

〔収〕草

手(扌)部

〔戲〕俗

〔戯〕俗

3027
〔摩〕
〔摩〕俗
マ
－する
みがく
ま

〔摩〕仮
〔平仮名〕

〔摩〕仮

広省

〔撫〕俗

3028
〔摯〕
シ
とる
もつ

〔摷〕俗
〔摰〕同

3029
〔撈〕
ロウ
もぐってとる

〔摯〕本

〔摯〕俗
〔摰〕草

3030
〔撒〕
サン
まく
ちらす

〔撤〕通

3031
〔撤〕
テツ
ひらく
のぞきさる

〔撥〕同

〔撥〕草

撥

〈草〉

3032
【撫】
ブ
なでる
さする
やすんじる

〈同〉
改

〈同〉
拊

〈同〉
抙

3033
【撮】
サツ
とる
つまむ
つまむ

〈草〉
搅

3034
【播】
ハン
まく
しく
うつる

撛

3035
【撰】
セン
そなえる
のべる
つくる
えらぶ
あつめる

斁

播

摄

〈本〉
撰

〈同〉
譔

〈通〉
篹

3036
【撲】
ボク
うつ
からむ

攫

斁

撲

3037
【撃】
【撃】
ゲキ
うつ
みこ

撲

〈同〉
撰

〈俗〉
譔

〈草〉
㸒

〈同〉
扑

〈同〉
撰

〈略〉

〈同〉
撛

〈通〉
覡

〈俗〉
击

支(攵)部

3038
【敵】
テキ
かたき
あだ

〈同〉
敵

〈同〉
勜

〈略〉
敵

〈俗〉
敵

〈俗〉
敵

3039
【數】
↓
2443
【数】

敲

〈俗〉
毃

3040
【敷】
【敷】
フ
しく
のべる

〈俗〉
敷

〈古〉〈俗〉
敷

〈同〉
敷

〈俗〉
敷

〈同〉
尃

〈略〉
尃
敷

日部

3041
【暫】
ザン
しばし
しばらく

〈同〉
蹔

〈草〉
蹔

3042
【暴】
ボウ・バク
あばれる
あらい
あばく
あらわす
にわかに
さこなう
やぶる
あらわれる
さ
らす

〈本〉
暴

〈略〉
暴

〈同〉
暴

〈俗〉
暴

木部

3043
【概】
↓
2768
【概】

本
標
革
槫

㊝
櫻
略
标
略
榕

3048
【標】
ヒョウ
―しるし
しるす　しめす
こずえ　すえ

3047
【樓】
↓
2462
【楼】

3046
【樂】
↓
2466
【楽】

同
槽

㊝
槽

3045
別
国
【槽】
ソウ
おけ　かいおけ
さかふね

別
古
攪
欚

3044
【槻】
キ
つき　とねりこ

㊝
櫂
略
櫂
略
杈

略
權
略
權

3053
【權】
【權】
ケンゴン
―はかり　はかる
いきおい　ちから
りかりよめ

俗
攅
草
捗

3052
略
【橫】【横】
オウ
よこ　よこたわる
よこしま　ほしいまま

略
樫
草
橿

3051
【樫】
かし（樫）
しかじか（―々）

3050
【様】
↓
2770
【様】

3049
【樞】
↓
841
【枢】

3055
【歐】
↓
843
【欧】

俗
歎

㊝
歎

同
【歎】
タン
なげく　たたえる

3054

欠
殳
部

イ
〔權利〕ケンリ

㊜
刔

俗
才
草
捗

水(氵)
部

3058
【毆】
↓
849
【殴】

3057
【毅】
つよし　たけし　こわし

本
毅

俗
毅

㊝
嬾

俗
龇

同
欢

俗
嬢

同
驪

同
懽

略
歓
【歡】
カン
―よろこぶ　たのしむ
み　たのしむ

3056

3059 〔漿〕 ショウ こんず
本 漿　同 𩟄
略 浆　略 𣿅
略 𣲅

3060 〔潑〕 ハツ もれる そそぐ まく
略 溌　略 溌

3061 【潔】俗 〔㓗〕 ケツ いさぎよい きよい
略 洯　俗 絜
俗 𣻶　俗 潔
通 近 絜　草 潔

3062 【潟】 セキ シャク かた ひがた
同 滷　通 斥

3063 【潛】俗 セン ひそむ もぐる くぐる
本 潛　同 涔
俗 潜　俗 潜
俗 濳　俗 潜

3064 【潤】 ジュン うるおう うるおす うるむ うるおい めぐみ つや
通 閏　草 潤

3065 【潮】俗 〔潮〕 チョウ しお うしお
本 淖　略 汐

3066 〔澁〕 ⇩ 1800 【渋】

3067 【澄】 チョウ すむ すます きよい
同 澂　略 汪
俗 澄　草 澄

3068 〔潰〕 カイ ついえる つぶす
俗 潰　草 潰

火(灬)部

3069 【熟】 ジュク うれる にる にえる みのる つらつら つくづく にぎ もどかしい
同 𤍠　俗 熟
俗 熟　草 熟

3070 〔熨〕 イ ウツ のし のす ひのし おさえる
同 尉　通 尉

3071 【熱】 ネツ あつい あつさ やく ほとり ね〔平仮名〕
本 古 埶　俗 古 熱
俗 热　俗 熱
俗 热　仮 熱

〈同〉
【略】
3072
【勲】【勳】
—〈クン〉
いさお　いさおし
〈俗〉
勛
〈俗〉
勋

〈同〉
勲

玉(王)田疒皮部

3073
【璃】
†
リ

玉(王)田疒皮部

3074
【畿】
キ
〔王城に近い地〕

〈古〉
【古】
璣

〈草〉
璃

〈同〉
3075
【瘠】
セキ
やせる

圻

〈俗〉
機

〈同〉
痳
脊

〈同〉
3076
【瘦】
ソウ
やせる

瘦

〈同〉
瘦

〈草〉
疫

〈同〉
腹

略
3077
【皺】
シュウ
しわ　しわむ　ひき

皺

〈俗〉
皰

〈俗〉
皰

〈古〉
皺

〈俗〉
皰

〈同〉
皺

〈俗〉
鞠

〈俗〉
皺

〈俗〉
鞋

〈俗〉
皰

〈俗〉
瞑

〈草〉
眤

3079
【盤】
バン
さら　はち　たらい
は〔字仮名〕

〈同〉
盤

3080
【瞑】
メイ
くらい　めをつぶる
ねむる

〈俗〉
拌
そ

〈仮〉

監
目
部

3078
【監】
—〈カン〉
みる　すべる　のぞむ
かん〔官制〕

〈本〉
監

〈同〉
鑒

〈通〉
鑑

石
部

3081
【確】
—〈カク〉
たしか　たしかめる
にしかと　かたい

3082
【碼】
メ ード　ヤール

〈通〉
碻

〈同〉
碻

〈草〉
確

〈同〉
瑪

3083
【磅】
ボウ
はびこる
ポンド

3084
【磊】
ライ
—〔多数の石の重なるさま〕

硼

㊨
稅

㊨
稞

3087
【稷】
ショク
きび

禾部

㊛
砥

㊐
礫

3086
【礤】
ハリツケ
タク

㊎
砕

㊐㊌
听

3085
【磐】
バン
いわ　いわお

㊨
いわ

㊐
礑

㊑
磥

㊐
砳

㊡
囍

㊨
稽

㊨
耆

㊐
齰

3090
【稽】
ケイ
かんがえる
とどめる
いた
るんがえる

別近
挵

㊛
䅘

3089
【稼】
カ
かせぐ　かせぎ
うえる　た
なつもの

3088
【稻】
↓
2819
【稻】

㊤
稷

㊑
穪

㊨
耆

㊨
乱

㊨
稽

㊨
耆

㊛
稷

3093
【窮】
キュウ
きわめる　きわまる
せまる　まずしい
きわみ

穴部

㊛
稼

㊐
毯

㊏
采

3092
【穂】
スイ
【穗】ほ　さき
ほ〔平仮名〕

㊐
䅟

㊤
豪

3091
【稿】
コウ
わら　いなわら

㊐
穗

㊐
㲝

㊏
蓬

㊙
豪

㊏
穀

㊤
豪

3095
【箭】
セン
や

竹部

㊛
灶

㊨
窑

㊨
窨

㊐
窨

3094
【窯】
ヨウ
かま　かまど

㊨
穿

㊨
䆫

㊙
窮

㊨
窠

㊑
窻

㊐
窐

㊛
穿

㊙
窮

㊑
窮

〔草〕箾　箸

3096 【箱】 ― ショウ ゾウ／はこ ひさし

〔俗〕稐

3097 【箸】 チョ／はし

〔同古〕廂

〔同〕筯／櫡

3098 【範】 ハン／のり てほん

〔俗〕範／〔草〕範

3099 【范】 ヘン／まき

〔通〕范／苊

〔俗〕篇／鼬

3100 【篋】 キョウ／はこ かご

〔同〕匧

3101 【糎】（国）― センチメートル

米部

3102 【糊】 コ／のり かゆ ねばる

〔草〕糎

〔同〕糊／粘

〔同〕黏／麶

3103 【緊】 キン／いしまる ちぢむ きびし

糸部

〔俗〕籵／〔草〕棚

〔俗〕糺／緊

3104 【線】 ― セン／すじ いと

〔同〕緤／線

〔略〕線

3105 【締】 テイ／しまる しめる しめお しま

〔同〕絁

〔草〕缔

3106 【縁】【緣】 ― エン／ふち へり ゆかり えにし よすが ちなむ え（平仮名）

〔同近〕椽／〔略〕緣

〔俗〕縁／〔仮〕緣

〔合〕彐

イ 【緣覚】 エンガク

3107 【編】【編】 ヘン／あむ とじいと とじ よむ とも

〔同〕辮

〔通〕篇

3108 【緩】【緩】 カン／ゆるい ゆるやか ゆるむ ゆるめる ゆるくゆるやか たるむ

網(罒)部

羽肉(月)部

舌舛艸(艹・艹)部

3113
【繊】国
（草）
おどし　おどす

3112
【綴】
（俗）
こまかい　つづれ　つづる

3111
【練】
↓
2849
【練】

3110
【緯】
（草）
↓
3233
【緯】

（同）
紵
緬

3109
【緬】
（本）
ベン　メン

3114
【罵】
（俗）
ののしる

【罷】
3115
（俗）
ひ　やめる　まかり　まかる　つ　かれる

【賣】
（俗）
（本）

（同）

3116
【前羽】
（同）
セン　たつ　きる　そぐ

3117
【膚】
（同）
フ　はだ　はだえ

3118
【膝】
（古）
シツ　ひざ　ひざぶし

3119
【膠】
（俗）
コウ　にかわ　つく　むばる

3120
【舖】
↓
2981
【舗】

3121
【舞】【舞】
（同）
ブ　まい　まう（平仮名）

3122
【茂】
（俗）
ベツ　ないがしろにする　さげすむ　なくす　あなどる　くらい

（通）
膠
嘐

虫部

行衣(衤)部

言部

3123 〔蔓〕 マン　つる　はびこる　ひろがる
（俗）萋
（草）蔓　（俗）

3124 〔蔭〕 イン　かげ　おかげ　たすけ　かく　すこさ
（略）蔭　（俗）

3125 〔蔵〕〔藏〕 ゾウ　くら　かくす　おさめ　る　たくわえる
〔蔵〕十藏
（古）藏
（俗）臧
（古）旺
（略）藏
（俗）蔵
（俗）旺
（俗）臧

3126 〔蝕〕 ショク　むしばむ　むしばむ　くいこ
（本）蝕
（草）蝕

3127 〔虱〕 シツ　しらみ

3128 〔蝮〕 フク　まむし
（同）蝮
（草）襄

3129 〔蝶〕 チョウ　ちょう　ちょうちょう
（同）蝶
（俗）蝶

3130 〔衝〕 ショウ　つく　つきすすむ　あた　る　つきあたる　むかえる　かなめ
（同）衝

3131 〔褒〕 ホウ　ほめる
（俗）褒
（本）褒
（俗）褒
（本）褒

3132 〔褥〕 ジョク　しとね　しきもの
（俗）褥
（俗）褒
（草）襄

3133 〔褙〕 チ　はぐ　うばう
（同）褙

3134 〔誕〕〔誕〕 タン　あざむく　いつわ　る　ほしいまま　ひろ　うまれる
（略）誕
（草）誕

3135 〔課〕 カ　おおせ　はかる　おおす　おわす　さだめる　こころみ　みる　みつぎ　つとめ　[税]
（俗）課
（同）這
（俗）誕

3136 〔誹〕 ヒ　そしり　そしる
（俗）謀
（草）謀

3137 【調】【調】
チョウ
しらべる　ととのう
ととのえる　しらべ
やわらぐ　つぎ
み　つき

3138 【謟】
テン
へつらい　へつらう
おもね

3139 【諄】
ジュン
ねんごろ　くどくど

3140 【談】
ダン　タン
かたり　かたる　はなし
はなす

3141 【請】【請】
セイ　シン
うける　こう　こい
とう　まみえる

3142 【靜】
セイ
いさめる　いさめ
あらそう　あらそい
うただす　いさか

3143 【諏】
ス　シュ
はかる

3144 【諒】
リョウ
まこと　あきらか
まことにする
げに　たすける　も
とめる

3145 【論】
ロン
とく　のべる　はかる
あげつらう　きだめる
ろ〔平仮名〕

3146 【諚】
じょう
ー

3147 【諸】【諸】
ショ
もろ　もろもろ
みな　これ　この　に
やく　こじょう　おおせ

3148 【諤】【諤】
ガク
うなおう　こたえる
うけが

3149 【謁】【謁】
エツ
まみえる　もうす

3150 【竪】
ジュ
たつ　たて　こども

3151 【賓】【賓】
ヒン
まろうど　したが
う

3152 【賜】
シ
たまわる　たまもの
あたえる　たまう

豆貝部

〔俗〕傷
〔古〕殤
〔俗〕傷

〔俗〕賜
ことづけ

3153
〔賞〕
ショウ
ほうび　はめる　よみす
たまう　あたえる
〔古〕賞

〔通〕賠
〔俗〕賞
バイ
―つぐない　つぐなう

3154
〔賠〕

3155
〔賢〕
⇩
3373
〔賢〕

3156
〔賣〕
⇩
510
〔売〕

〔俗〕資
〔俗〕嘗

〔通〕償
〔通〕備

〔同〕讃
〔草〕讃

3160
〔贊〕〔贊〕
サン
すすめる　たすけ
たすける　つげる
ちびく　み

⇩
1637A
〔勘定〕

3159
〔賬〕
国
かんじょう

3158
〔質〕
〔草〕質
シツ　シチ　チ
もと　しちいれ　ひとじ
すち　もちまえ　すなお　ただ
〔俗〕質

3157
〔賦〕
フ
ぶやく　みつぎ　みつぎ
もの（租税）くばり　くばる

3158
〔賊〕
〔同〕〔古〕賊
ぞく

〔同〕〔古〕貸

〔同〕踞
〔草〕沈

3163
〔践〕
⇩
2625
〔践〕

〔同〕踏
〔同〕蹋

3162
〔踏〕
トウ
ふむ　ふまえる

〔略〕趁
〔俗〕撤

〔同〕赶
〔俗〕趄

3161
〔趣〕
シュ
おもむき　おもむく
むかう　うながす　はしる

走
足
部

3164
〔踞〕
キョ
うずくまる

3168
〔輝〕
〔俗〕躾

3167
〔躯〕
国
しつけ

3166
〔躾〕
国
うつけ

3165
〔踪〕
〔同〕蹤
ソウ
あと

〔同〕屉

身
車
部

〔本〕煇
〔同〕煇
〔輝〕
キ
かがやく
てる　かがやき　ひかる

車部

〔同〕欠 烌（草）

3169 〔輦〕レン てぐるま てこし

〔同〕蓬

3170 〔輩〕ハイ ともがら やから ならび ならぶ
（俗）輩　（草）棠

3171 〔輪〕リン わ ならぶ ならび やか わ（平仮名）
（略）轮　（仮）轜

3172 〔遮〕〔遮〕シャ さえぎる とどめる

走(辶・辶)部

3173 〔遅〕 ⇩ 2311 〔遅〕

3174 〔遷〕〔遷〕セン うつる うつす かわる うごく
（本）遷　（略）遷　（同）遷　（俗）遷
（略）迁　（俗）遷　（古）遵 ジュン したがう のっとる おこなう
（俗）遵　（古）遵

3175 〔遵〕〔遵〕ジュン したがう のっとる おこなう

3176 〔選〕〔選〕セン サン えらぶ える よる

3177 〔遺〕〔遺〕イ ユイ わすれる すてる のこす うしなう のこる おくる つかわす やる
（通）算　（略）选　（通）撰　（草）送
（同）賷　（俗）賷　（俗）遺　（俗）遼 ⇩ 3382 〔遼〕

酉部

金部

3179 〔醇〕ジュン まじりけない もっぱら〔良酒〕
（古）醇　（同）酛

3180 〔醉〕 ⇩ 1942 〔醉〕

3181 〔銳〕〔鋭〕エイ するどい とし ほき きのぎ きっさき

3182 〔銹〕シュウ さび（略）兑（草）沆

〔同〕鏽　〔同〕鏽

317 〔醅〕さかずき
（略）戔（略）酘

〈同〉
鎞

〈同〉
釻

3185
【鋩】
ほこさき　きっさき

〈革〉
〈同〉
銪

〈鉋〉
ボウ
ほこさき　きっさき

〈革〉
【鉏】
ジョ
すき　すくわ

3184
【鋤】
すき　くわ

〈俗〉
鏈

〈革〉
𨦇

〈俗〉
鏷

〈俗〉
鎝

〈俗〉
鏺

〈同〉
鏈

3183
【鋒】
ホウ
ほこ　はさき　きっさき

〈同〉
鏽

〈革〉
𨥫

〈俗〉
鑄

〈俗〉
鋳

〈俗〉
鋳

〈略〉
鋳

3188
【鑄】
〈略〉
〈鑄〉
チュウ
いる

3187
【鋲】
〈国〉
びょう

3186
【鋪】
〈本〉
↓
2981
【舖】
〈俗〉

3190
【鏻】
〈革〉
𨥬
↓
3401
【鱗】

3189
【閲】
〈俗〉
【閲】
エツ
けみす
あらためる
しらべる

門阜(阝)雨部

革
頁
部

〈俗〉近
霛

〈略〉匠
灵

〈本〉古
靈

3193
【霊】
〈略〉
【靈】
レイ　リョウ
たま　みたま　かんな
び　いつくしむ　くし

〈同〉
沛

3192
【霈】
ハイ
〔雨のさかんに降るさま〕

〈俗〉
震

3191
【震】
シン
ふるう　ふるえる
うごく　うごかす　ふるい

〈俗〉近
灵

〈俗〉
霊

〈略〉近
灵

〈革〉
崀

〈俗〉古
頤

〈本〉
匝

3197
【頤】
イ
おとがい

3196
【鞳】
〈国〉
こはぜ

〈俗〉
鞤

3195
【鞍】
アン
くら

〈同〉
鞡

3194
【鞋】
アイ
わらじ　わらんじ

〈俗〉古
頤

〈俗〉
鞍

〈俗〉
鞍

食部

3198
【餉】
ショウ
かれい　かれいい　かれいす

㊨【餉】

3199
【養】
ヨウ
やしなう　やしない
はぐくむ

㊨【養】

㊨【餽】（同）

㊤【敉】

㊨【餮】

㊨【養】

㊤㊨【羬】

㊨【养】

㊨【顣】

㊓【頜】

馬部

3200
【餌】
ジ
え　えば　もち

（同）【彌】
（同）【彌帚】

3201
【餓】
ガ
うえ　うえる　か
つえ　かつえる

（同）【餓】

3202
【駐】
チュウ
る　とどまる
とどめ

（同）【駐】

㊤【䭾】

3203
【駑】
ド
にぶい　のろいうま

（同）【駛】

3204
【駒】
ク
こま

㊨【駒】

㊤【駒】

3205
【駕】
ガ
かおう　あつかう　のる
せるのりもの　あげる
のぐか〔平仮名〕

（同）【駘】

3206
【駘】
タイ
のろいうま
ゆるむ　にない

（同）【駢】

㊨【駑】

3207
【駝】
ダ　タ
らくだ

㊨【駞】

（同）【駞】

髟部

㊨【駥】

（同）【驘】

（同）【驎】

3208
【髭】
シ
ひげ　くちひげ

3209
【髪】
↓
2952
【髪】

3210
【髴】
フツ
さもにる
さもにたり

（同）【顬】

（同）【須】

㊤【髭】

㊨【髣】

㊨【髴】

鬼魚部

3211
【魅】
ミ
みいる　ばかす　ばけも

（同）【眛】

（同）【蔁】

（同）【魅】

㊨【䰡】

㊨【魃】

鳥麥部

別
鯰

別
鮎

国
【鮎】
なまず

同
夒

3213
【魯】
ロ　におい
ろ〔平仮名〕　おろか

俗
魃

3212
【魃】
ハツ　バツ
ひでり　かんばつ

俗
魁
（草）

魈

別
鯷

別
鯎

3214
【鮎】
ー

魯

魯
（仮）

鬼
ろ

別
鮊

別
鮥

3216
【鴉】
ア
からす　はじめとがらす

3215
【鴈】
ガン
かり

3218
【麪】
ベン
むぎこ　めんこ

俗
麪

同
麩

3217
【麩】
フ

同
鵶

略
厂
（草）
厈

同
雅

同
雁
同
鴈

麻黍
黒歯部

同
嘿

3221
【黙】【默】
モク
だまる　だんまり
もだす

俗
黐

3220
【黎】
レイ
あけがた　ころおい　ころ
もろもろ

同
摩
（本）
摩

3219
【麚】
キ
さしまねく　さしずする
ま

俗
糆

略
麪

同
黙

草
黐

3222
【歯】
↓
1979
【歯】

同
麺

十六画

十六画

人(イ)部

3223【儒】 ジュ ー（儒教・儒学） よわい やわらか

（略）儒 （略）侤 （本）偈 **3224【儔】** チュウ たぐい ともがら とも おおう とも く （俗）儔

（略）儔 （略）侤 （略）儔 （俗）儔 （古）儒 （俗）仟

3225【儕】 サイ ともがら たぐい なかま ともに （俗）儕

3226【儘】 ジン ことごとく みな すべて （略近）侤 （俗古）儕

3227【儚】 ボウ モウ はかない もうい くらい （同）儚

3228【麵】 国 センチグラム

（同）憕 （同）僧（同）僧 （同）憕

儿八冫刀(刂)力又部

3229【冀】 キ ねがい ねがう こいねがう （略）冀 （俗古）冀

3230【凝】 ギョウ こる こらす こごる まる とどこおる とど （本）冰 （同）冰

3231【劑】 →【剤】1303

3232【勳】 →【勳】3072

3233【叡】 エイ あきらか さとい さとし （古）叡 （同）睿

（略）睿 （略）睿 （同）睿 （略）睿 （俗）叡

口部

3234【嚅】 キン つぐむ

3235【器】 →【器】2979

3236【噫】 イ ああ

3237【噬】 ゼイ セイ かむ （同）噬 （同）噬

同 唑

屯

別 談
別 譚

3240
【噸】
トン

同 桒
草 㮲

別 話
別 咄

3239
【噺】
国
—
はなし

同 囃
草 㗊

3238
【噪】
ソウ
さわぐ さわがしい

土 部

同 塵
同 𡎴

3243
【壅】
ヨウ
ふせぐ とじふさぐ せく

俗 辟
草 㽵

俗 壁
俗 壁

3242
【壁】
ヘキ
かべ かき

俗古 墾
俗 墾

當 垦
俗 墾

3241
【墾】
コン
—
ひらく たがやす

略 壞
略 壞

同 攘

同 㰾

3245
【壊】
略
カイ
こわす こわれる やぶる やぶれる くず
れる

俗 坛
通 坦

俗 土
俗古 墰

略 壇
略 壇

3244
【壇】
ダン タン
だん どだん (祭のにわ)

同 壅
同 邑

俗 奮
俗 奮

俗 奮
俗 奮

俗 奮
俗 奮

3247
【奮】
フン
ふるう いきむ はげむ

大女子山广弓部

通 穰
草 壤

3246
【壤】
【壌】
ジョウ
—
つち つちくれ

俗 坏
草 坯

略 坴
俗 壤

Column 1 (rightmost):
舊（旧）省　奮　音

3248【嬢】【孃】ジョウ　むすめ

同古　娘
略　妞　孃

3249【學】→746【学】略

3250【嶮】けわしい　さがしい

同　險
草　峪

3251【廨】ゲ　カイ　ケ
俗　廨

Second row:
3252【廩】リン　くら　こめぐら
同　靣
古　庿

3253【彊】キョウ　つよい　つとめる　しいる
俗　彊
俗　彊

同　強
俗　強
俗　彊

俗　彊
俗　彊

心(忄)部

3254【憊】ハイ　バイ　つかれる

Third row:
同　惝　懰
略　痛
草　德

3255【憑】ヒョウ　たのむ　よる　もとづく
俗　馮
俗　冯

3256【憙】よろこぶ　ああ
近　愭
俗　憙

3257【憩】【憇】ケイ　いこい　やすむ　やす
俗　歕
俗　喜

Fourth row:
同　態
同　惕　愒
略　憊
俗　䜴

3258【憲】【憲】ケン　のり　のっとる
俗　舐
俗　趐
草　德

略　憲
俗　憲
俗　憲

3259【憶】【憶】オク　おもう
俗　宪
草　㝩

本　憶
忆

3260 【憾】
カン
―　うらみ　うらむ
（同）感　（草）㦮

3261 【懈】
カイ　ケ
おこたる
（同）懈

3262 【懷】
カイ　ケ
ふところ　なつく
つける　したしい
なつかしい　おもう
なごむ　むね　こころ
（略）懷　（略）懷　（俗）怀

3263 【戰】
↓
2432 【戦】

戈　手(扌)　部

3264 【撻】
タツ
むちうつ　うつ
（同）（画）韃　轂　櫖

3265 【撼】
カン
うごかす　うごく
（略）邁

3266 【擁】
ヨウ
いだく　かかえる　まも
る　ささえる
（同）（本）搣　擛　攣　㨫　搤　㨫

3267 【擅】
セン
ほしいまま
（俗）擅　檀（略）擅　（俗）拥　擁　（俗）（草）㨛

3268 【擇】
↓
564 【択】

3269 【操】
ソウ
みさお　あやつる　とる
あやなす
（俗）操　（同）縠　（俗）捵　操

3270 【擋】
トウ
とても（當手(扌)とも）
（国）

3271 【擔】
↓
796 【担】

3272 【據】
↓
807 【拠】

3273 【整】
セイ
ととのう　ととのえる

支(攵)日　部

3274 【曆】
↓
2699 【暦】

3275 【曇】
ドン
くもる　くもり
（略）整　（俗）憖

〔略〕曇

〔略〕〔古〕曇

〔古〕曇

〔草〕曇

〔略〕曇

3278
【樵】ショウ　きこり　きる　たきぎ

〔同〕〔古〕杙

3277
【樴】ショク　くい

木部

3276
〔曉〕
↓
2104
【暁】

〔同〕蘸

〔同〕樵

〔同〕蘸

〔同〕爇

〔同〕蘂

〔圖〕蘸

3281
【橋】キョウ　はし

〔略〕橈

3280
【橈】トウ　たわむ　かじ　かい

〔俗〕橵

〔古〕尌

3279
【樹】ジュ　き　たてる　たつ　うえ

〔古〕尌

〔俗〕尌

〔俗〕登

〔同〕整

〔略〕桥

欠
止
歹
水
(氵)
部

〔俗〕機

〔本〕機

3283
【機】【橎】キ　はた　きざし　おり　はずみ　からくり

〔俗〕桔

〔俗〕橋

3282
【橘】キツ　たちばな

〔俗〕橋

〔略〕橋

〔俗〕橈

〔俗〕栈

〔草〕摘

〔草〕橋

〔俗〕搐

〔俗〕橋

3289
【濃】ノウ　こい　こまやか　の(平仮名)

3288
【澤】
↓
594
【沢】

〔略〕殫

3287
【殫】ダン　つきる　つくす

〔略〕毙
臺

3286
【殪】エイ　アイ　たおす　たおれる

3285
【歴】
↓
2698
【歴】

〔同〕歔

3284
【歔】キョ　すすりなく　むせびなく　な

火(灬)部

略　浊　/　泻

3291【濁】ダク　にごる　にごす　にごり　濁　草　浊

俗　激　/　草　泼

俗　激　/　俗　激

俗　激　/　俗　謝

3290【激】ゲキ　はげしい　はげます　つく

俗　震　/　仮　匠　烧

略　浓　/　俗　濃

本　然　/　俗　燃

3295【燈】→【灯】トウ　ひ　ともしび　あかり

3294【燃】ネン　もえる　もやす　もす　やく　戮　草　熘

同　織　/　同　戠

3293【熾】シ　さかん　さかんなり　おこる　熾　同　熹　/　草　煮

同　晞　/　草　熺

3292【熏】キ　あぶる　やく　むす　かしぐ

3299【爛】カン　ただれる　にる　かん　醆　通　宴

本　燕　/　同　鷰

3298【燕】エン　つばめ　さかもり　やすんじ　る

3297【燒】→　2170【焼】

同　燐　/　同　粦

本　炎　/　同　燊

3296【燐】(鬼火)　リン

同　燈　/　通　鐙

3301【獨】→　1137【独】

俗　获　/　草　猰

俗　獲　/　俗　獲

同　獲

3300【獲】→【獲】カク　える　とる　とらえる　えもの

犬(犭)瓜瓦目部

俗　煘　/　同　爛　/　同　爛

同　爛　/　同　光爛

3302【獣】略〔獸〕ジュウ　けもの　けだもの
略 兽　略 嘼
略 獣　略 獸
俗 獸　草 獣

3303〔瓢〕ヒョウ　ひさご　ふくべ　ひょうたん
古 瓢　本 瓢
俗 瓢

3304〔甍〕ボウ　いらか
同 瓶　俗 甍

俗 甍　俗 甍

3305〔瞞〕マン　あざむく　だます　くらます
同 懣　俗 蔥
俗 懣　俗 瞞

3306〔瞠〕ドウ　みはる　みつめる
同 瞠　同 瞠
俗 憆

3307〔瞢〕ボウ　くらい　めがかすむ　めくら　もだえる
同 瞢　同 矒

略 曽　通 夢
通 盲

石示禾穴部

3308【磨】同〔磨〕マ　みがく　する　とぐ　いしうす　ひきうす
本 礳　同 礳

3309〔禦〕ギョ　ふせぐ　こばむ　とどめる　まもる　そなえる
同 御　俗 禦

3310【積】セキ　つむ　つもる　たくわえ
本 積　同 穌

略 古 積　俗 古 積
俗 积　草 積

3311〔穎〕エイ　のぎ　ほさき　さき　すぐれる
俗 穎　俗 穎
俗 穎　俗 穎

3312【穏】略〔穩〕オン　おだやか　やすらか
略 穏　俗 穩
別 穏　省 穏

3313〔窶〕ク　ル　やつれ　やつれる　やつす　やつやつしい　まずしい

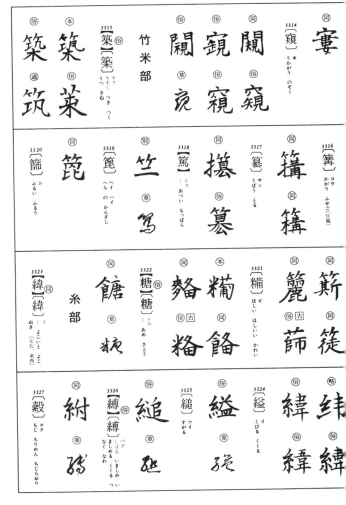

竹米部

㊧築　㊐築
㊗築　㊧菜
㊒筑

3315
【築】【築】
ナク
きずく・つき
うつ・きぬ・つく

㊧闚　㊐覷
㊐覷　㊧窺
㊗覞　㊧窺

3314
【覡】
キ
うかがう・のぞく

㊐審

3316
【篝】
コウ
かがり　ふせご(伏籠)

㊐簾　㊐簾

3317
【篡】
サン
うばう・とる

3318
【篤】
トク
あつい・もっぱら

㊐篤

㊒攦
㊧篡

3319
【篦】
ヘイ・ハイ
へら・のかんざし

㊒竺
㊐篤

㊐筬

3320
【篩】
シ
ふるい・ふるう

糸部

㊐饌
㊒疵

3322
【糖】【糖】
トウ
あめ・さとう

㊐䬻
㊐餹

㊐糒　㊒古
㊐餷
3321
【糒】
ビ・ヒ
ほしい・ほしいい・かれい

㊐簏　㊧簛
㊒古
㊒古篩　㊐筬

3323
【緯】【緯】
イ
よこいと・よこ
ぬき〔左右・東西〕

3327
【縠】
コク
もじ　ちりめん　ちぢらおり

㊐�景
㊒絀

㊧縋
㊒縋

3326
【縛】【縛】
バク
しばる・いましめ
ましめる・くくる
なぐ・なわ・つい

㊧縋
㊧絎

3325
【縋】
ツイ
すがる

3324
【縊】
イ
くびる・くくる

㊒縊
㊒縊

㊐緯　㊧絼
㊐緯　㊐緯
㊐緯

古　縷

3328【縣】↓1024【県】ぬう　ぬい　ぬいめ

3329【縫】〔縫〕ホウ

3330【縦】〔縦〕ジュウ　ショウ　たて　はなす　ゆるす　ほしいまま　ほしいままにする　たとえ　よし　よしや

3331【繁】【繁】ハン　しげる　しげし　しばしば　さかん

3332【罹】リ　かかる　うれい　うれ　える

3333【翰】カン　はね　ふで　ふみ　やまどり

3334【膨】ボウ　ふくらむ　ふくれる　はる

3335【膳】ゼン　ぜん　かしわ　かしわで　そ　なえる

3336【膵】スイ　すいぞう

3337【臻】シン　いたる

3338【興】キョウ　コウ　おこる　おこす　た　のしみ　おきる　た

3339【艘】ソウ　ふね

3340【閞】あけび〔木通・通草〕

3341【蕨】ケツ　わらび

网(罒)羽肉(月)至臼舟部

艸(艹・艹)部

（俗）古
蘦

（俗）古
薉

（同）
佇

（古）
厗

【3344
薦】（略）
薦

（略）
薦

セン
すすめる
そなえる
たてまつる
しく しるしく くさよも

（略）
薄

（草）
溥

【3343
薄】（俗）
薄

バク
うすい
うすれる
すすぐ
せまる
すず
いたる

（俗）
蕩

（同）
蕩

（俗）
蕩

（俗）
蕩

【3342
蕩】

トウ
うごかす　うごく
ほしいまま
ゆるい　ひろい

（略）
巌

（俗）古
巖

（俗）
茉

（俗）
藥

（略）
薬

【3347
薬】（略）
【艹樂】
ヤク
くすり　くす
いやす

（同）
熏

【3346
薰】

（俗）
熏

（同）
君

（草）
薫

【薰】（同）
薰

クン
かおる　かおり
にお

（同）
新

（草）
薪

【3345
薪】（同）
【薪】
シン
たきぎ　まき
しば

（本）
衞

（略）
衞

【3350
螢】（略）
螢

（俗）
蟖

（同）
蟖

【3349
螢】（俗）
【螢】
ケイ
ほたる

（草）
螢

（略）近
螢

（俗）
融

（俗）
蝠

（草）
蝠

（同）
融

【3348
融】

ユウ
とける　とおる

虫
行
衤
見
部

（略）
繊

（同）
�

【3353
繊】

キョウ
むつき

【3352
褸】

↓

3506
【褸】

（俗）
奐

（俗）
衡

【3351
衡】（仮）近

コウ
はかり　はかる
たいらにする　つのぎ
くびき　よこ

（略）近
卫

（俗）
衞

仮
衞

（仮）近
糸

（俗）
儒

3354【禪】- ちはや たすき

3355【親】（俗）【親】 シン おや したしい したしむ したしみ ちか いむ みずから

（古）虜　（俗）親　（俗）祝　言部

3356【諛】 ユ へつらい へつらう

（略）諌 チュウ まわし しのびもの うかがう さぐる しめしあう

（同）諫　（通）喋

3358【諠】 ケン わすれる いつわる かまびすしい

（通）牒

3359【謚】 シ おくりな

（同）謚

3360【諦】 テイ タイ つまびらか あきらか まこ あきらめ あきらめる

（同）謔

3361【諧】 カイ やわらぐ たわむれ おどける かなう

（同）譜

（同）鎬　（草）池

3362【諫】 カン いさめ いさめる ただす

（略）諌 諫 （草）諫

3363【諮】（諮） シ はかる とう

（同）咨 （草）咨

3364【諭】（俗）【諭】 ユ さとす さとし さと る つげる たとえ たとえ

（通）喩 （草）喩

3365【諱】 キ いみ いむ いみな はばか る おそれる

（俗）諱　（俗）諱

3366【諳】 アン そらよみ そらよむ そらん じる

（通）暗　（同）諳

3367【諺】 ゲン ことわざ

（同）誤　（同）諺

3368【謀】 ボウ ム はかる はかりごと てだて

（古）母言　（同）誓　（同）喋

3369【調】 ↓ 3149【調】　（同）慧

㊟3370
【謂】
イ
いい　いう
いわれ　つげる
しらせる

古3371俗
【謠】【謡】
ヨウ
うたい　うたう
うた
はやりうた　ひなうた

同
褟
草

同
𥝱

同
詻
俗
誉

同
詼

3372
【豫】
⇩
71
【予】

豕貝足身部

3373
【賢】
ケン
かしこい　すぐれる
まさる
略
賢
略
�id=

3374
【賭】
ト
かけ　かける
かけごと
俗
𤼲

同
賘
草
𧵳

3375俗
【頼】【賴】
ライ
たのむ　たのもしい
たよる　たのみ
たよ
俗
頼
古俗
頼
草
𬛀

3376
【踵】
ショウ
かがと　かかと　くびすき
びすあと　つぐ　しきり
同
踵
同
躘

3377
【蹄】
テイ
ひづめ　わな
ふむ
古
蹄
同
蹏

3378
【蹴】
シュウ
しける
国
踦
草
踷

3379俗
【輸】【輸】
シュ　ユ
うつす　はこぶ
まる　にもつ
おくる
俗
輸
俗
輸
草
𨍭

車辛辵(⻌・⻎)酉部

別国
舵

3380
【辨】
⇩
225
【弁】

3381
【遶】
ジョウ
めぐる　めぐらす　かこむ

3382
【遼】【遼】
リョウ
とおい　はるか
はるばる(々)
国
遼

3383俗
【避】【避】
ヒ
さける　まぬかれる
はばかる
草
遉

3384
【還】略【還】
カン
かえる　かえす
めぐる　めぐらす
ふたたび
すなわち
通
辟
草
𨒪

同
僻
草
逮

続
草
𥪰

遠

酉金部

【醒】
セイ
さめる

3386

【醍醐】
ダイゴ

（古）（省）
酉酉

【醒】

3385

【醍】
テイ
ダイ
あまざけ
ちちざけ

（略）
【遟】
↓
2317
遟

酖
（俗）
湜

（俗）
醰

（同）
醆

（草）
还き
還

還
（同）
遝

（草）
逞
還

金 部

【鋼】
コウ
はがね ねりがね

3387

【鍟】
ロク
しるす かきぬく
あらわす きかん(官)
剿

（草）
㙊

（略）
【録】
【録】

（俗）
录

（草）
�
録

【錆】
セイ
さび さびる

3389

（同）
鎮

（草）
鎭

【錘】
スイ
つむ おもり

3390

【錠】
ジョウ
—じょう いかり

3391

（同）
垂

（草）
鎚

【錢】
↓
2927
銭

3392

（草）
錠
㙊

（略）
【鋧】

3393

【鍅】
テツ
しころ

【錦】
キン
にしき

3394

（草）
錦
錦

（略）
鍛

【鉳】
ぶりき

3395
（国）

（草）
鋧

【錯】
サク
まじる まぜる まじわる
るおもる すじかい
あやまる そむく いた
がう きかん(官) おく

3396

（本）
層

（俗）
曆
㾮

（国）
【錺】
かざり

3397

（別）
鎧
飾

（別）
錺
飾

【鉳】
にえ

3398
（国）

（別）
沸

【錬】【錬】
レン
ねる ねる

3399

（略）
錬

（草）
錬

（略）
鐺

（略）
鋸

門阜(阝)隶部

3403【隨】↓ 2339【随】	（同）【墜】（草）徑	3402【隧】スイ スイ はかみち つかみち（ドン）	（本）粦（草）鄧	（古）仏（本）鄰	3401【隣】（俗）づく（同古）リン となり となる ならび つ	（同）閹閩	3400【閻】もんばん こもの エン

3407【霖】ながあめ リン	（同）霈（草）霈	3406【霏】ヒ もや	雨青革部	（俗）綠（俗）隷	（同）隷（俗）穎	（本）隷（略）隶	3405【隷】（同）【隸】レイ したがう つか いやしい うしもべ めしつか とも	3404【隘】↓ 1955【険】

（合）傾	（イ）【頭巾】ズキン	3410【頭】（略）仅（仮近）沉 トウ ズ チカク あたま かしら こうべ かみ みこう(官職) つむり つぶ	（同）鞘	3409【鞘】（草）鞘 さや むち	頁部	3408【靜】↓ 2938【静】	（同）霖 霖

（同）蹟（略）蹟	3414【頽】（草）くずれる くずす おちる ダイ たい はげ おとがい	3413【頸】（略）頸頸 くび ケイ	3413【頤】くび ケイ	骸（略）	3412【頷】（同）頷 カン ガン うなずく おとがい あぎと あご	脥（略）頬	3411【頰】はお キョウ

俗 顈 草 [illegible]

3415 〔頻〕【頻】 ヒン しきりに みぎわ ほとり

同 顰 略 頻

俗 頻 草 [illegible]

食馬骨部

3416 〔餐〕 サン ソン のみくい ゆうめし のむ くう

同 湌 同 飡

同 囋 略 餐

俗 飱 草 [illegible]

3417 〔餓〕 ⇩ 3201 【餓】

3418 〔餔〕 ホ ゆうめし くう やしなう

同 糒 同 哺

3419 〔餘〕 ⇩ 450 【余】

3420 【館】 略 〔館〕 カン ―やかた たて たち いえ やど やど や

俗 舘 俗 舘

俗 舘 草 [illegible]

3421 〔駭〕 ガイ おどろき おどろく おどろかす

俗 骇 俗 駴

3422 〔駱〕 ラク かわらけうま

同 騅

3423 〔骸〕 ガイ むくろ かばね ほね

俗 骸 俗 躯

俗 屍 草 [illegible]

髟門魚部

3424 〔髻〕 ケイ もとどり たぶさ かみ

同 髻 俗古 髻

3425 〔鬨〕 コウ とき ときのこえ たたかう

同 鬭 俗 閧

3426 〔鮎〕† デン あゆ なまず

別 鮎 別 鯅

別古 鯰 別古 鯷

3427 〔鮒〕 フ ふな

同 鰤 同 鮒

同 鰒 略古 鮒

3428 〔鮃〕 国 ― ひらめ 〔[illegible]〕

別 魪

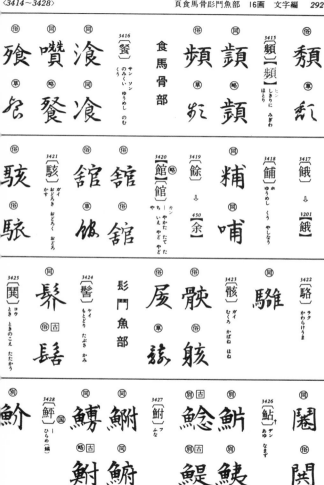

鳥黒龍龜部

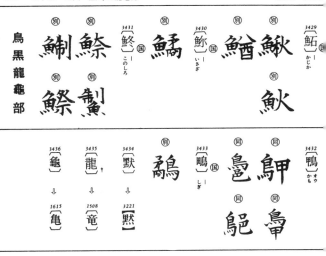

鯏〈例〉　鯑〈例〉　3431【鮗】このしろ　鱲〈例〉　3430【鮲】いさぎ　鰌〈例〉　3429【鰍】かじか⊟　鰍〈例〉

鯵〈例〉　鮆〈例〉　　　　　　　　　　　　　　　　　　鮌〈例〉

3436【龜】↓ 1615【亀】　3435【龍】↓ 1508【竜】　3434【黙】↓ 3221【黙】　鶮〈例〉　3433【鴫】しぎ ⊟　鼻〈同〉　卿〈同〉　3432【鴨】おうかも

　　　　　　　　　　　　　　　　　　　　　　　　　鼇〈同〉　鼻〈同〉

十七画

十七画

人（イ）部

3437
【償】
ショウ
つぐない　つぐなう
むくいる　むくい
あがなう

償

3438
【儡】
ライ
でくぐ・くぐつ
やぶれる　つ
かれる

略
偏

3439
【優】
ユウ
すぐれる　やさしい
ゆたか　まさる

僵
僵

同
【優】
僵
僵

略
優
優

俗
優
優

俗
優
優

優
優
優

カ口土女部

3440
【勱】
↓
471
【励】

3441
【嚇】
カク
おどす
おどかす　しかる

嚇

略
赩
味

俗
赩
炑

古
菾

略
赩
味

3442
【壓】
↓
206
【圧】

3443
【嬪】
ヒン　ビン
ひめ　つま
よめ

嬪
同
娹

同
姸

俗
孏
孏

草
孏
孏

俗
軄
軄

俗
軄
軄

3444
【嬬】
ジュ
よわい　かよわい
ばめ　つま　そ

嬬
草
嬬

俗
孎
孎

3445
【嬰】
エイ
みどりご

略
嬰
嬰

古
嬬
嬬

草
嬬
嬬

3446
【嬴】
エイ
あまり
あまる　あまる
〔氏姓〕

嬰
嬰

嬰
嬰

俗
孏
孏

俗
孏
孏

同
嬴
嬴

同
嬴
嬴

略
嬴
嬴

巛山弓心（忄）部

3447
【厳】
【嚴】
ゲン　ゴン
きびしい
おごそか　いましめ
いかめしい　いましめ
るつしむ

古
嚴
嚴

同
嚴
嚴

略
嚴
嚴

略
嚴
嚴

俗
厰
厰

略
嚴
嚴

略
嚴
嚴

同
嚴
嚴

俗
厑
厑

略
厳
厳

略
厳
厳

通
見
見

〈3448〉【嶺】レイ みね ね
〈同〉阽
〈同〉頥
〈3449〉【嶽】↓754【岳】
〈3450〉【彌】↓768【弥】
〈3451〉【懇】コン ねんごろ まこと まごころ
〈本〉懇
〈俗〉豤
〈通〉譿
〈同〉嶺
〈俗〉岑
〈同〉懍
〈俗〉懇
〈通〉豻

| 〈通〉諛 |
| 〈3452〉【應】↓536【応】 |
| 〈3453〉【懦】ダジュ よわい こころよわい |
| 〈同〉懧 |
| 〈俗〉〈古〉【懦】よわい |
| 〈3454〉【戯】↓3026【戯】 |
| 戈手(扌)部 |
| 〈3455〉【戴】タイ いただき いただく のせる |
| 〈略〉恳 |
| 〈単〉懤 |
| 〈同〉懥 |
| 〈古〉戴 |

| 木毛部 |
| 〈3456〉【撃】↓3037【撃】 |
| 〈3457〉【撞】タイ もたげる |
| 〈俗〉〈近〉抬 |
| 〈3458〉【擦】サツ する すれる さする |
| 〈単〉擦 |
| 〈3459〉【擬】ギ なぞらう かたどる にる はからい |
| 〈通〉拟 |
| 〈通〉誽 |
| 〈通〉儗 |
| 〈単〉拟 |
| 〈3460〉【擲】テキ なげうつ なげる |

| 〈省〉抔 |
| 〈同〉擿 |
| 木毛部 |
| 〈3461〉【檀】タンまゆみ |
| 〈略〉檀 |
| 〈3462〉【橄】ゲキ めしぶみ ふれぶみ さとし ふれ |
| 〈俗〉〈古〉榀 |
| 〈俗〉橄 |
| 〈単〉檄 |
| 〈3463〉【檐】エン のき ひさし |
| 〈同〉楣 |
| 〈同〉簷 |
| 〈同〉欄 |
| 〈同〉檐 |

木毛水(氵)火部

| | | 〔甎〕3466 もうせん | 〔橋〕3465 ほばしら ショウ | 〔檣〕 | 〔検〕3465 ↓ 〔検〕2131 | 〔熠〕俗 〔闇〕通 |

〔旃〕通

〔氈〕同 〔毡〕俗

〔氊〕草

水(氵)部

| 〔溝〕同 〔溝〕俗 | 〔濡〕3471 ジュ うるおう うるおす ぬれる ぬらす ひたす | 〔濟〕3470 ↓ 〔済〕1803 | 〔霙〕同 〔濛〕略 | 〔濛〕3469 こさめ モウ | 〔泥〕通 | 〔濘〕3468 ネイ ディ ぬかるみ ぬかる どろ | 〔濕〕3467 ↓ 〔湿〕2160 | 〔濡〕俗古 |

火爪(爫)爿部

| 〔曙〕同 〔爛〕同 | 〔濱〕3475 ↓ 〔浜〕1441 | 〔濯〕俗 〔濯〕草 | 〔濯〕3474 〔濯〕 あらう すすぐ タク | 〔濫〕3473 ↓ 〔濫〕3621 略 | 〔濤〕略 〔濤〕略 | 〔濤〕略 〔濤〕略 | 〔濤〕3472 おおなみ なみ トウ | 〔濡〕俗古 |

| 〔曙〕同 〔爛〕同 | 〔燭〕3479 ともしび かがりび ショウ | 〔燹〕古 〔燵〕同 | 〔陵〕古 〔燧〕同 〔燄〕同 | 〔燧〕3478 ひうち ひうちいし のろし ズイ スイ | 〔燦〕俗 〔燦〕草 〔燥〕俗 | 〔燦〕俗 〔燦〕俗 | 〔燥〕3477 かわく かわかす ソウ | 〔營〕3476 ↓ 〔営〕2038 |

略	本	略		俗	俗	俗	本
烛	牆	環	牛玉(王)疒皿部	墟	墟	牆	牆
国	同	略		俗	俗	俗	同
	廧	环		墟	墙	墙	廧

3480
【燭】
｜ こたつ（電｜）

【牆】3482
ショウ
かき かきね
まがき かべ

3483【犠】
【犠】
｜ ギ
｜ いけにえ

3484【環】
【環】
｜ カン
｜ わ たまき めぐる め
ぐらす まわる

古	同	古	古	草	略
牆	廚	宿	爯	熮	烛
古	草	本	古		
牆	霽	爨	爱		

3481【爵】
【爵】【爵】
｜ シャク
｜ さかずき すずめ
しゃく〔位階〕

同	草	略	俗	同	草	略
蘯	疒	疗	療	癃	瘂	環
通	略	俗	俗			草
蕩	盪	療	療			琼

3487【盪】
【盪】
｜ トウ
｜ あらう うごかす うごく

3486【療】
【療】
｜ リョウ
｜ いやす なおす

3485【癌】
【癌】
｜ がん

3492	同	3491	同	3490	3489	同	3488	
【矯】	曘	【瞰】	瞭	【瞭】	【瞬】	覧	【瞥】	目
	同				↓	同		矢
	矚				3634	覘		石 部

3492【矯】
【矯】
キョウ
ためる
なおす いつわる

3491【瞰】
【瞰】
カン
みる みおろす

3490【瞭】
【瞭】
リョウ
あきらか

3489【瞬】
【瞬】
↓
3634【瞬】

3488【瞥】
【瞥】
ベツ
ちらっとみる

| 〈俗〉矯 矯 | 〈俗〉矯 [矯] 〈俗〉矯 | 3493 [磯] いそ キ | 〈同〉〈近〉[磯] 礒 礒 | 3494 [礁] ショウ ―かくれいわ | 〈単〉碰 礁 礁 | 3495 [禪] ↓ 2531 [禅] | 3496 [穂] ↓ 3092 [穂] | 示(ネ)禾部 |

| 竹米部 | 3497 [簀] サク すのこ ゆか ゆかいた | 〈同〉〈俗〉簀 簀 債 | 3498 [簇] ソク むらがる あつまる しんし むら | 〈単〉簇 簣 | 〈別〉[簇] 籏 羮 | 3499 [篠] ショウ しの しのだけ やだけ す すずたけ ささ すずだけ さき | 〈同〉[篠] 筱 篠 | 3500 [籝] ― ささら |

| 〈別〉筅 | 3501 [糞] フン くそ けがれ けがれる | 〈同〉〈俗〉糞 粪 鎏 董 | 〈俗〉董 鰴 | 3502 [糟] ソウ かす さけかす もろみ | 〈古〉〈俗〉醤 醅 | 〈俗〉譜 譜 | 3503 [糠] コウ ぬか | |

| 〈同〉〈同〉穣 粃 | 糸部 | 3504 [縮] シュク ちむ ちぢまる ちぢめる ちぢれる ちぢらす ちぢみ しじら ちりめん | 〈同〉〈俗〉縮 殯 楢 | 3505 [縱] ↓ [縦] | 3506 [縷] ル ロウ いと いとすじ つづれ ぼ | 〈俗〉〈俗〉〈略〉樓 褸 縷 | 3507 [縺] レン もつれ もつれる もる | |

㊃
繊
㊁
繊

3512
【纖】㊕
繊
セン
—ほそいと　ほそい　ちい
さい　こまかい　しなやか
たおやか

㊌
緔
㊌
褊

3511
【繃】
ホウ
つかねる　まく

3510
㊋繁
糸
↓
3331
【繁】

㊁
【績】
勲
草
磧

3509
【績】—
セキ
—つむぐ　いさお　いさお

3508
㊋
【總】
↓
2850
【総】

㊗
縺
草
隨

缶羽耳部

3513
【鑶】—
カ
ひび　きず　すき　すきま
あな

㊁
【鍔】㊁
鑄

3514
【翳】
翳
エイ
—きぬがき　おおう　おおし
かざす　かげ　くもり
くもる　かざむ

㊁
陣
鑄

3515
【翼】㊕
翳
【羽異】
ヨク
つばさ　たすける　たす
ける　おおい　いだく

㊌
㊎
㊏
翌
翼

㊌
翌
翌

3519
【聳】
ショウ
そびえる　つんぼ

3518
【聲】
↓
509
【声】

㊋�近
聡
聰

㊗
聊
聰

3517
【聰】
ソウ
さとい　かしこい

㊋
聯
連

㊁
聯
聰

㊁
聯
㊁
聯
聯

3516
【聯】㊕
翼
レン
—つらなる　つらねる
つなぐ

㊋
㊁
連
緯

肉(月)部

3521
【膺】
ヨウ
むね
うける　うつ　あたる

㊗
聽
㊗
聴

㊎
聽
㊗
聽

㊋
聽
草
听

古
聑
㊎
聽

3520
【聽】㊎
【聴】
チョウ
きく　ゆるす

㊁
㊋
㊌
㊏
雍
骨

3525 【臂】 （臂） ヒ ひじ	【同】 臀	3524 【臀】 （革） 腎	本 尻 （同） 臋	同 鱠 なます	3523 【膾】	3522 【膽】 ↓ 1201 【胆】
僻 （革） 臀	俗 臂 俗 臂				3523 【膾】	

| 3530
【薑】
キョウ
はじかみ | 同
藞
同
覲 | 3529
【艱】
カン
かたい むつかしい
なやみ なやむ くるし
みくるしむ | 3528
【臨】
↓
3659
【臨】 けわし | 臣艮艸(艹・䒑)部 | 本
臘
同
腒 | 3527
【臘】
ロウ ロフ
（臘月） 祭名
数を経た他 | 本
肌
（革）
疤 | 3526
【臆】
オク
むね おもう こころ おも
わく おくす おそれる |

| 3533
【螺】
ラ
にな にし つぶ つび | 虫衣見部 | 略
薨
薨 | 3532
【薨】
（草）
コウ
(貴人の死)
おわる みまか
る | 俗
蘆
草
蕃 | 同
牆
同
蕃 | 3531
【薔】
ショウ
ばら | 同
蘁 | 同
薑
同
薑 |

| 草
覧 | 略
覧 | 3536
【覧】
【覧】
↓
ラン
みる | 略
覧
近
覧 | 同
褻
俗
褻 | 俗
褻
俗
褻 | 3535
【褻】
セツ
けがれる けがれる けしから
ぬ なれる | 通
郭
草
郭 | 3534
【蟄】
チツ
かくれる ひそむ | 同
蠃 |

言部

3537
【謄】【謄】
〔俗〕
トウ
うつす うつし
うつす

3538
【謇】
〔略〕
ケン
どもる
〔直言する〕

誉
〔俗〕

謄
〔俗〕

3539
【謎】
なぞ

讓
〔同〕

讒
〔同〕

讓
〔草〕

3540
【謐】
ヒツ
しずか やすらか

諡
〔謚〕

謎
〔草〕

3541
【謗】
〔通〕中
ボウ
そしり そしる

謊
〔本〕

謗
〔草〕

3542
【謙】【謙】
〔俗〕
ケン
へりくだる
ゆず

誚
〔同〕

謗
〔草〕

必
〔中〕

諡
〔通〕

3543
【講】【講】
〔古〕〔俗〕
コウ
こう とく ろん
じ しめす きわめ
る 書を読む

諌
〔古〕

謙
〔同〕

誚
〔草〕

誚
〔同〕

嗛
〔俗〕

誣
〔略〕

講
〔略〕

誣
〔草〕

講
〔俗〕

3544
【謝】
シ
あやまる ことわり ことわ
る わび わびる れい

3545
【謠】
→
3371

3546
【謹】【謹】
〔俗〕
キン
つつしむ つつしみ

谷貝走足部

3547
【谿】
ケイ
たにがわ たに

謙
〔本〕

謝
〔草〕

謡
〔同〕
〔略〕

謹
〔同〕

溪
〔同〕

礇
〔同〕

謹
〔俗〕

溪
〔草〕

溪
〔草〕

谿
〔草〕

溪
〔草〕

3548
【谿】
カツ
ひらく ひろい

3549
【購】【購】
〔同〕〔俗〕
コウ
あがない
う かう あがな
あがな

3550
【趨】
〔略〕
スウ
はしる おもむく ゆく

3551
【蹇】
〔寒〕
ケン
あしなえ なやみ なやむ

礇
〔同〕

購
〔草〕

趨
〔同〕

趨
〔略〕

越
〔略〕

瞞
〔略〕

趨
〔略〕

躔
〔俗〕

【第一段】

3552 【踏】トウ　ふむ　ふみつける　ふみしく
〔俗〕踏

3553 【躡】トウ　ふむ

〔同〕躡
〔同〕躇

〔同〕躓
〔同〕躇

〔同〕路
〔同〕躇

〔同〕踏
〔同〕踏

車走(辶)酉部

3554 【輿】ヨ　こし　てごし　くるま
〔興〕
〔車〕輿
〔同〕輿

【第二段】

3555 【轄】【轄】(俗)　カツ　くさび
〔同〕鎋

3556 【遽】キョ　すみやか　にわか　いそがし　あわただしい　あわてる
〔仮〕邊

3557 【邀】ヨウ　むかえる　もとめる　まねく
〔通〕遶
邀

3558 【邁】マイ　ゆく　すぎる　まさる
〔徼〕徼

3559 【醜】シュウ　みにくい　しこ　あし　にく　はじ　はじる　たくい　ひとしい　もろもろ
邁　邁

【第三段】

金部

〔俗〕醜　媿

3560 【錨】ビョウ　いかり

3561 【錬】カ
⇓
3399 錬

3562 【鍋】カ　なべ

3563 【鍔】ガク　つば

〔俗〕錨　鉒

〔同〕鍋　銭

〔同〕鎺　鍔

【第四段】

3564 【鍛】タン　きたえる　きたう　つちうつ

3565 【鍬】シュウ　くわ　すき

3566 【鎧】ビン　ミン　ぜにさし　みつぎ

〔俗〕鈑　鈑

〔通〕鈒

〔同〕鏕　鎧

〔同〕剟　剟

〔同〕鐶　鏅
〔同〕鋘

〔同〕
絹
〔同〕
絹

3567
〔鍵〕
ケン
かぎ

〔古〕
闥
〔同〕
鑁

3568
〔鍾〕
ショウ
あつめる　あつまる　かさなる
さかずき
るかさなる　さかずき　かね

〔通〕
鐘
〔草〕
鉎

門阜(阝)隷部

3569
〔闊〕
カツ
ひろい

3570
〔隱〕
↓
2935
〔隱〕

〔同〕
濶

3571
〔隷〕
↓
3405
〔隷〕

隹雨部

3572
〔雖〕
スイ
いえども　たとえ…ども

〔俗〕
雖

〔略近〕
雖

〔略近〕
黽

〔俗近〕
噬

〔略近〕
雞

3573
〔霜〕
ソウ
しも

〔草〕
雪

3574
〔霞〕†
カ
かすみ　かすむ　〔山伏の勢〕
力範囲

〔草〕
雪

〔古〕
𩊸
〔通〕
珺

3575
〔鞠〕
キク
まり　けまり

革韋頁食部

〔同〕
籬
〔同〕
毱
〔通〕
鞠
〔同〕
毱

3576
〔韓〕
カン
から　こま〔国名〕

〔本〕
韓
〔俗〕
轚

3577
〔餞〕
セン
はなむけ　おくる　みおくる
〔遠別の宴〕
↓
3415
〔頓〕

〔頁〕
頓

〔略〕
餞
〔草〕
妤

3578
〔餅〕
ヘイ　ベイ
もち　かちん

〔草〕
餅

〔略〕
餅
〔草〕
餅

3579
〔館〕
↓
3420
〔館〕

首馬部

3580
〔馘〕
カク
くびきる

〔同〕
馘
〔俗〕
䶊

3581
〔駿〕
シュン
〔はしるさま〕はしる　とし

〔本〕
駿

3582
〔駻〕
カン
あらうま

〔同〕
駿

（同）
駻

3583
【駿】シュン　スン
〔良馬〕
はやい　とし　す
ぐれる

（俗）（仕）
駿　**驍**

魚部

3584
【鮨】シ
すし

（革）
鮨
しし　ししびしお

3585
【鮮】セン
あざやか　すくない　あたらしい　あらた　なまものの
な

（略）
鮮

3586
【獻】
まて
こち

（同）
匙
（略）
鮮

（別）
馭

3587
【鯎】
うぐい

（別）
鮭

3588
【鮟】
アン〔鮟こう-鱇〕
なまず

（同）
鰻

3589
【鮠】
おおばら　とど

（国）
鯔

3590
【鮎】
かつお

（古）（別）
鰹

（別）
鰹

（別）
鮪

鳥黍部

3591
【鴟】
シ
とび

（同）
鮭

（同）
鴎

3592
【鴻】
コウ
おおとり

（古）
鳳

（別）
鴇

3593
【鴇】
トキ
とき

（別）
鶲
ちどり

3594
【衛】

（同）
鵂

3595
【黏】
⇒
1851
【粘】

黒鼻齊歯部

3596
【黛】
タイ
まゆ　まゆずみ
かきまゆ
おきまゆ

3597
【點】
⇒
1130
【点】

（同）
騰
（革）
塍

3598
【嬶】
かか
かかあ

3599
【齋】
⇒
1745
【斎】

（別）
嚊
（革）
嬶

3600
【齢】【齡】レイ
―とし
よわい

⑯ ⑥

齝 嗐

⑯

凼

十八画

十八画

人(イ)又口部

【3601】
〔儁〕
シュン
すぐれる

〔同〕
儁　俊

【3602】
〔儲〕
チョ
もうけ　もうける
たくわえる
そえ　そえる

〔草〕
儲　储

【3603】
〔叢〕
ソウ
くさむら
むらがる　あつ
まる　むら

〔同〕
叢　攅

【古】
叢

【俗】
藂
叢

【3604】
〔嚔〕
チ
くさめ　くしゃみ
るはなする　くさめす

〔同〕
嚔　嚔

【3605】
〔嚙〕
コウ
かむ

〔同〕
嚙　噛

〔同〕
嚙　咬

〔俗〕
嚙

【3606】
〔嚞〕
↓
2019【喆】

土心手(扌)部

【通】
膠

【3607】
〔懕〕
エン
やすい　たりる
おす　いと
う

【3608】
〔懲懲〕
チョウ
こりる　こらす
こらしめる　こら

〔同〕
懲

【3609】
〔擴〕
↓
808【拡】

【略】
崕
巒

【3610】
〔擾〕
ジョウ
みだれる　わずらわしい

【3611】
〔擶〕
おびだす

【本】
擾
擾

〔草〕
擾

【草】
擤

支(攵)斤日木部

【3612】
〔斃〕
ヘイ
たおれる　たおす

〔同〕
斃

【3613】
〔斷〕
↓
1749【断】

【3614】
〔曙〕
ショ
あけぼの
あした
よあけ　あかつき

〔草〕
曙

【3615】
〔曜曜〕
ヨウ
ひかり　かがやく

【同〕
晰
晰

【3616】
〔檻〕
カン
おり　てすり
おばしま

〔同〕
難
耀

〔通〕
燿
旺

木部（つづき）／欠・止・水(氵)部

- 〔略〕檻 ／〔草〕艦
- 3617 【櫂】トウ かい かじ
- 〔同〕棹
- 3618 【櫃】キ ひつ はこ ／〔同〕匱
- 欠 止 水(氵)部
- 3619 【歟】か や かな（平仮名）
- 〔近〕〔俗〕欨 ／〔古〕〔通〕與
- 乞 〔近〕〔俗〕乞 ／〔古〕〔通〕乞

水(氵)部

- 〔仮〕〔近〕氿 ／〔草〕
- 3620 【歸】 ↓ 1353【帰】
- 3621 【濫】ラン みだる みだりに あふれる
- 3622 【濾】ロ こす すます ／〔通〕乱
- 〔略〕沪 瀘 ／〔草〕
- 3623 【瀆】トク ドク みぞ けがれ けがす にごる りにごす にごす
- 〔同〕嶺 ／〔同〕嶺
- 〔略〕瀆 ／〔略〕涜
- 〔略〕瀆 ／〔草〕瀆 漬
- 3624 【瀉】シャ そそぐ はく
- 〔略〕瀉 潟 ／〔略〕潟
- 〔略〕浮
- 3625 【瀑】ボウ バク にわかあめ たき あらし
- 本【瀑】〔略〕瀑 ／〔草〕瀑

火・爪(爫)・犬(犭)・玉・瓦部

- 3626 【燻】クン いぶる いぶす くすぶる かおる ふすべる けぶる
- 〔俗〕重 ／〔俗〕薫
- 〔同〕燦 ／〔俗〕熏
- 〔俗〕黑 ／〔俗〕熏
- 3627 【燼】ジン もえさし もえのこり
- 〔同〕燼 ／〔同〕燼
- 〔俗〕燼 ／〔俗〕燼
- 3628 【爵】 ↓ 3481【爵】
- 3629 【獵】 ↓ 1812【猟】
- 〔燻〕 ↓ 2796【熏】

疒目石部

| 3630【璧】ヘキ たま | | | | | |

（同）

3630
【璧】
ヘキ
たま

（同）璧

3631
【甑】
ショウ ソウ
こしき

（同）甗

（古）甗

（俗）醴

3632
【甕】
オウ
かめ みか もたい

（俗）甕

（本）鸜
（同）鵫

（同）甕
（同）甕

广目
石部

3633
【襞】
ヘキ
くせ

（草）襞

3634
【瞬】【瞚】
シュン
またたく まばたく
またたき まじろぐ
↓
2805【瘶】

（古）【瘶】
↓

3635
【瞻】
セン
みる

（古）瞰
（同）瞩

3636
【瞼】
ケン
まぶた

（俗）瞤
（革）瞷

（俗）瞼
（同）瞼

（同）臉
（俗）睑

3637
【礎】
ソ
いしずえ

（俗）础
（草）砥

3638
【�】
トウ
はたと はったと

（俗）砑

3639
【禮】
↓
270【礼】

3640
【禝】
ショク
とりいれ

（古）䅣
（本）稷

（同）龝
（同）穮

示禾部

3641
【穢】
ワイ エ
けがれる けがれ
よごす よごれる これ

（同）薉
（草）穢

3642
【穫】
カク
―とりいれ かる

（同）獲

3643
【穰】【穣】
ジョウ ニョウ
ゆたか わら

（俗†）劉
（同）穣
（草）穣

（俗）穣
（革）穣

穴竹米部

3644
【竄】
ザン
のがれる かくれる かす

（古）竇
（同）竇

（略）竈
（古）竅

3645
【簡】【簡】
（俗）
カン
よだ
てがる
え

（古）竇
（草）竇
東宮
あじか
もっこ
キ

3646
【簣】
（同）簣
ヰ
あじか
もっこ

（古）簣
籆
かんざし
かざし
こうがい
シン

3647
【簪】
シン
かんざし
かざし
こうがい

（古）簣
先簣
リョウ
ロウ
かて
ほしいい
ひょうろう

3648
【糧】
（共）
リョウ
ロウ
かて
ほしいい
ひょうろう

（同）粮
糧
糸部

（草）糧

（略）糧

3649
【織】【織】
（俗）
ショク シキ
おる おり
はたおる
おりもの くむ
しるし
はた

（古）緫
絲
（略）糸

（同）緫
総

3650
【繕】
（草）繕
ゼン
つくろう つくろい
おさめる
おぎな
う おさめる

3651
【繙】
（草）繙
ハン ホン
ひもとく
ひろげる

（草）緓

（古）緓
緤
（本）緤

（草）緤
繭
まゆ

3655
【繭】
ケン
まゆ

3654
【緷】
（国）
うん
うんげん[−繝]

（同）緷
綉
（略）繍

3653
【繍】
シュウ
ぬい ぬいとり
あや ぬいとる

（略）繞

3652
【繞】
ジョウ ニョウ
めぐる めぐらす
まつわる かこむ
まとう

（俗）繞
（本）繞

（俗）繭
（草）繭
繭

（俗）齋
（同）齋
齋

3658
【臍】
（俗）臍
セイ
はぞ
へそ

（俗）職
（草）職
職

3657
【職】
ショク
つかさ つかさどる
くめ つとめ
や もとより

（俗）職
（俗）職
戝
（略）戝

3656
【翻】【翻】
（草）翻
ホン
ひるがえる
ひるがえ
す

（同）翻
翻

羽耳肉(月)部

臣臼舟部

〔臨〕のぞむ 3659
リン

(同)顭 (略)

(略)臨 (略)

(草)临 (草)焰

(略)焕 3660〔舊〕⇩235〔旧〕

3661〔擧〕⇩1342〔挙〕

3662〔䗊〕いくさぶね ドウ

(同)舸

艸(艹・艹)部

3663〔薩〕サツ ｜

(略)(古)薩

(俗)(古)薩

〔薩陲〕サッタ

(合)茻 (合)芡 コウ したがき わら

3664〔薫〕⇩3346〔薫〕

3665〔藁〕(同)藁

(俗)稿

(俗)(古)蒿

3666〔藉〕シャ セキ かりる よる たよる けがす くだす いたわる しきもの し たす しきものし

3667〔藍〕〔藍〕

(俗)藉

(草)藉

(略)藍

(俗)藍

(俗)藍藍

(草)藍

3668〔藏〕⇩3125〔蔵〕

(俗)艦

(草)蔍

3669〔藤〕〔藤〕ふじ ふじかずら トウ

(本)藤

(略)藤

3670〔藩〕〔藩〕ハン ｜かき まがき はん さかい

(俗)(古)蘭

(草)菜

(俗)(古)蘮

(同)藩

(略)藩

虫衣(衤)両見部

3671〔蟬〕セミ セン ゼン

3672〔蟲〕⇩424〔虫〕

(同)蟲

(草)蟶

3673〔螳〕ひひむし ひとりむし トウ

(同)蟻

(草)蟬

【3674】〔襠〕トウ　まち　うちかけ

【3675】〔覆〕〔覆〕フク　おおう　くつがえす　おおいかくす　かえす　しらせる　ふせい

【3676】〔観〕キン　まみえる

【3677】〔観〕〔観〕カン　みる　しめす　あらわす　たちみえ　おもむき

〔古〕醫　〔俗〕覣

〔通〕殣

〔略〕覢
〔俗〕覆
〔略〕覆

〔俗〕覗

〔略〕覗

角言部

【3678】〔觴〕ショウ　さかずき　さかずきをさす

【3679】〔謨〕ボモ　はかる　はかりごと

【3680】〔謫〕タク　せめる　とがめる　つみする

〔草〕觴

〔草〕醻

〔古〕慧　薏

〔同〕譑

〔同〕譙

〔同〕謪　〔同〕譎

豆貝足部

【3681】〔讅〕〔診〕ビョウ　ビュウ　あやまり　あやまる　たかまる　あやまる

【3682】〔謳〕オウ　うた　うたう

【3683】〔謾〕マン　あざむく　あなどる　わるがしこい

【3684】〔豐〕⇩【2613】〔豐〕

〔草〕讅

〔略〕謳　〔略〕謳

〔俗〕喽

〔同〕譸　〔草〕譸

〔俗〕謤

〔草〕諜

【3685】〔贄〕シ　にえ

【3686】〔贄〕ゼイ　むだ　いらざる　しちいれ

【3687】〔贈〕〔贈〕ゾウ　ソウ　おくる　つかわす　お

【3688】〔蹙〕シュク　せまる　ちぢむ　きわまる　しかめる

〔通〕熱　〔草〕贄

〔古〕賋　〔草〕賋

〔俗古〕贈

〔俗〕贅　〔草〕贅

〔俗〕嘢

〔通〕送

〔同〕跡　〔同〕蹟

足身車辵(辶)酉金部

3689
【躃】
ハン　マン
よろめく

躃

（同）
�

3690
【蹤】
ショウ
あと　あしあと

蹤

（同）
踪

履

3691
【軀】
ク
からだ　み

軀

（同）
軀

（略）
軀

（俗）
伍

（俗）
臨

身車辵(辶)酉部

3692
【轆】
ロク

轆

3693
【轉】
↓
1927
【転】

3694
【邇】
ジ
ちかい　ちかづく

邇

3695
【醫】
↓
474
【医】

3696
【醬】
ショウ
ひしお　みそ

醬

（同）
逎

（同）
逎

（草）
逎

（本）
醤

（本）
酉

3697
【�】
はばき

金部

3698
【鎌】
【鎌】
レン　ケン
かま

鎌

3699
【鎖】
【鎖】
サ
くさり　とざし　とぎ
すじる　とじる　つなぎと
める　じょう

鎌

（略）
鎌

（別）
鎌

（古）
鎖

（俗）
鎖

（俗）
銷

（別）
鎌

（草）
鎖

（略）
醬

（俗）
醬

3700
【鎔】
ヨウ
いがた　いる

鎔

（俗）
熔

（草）
瑢

3701
【鎧】
ガイ
よろい　よろう

鎧

3702
【鎭】
【鎮】
チン
しずめる　しずまる
しずむ　おさえ

鎭

（草）
鎧

（略）
鍐

（略）
鋭

3703
【鎚】
ー
さかほこ

鎚

（草）
鋭

3704
【鐩】
ー
かすがい

鐩

門隹部

〔鈝〕
鋋

〔闔〕
コウ
とびら　とじる
んぞくざる　とざす　な

3705

〔闕〕
ケツ
かけ　かける　もん
〔宮廷〕

3706

〔閻〕
閻

〔闕〕
闕
欠

〔闘〕
闘

3707
〔鬪〕
〔鬥〕
トウ
たたかう　たたかい
あらそい　あらそう

〔鬪〕
厈

斗

鬥
鬬

3708
〔雙〕
⇩
109
〔双〕

3709
〔雛〕
 スウ
ひな

3710
〔雑〕
⇩
2936
〔雑〕

鸞
雒

3711
〔離〕
リ
はなれる　はなす　はなれ
つく　つらねる　かかる
り〔平仮名〕

離
离

雖
雖

革
頁
部

3712
〔難〕
〔难〕
ナン
かたい　むずかしい
なやみ　なやむ　くる
しむ　せめる　かたん
ナ〔片仮名〕

離
靴

難
难

雞
鵜

雜
雞

絶
乢

鞄
鞭

艶
竜

3717
〔顔〕
〔顏〕
ガン
かお　かんばせ
かお

領
頷

3716
〔額〕
ガク
ひたい　ぬか　たか　がく

題
題

3715
〔題〕
ダイ
ひたい　かしら　かきし
るす　だい

3714
〔顋〕
サイ
あご　あぎと　える

【類】3718（俗）
ルイ
たぐい　ともがら
わたくし　るかたど
るかたち　しな　も
ろもろ（平仮名）

類3718（略）

類（近）

類（俗）

類（草）

【顕】3719（仮）（近）
【顕】（略）
ケン
あきらか　あらわ
れる　あらわす
あら

暴（古）

顕（本）

顕（近）（俗）

【顕】3720（俗）
【顕】
ガク
あご
おとがい　あき
あき

晁（化）

晁（古）

顕（近）

顕（俗）

顕（頭部）

馬骨部

【騎】3721（古）
キ
のる　きへい

【騒】3722（俗）（古）
【騒】（俗）（近）
ソウ
さわぐ　さわ
がしい　うれい
える　うごく　にわか

騎

【験】3723（略）（俗）
【験】（近）
ケン　ゲン
しるし　あかし
ためし　ためす
ろみる　こころみる
らべる　しらべる

騒（俗）

骚（俗）（近）

骨部

【髀】3724（同）
ヒ
もも

脏（俗）

骽（同）

髌（俗）

髅（同）

髆（俗）

髌（俗）

魚部

【鯉】3725
こい

【鱇】3726（同）
サ　シャ
はぜ　ふか
すなふき

鱶（別）

鱣（別）

【鮂】3727（国）（同）
すばしり

鮻（同）

【鮓】3728（国）
かずのこ（数子）

鮒（別）

【鮟】3729（草）
こち（牛尾魚）

鮨（国）

鮞（別）

【鮖】3730（国）
あさり　うぐい

鱽（別）

鮍（別）

鮱（別）

鮰（別）

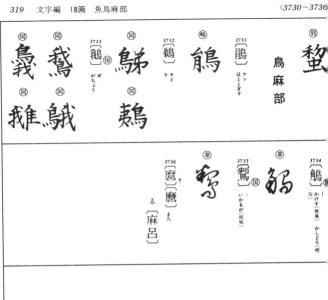

鳥麻部

〔別〕
蟊

3731
〔鵑〕
ケン
ほととぎす

〔略〕
鵑

3732
〔鵜〕
テイ

3733
〔鵝〕〔俗〕
ガ
がちょう

〔同〕
鵨

〔同〕
鵞

〔同〕
鵗

〔同〕
鵗

〔同〕
鵨

〔同〕
鵞

3734
〔鵤〕
ー　かけす〔懸巣〕
鳥　かしどり〔樫
　　鳥〕

3735
〔鵯〕〔国〕
ー
いかるが〔斑鳩〕

〔草〕
鵯

〔草〕
鵞

3736
〔麿〕〔麿〕
まろ
↓〔麻
　呂〕

十
九
画

十九画

人(イ)口土部

3737〔儳〕ザン みにくい かろんじる あなどる みだれる

略近 儳 略 儳

3738〔嚮〕キョウ さきに むかえる

同 向 同 宣

俗 鄉 通 響

通 享 草 嚮

3739〔壜〕タン ドン とくり びん

同 罎 通 墰

通 甔 草 墰

3740〔壞〕⇩ 3245【壊】

3741〔壟〕ロウ つか うね

同 壠 草 壠

宀广心(忄)手部

3742〔寵〕チョウ いつくしむ めでる

俗 寵 俗 竉

3743〔廬〕ロ いほり いえ

略 庐 略 庐

俗 廬 草 廬

3744〔懶〕ラン おこたる なまける ものうい

同 嬾 同 㦨

同 孏 草 懶

3745〔懷〕⇩ 3262【懐】

3746〔懲〕⇩ 3608【懲】

3747〔攀〕ハン よじる よじのぼる

古 𠲿 同 樊

略 攀 略 攀

日木部

3748〔曝〕バク さらし さらす

古 暴 本 曝

同 曝 草 曝

3749〔曠〕コウ あきらか むなしい ひさしい ひろい

同 曠 草 曠

3750〔櫓〕ロ やぐら たて ろ

同 樐 同 樐

（同）隟　（本）顚　3753【瀕】瀬　水(氵)火部　（略）櫟　3752【櫟】レキ　くぬぎ　ははそ　する　（略）栁　（俗）栁　（同）扠　3751【櫛】シツ　くし　くしけずる

（俗）顙　（同）顙　ほとり　みずわ　ちかづく

片牛犬玉(王)部　（略）烞　（通）愽　（同）爆　3757【爆】バク　ー（火で破裂する）　やく　（略）澖　（通）豬　3756【瀦】チョ　みずだまり　3755【瀬】【瀬】ー　ライ　せ（平仮名）　（俗）沭　（仮名）　3754【瀧】↓　2488滝

（略）埜　（同）璽　（略）埜　（同）釡　3761【璽】ジシ　しるし　おして　（王侯の印）　3760【獣】↓　3302【獣】　（俗）犢　（略）犢　（同）犢　（略）犢　3759【犢】トク　こうし　（略）虓　3758【牘】トク　ドク　ふだ　かきもの　てがみ

3764【彊】キョウ　さかい　かぎる　さかいする　かぎり　ただす　3763【瓣】↓　225【弁】　瓜田广部　（俗）璃　（俗）瓊　（同）瓊　（同）瓊　（俗）瓊　3762【瓊】ケイ　たま　に　ぬ　（草）釡

㊌ 壇　㊌ 畺

㊌ 境　㊞ 殭

3765【疇】チュウ・ドウ　うね　たぐい

㊌ 昍　㊎ 晭

略 喦　㊎ 嘺

3766【癡】→2508【痴】

石示(ネ)部

3767【礚】ガイ　さまたげる・さえぎる・さえ・ささわり・ささえる

尋　㊌同 破

禾竹糸部

㊌中 祷　略 祷　古 祼

㊎ 祷　略 祷　㊌同 裯

3769【祷】トウ　いのり・いのる・まつる

㊌匚古 祢　㊎ 祢

㊎ 礻　㊎ 祢

3768【祢】ネイ・デイ　ちちのみたまや　ちち　ね〔平仮名〕　ネ〔片仮名〕

㊌ 碍　㊒ 閡

3770【穏】→3312【穏】

3771【薄】【薄】＝ボ　ちょうめん

㊎ 笝　㊎ 薄

㊎ 笝　㊎ 薄

3772【繪】→2243【絵】

㊒ 箔　㊎ 房

3773【繋】ケイ　つなぐ・つながり・つながる・ほだし・かける・とらわれる

同 係　略 繋

3774【繰】　ソウ　くる・あやつり・からくり・あやつる

㊌ 繊　㊎ 繰　㊎ 繰

3775【繹】エキ・ヤク　ぬく・ひく・おさめる・しく

3776【羅】あみ・つらねる・つらなる・うすもの・すぎぬ　ら〔平仮名〕

本 繹　同 繹　㊒ 釈

㊎ 罗　㊎ 罖

㊌匚 罿

羊肉(月)舟部

3777【羹】コウ　あつもの　すいもの

㊌同 鬻

略 羮

㊛臘	㊛腦	㊌腸	**3779**【臘】〈ロウ〉とし　ろう（歳暮）年末　除暦十二月、	㊛贏	㊛贏	**3778**【羸】〈ルイ〉よわい　やむ　つかれ　つかれる	㊛羮	㊛羮
㊛臘	㊛臘	㊌膓		㊛贏			㊛羮	㊛羮

㊌艶	㊋艶	**3782**【艶】㊌→艶〈エン〉つや　つやや　いろよし　あでやか	色艸(艹・艹)部	㊌齒	㊌艪	**3781**【艫】〈ロ〉ロ
㊛艶	㊋艶				㊌櫓	㊌臓【臓】㊛→はらわた 3780

| **3788**【蟻】〈ギ〉あり | 虫衣(ネ)部西部 | 【藻】↓【藻】3871 | 【藩】↓【藩】3670 | 【藍】↓【藍】3667 | ㊛蘭 | **3787**【蘭】【蘭】〈ラン〉らん（平仮名） | ㊛藪 | **3786**【藪】〈ソウ〉やぶ 【藪】3347 | **3785**【藥】↓【薬】3669 | **3784**【藤】↓【藤】 | **3783**【藝】↓【芸】621 |

| ㊌褥 | **3791**【襦】〈ジュ〉じゅばん | ㊌襤 | **3790**【襤】〈ラン〉ぼろ　やぶれ | ㊛蠅 | ㊛蠅 | **3789**【蠅】〈ヨウ〉はえ | ㊌蛾 | ㊌蟻 |
| �草褥 | | ㊌襤 | | ㊌蠅 | ㊌蠅 | | ㊌螳 | ㊌蠖 |

言部

3792 【覇】↓ 3956【覇】

3793 【譁】（俗）かまびすしい　やかましい

（同）【誇】　嘩（俗）　譁（革）

3794 【證】↓ 2282【証】

（俗）呶

3795 【譌】（同）譌　いつわり　いつわる　あやまる　まちがい／力　あやまり　あやまる

3796 【譎】キツ　ケツ　いつわり　いつわる　あざむく／詭　譎

3797 【識】【識】（俗）シキ　しるし　しるす　しりあいも　しる　めじるし　のり　めしるし

3798 【譚】（古）タン　ダン　はなし　はなす　かたり　か／譃（革）

訧（略）試

【談】（同）譚（革）

3799 【譜】【譜】（略）譜（革）〔系図、系図、表〕かきもの　しるす

3800 【警】（同）ケイ　いましめ　いましめる　そなえ　まもり　つつしみ　つつしむ／譀　譥（俗）

謳（革）　誦

貝足部

3801 【贈】↓ 3687【贈】

3802 【贋】ガン　にせ

3803 【贇】↓ 3160【贊】

【贋】（革）　贗（本）

3804 【蹲】ソン　うずくまる　つくばう／蹲（俗）

3805 【蹴】シュウ　ける　ふむ／蹴（同）

徽（革）

辛走(辶)酉金部

3806 【蹶】ケツ　つまずく　たおれる　はしる　すみやか　とし　あわただし／蹷（革）　蹶（革）

【夔】（同）夔（革）

3807 【辭】↓ 2628【辞】

3808 【邊】↓ 275【辺】

3809 【醱】ハツ　かもす／醱（俗）

3810 【鏑】テキ　やじり　かぶら　かぶらや／酸　醱（俗）

同

草

3811【鏖】オウ　みなごろし　みなごろしにする

同

3812【鏡】キョウ　かがみ

俗

草

3813【鏤】ロウ　える　ちりばめる　きざむ

略

草

3814【鏝】マン　こて

同古

門雨非革韋部

3815〔關〕⇩ 2932【関】

3816〔難〕⇩ 3712【難】

3817【霧】ム　きり　きる

同 霚

同 雺

同

略 雾

3818〔霪〕イン　ながあめ

同 淫

同 滛

3819〔靡〕ヒ　なびく　なびきふす　したがう　ない　おごり　ちる　ちらす

古

本 靡

3820〔鞴〕フク　ふいご　うつぼ

同

同

同

同

同

俗古

3821〔韜〕トウ　ゆみぶくろ　ゆごて　ふくろ

同 鞱

草

音頁食馬骨部

3822【韻】略〔韻〕イン　ひびき　おもむき

同 韵

略

俗 匀

草

3823【願】ガン　ねがう　ねがい　ねがわくは

同

同

俗古

俗

俗古

俗 愿

俗

3824〔顛〕テン　いただき　たおれる　たおす　くつがえる

略 顚

俗

俗 巔

草

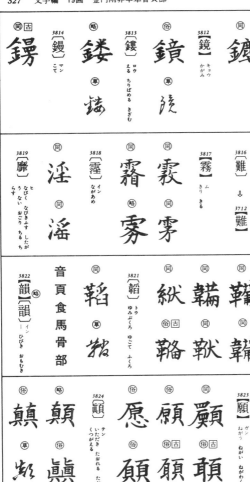

3825 【類】↓ 3718【類】

3826 【饂】国　うんどん〔一飩〕

3827 【騙】ヘン／たばかる／だまかす／かたる／だます

（同）【鰞】

3828 【髄】【髓】ズイ　（略）‐ぜい

（同）【髓】　（同）【髒】　（同）【髑】
（同）【髓】　（同）【隋】　（同）【髋】

（同）【髄】　（俗）【骭】　魚部

3829 【鯛】【鯛】（俗）チョウ　たい　（略）鮹

3830 【鯨】ゲイ　くじら

3831 【鯲】国　‐どじょう〔泥鰌〕

（本）【鱷】（草）【鯨】

（別）【鰡】（別）【鮸】（別）【鰍】

鳥部

3832 【鯰】国　‐なまず

3833 【鯱】国　しゃち　しゃちほこ

3834 【鵬】国　↓ 2955【鳳】

3835 【鶍】国　‐いすか〔交喙〕

（別）【鮎】（別）【鰻】
（別）【鮒】（別）【鮂】
（草）【鯱】（草）【鯱】

鹿麥部

3836 【鶉】ジュン　うずら

3837 【鶏】‐きくいただき〔菊戴〕

3838 【鶏】【鷄】ケイ　にわとり　とり

3839 【麒】キ　きりん

（同）【雞】　（草）【鶏】
（同）【鷯】
（略）【鶏】
（同）【雞】（略）【鸡】

| 〔麴〕 キク こうじ 3842 | 麗 古 麗 略 | 麗 古 丽 古 | 〔麗〕 レイ ライ うるわしい うららか れ〔平仮名〕 くしい うつ 3841 | 麗 俗 麗 草 | 麗 古 麗 略 | 〔麓〕 ロク ふもと 3840 | 麒 同 麒 俗 |

二十画

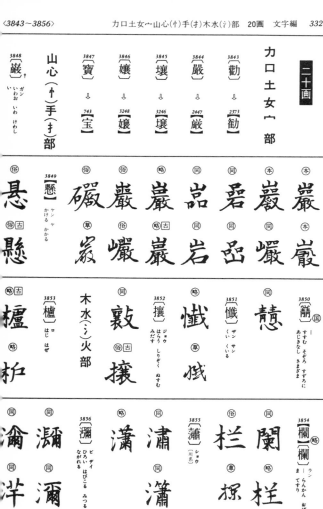

二十画

カロ土女宀部

【勸】3843 ↓ 【勧】2373
【嚴】3844 ↓ 【厳】2447
【壤】3845 ↓ 【壌】3246
【孃】3846 ↓ 【嬢】3248
【寶】3847 ↓ 【宝】743

山心(忄)手(扌)部

【巖】3848
ガン
いわお いわ けわし

〔本〕巖 〔本〕巖 〔同〕〔本〕嚴
〔本〕巒 〔同〕巘
〔同〕嵒 〔同〕嵒
〔略〕嵓 〔同〕岩
〔略〕巖 〔略〕巖
〔略〕巌 〔同〕巌
【礒】3849〔草〕礒 〔俗〕懸
〔俗〕懸
〔俗〕〔古〕懸

【懸】3849
ケン ケ
かける かかる

〔略〕〔古〕

【櫨】3853
ロ
はじ はぜ

木水(氵)火部

〔同〕斁
〔俗〕〔古〕攘

【攘】3852
ジョウ
はらう しりぞく みだす ぬすむ

〔略〕懺
〔草〕䜌

【懺】3851
ザン サン
くい くいる

〔同〕慧

【灙】3850〔国〕
すすむ そぞろ すずろに
あじきなし さまざま

【濔】3856
ビ デイ
ひろい はびこる みつる
ながれる

〔同〕灡
〔同〕潷

【藩】3855
ショウ
〔川名〕

〔俗〕欗
〔草〕操

〔同〕闌
〔同〕桂

【欄】3854〔略〕
【欄】
ラン
らんかん おばし
ま てすり

〔同〕瀹
〔同〕洋
〔同〕瀰
〔同〕灡

（俗）
渤

（俗）
【爐】3857
↓
【炉】874

牛犬石立竹部

【犠】3858
↓
【犠】3483

【獻】3859
↓
【献】2501

【礫】3860
（略）
こいし　レキ
いしご

（略）
碌
砾

3861
【競】
キョウ　ケイ
きそう　せる
いそう　せり
あらそう

（同）
競
（俗）
竞

─────

（俗）
競
（俗）
竟

【籌】3862
チュウ
かずとり　はかりごと

（略）
等
（俗）
等

（略）（古）
簿
（俗）

【籍】3863
【籍】
セキ
ふみ　かきつけ
ふだ〔書物・記録等〕

（俗）（古）
藉
（俗）
藉

米糸部

【糯】3864
【糯】
ダダン
もちごめ

（同）（古）
糯
（同）
粳

─────

（同）
稂
（俗）
穤

【辮】3865
↓
【弁】225

【繼】3866
↓
【継】2549

【纂】3867
サン
あつめる
あつまる

（同）
繻
（俗）
纂

【繡】3868
【繡】（国）
|
かすり〔絣〕

（同）
紉

舟艸(艹・艹)部

【艦】3869
↓
【艦】3938

─────

【藷】3870
【藷】
シ
いも　さとうきび

（同）
薯
（同）
蕷

（同）
蓤
（同）
蕷

（同）（近）
蒅
（同）

【藻】3871
【藻】
ソウ
も　あや〔文章〕

（俗）
藻
（略）
藻

（俗）（古）
溇
（俗）
藻

（俗）
漢
（俗）
藻

【蘆】3872
【蘆】〔芦〕
ロ
あし　よし

（略）
芦
（草）
芦

【蘇】
ソ
よみがえる
そ〔平仮名〕
3873

【同】蘓
【略】蘓

【俗】藪
【俗】藪

【仮】荽
【草】荽

【蘊】
ウン
つむ
あつめる
つつむ
くわえ おくそこ
3874

【略】蘊
【草】蕰

虫見角言部

【蠕】
ゼン
うごめく
3875

【同古】蝡
蠕

【覺】
↓
2277
【覚】
3876

【觸】
↓
2596
【触】
3877

【應】
ヨウ オウ
こたえ こたえる
いらえ
3878

【譍】
↓
3709
【譜】
3879

【同】
嚥

【譟】
ソウ
さわぎ さわぐ
いみだれる かまびすし
3880

【譬】
ヒ
たとえ
たとえる さとす
3881

【噪】
【俗】喿

【同古】辟
【俗】辟

【譯】
↓
1914
【訳】
3882

【辟】
【草】辟

【議】
ギ
ーはかる
3883

【略】议
【略】讥

【護】
ゴ
まもり まもる
おまもり たすける
すくう
3884

【略】护
【同】護
【略】護

【護】護
【俗】护

【覆】
【草】覄
【俗】讓

【讓】
【略】讓
【草】讓

【同古】辟
【俗】辟

【讓】
ジョウ
ゆずる せめる
なじ
3885

【略】讓
【略】让

貝足部

【贏】
エイ
あまり あまる あますの
こり もうけ かち かつ
3886

【贏】
【本】贏

【賺】
タン
すかす なだめる
たぶらかす だます
3887

【譟】
ソウ
さわぎ さわぐ
さわがしい
3888

【略】賺

【同】邅
【草】孫

足酉釆金の部

（通）酞

（略）（古）醸

3891【醸】（略）
【醸】
かもす　ショウ
さけづくり

（同）酉

（草）醸

釆

金部

（同）躇

（同）踏

3890【躇】
ためらう
たちもとおる

（同）蹢

（同）躇
（草）

（同）蹞

3889【躄】
あしなえ
いざり
こしぬけ
ヘキ

雨音風の部

3896【霰】
あられ
みぞれ
サン

（同）鋧

雨音風部

3895【錍】
—
びた

（同）鐙

3894【鐙】
あぶみ
たかつき
トウ

（草）鈧

（俗）鐘

3893【鐘】
かね　つりがね
ショウ　シュ

（略）鈡

3892【釋】
↓
【釈】
1943

（俗）飄

（同）飈

（本）飈

3898【飆】
つむじ
ヒョウ

（同）諞

（同）响

3897【響】（略）
【響】
ひびく
ひびき
こえ
キョウ
おと　きこえ

（同）霓

（古）霄

（本）霖

（草）颭

（俗）飀

（同）飀

（同）譀

（同）譀

（同）霂

（同）霂

食香馬の部

3902【騒】
↓
【騒】
3722

（略）驚

（略）驃

（同）騭

3901【騰】
【騰】（俗）
—　トウ
のぼる
あがる

（同）馨

（草）鸞

3900【馨】
↑
かおり　かおる
こうばしい
ケイ　キョウ
かんばしい

（同）殣

（同）饉

3899【饉】
うえる　かつえ　かつ
キン

食香馬部

馘

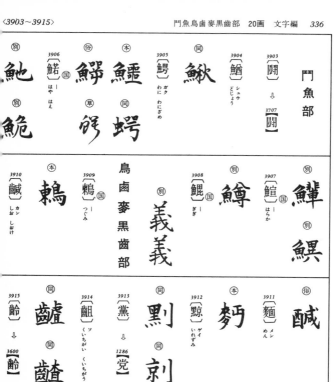

鬥魚部

3903 [鬪] ⇩ 3707 [鬪]	3904 [鮨] シュウ どじょう	(同) 鮴	3905 [鰐] ガク わに わにざめ	(本) 鱷 (同) 蝁	(俗) 鰐 鮶 (草)	3906 [鮞] 国 はや はえ	(別) 魳 (別) 鮑

鳥歯麥黒歯齒部

(別) 義 義	3908 [鯢] ギ	(別) 鱒	3907 [鯱] 国 はらか	(別) 鱨 (別) 鰱 醎
3909 [鶫] 国 つぐみ	3910 [鹹] カン しお しおけ	3911 [麵] 国 めん	3912 [鯢] 国 めん(本)	3913 [黥] ゲイ いれずみ

3915 [齝] ⇩ 3600 [齝]	(同) 齭 (同) 齝	3914 [齟] ソ くいちがい くいちがう	3913 [黨] ⇩ 1286 [党]	(同) 剆 剟 剶(同)	(本) 麨	(俗) 醎

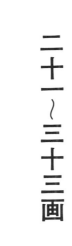

二十一～三十三画

二十一画

人(イ)口尸山 部

3916 【儺】ダ ナ おにやらい

3917 【囁】セツ ささやく

3918 【嚻】ゴウ かまびすしい

3919 【噪】ソウ はやし はやす

3920 【屬】→属 2040

3921 【巍】ギ たかい たかくそびえる

3922 【懼】ク グ おそれ おそれる あやぶむ

心(忄)手(扌)日木 部

3923 【攝】→摂 2442

3924 【曩】ノウ さき さきに

3925 【櫻】→桜 1427

3926 【欄】→欄 3854

歹水(氵)玉(王)广 部

3927 【殲】セン つくす ほろぼす ほろびる

3928 【灌】カン そそぐ ひたす あらう

〔灌頂〕カンヂャウ

3929 【瓔】ヨウ くびかざり

〔瓔珞〕ヨウラク

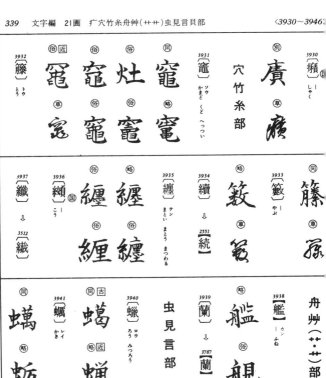

〈別〉
3930
【瘠】
しゃく

〈草〉
【癀】

穴竹糸部

〈同〉
3931
【竈】
ソウ
かまど
くど
へっつい

〈略〉
【竈】

〈俗〉
【竈】
灶

〈俗〉
【竈】

〈近〉
3932
【藤】
トウ

〈俗〉
【竈】

〈草〉
【寇】

〈同〉
3933
【籔】
やぶ

〈草〉
【籔】

〈略〉
3934
【續】
↓
2551
【続】

〈略〉
3935
【纏】
テン
まとい
まとう
まつわる

〈俗〉
【纏】

〈国〉
3936
【絎】
こう

〈俗〉
【纏】

3937
【纖】
↓
3512
【織】

舟艸(艹･艹)部

〈略〉
3938
【艦】
カン
ふね

〈俗〉
【舰】

〈略〉
3939
【蘭】
↓
3787
【蘭】

虫見言部

3940
【蠟】
ロウ
みつろう

〈略近〉
【蝋】

3941
【蟵】
かき

〈略〉
【蛎】

〈同〉
3942
【覽】
↓
3536
【覧】

3943
【譴】
ケン
しかる
とがめ
るとがめ
せめ
せめ

〈俗〉
3944
【譽】
↓
2405
【誉】

〈草〉
【讉】

貝足部

3945
【贐】
シン
はなむけ
せんべつ

3946
【贓】
ゾウ
かくす

〈同古〉
【贜】

〈略〉
【赃】

貝部

3946 （略）〔贔〕 ヒ ひい

3947 （略）〔贔〕 ひい
（草）

（略近）〔貝〕〔贔〕
（草）

（合）〔贖〕ヒイキ

足部

3948 （俗古）〔躇〕
チュウ
ためらう　たちもとおる
（略）〔躇〕
（草）

3949 〔躍〕〔躍〕
ヤク
おどる　おどり
あがる　すすむ
（略）〔躍〕
（草）〔躍〕

（草）〔踌〕

3950 （同）〔轟〕
ゴウ
とどろく

車辛酉金部

（俗）〔跌〕
（草）

（同）〔躙〕〔躍〕

（同）〔踺〕〔踺〕

3951 〔辯〕
→ 225 〔弁〕

3952 （通）〔醺〕
クン
よう　よわす
（通）〔醺〕

3953 〔鐫〕
セン
のみ　きり　きる
ほる　える　うがつ

3954 （略）〔鐵〕
→ 2643 〔鉄〕

（同）〔鐩〕〔鐩〕
（草）

霸部

雨頁部

3955 （略）〔露〕
ロ　ロウ
つゆ　つゆも
あらわれる　あらわす
さらす　うるはす
うるおう　方〔平仮名〕

（俗）〔露〕
（俗）〔露〕
（仮近）〔露〕

3956 （略）〔霸〕
ハク
はだがしら　かしら
〔色が白い〕

（俗）〔伯〕

（略）〔霸〕
（俗）〔霸〕

3957 （俗）〔顧〕〔顧〕
コ
かへりみる　ふりむく
かへりて　かへって
おもう
（俗）〔顧〕
（略近）〔顧〕

（俗）〔顧〕
（俗）〔顧〕

（俗）〔霸〕

（略）〔霸〕
（俗）〔霸〕

食馬骨部

3958 〔饌〕
サン　セン
めし　そなえる　そなえもの

（本）〔饌〕

（同）〔簒〕
（本）〔簒〕

3959 〔饐〕イ　すゑる　むせぶ

〔同〕饐

3960 〔同〕飢　〔草〕飢

3960 〔饐〕ゑ　うゑる　かつゑ　かつ

3961 〔饒〕ジョウ　ゆたか　おおい　たとい　〔同〕〔近〕飢

3961 〔草〕饒　饒

3962 〔驅〕→〔2949〕駆

3963 〔髏〕ロ　されこうべ

3963 〔同〕顱　〔略〕髏

髟鬼魚部

3964 〔鬘〕マン　かつら

〔同〕鬘　〔同〕鬚

〔俗〕鬘　〔俗〕鬉

3965 〔魔〕〔魔〕マ　まもの　あくま

〔俗古〕髣　〔俗〕髣

〔略〕广　〔俗〕廐

3966 〔鰤〕シ　ぶり

〔俗〕魔　〔草〕魔

鳥齊部

3967 〔鰥〕カン　やもめ　やもお

〔同〕鰥　〔俗〕鰥　〔俗古〕鰥

〔俗〕鰥　〔略〕罠

3968 〔鰯〕いわし

〔俗〕鰯　〔草〕鰯

3969 〔鰰〕はたはた

〔国〕鰰　〔列〕鰰

〔略〕鰤　〔草〕鰤

3970 〔鶯〕オウ　うぐいす

〔同〕鷪　〔草〕鶯

3971 〔鶴〕カク　つる

〔略〕鴬　〔草〕鴬

〔同〕鶴　〔同〕鶮　〔俗〕雇　〔霊〕鶴　〔草〕鶴

鰡　〔別国〕鱈

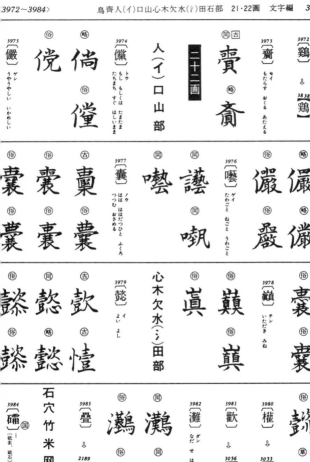

【3972】
〔鷄〕（略）
↓
【38 38 鷄】

【3973】
〔齌〕（俗）
セイ
もだらす　おくる
あたえる

（同）（古）
賷
賫（略）
齋（略）

二十二画

人（イ）口山 部

【3974】
〔儻〕
トウ
もし　もしくは
たちまち　すぐ
たまたま
ほしいまま

倘（同）
僅（略）

【3975】
〔儷〕
ゲン
うやうやしい　いかめしい
侊
儸

【3976】
〔嚙〕（同）
ゲイ
たわごと　ねごと　うわごと

讛（同）
𠴲（同）

嚙（同）

【3977】
〔囊〕
ノウ
はは　はだつひと　つつむ
おさめる　ふくろ

嘾（同）

儼（略）
儼（俗）
儼（俗）
𠌃（俗）

【3978】
〔巓〕
テン
いただき　みね

囊（俗）
囊（俗）
囊（俗）
囊（同）
囊（俗）
囊（同）
㦻（古）
㦻（俗）

巓（同）
巓（俗）

【3979】
〔懿〕
イ
よい　よし

心木欠水（氵）田 部

眞（俗）

巓（俗）
巓（俗）

歖（古）
懘（古）
歖（俗）
懘（略）

懿（同）
懿（同）
懿（俗）
懿（俗）

囊（俗）
囊（同）

【3980】
〔權〕
↓
【3053 權】

【3981】
〔歡〕
↓
【3056 歡】

【3982】
〔灘〕
ダン
なだ　せ　はやせ

瀨（同）
潬（同）
漱（俗）

【3983】
〔疊〕
↓
【2189 疊】

石穴竹米网（罒）部

【3984】
〔礵〕（国）
〔砒素、磁石〕

𪗨（草）
𪗨（俗）

同	3989 略近	3988 通	3987 同	3986	3985
霸	〔罱〕 雜 省近	〔羅〕 纂 草	〔朧〕国 同 篭	〔籠〕	〔纚〕
覊	キ たび よせる よる やどる	チキ かいよね いりよね	しん	ロウ かご こもり こもる こむ	↓ 1181 〔窈〕

3993	同	3992	俗	同	3991	3990	耳舟肉(月)衣部	俗
〔艫〕	艤 俗 艤	〔艤〕 ふなよそおい よそおう	龐 草 龐	矓 同 韹	〔聾〕 ロウ	〔聽〕 ↓ 3520 〔聽〕		霸 草 覊
とも へさき								

3997	3996	言貝足車金部	古	古	3995 俗	3994 俗	略
〔贖〕 あがない あがなう つぐな	〔讀〕 トク ↓ 2897 〔讀〕		襃 略古 戩	襃 古 戩	〔襲〕 〔襲〕 シュウ おそう かさね かさ かさなる つぐ	〔臟〕 ↓ 3780 〔臟〕	艫 舮

4002	4001	4000	別	3999	略	3998	俗
〔鑓〕国 やり	〔鑑〕 ↓ 4031 〔鑑〕	〔鑄〕 ↓ 3188 〔鑄〕	轊 略 抧	〔轢〕 レキ きしる ひく 草	轃 軘	〔顚〕 チ つまずく たおれる くつが える	〔贖〕 贐

別
槍（草）将

雨面革音食部

同
〔霽〕
セイ
はれ はれる はらす

〔霳〕
略

4003

同
骹
同
叨

4007
〔饕〕
トウ
むさぼる むさぼりくう

〔罈〕
チン
まのあたりみる

同
霽霽

同
餡
俗
鑿食

通
享（草）餢

4008
〔饗〕
キョウ
もてなす さかもり あへ
うける すすめる

本
覘
同
覘覘

4005
〔韁〕
キョウ
はずな きずな たなな

4006
〔響〕
↓
3897
〔響〕

同
韁

馬髟部

略
驒
同
驒

4009
〔驒〕
〔驒〕
ダ タ

略
驒孫（草）

4010
〔驕〕
キョウ
おごる ほしいままにする
ほこる

同
憍
俗
驕

俗
慠
俗
驍

4011
〔驚〕
キョウ
おどろく おどろかす おど
ろき

同
驂
草
驂

略
惊
俗
驚

4012
〔驒〕
↓
2903
〔駅〕

略
驚
俗
驚

4013
〔鬚〕
シュ
くちひげ あこひげ

同
須
同
鬚
魚鳥部

4014
〔鰹〕
ケン
かつお

同
鰹
略
鰹

4015
〔鰻〕
マン
うなぎ

同
鰊
俗
古
鰻

4016
〔鰍〕
国
はや はえ

別
鮑
別
鮠

別
鰶
別
鰶

【二十三画】

山部

【4021 戀】
↓
【1372 恋】

【4020 巖】（略）
↓
【3848 巌】

心手(扌)日部

【4019 鷗】（同）
オウ
かもめ　かごめ
みやこどり

【4018 鱇】（国）
—
あんこう〔鮟—〕

【4017 鱈】（国）
たら〔大口魚〕
ゆき

鰸
鴎（略）

【4022 攪】（同）
カク　コウ
みだれる　みだす　かきまわ
す

【4023 曬】（同）
シ　サイ
さらし　さらす

擖
捁

竹糸衣(ネ)部（俗）

晒

【4024 籤】（略）
セン
くじ　かずとり

【4025 纖】（略）
サン　ザン
わずか　わずかに
しばらく
いささか

籖（草）
籤

綫（略）
絶（略近）

言足車部

襷（別）

【4026 襷】（国）
—
たすき

【4027 變】
↓
【1006 変】

禅
棒

【4028 讎】（古）
シュウ
あだ　かたき　むくいる
ぐ　なう　ともがら
たぐい

【4029 躙】（同）
リン
ふむ　ふみにじる

周（同古）
讐

讎（俗）
讐（俗）

讎（俗）
蹻（草）

躪
蹂

金頁馬部

斬（略）
軽（草）

【4030 轤】（同）
ロ
—

【4031 鑑】（同古）
カン
かがみ　かんがみる　み
わける　みわける　み

【4032 鑛】（略）
↓
【2651 鉱】

鑒（同）
鑑（俗近）

躙（同）
蹄

【4033 鑞】（略）
ロウ
—

鑒（古）
鑑
鑑（俗）

〔同〕〔固〕鎬　〔固〕〔俗〕鎬

4034 〔鑢〕リョ ロ やすり いろり ひばち

〔同〕鉻　〔同〕鋼

4035 〔顯〕↓ 3719 〔顕〕

4036 〔驗〕↓ 3723 〔験〕

骨魚部

4037 〔顥〕〔略〕融

〔同〕髑 ドク されこうべ

4038 〔髓〕↓ 3828 〔髄〕

4039 〔體〕↓ 447 〔体〕

4040 〔鱗〕リン うろこ うるこ いろこ けこけら ろくず うろ 〔草〕鱗

4041 〔鱚〕国 きす

4042 〔鱶〕国 ふか

〔列〕鯖 さば あおさば

4043 〔鰑〕えそ(狗母魚)

〔俗〕鰼

鳥鹿黒部

4044 〔鷲〕シュウ わし

〔同〕雚 雕

4045 〔鷭〕国 ばん

4046 〔麟〕リン きりん

〔同〕〔草〕麿 麿

4047 〔黴〕カビ ばいきん ばいどく

〔同〕斁 徽

二十四画

口手(扌)竹缶部

4048 〔囑〕↓ 2973 〔嘱〕

4049 〔攬〕ラン とる つまむ

4050 〔擽〕国 まがき ませがき かき

〔同〕攞 〔草〕攞

4051 〔罐〕カン ほとぎ かん

〔通〕籬 〔通〕籬

〔俗〕缶 〔俗〕罐

〔同〕鐘 〔略〕罐

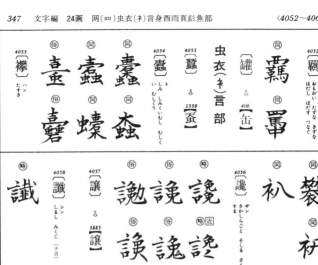

〈略〉讖

〔4058 讖〕
シン
しるし　みくじ　〔予言〕

〔4057 讓〕
↓
3885【讓】

〈同〉讝

〈同〉讒

〈略〉讒

〈近〉讒

〔4056 讒〕
ザン
さかしらごと　そしる　ざん
する

〈同〉衼

〈同〉裻
〈同〉衹

〈同〉衼

〈俗〉襻

〔4055 襻〕
ハン
たすき

〈俗〉蠱

〈同〉蠱
〈同〉蠱

〈俗〉蠣

〈同〉蠱
〈同〉蝥

〔4054 蠱〕
トク
しみ　しみくいむし　むしくう

〔4053 蠶〕
↓
1559【蚕】

虫衣(ネ)言部

〔罐〕
↓
406【缶】

〈同〉羈

〈同〉羈

〔4052 羈〕
キ
おもがい　たづな　きずな
ほだし　ほだす　つなぐ

〈同〉瞋

〔4063 顰〕
〈同〉瞋

〔4062 霻〕
↓
3193【霊】

〈同〉霭
〈同〉霭

〔4061 靄〕
アイ
もや　たなびく

〈俗〉軀
〈同〉軀

〔4060 釀〕
↓
3891【醸】

〔4059 醼〕
国
ーやがて

身酉雨頁髟部

〈別〉鰻

〔4066 鮎〕
国
ー（あゆ〈香魚〉の年経たもの）

〈別〉魳

〔4065 鰰〕
国
ーはたはた

魚鳥鹵部

〈俗〉鬢
〈同〉鬢

〈草〉鬟

〔4064 鬢〕
びん　ひげ

〈同〉顬

〈同〉瞋

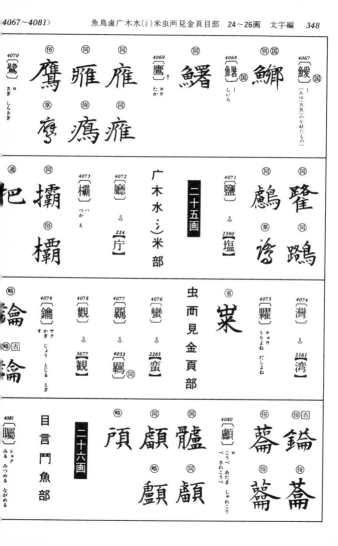

〈俗〉【鷹】
ロ
さぎ
しらさぎ
4070

〈同〉【雅】

〈同〉【雁】

【鷹】
たか
4069

〈同〉【鱅】

〈国〉【鱧】
しいら
4068

〈別〉〈国〉【鯛】

〈国〉【鱠】
ー
(あゆ〈香魚〉の年経たもの)
4067

〈草〉【麿】

〈俗〉【鴈】

〈同〉【雍】

〈通〉【把】

〈同〉【攬】

〈俗〉【欄】

【欐】
つかえ
4073

【廳】
⇩
【224】
【庁】
4072

广木水氵米部

二十五画

〈同〉【鹽】
⇩
【2390】
【塩】
4071

〈草〉【鷲】

〈俗〉【鴎】

〈同〉【鷿】
〈同〉【鷉】

〈略〉【鑰】

〈略〉〈古〉【綸】

【鑰】
ヤク
すぎ
かぎ
じょう
とじる
とぐ
4079

【観】
⇩
【3677】
【観】
4078

【羈】
⇩
【4052】
【羈】〈同〉
4077

【蠻】
⇩
【2265】
【蛮】
4076

虫両見金頁部

〈省〉【粜】

【糶】
チョウ
うりよね
だしよね
4075

【灣】
⇩
【2161】
【湾】
4074

【矖】
ショク
みる
みつめる
ながめる
4081

目言門魚部

二十六画

〈略〉【顙】

〈同〉【顥】

〈同〉【髗】
〈略〉【顱】

【顥】
ロ
こうべ
あたま
きれこうべ
しゃれこうべ
4080

〈俗〉【蕎】
〈俗〉【蕎】

〈古〉【鑰】
〈俗〉【鑰】

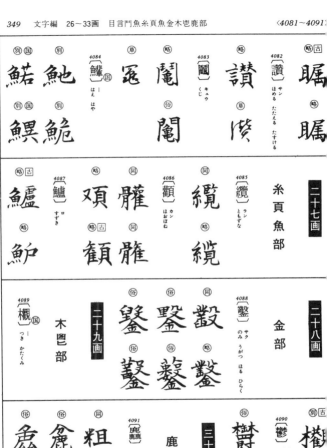

26画

嘱〔略古〕　　嘱〔略〕

讃〔略〕　讃〔4082 讃 サン ほめる たたえる たすける〕　讚〔草〕

鬮〔俗〕　鬩〔俗〕

罭〔4083 罭 キュウ くじ〕

罭〔草〕

冤〔略〕

魬〔別〕　魬〔国〕　魬〔別〕

鱖〔4084 鱖 国 はえ はや〕

鯑〔別〕　鯑〔国〕　鯑〔別〕

27画

糸頁魚部

二十七画

纜〔4085 纜 ラン ともづな〕　纜〔略〕

纘〔4086 纘 カン ほおばむ〕　纘〔同〕

顬〔略〕　顬〔同古〕

顤〔同〕　顤〔略〕

鱸〔古略〕　鱸〔4087 鱸 ロ すずき〕　鱸〔略〕

28画

金部

二十八画

鑿〔4088 鑿 サク のみ うがつ ほる ひらく〕

鑿〔同〕　鑿〔略〕

鑑〔俗〕　鑑〔俗〕

鑒〔俗〕　鑒〔俗〕

29画

木邑部

二十九画

槻〔4089 槻 国 つき かたくみ〕

33画

鹿部

三十三画

鬱〔4090 鬱 ウツ しげる しげり むらがり むすぼれる ふさがる むす〕

鬱〔別古〕

欟〔別古〕　欟〔俗〕

鬱〔俗〕　鬱〔俗〕

麤〔俗〕　麤〔俗〕

麤〔同〕　粗〔同〕　麤〔4091 麤麤 あらい ざつ そざつ いあらまし ほぼ〕

麤〔略匹古〕

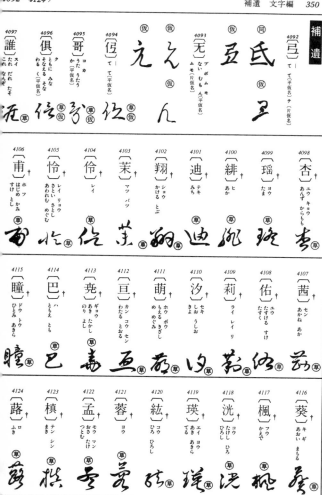

補遺

4092【亘】—
て〔平仮名〕チ〔片仮名〕

氐

豆〔仮名〕

〔同〕

4093【无】
ブ ボ ム ゾ
ない むもん〔平仮名〕
ム そ〔片仮名〕

え〔仮名〕

ん〔仮名〕

4094【匜】
て〔平仮名〕

4095【哥】
カ
うたう うたた
わるく〔平仮名〕

4096【俱】
ク
ともに みな
そなえる そな

4097【誰】
スイ
たれ だれ
たま なんぞ

4098【杏】
ユウ キョウ
あんず
からもも

4099【瑶】
ヨウ
たま

4100【緋】
ヒ
あか

4101【迪】
テキ
みち

4102【翔】
ショウ
かける
とぶ

4103【茉】
マツ バツ

4104【伶】
レイ

4105【怜】
レイ リョウ
さとい さとし
あわれむ めぐむ

4106【甫】
ホ フ
はじめ かみ
すけ とし

4107【茜】
セン
あかね あか

4108【佑】
ユウ
たすける すけ
たすく

4109【莉】
ライ
レイ リ

4110【汐】
セキ
しお うしお
きよ

4111【萌】
ホウ ボウ
もえる きざし
めぐみ

4112【亙】
カン コウ セン
わたる とおる

4113【堯】
ギョウ
あき たかし
のり よし

4114【巴】
ハ
ともえ とも

4115【瞳】
ドウ トウ
ひとみ
あきら

4116【葵】
キ ギ
あおい まもる

4117【楓】
フウ
かえで

4118【洸】
コウ
たけし ひろし

4119【瑛】
エイ ヨウ
あき あきら
てる

4120【紘】
コウ
ひろ ひろし

4121【蓉】
ヨウ

4122【孟】
モウ マン
おさ たけ
つとむ

4123【槙】
テン シン
まき

4124【蕗】
ロ
ふき

検索編

総画引索引凡例

(一) 収録対象の文字は「文字編」所収の全親字と、草(体)字を除く併載文字例の全部である。

(二) 配列にさいし、部首および画数計算の取扱い上、調整をはかった主な点は以下のとおり。

イ 部首　「部首索引」に示すもののうち、若干の統合を行なっている。

ロ 画数計算　主なものは次表のとおり。

(1) 㔾・㔾　三画

(2) 乙・乚　三画
　　例〔之〕〔乏〕など。

(3) 阝　三画

(4) 屮・屮　三画

(5) 夊　三画

(6) 阝　四画

(7) 牙・牙　四画

(8) 及・及　四画

(9) 止　四画

但し部首となる場合のみ。
　例〔此〕〔武〕など。

他の字の構成部分となる場合は三画。
　例〔峕〕〔此〕〔柴〕など。

(10) 艹・艹　四画

(11) 支・攴　四画
但し攴は三画とする。
　例〔前〕

(12) 辶・辶・辶　四画

(13) 旡・旡　四画

(14) 凵　四画

(15) 瓜・瓜　五画

(16) 瓦　五画

(17) 臣・臣　六画

(18) 免・免　七画

(19) 直・直　八画

(20) 華・華・華　十二画

⺀	〈丶部〉	フ	〈｜部〉	て	て	ろ	一	〈一部〉	【1画】
3		2 20 652 1949		113	35	7	1 1019A		

丁	〈一部〉	【2画】	し	乙	〈乙部〉	の	〈ノ部〉	く	丶
5 5A 606 1685			4 2935	4		7		1274	159

マ	マ	ラ	ユ	ち	⼖	ユ	セ	㇢	丁	二	エ	ち	七
1936	938	617	258	217	195	56	37	29 3619	28	28	27	6	6

ソ	㇢	ら	う	の	い	い	こ	こ	〈丶部〉	屮	九	〈一部〉
2105	624	617	353	195	169	169	57	31		132	18	

ソ	ル	み	ム	ナ	メ	メ	て	乂	人	乂	メ	乃	〈ノ部〉
1920	1439	1194	911	216	74	50 1920	37	19 97	19 37	19	8	7 1037 1582	

人	〈人部〉	二	〈二部〉	了	〈｜部〉	�亿	と	九	九	〈乙部〉
12		11 11A 11B 27		10		295	139	9	9	

ン		ハ ハ		入		ル		イ
	〈冫部〉		〈八部〉		〈入部〉		〈儿部〉	12 288 296
244		14 14		13		458		

〈勹部〉	勼 カ		〈力部〉	リ リ 勺 刀		〈刀部〉	几	〈几部〉
	16 180			63 15 15 1675		387 2046		

〈卜部〉	† † 十	〈十部〉		匚	〈匚部〉	匕 匕	〈匕部〉	勹
	11A 17 86 205A 1062	6		809		37 101		182
17					101			

又 又	〈又部〉	ム	〈厶部〉	厂	〈厂部〉	卩	〈卩部〉	卜 卜
19 19	401 610 1088		206 2340 2698 2699		2543		18	18 139 616

下	上	上	三	丈	万	万	万	廿	〈一部〉	**【3画】**	又
28 135A	27	27 745	26 26A	25	24	24	24	11A 123			199

あ	ま	さ	き	㐬	せ	卩	㐬	テ	千	五	丹	巴	与	丂
352	237	216	216	214	155	154	134	113	113	74	68	66	29	28

け	小	は	ゆ	止	に	升	〈丨部〉		サ	马	牛	お	纟
1229	1001	869	258	139	78	75			2090	1609	1253	812	405

ㄜ	ㄡ	ㄥ	乡	ㄥ	か	ㄣ	亠	义	凡	凡	丸	々	〈丶部〉
2323	2105	2105	631	404	180	169	53 288	41 2558	32	32	32	31	

毛	少	サ	毛	允	千	及	之	义	久	ケ	天	〈ノ部〉
121 1572	118	112 121 118	毛 934	88	43 894	35	34	33	33 33A	30 2825	19	

习	弓	〈亅部〉		飞	乑	心	也	ㄟ	乞	ㄟ	〈乙部〉		乡	乜
1946	62			1258	218	139	37	36	36	36 393			1940	1259

彐	干	毛	五	玉	云	亍	互	亐	丂	亍	干	〈二部〉		习
1866	1614	143	74	74	72	61	56	38	38	38	38			1675

亿	仐	仈	区	又	乄	乂	个	〈人部〉		匕	七	〈匕部〉
2964	2343	1960 3410	39	33	33	33	30 83 2824			39	39	

凡	几	凡	〈几部〉	分 〈八部〉	凵 〈凵部〉	尺 元	〈儿部〉
1257	40	40 347		95	39	622 89	

勺 〈勺部〉	勺 〈力部〉	丹 叉 刃 刃 〈刀部〉	口 〈口部〉
42	16	66 41 41 41	45

口 〈口部〉	叏 又 叉 〈又部〉	斗 卂 屮 干 〈十部〉	勺
5 45 492	228 52 44 2558	1229 430 104 43	42

〈夕部〉	夂 〈夂部〉	士 〈士部〉	土 土 〈土部〉	口 〈口部〉
1860		47	3244 46	500 714

宀 〈宀部〉	子 〈子部〉	女 〈女部〉	大 〈大部〉	ヌ 夕 夕
353	51	50 396	49 49A	48 48 42 48

〈干部〉	巾 〈巾部〉	巳 己 己 〈己部〉	卫 工 〈工部〉	宀
	60 2045 3410A	58 412 59 1402 57	1371 3350 56 137B 397 1192	1019A

小	〈小部〉	寸 寸	〈寸部〉	又	〈又部〉	广	〈广部〉	千
53		52 544A 1403 2220		125	223 3027 3965			61 343

巛	〈巛部〉	山	〈山部〉	屮	〈屮部〉	尸	〈尸部〉	尢	〈尢部〉
55 715		54 2407A		216 1216		1028		119	

才	〈手部〉	小	〈心部〉	ヨ	〈彑部〉	弓 弓	〈弓部〉	巛 川
49A 64 2268 2467		126		63		62 62		55 55 1570 856

阝	〈阜部〉	艹	〈艸部〉	犭	〈犬部〉	シ	〈水部〉	才 才 才
936		2250		152		145		573 812 2268 3053 64

仨	左	丑	丑	不	不	止	出	与	卅	〈一部〉	【4画】
156	114	66	66	65	65 482	39	34	29	26A		

中	山	旡	片	〈一部〉	百	き	丹	毛	寿	巛	爪	去	廾
67	54	23	22		2335	2046	1860	1076	1023	597	269	189	158

訖	訒	灬	乂	曰	牙	丹	囗	犬	〈丶部〉	丰	书	匡	凼
1258	897	281	205	135	73	68	45	25		2613	1407	962	593

为	代	小	乏	爻	分	夂	夊	之	之	兂	〈丿部〉	才	才
314	167	136	70	70	69	69	69	34	34	24		2220	1846

云	〈二部〉	订	予	〈亅部〉	纠	〈乙部〉	及	予	身	㐫	爿
72 2346		1227	71 450		1189		2927	64	631	358	358

亓	〈亠部〉	左	圧	五	二	三	兀	开	开	井	乂	五	互
76 676		336	218	218	205	205	76	76	76 2332	75	74	74 289	73

分	介	今	仇	仆	仄	仁	什	个	〈人部〉	亠	方	尢	亢
83	83 933D	82	81	80	79 1626	78	17 86	5		250	134	77	77 562

允	〈儿部〉	仂	仐	从	仓	仃	仌	仅	㐄	内	内	仏	仍
88		2369	1975	1363	1271	426	244	164	160	87	87	85	84

貝　公　六　六　六　公　公　〈八部〉　　从　內　〈入部〉　　从　元

627　465　91　91　91　90　90/1909　　306　87　　358　89

〈几部〉　冘　冘　〈冖部〉　　月　回　凹　勹　尒　円　冊　〈冂部〉

93　93　　2043　1253　714　149　136　68/92　12

刅　刃　弘　亦　劣　刈　切　切　分　分　凶　〈凵部〉　　風　凡

1301　1301　440　225　222　97　96　96　95　95　94　　253　40

勾　匀　勿　勻　匀　〈勹部〉　　劝　为　为　功　分　〈力部〉　　刂

190　100　99　98/503/3822　98　　2373　1131　1131　96　95　　1301

〈十部〉　　匜　巨　区　匹　匹　〈匸部〉　　龙　化　化　〈匕部〉　　勺

240　218　103　102/261　102　　216　101　101　　790

卞　〈卜部〉　　午　卆　车　夆　升　斗　斗　午　升　屮　廾

1006　　962　690　632　221　132　132　132　105/827　104　64　11A/123

从 𠚍 𡘧 厺 〈厶部〉　　歴 厅 厄 〈厂部〉　　记 卬 〈卩部〉

169　142　142　122　　2699　224　106　　1573　282

丞 叉 収 叒 反 双 叕 友 夊 反 〈又部〉　　𡿨 𡿦

911　591　188　147　110 1103　109　108　108　35　35 107　　3401　911

〈士部〉　壬 圭 𡈼 〈土部〉　囜 囚 〈口部〉　弖 𠮷 〈口部〉

111　46　46　　135　92　　1650　377

夳 女 〈女部〉　　𡘙 夭 夫 太 天 〈大部〉　　夕 〈夕部〉　　壬

352　228　　272　116 515　115 297　114　49B 114　　341　　112 2333

〈屮部〉　尺 〈尸部〉　尤 〈尢部〉　不 少 〈小部〉　孔 〈子部〉

120　　119　　269　118　　117

纟 糸 幻 〈幺部〉　亡 〈工部〉　帀 帀 〈巾部〉　屯 屯 𡳾

405　250　122 1481　　57　　3000　24 317　　121　121 3240　34

弖　引　弔　弓　〈弓部〉　弋　弌　〈弋部〉　廾　廿　〈廾部〉

242
762
4092　125　124　35　　　229　1　　　2220　11A
123

戸　戸　〈戸部〉　戈　戍　〈戈部〉　忄　小　心　〈心部〉　弓　弓

127　127　　　1001
2046　368　　　3259　126　126　　　2053　970

攵　攴　支　〈攴部〉　支　支　〈支部〉　扎　手　扌　〈手部〉　戸

130
131　130　130　　129　129　　　239　128　64　　　127

〈无部〉　方　方　〈方部〉　斤　〈斤部〉　斗　〈斗部〉　文　〈文部〉

134　134　　　133　　132
1229
3707　　　131

木　〈木部〉　月　月　〈月部〉　曰　〈曰部〉　日　〈日部〉　无　旡

137
137A
〜
137D　　　136　136　　　2230　　　135
135A　　2165
4093　140

毋　田　毌　〈毋部〉　止　〈止部〉　欠　〈欠部〉　ホ　ホ　木　木

241　141
1920　140　　　139　　　138
3706　　　2220　962　137　137

水	〈水部〉	气	〈气部〉	氏	〈氏部〉	毛	〈毛部〉	比	〈比部〉
145		393		144		143		142	

父 父 父	〈父部〉	爪 爪 爪 爪	〈爪部〉	灬 火	〈火部〉
148 148 148		147 147 147 147 2072		146 146	

〈牛部〉	牙 牙 牙 牙	〈牙部〉	片	〈片部〉	爻	〈爻部〉	爻
	150 73 73 73		149		509A		148

〈网部〉	礻	〈示部〉	王 王 王	〈玉部〉	犬	〈犬部〉	牛 牛
	269 3768		1139A 153 153 251		152		151 881 151

丙 丙 北 丘 世 世 且 戸 丗	〈一部〉		【5画】	冈
157 157 156 156 155 155 154 127 26A				325

〈丨部〉	让 疋 业 乌 马 卢 匹 乐 尾 卅 业 册 丙
	3885 2656 2458 1964 1609 1230 943 580 253 205A 183 172 157

屯
〈丿部〉
50

议 门 衣 门 主
3883　699　427　419　159

〈、部〉

浐 屮 艸 艸 中
1439　390　158　158　67

氺 乣 兂 艺 乳
300　270　270　37　24

〈乙部〉

去 另 矛 乎 乍 氐 乎 壬
1541　822　540　161
453（160）　144　128　70

充 交 玄 亦
299　279　250　245

〈亠部〉

兰 旦 玉
3787　254　70

〈二部〉

亜
195

〈丿部〉

电
2661

他 仕 仕 卬 攵 㐷 今 仇 以 仟 攵
163　162　162　160　129　101　82　81
58
169
256　43　12

〈人部〉

亢 亍
562　406

全 仰 仝 令 攰 以 令 令 代 伋 匇 忄 企 仙 付
325　317　298　298　212　169　168　168　167　166　166　165　165　165　164

仞 介 饥 仡 伦 �`1` 伞 攲 任 俊 他 伍 低 行 仆
2884　2798　2673　2431　1611　965　933　670　667　543　449　440　427　426　403

全 仝 〈入部〉

298
325　70

先 先 旡 充 兄 〈儿部〉

3647　302　211　171 299　170

仟 仮 仮

3223　2963　2963

冉 同 用 囘 冊 冊 冊 丹 〈冂部〉

305　256　256　173 333　172　172　172　68

兊 孕 亏 〈八部〉

456　281　221

凨 尻 凩 處 処 冗 〈几部〉

1257　747　176　175　175　49

写 〈冖部〉

174

肉 冉 冉

413　305　305

加 〈力部〉

180

刋 刊 刊 刘 刈 〈刀部〉

366　178　178　97　63

屮 齿 出 〈凵部〉

2383　754　177

〈口部〉

纩 北 北 〈匕部〉

1190　183　183

包 包 匆 匆 〈勹部〉

182　182　181　181 1703

劝 务 务 功 〈力部〉

179 688 1192

2373　222　222

半 半 夲 屯 〈十部〉

184　184　238　155

匜 医 匡 匡 区 匹 〈匚部〉

2463　1094　316　315　103　102

尤

1508

卬	卯	卬	夘	卯	〈卩部〉		卡	予	占	〈卜部〉		모	卓	禾
317	317	317	186	186			539	539	185			1820	1820	690

去	去	包	牟	向	去	厷	〈厶部〉		厉	厄	反	厄	〈厂部〉
1541	934	640	607	330	187	21			2971	634	110	106	

叩	句	古	兄	㠯	㕥	㠯	叮	〈口部〉
191 373 2772	190	189 1071	170	169	169	57 169	5 5A	

収	友	囱	〈又部〉
188	108	87	

号	号	叶	各	右	史	叱	台	可	名	台	召	叫	弖	只
201	201	200	199	199	198	197 331	196	195	194	194	194	193	192	192 995 1606

曰	四	囚	〈口部〉		叨	巨	叹	召	叒	合	名	另	叭	司
334	205 205A	204			4007	3712	2380	805	630	490	490	465	203	202

去	〈士部〉		圣	圣	扑	全	左	圦	圧	功	切	〈土部〉
47			2559	2559	2383	416	336	207	206	96	96	

夙 夕 多 夗 外 外 外 夘 夘 〈夕部〉 冬 冬 〈夂部〉

860　341　341　209　209　209　209　209　186　　　　208　208

夫 杢 尣 穴 乇 乇 失 火 夬 厺 厺 厽 歺 〈大部〉

1920　1438　1438　281　267　267　211 451　210　210　187　114　114　49A

好 孕 孔 孙 〈子部〉 奻 妞 妛 妛 安 奴 〈女部〉 夫

344　213　117　117　　　1326　1325　352　352　352　212　　　　1920

対 〈寸部〉 宁 究 宆 宎 它 宂 宂 〈宀部〉 壬 存

524　　　2725　611　533　351　163 1894　93　93　　　1331　349

〈屮部〉 尻 尼 尼 〈尸部〉 尢 〈尢部〉 尓 尔 劣 〈小部〉

　　　215　214　78 214 342　　　2168　　　2798　2798　314

切 〈工部〉 屵 屺 岀 舌 岁 屶 屳 舌 〈山部〉 发 生

179　　　2467　1715　318　240　222 295 314　177　165　153　　　1149　255

帥帆爺布市弔　〈巾部〉　　包　〈己部〉　　巨巨巧左

1032　360　220　220　219　124　　　　182　　　　218　218　217　216

升　〈卅部〉　　庁広　〈广部〉　　幼幼　〈幺部〉　　平平　〈干部〉

104　　　　224　223　　　　222　222　　　　221　221

弘弔弔弓　〈弓部〉　　戍成成式式　〈弋部〉　　卉弁升

125　124　124　7　　　370　369　368　364　11　　　210　225　210　1210　539　104

〈戈部〉　　必必　〈心部〉　　归彐　〈彐部〉　　叴丘如弘弗

228　228　　1354　35　　　1340　242　227　227　226

斥斤　〈斤部〉　　扎扑扐打払扝扤　〈手部〉　　戈戊

233　133　　　3053A　3036　232　231　712　230　217　188　　2927　229　369

本末末未　〈木部〉　　肌　〈月部〉　　百百旧旦　〈日部〉

238　237　237　236　　　3526　　　819　337　235　234

比	〈比部〉	毋	〈毋部〉	此 正	〈止部〉	乐 朮 东 札
142		241		390　240		2466　1896　825　239

汀 氾 永 氷 水	〈水部〉	气	〈气部〉	民 氒 氏	〈氏部〉
247　246 3928A　867　245　244　145		393		242 444 791 243　4092　144	

攸 丬 収	〈丬部〉	灭	〈火部〉	亍 汉 丞 氿 永 汽 汁
1341　1341　188		2482		2487 3928A　3928　1439　855　788　588　248 651

主	〈玉部〉	玄	〈玄部〉	犯	〈犬部〉	牙	〈牙部〉	片	〈片部〉
159		250 1481		249		150		149	

生	〈生部〉	甘	〈甘部〉	瓦	〈瓦部〉	瓜 瓜	〈瓜部〉	疒 玉
255 1019A		254		253		252　252		3707　251

疒	〈疒部〉	疋 足	〈疋部〉	申 甲 由 田	〈田部〉	用	〈用部〉
1473		102 261 630		260　259　258　257		256	

矛　〈矛部〉　266 1090

目　〈目部〉　265

皿　〈皿部〉　264

皮　〈皮部〉　263

白　〈白部〉　262

穴　〈穴部〉

禾　〈禾部〉　709

礼示　〈示部〉　270 269

石　〈石部〉　268 1746

矢　〈矢部〉　267

辵　〈辵部〉

舟　〈舟部〉　419

耂　〈老部〉　904

罒　〈网部〉　205

立　〈立部〉　272 1183 1848

穴　〈穴部〉　271

卌 冉 此 尕 尕 冘 歪　〈一部〉
205A　186　156　65　65　49　12

【6画】

辺 込 辻
275　274　273

韋　〈一部〉　67

多 连 页 为 点 灬 而 豆 夜 丞 疋 发
2292 1590 1256 1131 1130 787 787 626 319 276 261 242

舟 向 夙 㐭 乎 乎 斤
419 413 408 288 161 161 149

𦬠　〈ノ部〉　316

〈、部〉

忄 竹 弗
3659 403 226

飞	乩	乩	圠	圠	圠	〈乙部〉	农	永	㿠	㿠	帛	伫	血
1258	732	431	300	300	300		2629	2266	1661	925	924	449	425

正	㝵	亚	次	亙	亙	亘	臣	〈二部〉	事	争	〈亅部〉	乱
740	630	433	389	278	278 1049	278	218		652	277		3090

亠	㒰	亦	亥	夹	亥	交	交	亢	末	凶	〈亠部〉	㐷	㐬
281	281	281	280	280	280	279	279	250	237	94		1521	970

亥	仕	仟	仗	任	仞	仞	价	伍	〈人部〉	弄	㐰	平	盲
280	165	149	138	112 285	84	84	83 671	74 289		1562	1217	690	377

仮	仮	怀	休	伐	伏	使	伊	企	仿	任	件	仲	㐌	仰
294	294	293	293	292 2930	291	290 514 557	288	287	286 542 1279	285	284	283	282	282 814

佩	役	伎	夹	优	优	伍	但	列	�	全	全	佚	伝	会
656	543	543	512	446	446 3439	444	441	391	390	298	298	297	296	295

伤	灺	从	伟	份	伪	休	伦	佰	仝	伜	仺	釡	侮	侫
2365	2266	2266	1971	1697	1631	1359 2480	1283	1272	1271	1270 1925	1072	1072	670	660

兊	克	光	兖	光	先	兆	竞	充	兕	兓	兄	〈几部〉			伭
456	455	303	303	303	302	300	299	299	205	113	94 301				4094

兊	关	关	共	失	夭	仲	〈八部〉	全	仐	〈入部〉	見	兊
456	304	304	304 1369	211	113	67		298	267		622	456

关	〈冖・冫部〉	否	雨	両	再	再	冊	冊	〈冂部〉	兴	癸	貝
113		482	306	306	305	305	172	172		3338	1512	627

凨	亢	凣	凬	凧	凨	〈几部〉	冲	决	冴	冴	冱	冰	肎
1257	482	456	310	309	146		592 3130	587	307	308	307	244 3230	910 1202

韌	剬	刃	刕	列	荆	刑	刎	刔	〈刀部〉	凼	凷	〈凵部〉
1008	686	358	358	313	312	312	311	97		2383	2383	

〈匕部〉	匇	匈	〈勹部〉	动	劣	〈力部〉	刘	刘	利	创	刚
	3168	1540		1636	314		2968	2968	2967	1982	1300

夯	卋	卅	卍	〈十部〉	匝	匞	医	匡	匠	〈匚部〉	毕	论
167 1210	26 A 155	26 A	24		3197	829	791	316 2224	315		1997	3145

厔	庄	灰	卵	危	危	印	夗	〈卩厂部〉	卶	卡	〈卜部〉	雨
481	206	319	477	318	318	317	186		630	539		306

仺	负	仌	�	兊	兯	芔	牟	厺	否	厼	〈厶部〉	厌	厐
1339	1307	695	695	607	607	479	401	187	65	65		950	634

叫	向	兕	吊	〈口部〉	叕	癶	爻	叒	肖	灸	叓	〈爻部〉
	304 330 745											
320	3738	170	124		2266	781	698	479	383	319	198	

吋	吐	夷	吏	吏	吞	后	后	名	同	吉	吉	合	各	吃
	329					327	326			327	326			321
331	2703	328	328	328	327	1042	2924	325	324	324	323	322	2001	

团	囝	因	回	〈口部〉		呀	吁	叩	向	吒	㕝	吾	吸
335	334	334	333 748			2706	2706	1909 1999	1646	994	630	490	332

尘	壬	壮	支	生	地	圭	拄	拄	在	去	〈土部〉		凹	囚
2710	1657	960	629	338	338	337 2931	336	336	336	115			1838	714

吕	多	夙	夙	気	希	〈夕部〉		夆	条	麦	夆	〈夂部〉	壮	〈土部〉
341	341	340	340	281	124			1597	595	511	220 532		339	

夲	㢰	夸	夷	李	夶	夭	句	〈大部〉		外	夗	夛	多	多
942	597	342	342	238	142	116	87			696	477	341	341	341

妁	她	妄	妃	妃	如	好	奸	〈女部〉		夬	夬	关	吴	关
1592	726	347	346	346	345	344	61 343 1011			3193	3193	2932	1823	1148

安	守	宅	宇	〈宀部〉		存	字	孜	孛	学	〈子部〉		妣	妇
352	351 1135	350	174			349	348	344	51	51			3248	1669

尖	〈小部〉	导	夺	寻	对	寺	〈寸部〉	宋	宄	定	宎	宇
355		2994	2716	2037	524	354		900	900	740	413	353

岂	〈屮部〉	屋	尾	尽	屃	屁	厔	〈尸部〉	屵	末	糸	当
219		617	527	357	215	214	213		2297	696	405	356

巡	巡	州	〈巛部〉	击	屶	屴	岚	玄	出	屵	〈山部〉	屷
359	359	358 1117		3037	2416	2416	2041	1023	177	177		844

帆	帆	市	〈巾部〉	厄	厄	厄	〈已部〉	玑	〈工部〉	屼	州
360	360	219		421	318	318		56		1217	358

序	庀	庄	〈广部〉	丝	〈幺部〉	乺	年	〈干部〉	饰	师	师
353	350 1034	233		1461		361	361 2532		2675	1352	1352

弍	弌	弎	〈弋部〉	异	网	并	〈廾部〉	巡	〈夊部〉	庆	庄
363	26	11		1823	738	649 659 760		359		3015	362 1218

昌	归	畺	〈彐部〉	弜	弛	夷	弖	〈弓部〉		纵	式	式		
3106A	559	341		2053	365	342	242			3649	845	364 2600		

成	戍	戌	〈戈部〉	忉	忙	忖	〈心部〉	彴	行	〈彳部〉	彵
369	368	368		545	367	366		1362	426		1508

扱	扔	扠	扜	扗	扣	扞	〈手部〉	戏	戋	戕	戌	戊	戎
374	372	372	349	336 598	191 373 1733	125		3026	1001	550	371	371	370

改	攷	收	〈攴部〉	攼	〈支部〉	扝	扻	扬	扫	执	扩	托
566	376	188 375		108		3460	2433	2081	1723	1655	808	801 1572

早	旮	旨	旦	旪	〈日·曰部〉	放	〈方部〉	齐	〈文部〉	务	攷
378 1560	377	377	234	200 692		227		810		1638	1061

朴	〈木部〉	有	〈月部〉	臥	目	电	曳	曵	曲	旮	旭	旬
130 137 385		383		823	617	382	382	382	381	380	380	379

权	杂	朵	杀	冘	柔	耒	朽	机	朵	朶	朱	李	杢	本
3053	2936	2780	1436	1342	962	580	388	387	386	386	384	238	238	238

歼	死	歹	列	列	〈歹部〉		歮	此	〈止部〉		欢	次	〈欠部〉
391	391	388	340	313			406	390 2095			3056	389	

气	気	気	〈气部〉		仄	民	〈氏部〉		毎	每	毎	〈母部〉		双
393	393	393			1121	243			392	392	392			1435

炏	汽	汏	池	汪	江	汝	污	汗	污	汗	汎	永	〈水部〉
590 1359	588	586	398	397	397	396	395	395	395 1787	394	246	245	

壮	壮	〈爿部〉		冬	灯	灰	灸	〈火部〉		汐	氽	汛	汙	汎
339	339			877	399 3295	319	146			3065	1359 1445	1110	873 2151	867

玉	玉	〈玉部〉		独	犱	犯	〈犬部〉		牟	牝	〈牛部〉		妆
251	251			1655	1655	249			401 1829	400			2232

〈石部〉	白百	〈白部〉	匣早東	〈田部〉	甘	〈甘部〉	匡
	11B						
262	402		473 378 260		254		316

产		礼		礻利初礼		右石
〈立部〉		〈禾部〉		〈示部〉		
1819		270		1175 467 462 270		327 268

网		缶		糸		米		竹
〈网部〉		〈缶部〉		〈糸部〉		〈米部〉		〈竹部〉
2839		406 4051		405 1518A		33A 404		403

〈而部〉	耂考老考	〈老部〉	羽羽	〈羽部〉	羊	〈羊部〉
410 410	409 1531 376		408 408		407	

臣		肉肉		耳耳		而瓜
〈自部〉		〈臣部〉		〈肉部〉		〈耳部〉
414 616		413	413 522	412 412		345 411 412 113

舛		舌舌		臼臼		至		自
〈舛部〉		〈舌部〉		〈臼部〉		〈至部〉		
104		418 418		417 417		416		415 2958

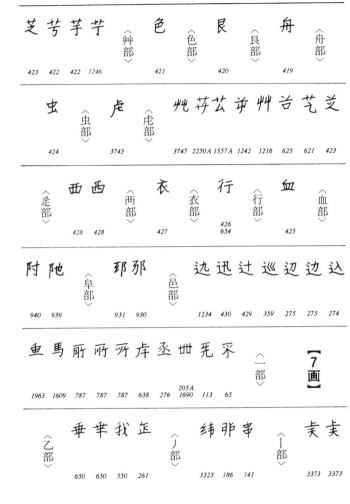

芝	芎	芋	芊		色		艮		舟	
				〈艸部〉		〈色部〉		〈艮部〉		〈舟部〉
423	422	422	1246		421		420		419	

虫		虍		炑	莎	芡	芇	卝	苔	芎	芝
	〈虫部〉		〈虍部〉								
424		3743		3747	2250A	1557A	1242	1216	625	621	423

	西	西		衣		行		血	
〈辵部〉			〈西部〉		〈衣部〉		〈行部〉		〈血部〉
	428	428		427		426 / 654		425	

阯	阤		邜	邞		边	迅	辻	巡	辺	边	込
		〈阜部〉			〈邑部〉							
940	939		931	930		1234	430	429	359	275	275	274

魚	馬	冂	厅	㐌	虍	丞	卋	旡	釆		【7画】
										〈一部〉	
1963	1609	787	787	787	638	276	205A / 1690	113	65		

	垂	芈	我	㩜		纬	非	串		夷	夷
〈乙部〉					〈丿部〉				〈丨部〉		
	650	650	550	261		3323	186	141		3373	3373

严	丞	況	形	形	形	亜	些	〈二部〉	事	〈亅部〉	亀	乱
												431
3447	1049	863	541	541	541	433	432		652		1615	3621

佛	侢	佛	余	〈人部〉	亦	亩	佇	亨	每	克	亥	〈亠部〉
		85	71						434			
		452	450									
		3210	1603									
85	85				2246	1468	765	654	392	299	280	

伴	估	伯	伏	㐧	伐	佮	伍	全	仰	㐲	㐩	令	佚	佗
											211			
		435									451			
											928		163	
437	436	3956	293	293	290	287	287	287	282	280	1932	259	449	

佪	佢	低	位	位	佇	怛	但	佰	佰	似	伺	佃	伸	佯
444	444	444	443	443	442	441	441	440	440	440	439	438	438	437

征	佊	㑰	令	侮	佩	含	倭	佳	作	何	体	佐	住	住
771	769	706	706	670	656	483	454	453	453	448	447	446	445	445

佔	你	帀	夾	信	侶	全	体	攸	兔	佀	俗	促	令	念
2276	1506	1352	1310	1300	1300	1271	1270	1268	1153	1079	960	955	933	775

兌	兒	免	兔	兔	免	児	兔	兌	克	尭		〈儿部〉		价	佀
3181	2899	1330	673	672	672	458	457 672	456	455 983	455				2798	2326

兩	兩	网	㒵		〈冂部〉		臾	纵	翁	弟	兵	共	谷	〈八部〉
306	306	306	157				3338	3330	706	540	459	304	90	

冷	冷	冶		〈冫部〉		冐	冝		〈冖部〉		南	冎	冘	丽	囲
461	461	460				910	742				985	985	941	822	714

初	剑		〈刀部〉		瓨	風	凮	凬	凨	冗	兆		〈几部〉		凍	况
462	358				1550	1644	1257	656	340	301	243				1297	863

制	利	刎	刧	刑	利	刧	別	别	判	判	刪	刪	删	初
682	682	470	470	467	467 3053A	466 470	465	465	464	464	463	463	463	462

賀	劲	劲	励	励	劫	努	努	助	助		〈力部〉		刨	㕙	別
2303	979	979	471	471	470	469	469	468	468				2645	1693	683

吟 呕 呫 叱 哎 叵 杲 吴 品 呇 昌 旁 呰 㖞

			1907 2972										
2980	2703	2702	3793	1312	1143	1080	1000	1000	853	817	786	710	529

戉 国 囲 図 困 囚 曲 困 凶 田 囪 囲 囲

〈口部〉

714	714	500	499	498	413	381	334	334	333	181	135	121

坏 坊 坙 均 坂 址 坩 坩 均 〈土部〉 囷 园 図 囪

505 3245	504 648	503	503	502 647	501 1923	339	300	98 503		2769	2381	2137	1838

坒 垊 辻 赴 赴 生 坴 汞 夎 赤 坙 坑 坑 坐 坐

1598	1536	1362	1022	1022	1022	1003	628 1564	628	628	544 1657	507	507	506	506

声 〈土部〉 坛 圻 坆 坆 金 坊 地 堅 坙 至 坳 坎

509 509A		3244	3074	2987	2987	2710	2710	2011	2008	1863	1657	1637	1605

死 殂 歺 〈夕部〉 釜 夆 処 変 麦 备 〈夂部〉 売 売

391	340	104		1969	1597	766	511	511	208		1777	510

妖　妓　妊　奻　妹　〈女部〉　　　　芖　夾　吴　癶　〈大部〉　　　鸡　夛

515　514　513　344　115　　　　　649　512/964　485　432　　　3838　511

孝　孝　学　孚　〈子部〉　　　姬　妍　灻　姉　妒　妨　妥　妥　妙

520　520　291/519　213　　　2719　1013　1011　731　727　518　517　517　516/1176

宏　完　宍　宋　守　宅　宅　宝　〈宀部〉　　　㝉　孤　爭　爭　季

523　521/522　413/522　413　351　350　350　159　　　1377　1017　746　746　520

宄　家　宆　宊　宋　宋　宊　実　空　定　宋　牢　灾　宄

1673　1673　1339　1338　941　932　900　744　742　740　737　599　597　523

祖　尗　尕　〈小部〉　　劳　〈⺌部〉　　寺　閁　寿　対　〈寸部〉

1171　696　404　　　526　　　2220　1300　525　524

岸　岐　岆　〈山部〉　　层　肩　屄　局　尿　尾　尾　屋　〈尸部〉

755　530/846　502/647　　　2728　908　747　529　528　527　527　263

攻 巫 〈工部〉　　筆 笑 〈巛部〉　　岜 岐 峚 岥 岽 岧 岤

567　531　　　　3027　597　　　2734　2379　1347　1127　1023　845　844

帒 帛 帍 帗 希 希 〈巾部〉　　危 危 〈已部〉　　岺 岑 攻

1523　924　924　532　532／2208　129　　　318　318　　　2979　2445　567

庆 応 序 〈广部〉　　約 紗 〈幺部〉　　乖 年 刑 〈干部〉　　帳

319　224／536　149　　　1191　516　　　1258　361　247　　　1685

延 延 廷 廷 廷 〈廴部〉　　庐 庝 底 庋 序 床 庇

766　538／766　537　537　537　　　3743　765　762　536　535　534　533

彡 〈彡部〉　　弥 弟 弖 〈弓部〉　　弁 拼 弄 与 〈廾部〉

131　　　767　540／1375　190　　　2110　696　539／1066　29

忌 忌 忙 忈 〈心部〉　　徂 往 彶 役 彷 〈彳部〉　　系 形

544　544／544A　367　78　　　2735　770　639　543　286／542　　　613　541

忩　忻　怯　性　物　忸　快　忌　怂　忘　忘　志　志　忍　忍

|043　842　781　779　776　549/602　548　547　547　547　547　546/2883　546　545　545

我　成　戋　〈戈部〉　怀　忧　忼　㥒　忬　忰　忺　忴　忎　悔

550/550A/1267　371　342　　　3262　3016　2748　2424　2249/2665　1705/1925　1525　1379　1364　1055

〈手部〉　启　启　庠　戻　〈戸部〉　戋　戕　戋　或　戒　成　我

1647　1647　633　552　　2927　1001　1001　784/2060　551　550　550

折　抗　抗　投　抔　抪　抑　抄　技　扼　批　扶　扱　扐　抪

563　562　562　561　560/2220　559　559　558　557　556　555　554　374/553　286　230

护　扻　抚　抄　报　拌　抗　挓　拎　拎　拘　拘　扎　拔　择

3884　3751　3032　2329　2013　1717　888　833　812　812　804　804　597/1174　565　564

〈日・曰部〉　宰　㝯　〈文部〉　攺　㪯　牧　攻　叚　攺　改　〈攴部〉

1342　746　　3032　1072　837/880　567　566　566　566

〈月部〉	旧	时	昁	旳	昰	更	更	旱	即	昰	曳	旹	旲
	1605	1403	1078	891	626	569	569	568	477	420	382	377	135A

杓	〈木部〉	肕	肜	肭	育	肞	育	肥	肒	肝	肖	省	肖
42 575		2348	2109	2109 , 2109		1760	912	907	822	615	614	614	614

束	杜	杖	杝	杓	村	村	材	杍	李	杖	杉	杆	朳	朵
578	577	576	575	575	574	574	573	572	572 1816	571	571 2129	426 570	387	386

松	闲	条	机	朸	朴	枀	扨	果	枌	条	杣	来	杢	束
2838	2334	2466	2112	2768	1767	1436	1101	838	812	582	581	580	137 579	578

	毎	〈母部〉	歾	歹匕	〈歹部〉	衤	衣	步	耒	〈止部〉		杙
	392 584		391	391		1401	1401	583 844	498			3277

沙	沖	没	沒	没	沉	沈	沈	沃	汽	決	汰	求	冰	〈水部〉
593 1164	592	591	591	591	590	590	590	589	588	587	586	585	244	

泒 沠 海 泒 沟 㴱 泳 㳋 沈 浸 秉 乗 秉 沢 沋

1439	1439	1124	1121	1118	941	873	862	862	847	788	788	650	594	593

灶 爷 杰 炗 災 灾 灼 烝 灸 点 〈火部〉 沪 汪 沈

3094 3931	877	628	628	597	597	596	595	595	393	3622	3067	1453

牡 〈牛部〉 妝 〈片部〉 妝 状 牀 牡 壮 收 〈爿部〉 灵

598		2273		2232 2273	600	534	339 508	339	188	3193

独 犹 犯 狥 狄 狂 狱 状 狃 尖 〈犬部〉 牧 牢 牡

3071	2178	1915	1137	603	601	600	600	549 602	355	3483	599	598

町 男 男 〈田部〉 甫 〈用部〉 瓪 〈瓦部〉 注 玖 〈玉部〉

606	605	605	2908	604	770	9

盯 皂 〈目部〉 皀 皁 〈白部〉 疗 〈疒部〉 畄 助 帘 甲

59	420	1261	378	3486	1465	1465	883	606

和 私 社 祀 〈示部〉
709 610 608 270

矸 刟 石 〈石部〉
2522 1165 1353

矣 〈矢部〉
607

皂 1831

计 〈立部〉
612

穸 穷 空 究 〈穴部〉
3093 1916 899 611

私 秀 秀 利 〈禾部〉
610 609 609 467

老 〈老部〉
409

美 〈羊部〉
915

糺 系 系 〈糸部〉
1189 | 613 954 | 613

迷 〈米部〉
1237

辛 633

至 〈至部〉
416

百 臭 〈自部〉
402 1260 | 262

臣 〈臣部〉
616

耴 耴 〈耳部〉
697 631

希 532

肯 芸 芳 迖 芒 花 花 芎 芋 芉 〈艸部〉
978 621 620 618 618 619 619 422 422 407

良 〈艮部〉
617 3144

衲 补 衣 衭 初 〈衣部〉
4055 2272 1563 462 462

衁 〈血部〉
264

虫 〈虫部〉
424

芐 芊 2250A 1342

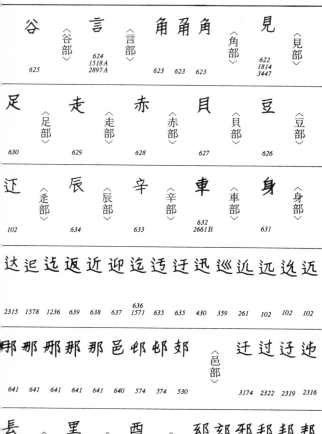

谷　〈谷部〉625

言　〈言部〉624 1518A 2897A

角 甬 角　〈角部〉623 623 623

見　〈見部〉622 1814 3447

足　〈足部〉630

走　〈走部〉629

赤　〈赤部〉628

貝　〈貝部〉627

豆　〈豆部〉626

辿　〈辵部〉102

辰　〈辰部〉634

辛　〈辛部〉633

車　〈車部〉632 2661B

身　〈身部〉631

达 迟 迮 返 近 迎 � 迉 迁 迅 巡 迣 迊 迉 近

2315 1578 1236 639 638 637 636 1571 635 635 430 359 261 102 102 102

邦 那 那 那 那 邑 邨 邨 邦　〈邑部〉

641 641 641 641 641 640 574 574 530

迀 过 迀 迤

3174 2322 2319 2316

镸　〈長部〉934

里　〈里部〉645 961

酉　〈酉部〉644 3385A

邞 郎 邪 邦 邦 邦　〈西部〉

931 931 930 642 642 642

643

陜 阡 阪 阱 陀 阮 阣 防 阪 阯 〈阜部〉 閌 〈門部〉

				646			504	502				
1949	1599	1193	1178	2654	507	505	648	647	501		2855	

【8画】

丞 長 所 斦 夷 甫 〈一部〉 阰 阳 陕 阴

946	934	787	787	342	256		2338	2336	2336	1949

讠 诉 皀 受 華 乖 〈丿・乙部〉 卬 电 〈一部〉 丽 鸟 頁

2285	2279	936	698	650	650		317	67		3841	1964	1256

亞 〈二部〉 事 事 事 爭 事 〈亅部〉 乹 飛 乱 乳 乳

653		652	652	277	277 878	162 652		1614	1258	732	651	651

夜 卒 帝 京 戸 享 卒 〈亠部〉 祘 枣 荓 芻 丝 並

719	690	655	655	455	434 654 3738 4008	361		3841	2114	1450A	1399	810 1745	649

佰 侏 佴 兩 兖 佽 命 〈人部〉 诀 㐬 㚜 衺 亘 疢

402	384	340	306	303	293	259		2608	2536 3252	1324	925	893	719

例	侶	侈	來	俒	侃	使	使	併	佳	估	佩	舍	佞	佇
664	663	663	580 662	661	661	660	660	659	658	657	656	483	454	442

侵	倭	金	於	念	任	金	命	価	侮	依	供	侘	侑	侍
955	950	866	812	775	772	706	706	671	670	669	668	667	666	665

佼	術	侐	侖	律	侄	侅	侠	保	倍	俗	俗	俊	俊	俊
1244	1070	1047	1047	1041	1012	996	964	962	960	960	960	957	957	957

侍	侭	佻	佯	侌	钆	御	侖	修	伙	舍	偽	侯	叓	侯
3344	3226	2639	2605	2368	2328	2054	1949	1872	1855	1718	1631	1570	1285	1274

典	具	具	㒸	其	兩	兔	免	兜	兒	児	先	兆	〈几・八部〉
678	677	677	585	76 676 1088	675	673	672	458	458 674	458	409	300	

覓	〈几部〉	冽	〈冫部〉	畐	〈一部〉	朋	〈冂部〉	與	卷	典
301		1109		2031		822		3338	970	678

〈刀部〉	函	函	函	幽	〈几部〉	凮	凰	凬	虎	凯	凭	凩
	1033 1979	997	680	680		1257	1257	1257	924	719	679	340

刹	券	劵	刷	制	到	刧	刌	判	判	刪	刪	删	列	刊
685	684	684	683	682	681	470	465	464 1398	464	463	463	463	313	312

剏	肃	剂	剛	兊	則	刻	刾	刺	刾	刻	刻	刾	刺	剎
1981	1852	1303	1301	1153	975	689	687	687	687	687	687 977	686	686	685

匋	匋	匈	旬	〈勹部〉	勢	劵	勁	劦	効	劵	〈力部〉	剑
3094	1952 3094	477	379		2372	1281	979	689	688	684		1982

甫	協	羾	〈十部〉	匪	匡	〈匚部〉	轮	羌	兊	皀	〈匕部〉
306	248 692	108		3125	316		3171	1351	1039	1023	

卤	兆	〈卜部〉	肅	卅	単	甫	卑	旱	扠	協	卓	卓	卒
428	300		1852	1690	1025	985	984	936	692	692	691	691	690

御	卻	却	卷	卸	甲	卵	卯	〈卩部〉		卧	卦	卦	〈卜部〉
2054	988	986	970	694 988	477	477	317			914	710	693	

叔	戾	〈又部〉	关	其	弦	叓	枭	参	〈厶部〉	厓	厄	厄
696	683		1310	1088	1033	1023	277	26 695		1781	815	815

吟	周	皆	辰	〈口部〉	叚	叙	敍	沓	秉	秉	受	受	取
481	419 699 1933	390 701	263		3373	1742	1022	913	724	723	698	698	697

和	咆	咄	命	哆	呼	呻	呵	味	呪	咒	呪	周	邑	吴
309 709	708	707 3239	706	705	705	704	703	702	700	700	700 1172	699	640	485

咎	咊	咏	面	咀	咜	苦	若	咐	舍	舎	咨	咨	呔
3368	2376	2291	1251	998	994	920	919	712	711	711	710	710	709

佳	坮	奔	坴	垃	〈土部〉	囶	囻	国	固	圖	囷	〈口部〉
300	196	187	156	156		1203	714	714	713	499	135	

垔 垂 垩 坲 坪 垣 坭 坦 坤 夌 垅 坙 坐 坯 垇

| 718 | 718 3390 | 717 | 717 | 717 | 716 | 716 | 716 | 715 | 511 | 508 | 506 531 | 506 | 505 | 300 |

坴 夋 坣 表 垪 坐 戔 汞 表 坭 坫 幸 幸 坵

| 1954 | 1951 | 1659 | 1564 | 1464 | 1310 | 1001 | 999 | 925 | 871 | 763 | 761 | 761 | 755 |

奈 奇 奇 奄 妭 妭 夷 〈大部〉 夜 〈夕部〉 㚓 枣 㘴

| 722 | 721 | 721 | 720 | 554 | 554 | 342 | | 719 | | 2702 | 2114 | 2015 |

妒 〈女部〉 㚒 泰 奚 奘 奉 哭 奌 㢟 �894 夲 奔 奉

| 213 | | 2004 | 1438 | 1324 | 1324 | 1266 | 1235 | 1130 | 1039 | 970 | 761 | 724 | 723 |

姓 姑 始 姊 姉 妾 妻 妻 妹 妳 姐 妲 姆 姫 姊

| 734 | 733 | 732 | 731 | 731 | 730 | 729 | 729 | 728 | 727 | 726 | 725 | 670 1010 | 440 | 344 |

覓 尋 孤 孤 季 孥 孥 〈子部〉 � 娄 姫 姝 委

| 2378 | 2378 | 1203 | 1017 | 736 | 213 | 212 | | 1667 | 1015 | 1014 | 1012 | 735 |

実 宝 宜 宛 宛 定 宙 官 宗 宕 客 宾 宇 〈宀部〉

744　743　742　741　741　740　739　738　737　523　523　413　159
　　　　　　　　　1637A

尖 尗 叅 〈小部〉　　尌 尋 〈寸部〉　　審 宬 穷 宮 室 宑

540　432　129　　　3481　1698　　　2990　1676　1337　1334　1019　747

居 尾 屁 〈尸部〉　　尥 〈尢部〉　　学 〈⺍部〉　　尿 尙 尚 尚

529　527　527　　　2307　　　746　　　1107　2088　745　745

岡 峇 峇 〈山部〉　　岀 〈屮部〉　　屈 届 届 届 屉 居 局

750　660　660　　　392　　　749　748　748　748　747　747　529
1475

〈工部〉　岩 岑 崖 关 甬 岙 屺 兑 岲 岸 岳 岬 岩 岨

3848　3448　2734　1751　1684　1271　939　863　755　755　754　753　752　751

帗 带 帛 帝 帙 帖 〈巾部〉　危 〈已部〉　巹 巩 㐬

1898　1355　759　758　757　756　　318　　3312　406　400

度庶庚府庚庚店底辰 〈广部〉　　　秆秀 〈干部〉

| 1034 | 924 | 894 950 | 765 1263 | 764 | 764 | 763 | 762 | 634 | | 659 760 | 221 |

弥弦弛 〈弓部〉　　迴迫延延迴 〈廴部〉　　庙廃庖

| 768 | 767 | 365 1072 | | 1036 | 927 | 771 | 766 | 333 | | 3003 | 2049 | 1205 |

往彼作 〈彳部〉　　哥雪 〈彐部〉　　弡弨弰弧弥弥

| 770 | 769 | 453 | | 3765 | 1958 | | 1693 | 1163 | 1102 | 1038 | 1038 | 768 |

忍怵悦 〈心部〉　　佛彻術術行徔徑徑征徃

| 545 | 293 | 170 1373 2069 | | 3210 | 3011 | 2323 | 1234 | 1222 | 950 | 772 | 772 | 771 | 770 |

怕怺怯怪怩性怖忿忽念忠忞忝悷忢

| 1044 | 783 | 782 | 781 | 780 | 779 | 778 | 777 | 776 1710 | 775 | 774 | 773 | 773 | 548 | 546 |

或戓惑 〈戈部〉　　怜态忞忩悪悦悔恟恒忍

| 784 | 551 | 550 | | 3018 | 2737 | 2424 | 1703 2850 | 1379 | 1373 | 1055 | 1050 | 1049 | 1046 |

所	所	房	房	戻	戾	戶	房	戻	〈戸部〉		线	戝	戍	戓
787	787	786	786	552 785	552	529	504	127			3104	2425	922	845

抱	披	乘	承	承	扻	拆	扠	抑	抏	抻	拂	〈手部〉	扁
790	789 1567	788	788	788	565	563	561	559	556	438	230 795		924

拙	拔	拓	拒	拐	拐	拍	拇	拇	担	押	抽	抹	抵	抱
803	565 802	801	800	799	799	798	797	797	796	794	793	792	791	790

拎	拔	抬	抇	抦	状	扸	拡	拠	拝	拝	拝	拾	招	拘
2942	1412	1843 3457	1087	1087	839	834	808	807	806	806	806	805	805	804

〈文部〉		欧	效	效	發	段	故	政	夏	政	敃	〈攴部〉		拟
		2949	1740	1740	1740	1647	1071	1070	569	566	554			3459

放	放	劾	〈方部〉		斦	斥	斨	〈斤部〉		募	爭	杳	齐	変
809	809 1279	99			2095	638	638			1745	1342	810	810	131

昌 昇 具 晟 昂 旺 智 勿 晢 早 〈日・曰部〉 旆 旆 於

817　816　815　815　814　813 3615　776　776　701　277　　1550　1550　812

旺 昉 昔 冒 昌 曷 昃 眦 昝 吠 昔 昜 易 昏 明

1403　1279　1202　1199　1083　1082　1080　1078　1076　823　821　820　820　819　818

肌 服 服 朋 明 肋 〈月部〉 尋 阪 具 昆 督 昏 眦

823　823　823　822　822　489　　3767　2447　2101　1790　1647　1407　1403

肺 冐 青 肴 肴 育 肮 肱 肯 肪 肩 肩 肥 肢 股

1198　1083　942　913　913　912　911　911　910　909　908　908　907　906　905

肦 肤 肠 肴 肱 肵 肷 肖 朏 翀 肯 肧 肖 肌

2667　3117　2566　1916　1879　1869　1744　1540　1408　1408　1403　1204　1202　1198

柔 杼 杯 枠 杳 東 杭 柃 杜 杖 枅 枫 杵 〈木部〉

830　830　829　828　826　825　824 1550　812　577　576　388　387　105 827

果	枝	枚	林	枕	枕	枕	枂	析	柱	柾	板	枩	枀	松
838 1888	837	837	836	835	835	835	834	834	833	833	832 879 2130	831	831	831

柈	柄	枚	杪	采	梅	枛	枋	枀	采	枢	枡	枝	杲	果
2113	2111	2090	1767	1716	1100	1084	1084	945	932	841	840 2127	839	838 1430	838

	杷	枦	栈	练	构	柒	枹	枅	枴	枩	柬	枣	枣
〈欠部〉	4073	3853	3283	2849	2763	2780	2456	2455	2452	2118	2114	2114	2114

阰	武	歮	走	歩	歪	歧	歧	此			欬	欧	欣	欣
995	845	844	844	844	629	530 846	530 846	127	〈止部〉		3619	843	842	842

殴		殁	殳	殁	殃	殄	殊	殆			歮	齿	歨
849	〈殳部〉	847	847	591 847	311 591 847	358 116 848	94		〈歹部〉		2308	1979	1780

氓	氓		耗	毡		髪	皆		毒	
852	852	〈氏部〉	2951	851 1068	〈毛部〉	2093	1150	〈比部〉	850	〈母部〉

沈	淩	决	沱	泡	況	〈水部〉		氛	氤	氥	氘	〈気部〉		艮
590	587	587	398 855	398 855	170 863			2345	2336	1949	393			852

泊	沿	沿	沿	治	泒	泙	沽	沼	油	沸	河	沬	沓	沈
864	862	862	862	861	860	860	860	859	858	857 3398	856	854	853	590

浅	泄	泅	泳	注	注	泥	泣	波	泡	泡	泛	法	法	泌
1125	1115	873 2151	873	872	872 2281	871 3468	870	869	868	868	867	866	866	865

烝	艿	〈火部〉		沐	彔	㳄	沛	冷	沂	泗	汆	炎	泪	汪
393	303			3755	3388	3230	3192	2659	2478	2475	2352	2152	1454	1439

〈爪部〉		炚	杰	炰	炙	為	炮	炎	炒	炊	炉	炱	炎	灼
		2449	2359	2168	2164	1805	1487	877 2167	876	875	874	613	597	596

斨	版	〈片部〉		牀	狀	牀	壯	〈爿部〉		爸	斧	〈父部〉		坴
834	832 879			3059	600 882	534	339			811	811			1788

狛　狙　狗　狐　狐　狎　狝　狡　〈犬部〉　　物　牧　牝　〈牛部〉
887　2905　885　884　884　794/883　782　603　　　881　837/880　400

瓮　瓩　〈瓦部〉　环　玩　〈玉部〉　玆　〈玄部〉　献　犹　狼　〈犬部〉
1155　889　　3484　888　　2429　　2501　2168　2013

画　画　男　匦　〈田部〉　拥　甫　甭　甩　〈用部〉　牫　〈生部〉
890　890　605　473　　3266　2798　2798　2685　　734

孟　的　〈白・皿部〉　疠　庄　庄　〈疒部／广部〉　备　畁　甾　甲　甼　重
1476　891　　1473　362/1218　362　　1976　1613　1465　984　984　890

知　〈矢部〉　县　直　直　眈　盲　昪　昊　直　首　〈目部〉
894　　1024　1023　893　892　3307　677/671　677/893　1280　644

衬　袆　袄　科　秋　祉　祈　祀　社　〈示部〉　砍　砀　〈石部〉
2528　1536　1224　1175　1174　898　897　896　895/608　　3086　1353

究 寃 牢 字 字 〈穴部〉 秆 秖 秔 私 秒 季 〈禾部〉

611 611 599 353 348 2211 621 618 610
709 467 361

罘 〈米部〉 笐 竺 〈竹部〉 竓 竏 辛 〈立部〉 突 突 空

2187 2221 902
3318 963 901 633 900 900 899

耄 者 〈老部〉 罗 罞 罘 〈网部〉 紅 糾 紉 〈糸部〉 枀

1534 904 3776 1235 750 1192 903
1189 222 2936
3988

〈自部〉 臤 臥 臥 〈臣部〉 建 〈聿部〉 耷 取 取 〈耳部〉

3373 914 914 1035 2351 697 697

芝 芼 艸 苅 〈艸部〉 舢 舥 舠 〈舟部〉 甲 〈臼部〉 直

423 143 108 97 823 641 360 260 1371

苦 苗 苗 苅 苺 芽 芽 芽 芙 芸 芳 苍 花 花 弟

919 918 918 917 916 916 916 916 915 621 620 619 619 619
1557 540

芸 蒜 莊 荒 苟 苑 苑 芙 茎 茂 茂 美 英 苦 若

1537　*1461*　*1218*　*1217*　*1213*　*1211*　*1211*　*1002*　*923*　*922*　*922*　*921*　*921*　*920*　*919*

虱 蚤 〈虫部〉 虎 〈虍部〉 芦 苦 茾 茱 花 珠 叢 芴

3127　*1560*　　*924*　　　*3872*　*3663*　*3663*　*3347*　*2252*　*2250B*　*2194*　*1710*

負 〈貝部〉 司 〈言部〉 祇 齊 表 卒 初 〈衣部〉 虫

　　1231　　　*2290*　　*4055*　*2589*　*925*　*690*　*462*　　*3572*

迪 迭 返 近 迊 迊 迎 迂 迬 迷 〈辵部〉 赴 〈走部〉

926　*766*　*639*　*638*　*637*　*637*　*637*　*537*　*430*　*359*　　*1232*

邱 〈邑部〉 还 远 违 运 进 返 巡 迂 迪 述 迭 迫

156　　*3384*　*2636*　*2634*　*2320*　*1934*　*1552*　*1363*　*1360*　*1239*　*929*　*928*　*927*

采 〈采部〉 酉 酉 〈酉部〉 邮 邸 邪 邪 那 郱 邙 邺

932　　*644*　*644*　　　*1938*　*1846*　*930*　*930*　*641*　*641*　*240*　*156*

　　　　　　　　　　　　　　　　　　　　931

陂阻陀附	〈阜部〉	門	〈門部〉	長	〈長部〉	金	〈金部〉

869　751 646 164　　　　　　935　　　　　934　　　　　933
　　　937 2654 940

雨	〈雨部〉	隶	〈隶部〉	阷际陈陋陁陀阿阜

941　　　　　3405　　　　3448 2933 1950 1604 939 939 938 936

無昼	〈一部〉	【9画】	非	〈非部〉	靑青	〈青部〉

2165 944　　　　　　　　　　943　　　　　942 942
　　　　　　　　　　　　　3136

亟並	〈二部〉	乹乱	〈乙部〉	乗	〈丿部〉	钟	〈金部〉

946 649　　　　　1614 431　　　　　945　　　　　3893

离畝亝畝亮亭囱帠亨京帝亯亯	〈亠部〉

1611 1468 1468 1468 948 947 893 691 655 655 580 455 434
　　　　　　　　3144 1622

俀保俚舍佐俹臥俉侟釡	〈人部〉	岞亮夐

543 493 484 483 453 444 288 287 148　　　　3659 3144 2056
　　962　　　　　　　2214
　　　　　　　　288

侵	侵	侶	俟	侯	俎	侴	侮	俟	使	個	佩	俍	係	傷
952	952	951	950	950	937 958	933	670 949	668	660	657	656	631	613 954 3773	605

俣	俤	俥	信	俠	俟	俚	俉	俉	俗	俑	俊	俄	促	便
968	967	966	965	964	963	961	960	960	960	959	957 3601	956	955	953

偏	俟	俟	俐	俆	伞	振	俛	俭	値	俉	修	会	俭	俞
1619	1606	1606	1381	1360	1333	1328	1304 1263	1285	1280	1273	1268	1259	1259	969

兝	兊	兊	〈儿部〉	兯	傳	偈	俤	御	俉	傍	俶	修	俔
732	673	672		3447	3224	2903	2508	2054	1976	1973	1898	1872	1814

〈冂部〉	奥	庚	畀	其	典	〈八部〉	俞	〈入部〉	览	觔	鬼
	3338	950	678	676	29		969		3536	2953	1613

凌	减	〈冫部〉	氕	冠	冢	冠	冝	呑	〈冖部〉	冒	胃	周
1296	551		2107	1677	1289	973	742	529		972 1083	971	699

則	剃	刾	剎	制	剙	剋	削	剉	剕	函
975	974 1298	686	685	682	465	455 687 977	313	312	56	680

〈刀部〉　〈口部〉

勛	勇	勇	勑	勅	勃	勃	勁	袁	剠	剛	削	削
982	982	982	981	981	980	980	979	342	1302	1300	976	976

〈力部〉

匭	匧	匬	区	軍	匐	敂	昜	勢	勉	勉
3125	3100	1094	103	1235	379	373	2680	2372	1304	983

〈匚部〉　〈勹部〉

尾	御	卸	郤	卻	卽	即	南	卑
103	2054	988	986	476 986	475 987	475	985	984

〈厂部〉　〈卩部〉　〈十部〉

鈆	禍	绘	座	戻	展	唐	原	厚	厚	厘	厖	扉
2646	2528	2243	1809	1346	1345	1316	1306	991	991	990	989	349

〈厶部〉

娑	酉	虾	鈑	鼓	叛	叛	叙	毳	叛	尝
660	478	120	3564	2952	993	993	535 992	520	110 993	2705

〈口部〉　〈又部〉

草 祝 咲 咲 哉 品 哀 咽 咸 咳 呸 咜 奇 呼 眷

		1002												
1252	1172	1512	1002	1001	1000	999	998	997	996	995	994	721	705	695

咬 咎 咽 咕 咅 咺 善 紹 厏 启 咼 骨 囵 咼 唐

3605	3363	2978	2607	2004	1999	1991	1858	1647	1647	1644	1610	1334	1334	1316

柰 室 基 空 垇 〈土部〉 囹 囻 围 囶 〈口部〉 响 訣

999	991	923	506	350		714	714	500	135		3897	3883

変 〈夊部〉 垦 垠 垓 垒 垍 桒 垙 牪 垫 城 垣 型

1006		3241	2920	2338	2019	1661	1426	1321	1022	1005	1005	1004	1003

契 契 奏 奉 奓 奔 〈大部〉 猻 鸣 〈夕部〉 复 夏 爰

1008	1008	1007	761	761	724		1331	7		2056	1322	1132

倭 奵 姦 〈女部〉 类 奖 耎 挟 笑 矩 奚 奚 契 契

	343	343											
513	1011	1011		3718	2394	1926	1751	1512	1483	1324	1324	1008	1008

娄 姬 姣 威 姿 姿 姻 妍 姪 姥 姓 姑 姉 嘗 姤

1665	*1325*	*1134*	*1016*	*1015*	*1015*	*1014*	*1013*	*1012*	*1010*	*1009*	*733*	*731*	*729*	*727*

宨 字 寠 〈宀部〉 孫 学 孤 學 享 〈子部〉 姢 婭 婢

350	*348*	*348*		*1434*	*1377*	*1017*	*736*	*654*		*3443*	*1671*	*1668*

宗 寂 宿 宩 害 害 宮 宣 室 客 突 宛 宥 突 宨

									1019 *1019A* *1837*					
1673	*1673*	*1672*	*1337*	*1334*	*1334*	*1332*	*1020*		*1018*	*900*	*741*	*666*	*597*	*352*

尕 〈小部〉 耐 專 封 挈 删 〈寸部〉 宄 変 宭 宩 家

65		*1196*	*1023*	*1022*	*1008*	*463*		*3258*	*2725*	*1676*	*1675*	*1673*

屍 屋 咫 屈 房 尾 〈尸部〉 甿 举 荣 单 〈㸚部〉 県

1028	*1027*	*780*	*749*	*749*	*527*		*2685*	*1342*	*1026*	*1025*		*1024*

〈山部〉 〈屮部〉 眉 屍 屐 犀 屄 豸 屏 昼 扇 屑

	1044	*3947A*	*3524*	*3423*	*2172*	*2071*	*1943A*	*1681*	*1407*	*1382*	*1343*

〈工部〉　鼡　鼡　酋　學
2685　2685　1874　51

〈巛部〉　耑　皆　皆　峡　峠　島　曳
2822　1403　1403　1030　1029　936　718

帥　帝　帝
1032　1031　1031

〈巾部〉　畀　哭　紀　起　卷
2042　2042　1190　1577　970

〈己部〉　望　玨　乭
1760　1220　506

庫　廉　崖　庭　度
3344　1966　1819　1358　1034

〈广部〉　幽
1033

〈幺部〉　常　帯　師　帋
1687　1355　1352　1058

曷
428

〈弓部〉　歼　昇　昇　挈　奔
2260　1876　1044　1008　724

〈廾部〉　廻　建　廸
1036　7/1037/1035　1582

〈廴部〉

倐　佯　律　待　徊　後
1268　1108　1041　1040　657　327/1042

〈彳部〉　彤　彦　彦
1196　1039　1039

〈彡部〉　巺　弧
2042　1038

怯　恠　怪　念　忝　忠　思　忞　悆
781　781　781　775　754　713　616　119　26/695

〈心部〉　徇　徉　従
1433　1418　1363

恨 恢 恢 悃 恒 恒 忽 忌 怨 急 急 息 思 怒 悠

1052	1051	1051	1050	1049	1049	1048 1703	1047	1047	1046	1046	1045	1044	1043	1043

悩 悩 恂 恅 悦 怕 息 恩 恢 恐 悔 恬 恬 恪 悒

1380	1380	1378	1374	1373	1370	1368	1368	1366	1364	1055	1054	1054	1053	1052

閥 战 㦮 威 戚 武 㦍 戙 戋 〈戈部〉 恶 㤢 㤵 㤪

2903	2432	1419	1016	982	845	551	370	266			3013	1701	1701	1438

拙 拍 抱 挙 投 捌 拮 拾 〈手部〉 昼 戾 扃 〈戸部〉

803	798	790	788	561	559	539 1066 3089	17 1062		747	552	529

挑 挌 按 拮 拮 指 持 拷 捎 拶 拵 拭 括 拶 拝

1069	1067	1065 1424	1064	1064	1064 1542	1063	1061	1060	1060	1059	1058	1057	851	806 1056

拯 挟 投 拮 挂 授 抹 挍 挑 捎 授 枴 挟 挙 持

2074	1751	1750	1738	1728	1724	1716	1412	1401	1392	1390	1390	1389	1384	134

攸 敆 敄 故 故 妭 政 攰 敻 敂 故 〈攴部〉 拌 拰

1922 1638 1071 1071 1071 1070 1070 803 569 191 189　2770 2442

旅 斺 斾 旁 施 斻 〈方部〉 斜 料 〈斗部〉 妭 〈文部〉

1401 1400 1400 1399 1072 768　2444 1398　1070

春 映 星 昏 晷 昚 昪 昂 昳 言 畠 〈日・曰部〉 斿 斻

1076 1075 1074 819 819 819 816 814/1073 734/2100 654 378　2151/2446 1500

書 昤 查 昚 面 晒 曷 冒 曷 昵 昰 是 昭 昨 昧

2297 2294 1540 1405 1251 1129 1129 1083 1082 1081/2198 1080 1080 1079 1078 1077

胆 胆 胃 胃 肺 胘 服 胸 胙 眠 〈月部〉 显 昷 昚

1201 1201/1893 1200 1199 1198 906 823 797 453/1494 215　3719 2554 2427

昭 朕 脉 胍 脉 胸 胁 胗 胤 胡 胞 胞 胚 胎 背

1874 1873 1546 1546 1546 1540 1471 1471 1207 1206 1205 1205 1204 1203 1202

枺	栁	柿	枝	枕	枌	柮	奈	㭕	柙	某	柒	〈木部〉		胜
1084	1084	1084	839	835	831	803	722	633	473	493 1088 1430	6 2780			1983

柱	柩	查	查	柝	柏	桑	柔	染	染	某	柄	架	架	枯
1095	1094	1093	1093	1092	1091	1090	1090	1089	1089	1088 1430	1087	1086	1086	1085

桉	梨	茶	相	椏	枥	梅	柴	柒	柴	柾	栅	栅	栁	柳
1424	1420	1215	1156	1156	1101	1100	1099	1099	1099	1098	1097	1097	1096	1096

枥	東	树	牲	标	柞	柱	楔	某	柂	柁	栢	栖	枯	柰
3752	3645	3279	3079	3048	2456	2456	2455	2259	1877	1877	1867	1772	1486	142

殉	殁	殀	〈歹部〉	距	羑	歧	歨	〈止部〉	歐	軟	歌	〈欠部〉		栭
885	789	116		2308	1751	846	844		843	704	703			385

勉	勉	毑	毒	〈毋部〉	段	段	殳	〈殳部〉	殢	牲	殄	殂	殅
1397	1397	1055	850 1104		1103	1103	849		2100	1860	1085	104 11

洲		氘		毡 笔		毗 毘 纰		
〈水部〉		〈气部〉			〈毛部〉			〈比部〉
358 1117		2661A		3466　1897		1106 1105 1106A 1106　526		

洒	酒	洌	洋	洤	泉	泳	洼	洦	泰	泰	沃	泉	洿	洚
1110	1110	1109	1108	1107	1107	873	866	864	857	773 1799	589	455	395	394

净	流	派	派	洽	活	洵	浏	洚	洪	洩	津	洞	洛	洗
123	1122 1439	1121	1121	1120	1119	1118	1117	1116	1116	1115	1114	1113	1112	1110 1111

齐	溪	沫	流	深	泳	濕	涅	浪	泺	流	流	泰	浅	海
803	1802	1793	1789	1789	1782	1453	1450A	1445	1439	1439	1439	1438	1125	1124

巨	烁	炤	点		浮	录	浊	浓	海	淛	浸	滋	浼
126	1174	596 1079 2495	2795	〈火部〉	3624	3388	3291	3289	3079	3061	2487	2163	2142

爰	爹		麦	炮	為	為	夌	点	炗	炳	炯	炭	炭
98	221	〈爪部〉	3627	2492	1131	1131	1130	1130	1129 2170	1129	1128	1127	1127

爿部		爻部		父部						
粗 狀		俎		委		羑 爰 爲 畨 受				
958 600		958		1070		1324 1132 1131 904 698				

犬部		牛部		片部	
狹 狩 狡		牴 牵 牲		牯 版 牉	
1136 1135 1134		2278 1807 1133		1085 879 464	

玉部		玄部			
珈 珊 珊 玲 珆 珠		玅		猰 狗 独	
1139 1139 1139 1138 763 743 / 1140		516		2178 1433	1136 1458

甘部		瓦部			
甚 甚		瓮 瓲 瓱		望 珠 珍 珍 珥 珊	
1143 1143		3632 1142 1141		1760 1140 1140 1140 1139 1139	

田部	
畑 畏 畏 畀 畍 界 毗 毗 串 畋 畎	甚 甚
1146 / 1469 1145 1145 1144 1144 2016 1106A 1106A 488 260 257 88	1143 114.

疒部		广部		疋部		正部	
痒 疫		疪 是		鬼 畨 畢 畊 畆			
2511 / 1705 1147		2190 1322		2953 2530 1820 1535 1468			

〈皿部〉俹　2307

〈皮部〉

眊 1534　皈 1354　皇 1151/2633　皆 1150　猌 887

〈白部〉癶 2194　発 1149　癸 1148

目 1156　県 1024　直 893　明 818　昚 644　眆 286/542

〈目部〉

盈 1929　盉 1477　盆 1155　盈 1155　盉 1154　盆 1153　盂 829/1152

矜 962

〈矛部〉

盰 1906　眠 1906　眃 1593　眈 1481　看 1161　眉 1160　盼 1159　眄 1159　眅 1159　眇 1159　省 1158　盾 1157

砭 3084　砥 1484　砥 1484　砕 1167　研 1166　砀 1165　砂 593/1164　砌 96

〈石部〉矧 1163　矦 950

〈矢部〉

祏 1493　神 1173　祅 1401　祝 1172　祖 1171　祐 1170　祐 1170　祇 1168　祉 898　祈 897/1169　袟 757　秋 515　祇 269/1168

〈示部〉

云 537　耗 1536　耕 1535　秕 1177　秒 1176　科 1175　秋 1174　秖 1168　秎 610　秒 467

〈禾部〉袖 1566　祠 1498　祗 1493

妍 竓 峿 〈立部〉 窃 穿 窉 突 窂 〈穴部〉 釆 秅

1183 1182 624 　 1181 1179 1178 900/1180 599 　 3092 2546

籿 籾 籾 籴 籴 籸 籴 〈米部〉 笒 笙 竽 〈竹部〉 籿

1188 1187 1187 1186 1186 33A 33A 　 1185 902 61/1185 　 1184

罠 岡 〈网部〉 紈 級 紅 約 約 紀 糺 科 〈糸部〉 凬

1530 750 　 1519 1193 1192 1191 1191 1190 1189 1189 　 2229

狘 扅 〈羽部〉 羑 羮 羑 羙 羢 承 羙 〈羊部〉 置

3515 1382 　 3199 1194 1194 1194 1194 993 788 788 　 2554

甫 耻 耻 耶 耺 〈耳部〉 耚 〈耒部〉 耐 〈而部〉 者 〈老部〉

2855 1367 1367 930/1197 930 　 1867 　 1196 　 904/1195

舡 〈舟部〉 舑 〈舌部〉 致 致 〈至部〉 臭 臯 〈自部〉 耴

1879 　 1549 　 1548 1209 　 1208 655 　 3657

茎 茷 茂 黄 英 苦 苗 苗 苟 茉 茶 茦 峀 〈艸部〉

923　922　922　921　921　920　918　918　703　702　695　540　478

荒 草 草 茶 莓 苟 荅 苑 苑 茲 茛 前 前 前 茎

1217　1216　1216　1215　1214　1213　1212　1211　1211 2381　1210　1126　978　978　978　923

范 娤 茮 苽 荅 茯 荂 荂 荂 茼 茦 荶 単 茲 荘

3098　2804　2579　2252　2227　2223　2220　2220　2220　2162　1846　1845　1557　1461 1553　1218

亝 虻 蚕 虹 〈虫部〉　虐 虎 虐 虐 帠 〈虍部〉　茮 茮

1221　1221　1220　1220　　　1219　1219　1219　1219　924　　　3347　3347

衲 表 袠 袂 衿 〈衣部〉　衍 衍 衍 衍 〈行部〉　虽 虵

□518　1225　1225　1224　1223　　　2784　1222　1222　1222　　　3572　1894

〈言部〉　勆 〈角部〉　觃 〈見部〉　要 要 〈西部〉　衺 衬 表

133 2221　　3677　　1226　1226　　　2004　1747　1564

貭 貢 財 貟 貟 負 負 貞 〈貝部〉 計 訃 訂 訃 訃

1917　1916　1575　1307　1231　1231　1231　1230／2529　　1229　1228／1233　1227　320　191

迢 迷 近 〈辵部〉 軍 軌 軌 〈車部〉 赳 赴 〈走部〉 貟

636／1236／1935　359　315　　1235'　1234　1234　　1228／1233　1232　　3373

迯 逃 送 送 退 迫 追 迷 迷 述 述 迭 迫 逢 迎 迫

1241　1241　1240　1240　1239　1238　1238　1237　929　929　928　927　772　637　636／1236

郎 邱 邦 邦 都 邨 〈邑部〉 迹 迩 跧 迦 逆 迯 迯

931　931　642　642　476　156　　3694　3694　2317　1943A　1242　1241　1241

陜 陌 〈阜部〉 重 重 重 〈里部〉 酊 〈酉部〉 郎 郊 郁

1030　402　　1247　1247　1247　　1246　　1245　1244　1243

革 〈革部〉 面 〈面部〉 隻 〈隹部〉 陜 除 陰 限 降 陟

1252　　1251　　1606　　2336　1949　1949　1250　1597／1249　1604／1248

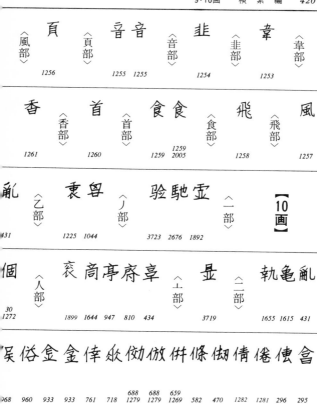

頁 〈風部〉 1256

音音 〈頁部〉 1255 1255

〈音部〉

韭 〈韭部〉 1254

韋 〈韋部〉 1253

香 〈香部〉 1261

首 〈首部〉 1260

食食 〈食部〉 1259 1259 2005

〈食部〉

飛 〈飛部〉 1258

風 〈飛部〉 1257

亂 〈乙部〉 431

裏舀 〈丿部〉 1225 1044

验馳壶 〈一部〉 3723 2676 1892

【10画】

個 〈人部〉 30 1272

衮商亭府章 〈亠部〉 1899 1644 947 810 434

亝 〈二部〉 3719

執亀亂 1655 1615 431

吴俗全金倖伙俐倣伻倏倒倩倦倭倉
968 960 933 933 761 718 688 688 659 1279 1279 1269 582 470 1282 1281 296 295

俟候倍倉倅修修俺俸俵俳俯倫偕俴
274 1274 1273 1271 1270 1705 1925 1268 1268 1267 1266 1265 1264 1263 1207 1202 1125

倓 俶 倡 俗 偏 彩 俛 倩 倸 値 値 借 倚 倒 倏

		1642				1304								
1827	1793	1664	1625	1619	1498	1263	1282	1281	1280	1280	1278	1277	1276	1275

俱 倘 俗 俦 倫 倪 倨 倮 倬 珡 奢 衾 倫 脩

4095	3974	3225	3224	2841	2599	2593	2592	2516	2183	2024	2004	1976	1872

〈亠部〉 興 兼 兼 眞 真 〈八部〉 兒 党 亮 兔 〈儿部〉

	3338	1288	1288	1287	1287		1290	1286	948	673	

涼 准 凄 〈冫部〉 冝 冣 届 冨 冠 冥 冥 冤 冢

	1293	1292										
1294	2471	1786		2554	2107	2031	2031	1677	1291	1291	1290	1289

剝 剦 制 剞 〈刀部〉 虘 〈几部〉 測 涼 凍 凌 凋 凋

685	682	682	313		175		1791	1785	1297	1296	1295	1295

割 剗 剛 削 剣 剤 剱 剣 剥 剤 剒 剛 剖 剔

	1730												974
1981	3912	1696	1684	1303	1303	1302	1302	1301	1301	1300	1300	1299	1298

匊	鳬	〈勹部〉	勢	勞	勉	勇	勑	勃	勃	勞	〈力部〉	副	剴
742	175		2372	1638	1304	982	981	980	980	526		2378	1982

卽	〈卩部〉	畞	峚	〈十部〉	匲	匿	〈匸部〉	髙	埏	忽	鈞
1047		1468	936		2970	1305		2680	1952	1800	891

單	専	桼	〈厶部〉	屑	原	虘	厚	厚	庸	〈厂部〉	御	卿
1025	1023	695		1736 3396	1306 2470	1219	991	991	924		2054	1988

虎	睪	听	貟	〈口部〉	斐	叜	叛	〈又部〉	毒	能	奄	僉
455	1253	231	92		2093	1680	993		2110	1541	1466	1259

哺	哲	哲	哭	哭	哩	員	韋	柋	㤾	唣	冤	叕	哦	唅
1312 3418	1311	1311	1310	1310	1309	1307	1253	1090	995	704	700	695	495 1308	483

哥	高	哾	啞	啓	甬	哣	咲	唪	雪	唐	唐	唇	唆	唄
2771 4095	2002	1990	1649	1647	1612	1568	1512	1377	1316	1316 2386	1316	1315 1871	1314	1313

陘	〈土部〉	圄 圃 函 圅 圇 圂	〈口部〉	烜 味 唑 唃
338 648		1318 1317 680 680 265 189		3659 3441 3237 2888

望	〈士部〉	垸 垷 垜 垄 垺 埒 埋 埃 城 垂 垩
2758		2122 1601 1598 1420 1321 1321 1320 1319 1005 718 593

誊 奚 套 眞 契 奘 奨	〈大部〉	颷	〈夕部〉	夏	〈夂部〉
1864 1324 1323 1287 1008 1007 715		340		1322	

娱 娯 娘 姬 娼 姫 姻 娑 娒	〈女部〉	耆 駄 臭 春
1327 1327 3248(1326) 1325 1325 1325 1014 730 670		3901 2948 3351(1963) 1875

〈子部〉	嫣 娸 娭 娊 婬 婞 婢 娌 娩 娣 娠 娵 娱
	3443 3443 2988 2398 1671 1668 1668 1665 1330 1329 1328 1328 1327

害 宰 宫 寄 案 宣 窒 窏 冠 宋 室	〈宀部〉	孫 狺
1334 1333 1332 1179 1424(1065) 1020 1019 1018 973 744 742		1331 965

密 宓 宿 痏 害 容 宸 宸 家 宵 宵 宴 害 害 害

1676	*1673*	*1672*	*1672*	*1379*	*1339*	*1338*	*1338*	*1337*	*1336*	*1336*	*1335* *3298*	*1334* *1334* *1334*

将 射 酎 辱 尅　　　　〈寸部〉　　宲 宋 宛 宲 𡧛 宲 寇 密

1341	*1340*	*1196*	*544A*	*455* *687* *977*		*3151*	*2990*	*2403*	*2402*	*2107*	*1778* *1677* *1676*

展 肩 屑 㞑 屎 尾　〈尸部〉　挙　〈⺍部〉　尌 得 尋 尌

1345	*1344* *3947A*	*1343*	*1028*	*528*	*528*	*1342*		*2200* *1698* *1698* *1698*

峯 峰 峨 峕 峡 峯 峩 毒 崀 峪 峚　〈山部〉　屟 犀

1347	*1347*	*1346* *2407A*	*1158*	*1030* *1349*	*985*	*956* *1346*	*718*	*660*	*625*	*338*		*3164* *2172*

〈巾部〉　差　〈工部〉　邕 誉 眘 巡　〈巛部〉　巣 峻 島 島

1351		*3243*	*1570*	*1260*	*359*		*1682* *1350* *1348* *1348*

〈干部〉　恬 㡸 常 帯 帯 帯 隔 帰 帚 席 師 帝

2998	*2271*	*1687*	*1355*	*1355*	*1355*	*1354*	*1354*	*1253*	*1353*	*1352*	*1031*

廊 庸 庫 座 席 庬 庡 庱 庱 厚 庬 庭 〈广部〉 犂

1968　1692　1357　1356　1353　1316　1306　1034　1034　991　989　537/1358　361

〈弓部〉 貳 貳 〈弋部〉 桊 〈廾部〉 這 廻 建 〈辶部〉 虎

2299　363　724　3134　1036　1035　3355

從 徍 〈彳部〉 彩 彤 〈彡部〉 舑 〈彐部〉 弱 弱 圕

955　770　1695　1499　1852　1359　1359　7

忕 恭 〈心部〉 御 御 徕 徚 從 徒 徑 徐 修 復 後

314　304/1369　2054　2054　1716　1586　1363　1362　1361　1360　1268　1239　963

恣 恚 恐 恐 恐 悔 悆 悃 思 恩 悑 恶 悎 恪 �

1366　1365　1364　1364　1364　1055/1376　1053　1052　1044　1044　778　549　479　479　367

悟 悛 悖 悌 恲 悋 悦 悦 恋 惠 息 恭 恩 恩 恥

1379　1378　1377　1375　1374　1374　1373/2896　1373　1372　1371　1370　1369　1368　1368　1367

惧恳悫悮悮悭悮愕恶恶悉悧悩悩

3922 3451 3256 2892 2892 2747 2744 2067 1713 1713 1701 1381 1380 1380

戛義威戝戞或威哉哉戋栽或戚 〈戈部〉

2627 2558 2425 1636 1419 1243 1016 1001 1001 597 573 1419 551 371

捅挔挼括挿羿捌 〈手部〉　　　扆扇扇辰 〈戸部〉

623 561 561 560 374 2079 225 14　　　2071 1382 1382 669

捏捉挽捩振挫挨拿拳拙指拭挶挾拜

1391 1390 1388 2907 1387 1387 1386 1385 1384 1383 1069 1064 1058 1057 964 1389 1732 806

括挰挳挿捅抗挻捷捷捀採捜挵捕捐

4022 2200 2087 2079 1850 1772 1750 1750 1720 1717 1716 1395 1394 1393 1392

㪅敕敆敂救敥敘敚殺敏效敆敂 〈攴部〉

2416 2228 2092 1922 1742 1436 1436 1436 1436 1397 1279 1396 1067 683

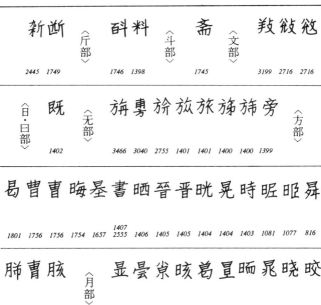

新 断 〈斤部〉
2445 1749

酙 料 〈斗部〉
1746 1398

斎 〈文部〉
1745

羧 斆 斂
3199 2716 2716

〈日・曰部〉 既 〈无部〉
1402

旃 旉 斻 放 旅 旆 旆 旁 〈方部〉
3466 3040 2755 1401 1401 1400 1400 1399

曷 曹 曺 晦 晷 書 晒 晉 晋 晄 晃 時 晅 晌 舁
1801 1756 1756 1754 1657 1407／2555 1406 1405 1405 1404 1404 1403 1081 1077 816

肺 胄 胲 〈月部〉
1408 1200 996

㬎 曇 炭 晐 莒 晅 晞 晁 暁 晈
3719 3275 2655 2608 2575 2554 2449 2108 2104 1825

脅 脇 胶 脅 脇 脂 能 胃 胸 朋 朗 胺 朕 朔 脒
1543／1544 1543 1543 1543／1544 1543／1544 1542 1541 1540 1540 1539 1410 1409 1409 1408 1408

桑 袋 栞 桜 〈木部〉
519 292 178 137D／1065／1424

脏 脎 脳 胼 脈 脉 胞 胞 脆
3780 3118 1874 1817 1546 1546 1545 1545 1545

栲 栳 株 校 栗 栗 栭 栥 栢 染 案 桼 柿 框 栽

1414	1414	1413	1412	1411	1411 2428	1096	1096	1091	1089	1065 1424	945	830	828	573 1419

桼 槀 桐 㲱 桃 桂 桁 桀 桊 格 根 栦 核 核 栴

1426	1425	1425	1423	1423	1422 2465	1421	1420	1420	1418	1417	1416	1416	1416	1415

栿 栓 栵 栖 桯 梁 栈 栖 栂 栫 桄 桜 桌 㮏 桑

2223	2131	2127	2119	2078	1762	1432	1431	1430	1429	1428 2128	1427	1426	1426	1426

歩 毒 〈止部〉　欵 桼 〈欠部〉　桂 铢 桔 桥 栢 梨

1780	978		3054	1789		3854	3399	3282	3281	2764	2269

毐 毐 毮 〈毋部〉　殷 殺 殺 〈殳部〉　残 殊 殉 〈歹部〉

2895	2895	392		1777	1740 1742	1436		1435	1434	1433

涙 泰 〈水部〉　氣 氣 〈气部〉　耗 〈毛部〉　毘 毗 〈比部〉

528	114 1438		393 1437	393		1534		1106	1106

流 浅 浅 彖 浯 溻 渼 彖 漆 澀 渃 淹 沓 彖 漫

1439　1125　1125　1124　1119　1116　1115　1112　1089　871　868　855　853　650　591

海 浴 浮 浮 浮 浪 浩 浩 浩 浦 涴 浜 浱 浚 流

1124
1448　1447　1446　1446　1446　1445　1444　1444　1444　1443　1442　1441　1441　1440　1439

涸 浽 淫 洒 涙 涏 深 涎 涉 消 消 涅 涅 浸 浸

1784　1782　1760　1594　1454　1453　1453　1453　1452　1451　1451　1450　1450A　1449　1449

1450

涛 涔 挈 浙 泠 泊 涂 涌 浡 涸 浚 涊 淋 淋 淫

3472　3063　3061　2792　2776　2485　2385　2157　2143　2137　1951　1800　1793　1793　1788

焚 燕 爲 烏 烈 烈 羑 爲 烔 裁 烈　〈火部〉　　洋 浣

2164　1457　1456　1456　1455　1455　1194　1131　1113　597　313　　　　3856　3623

愛 臬 枭　〈爪部〉　　烞 妻 烛 热 烝 烝 炙 炙 烟 炟

2424　1145　962　　　　3757　3627　3479　3071　2579　2579　2494　2494　2492　249.

〈玄部〉 猷 猛 狸 狹 猩 〈犬部〉 牽 特 犇 〈牛部〉 牽

2697 1809 1459 *1136* 601
1460

〈犬部〉 1807 1458 134

〈牛部〉 愛

2424

望 聖 班 斑 珠 珍 珊 珸 珪 珮 珪 〈玉部〉 牽 玆

760 1671 1463 1463 1462 1140 1139 743 743 656 337

〈玉部〉 1807 1461

豊 畫 臾 〈田部〉 瓺 〈瓦部〉 珞 璽 㙬 璽 瑙 琴 堅

016 890 676

〈田部〉 2122

〈瓦部〉 3929A 3761 3761 3761 2503 2183 1760

�796 畧 畝 畜 畨 畱 留 畔 畛 畨 畠 裏 裏 畏 單

963 1821 1468 1467 1466 1465 1465 1464 1464 1261 *1146* 1145 1145 1145 1025
1469

疴 痒 症 痒 病 疾 痳 疹 疲 疲 疱 〈广部〉

〈疒部〉 2510 1819 1474 1473 1473 1472 1471 1471 1470 1470 1205

益 益 盉 盈 盡 〈皿部〉 鼠 皋 的 〈白部〉 癶 祭 癸

476 1476 1467 1155 357

〈皿部〉 2685 1475 262

〈白部〉 2194 1835 1148

眞 眞 者 冐 冐 〈目部〉 監 盉 盐 盃 盌 盉 盉 盉

1478 1287 1161 1160 982 〈目部〉 3078 4031 2648 2390 2146 2122 1662 1477 1476

〈矛矢部〉 眹 睊 瞢 睿 眒 眴 际 眠 眤 眩 眦 皆 眼

3634 3210 3210 2427 2276 2275 1906 1906 1482 1481 1480 1480 1479

破 砲 砲 砧 砦 砒 砥 砰 砠 〈石部〉 矩 柔 矨 矛

1488 1487 1487 1486 1485 1484 1484 753 751 1483 1090 803 266

神 祝 祖 祖 祐 祇 祡 祒 祝 〈示部〉 砾 础 砕 啓

1173 1496 1172 1171 1171 1492 1170 1489 1168 1493 1099 700 1172 1495 896 1495 3860 3637 3085 1647

移 袯 秩 袜 袒 祥 祠 祟 祚 秘 祾 褙 祓 祸 祔

1836 1751 1505 1502 1501 1499 1498 1497 1494 1491 1500 1490 1490 1490 1415 1173

秘 秡 乘 〈禾部〉 离 制 〈内部〉 称 称 程 祝 际 袢

1500 1490 945 1262 3711 682 3768 3768 2212 2210 1906 1900

〈禾部〉

秚	黍	税	秜	秬	称	称	秩	秦	秦	秤	秣	租
3310	2355	2210	2209	1836	1506	1506	1505	1504	1504	1506 1503	1502	1501

〈竹部〉　　　　　　　　　　　〈立部〉

肖		竟	竜	㐰	竝	竚		容	窠	窄	穿	窅	窋
821		3861	1508	852	649 1509	442		2659	2121	1507 2441	1179	826	737

〈米部〉

分	斯	柴	粃	粄		竿	笊	筝	笔	笑	笑	笊	笄
513	1398 1749	1177	1177	993 2353		2828	2826	2222	2218	1512	1512	1511	1510

〈糸部〉

攴	紋	紗	級	科		粢	粍	敉	粱	粏	粋	耗	粉
517	1517	1223	1193 1524	1189		3718	3503	2443	1745	1516	1515	1514	1513

紊	索	紡	素	紛	紛	紙	紗	純	純	紬	紲	紐	納	納
1853	1528	1527	1526	1525	1525	1523	1522	1521	1521	1520 3109	1519	1519	1518	1518 1518A

〈缶部〉

缸	欹	欷	缺	缺		釈	縦	緊	綱	綱	紁	紛
829	138	138	138 1529 138	3706		3775	3330	3103	2839	2838 2839	2238	2233

翁	狨	〈羽部〉
1531	995	

羞	羑	耄	羑	〈羊部〉
1864	1864	1351	1194	

罞	置	罠	〈网部〉
3115	2554	1530	

耗	耕	耕	〈耒部〉
1536	1535	1535	

耄	耆	〈老部〉
1534	1533 2376	

翀	翠	翍	翂	翅	翁
3515	2853	1532	1532	1532 1989	1531

臣	〈臣部〉
2758	

耽	耺	耽	耽	耻	〈耳部〉
3657	3520	1941	1538	1367	

耘	耘	耗
1537	1537	1536

舐	〈舌部〉
1549	

舀	〈臼部〉
150	

珱	致	〈至部〉
1548	1548	

臮	臭	皇	〈自部〉
2346	1208 1547	1151	

船	舵	般	舫	航	航	舨	〈舟部〉
1879	1877	1552	1551	1550	824 1421 1550	823	

舜	舜	〈舛部〉
3121	3121	

舲	敃	
3234	3038	

茂	茂	茇	苘	茇	苅	〈艸部〉
922	922	922	389	252	97	

艶	枙	〈色部〉
3782	1428 2128	

舻	船	舩
3993	1879	1879

荷 荷 芼 兹 兹 茇 耄 荏 荘 荒 草 革 茶 茗 茱

| 1556 | 1556 | 1554 | 1553 | 1461 | 1363 | 1351 | 1218 | 1218 | 1217
1555 | 1216 | 1216 | 1215 | 1215
2639 | 1026 |

〈艹部〉 茧 茭 袞 莁 節 兹 荅 荢 荢 筆 莫 荻 苤 華

| 3655 | 2888 | 2871 | 2579 | 2543 | 2429 | 2227 | 2220 | 2220 | 2218 | 1885 | 1880 | 1588 | 1557
1557A |

蚓 蚤 蚤 蚕 蚕 蚊 畫 蚘 蚩 蚤　〈虫部〉　虐 虒 虔

| 1561 | 1560 | 1560 | 1559 | 1558 | 1558 | 850 | 480 | 424 | 378
1560 | | 1219 | 924 | 924 |

衿 袁 袞 衾 袞 衰 衷 表 衻 祝　〈衣部〉　術　〈行部〉

| 1565
2942 | 1564 | 1563 | 1563 | 1562 | 1562 | 1225 | 925 | 757 | 192 | | 1896 |

觝　〈角部〉　覎 覓　〈見部〉　曺　〈両部〉　袞 袞 被 袖

| 2595 | | 3677 | 2277 | | 2450 | | 1899 | 1747 | 1567 | 1566
1901 |

試 訒 誉 記 託 訨 訖 訓 討 訊 訊 訊 訃　〈言部〉

| 3797 | 2884 | 2611 | 1573 | 1572 | 1571 | 1571 | 1570
2677 | 1569 | 1568 | 1568 | 1568 | 965 |

貧 貢 財 〈貝部〉
1916　1576　1575

缘 象 〈豕部〉
3106　2292

豈 〈豆部〉
1574

卻 〈谷部〉
986

躬 〈身部〉
1578

趴 趴 〈足部〉
1923　501

起 起 赳 赶 〈走部〉
1577　1577　1232　636

貟 2302

遂 逞 迴 迭 迺 〈辵部〉
1042　772　333　279　7／1037／1582

辱 〈辰部〉
1580

軒 軒 軌 〈車部〉
1579　1579　1234

途 逐 透 迤 迹 迸 逆 逃 逃 逃 送 退 追 迷 迻
1585　1584　1583　1582　1581／2620　1242　1242　1241　1241　1241　1240　1239　1238　1237　1051

送 选 适 逞 迸 逸 速 逢 迻 連 遍 造 速 通
3687　3176　2913　2319　2312　1932　1932　1931　1836　1590　1589　1588　1587　1586

酒 配 酌 酌 〈酉部〉
1594　1593　1592　1592

郭 郭 郡 郡 郎 鄏 郎 〈邑部〉
3534　2143　1591　1591　1245　976　475

閟閙	〈門部〉	針釜釜釘	〈金部〉	番	〈釆部〉	酛配
1946　935		1596　1595　1595　5		1646		3891　1726

除陣院阞陞陛降降陀阻陋陜陸　〈阜部〉

1603　1950　1601　1600　1599　1598　1597　1597　1350　1250　1248　1136(1030)　504

崔难堆唯隼隻　〈隹部〉　　隆陰陵陷陋

3971　3712　2681　1641　1607　1606　　　1956　1955　1951　1605　1604

骨	〈骨部〉	馬	〈馬部〉	飢創飢	〈食部〉	革	〈革部〉
1610		1609		3959　1982　1608		1252	

鬼	〈鬼部〉	髙	〈髙部〉	鬯	〈鬯部〉	高	〈高部〉
1613		1612 2652		2756		814 1611	

氣乾　〈乙部〉　　圅乖　〈丿部〉　　捣霊　〈一部〉　　【11画】

393　61　　680　718　　2436　1892

膏	京	率	高	袞	悠	亨	亰	〈亠部〉		鼀	亀	乾	乾
2861	2536	1813	1611	1562	1047	654	455			1615	1615	1614	1614

侶	偑	條	殳	做	伯	傳	假	埶	巫	側	俳	俳	〈人部〉
661	656	582	531	453	340	296	294 / 1617	288	128	79	72	72	

俳	倒	倦	倚	條	倏	隻	候	候	儲	脩	偕	東	偷	傻
1506	1334	1281	1277	1275	1275	1274	1274	1274	1268	1268	1202	1016	978	953

偷	偵	偶	側	偬	健	偟	停	偖	偕	偏	偏	偉	偓	偁
1629	1628 / 2632	1627	1626	1625	1624	1623	1622	1621	1620	1619	1619	1618 / 1971	1616	1506

僉	巢	停	脩	僃	偭	備	偛	傍	悠	悠	僞	僞	偩	偷
2368	2228	2140	2057	1976	1976	1976	1976	1973	1702	1702	1631	1631	1630	1629

減	渕	〈冫部〉		冣	富	冢	〈冖部〉		兜	〈儿部〉		儇	償	儌
2139	2137			2107	2031	1337			1632			3737	3437	3223

劉 貿 劍 梨 副 剩 剪 剚 辜 〈刀部〉 處 〈几部〉 凔

3563 2302 1981 1768 1635 1634 1633 682 361　175　3416

雺 勗 敎 賀 勁 務 勘 勘 動 動 勖 勘 勞 〈力部〉

3817 3072 2372 2303 1986 1638 1637 1637 1637A 1636 1636 2369 1281 1281 526

〈厂部〉 匱 匿 匼 〈匚部〉 眞 眞 〈匕部〉 匐 厬 〈勹部〉

1688 1305 103 1639　1287 1287　291 175

厽 觝 觝 桑 叄 畬 參 〈厶部〉 牳 厠 厭 厔 殿

4091 1541 1541 695 695 499 26 695 1640　3003 2047 1827 1690 1103

唔 商 商 唖 唱 唯 唊 啚 唅 號 〈口部〉 敍 〈又部〉

1645 1644 1644 1643 1642 1641 2837 1512 499 483 201　2089

周 唧 嘉 喪 啅 喙 唎 啞 啞 咯 啖 唘 啟 啓 問

3137 2926 2702 2004 1994 1993 1650 1649 1649 1648 1648 1647 1647 1647 1646

堎 埅 坤 聖 堅 臺 金　〈土部〉　　圉 圈 圍 國　〈口部〉

343
1660
755　715　715　433　2008　196　196　　　2381　2006　1318　714
1651

堆 堂 堀 基 塔 培 執 執 埴 埴 埠 域 焰 型 涇

1658
1661　1659　1727　1657　1656　1656　1655　1655　1654　1654　1653　1652　1605　1003　871

牽 壺 臺　〈士部〉　塩 勢 執 董 埦 埝 堤 塙 埜 埽

2122
1807　1662　196　　　2390　2372　2372　2367　2523　2010　2010　1952　1944　1723

畚 埶 奌 焱 執 袞 奄　〈大部〉　梦 桑　〈夕部〉　尭 喜

2979　2372　2318　1806　1655　1323　720　　　2392　1420　　　　3286　1997

妻 婁 娼 婀 娶 婷 娠 姻 媇 妻 媄 嬰　〈女部〉　　　熰

1663
1665　1665　1664　2397　1663　1329　1328　1325　932A　729　515　346　　　3453

〈宀部〉　孮 學　〈子部〉　婬 婪 婦 婦 婢 啟 婚 婆 婁

1671
1706　746　　　1788　1670　1669　1669　1668　1667　1667　1666　1665

寄 寂 宿 宿 害 窂 寃 宣 寈 窊 屚 富 寓 寍 寏

| 1674 | 1673 | 1672 | 1672 | 1334 | 1333 | 1290 | 1020 | 942 | 900 | 747 | 743 | 353 | 351 | 208 |

寍 寍 寂 寂 寏 富 密 冠 冠 寇 密 密 密 寅

| 2725 | 2402 | 2107 | 2107 | 2032 | 2031 | 1682 | 1677 | 1677 | 1677 | 1676 | 1676 | 1676 | 1675 |

展 屚 鳯 〈尸部〉 尋 尋 尋 尉 尌 專 尌 尊 〈寸部〉

| 1345 | 1027 | 651 | | 2293 | 2037 | 2037 | 1680 3070 | 1300 | 1023 1679 | 524 | 351 | |

崇 崇 崒 崏 崏 嶋 崕 崶 崗 〈山部〉 扁 雇 屛 尉

| 1682 | 1682 | 1661 | 1656 | 1605 | 1348 | 1007 | 850 | 750 | | 2782 | 2344 | 1681 | 1680 |

師 〈巾部〉 巽 〈己部〉 巤 巢 〈巛部〉 悆 崩 崩 崎 崧

| 1032 | | 896 | | 1874 | 1761 | | 1708 | 1684 | 1684 | 1683 | 1683 |

麿 庽 〈广部〉 軒 〈干部〉 幃 帽 帷 常 帳 帵 帶 帶

| 810 | 353 | | 1614 | | 2880 | 2043 | 1688 | 1687 2877 | 1685 1693 | 1523 | 1355 | 1355 1686 |

〈廾部〉

扇 廃 廗 庸 庸 康 庶 庶 庵 座 原 廎 廎

3252 2049 1966 1692 1692 1691 1690 1690 1689 2254 1356 1306 1034 1034

彫　〈彡部〉　強 弼 強 張 張 發 彌　〈弓部〉　堋 癹 畁

1295 1696

3253 2052 1694 1694 1685 1693 3334 1149 768

936 624 208

從 徙 徣 循 徘 後 徑 徃 徠　〈彳部〉　彬 彫 彩 彩

1363 1699　1363 1278 1268 2057 !264 1042 772 770 580

1696 1697 2182 1695 1695

悴 慜 悟 眆 悲 悬 悤 崽　〈心部〉　徭 御 御 御 得

1270 1705 1925 2511　1055 1049 1047 1046 1011 982 601

1700 2054 2057 2054 2054 2354 1698

悤 慾 悠 悠 恩 悲 悉 悵 惏 惟 惣 恭 恐 恝 惓

1703 1702 1702 1702 1701 1701 1701 1685 1670 1641 1712 2837 1710 1380 1369 1364 1311 1281

崽 惠 慾 愬 鹵 惨 惡 悪 惜 悙 情 情 悼 悷 患

3608 2735 2429 2422 1965 1714 1713 1713 1711 1709 1708 1708 1707 1706 1704

庢	覒	扈		〈戸部〉		戝	截	幾	栽	戙		〈戈部〉		惊	惧	悬
1715	1601	1715				2697	2627	2046	1419	982				4011	3922	3849

捒	捗	振	捞	捑	捆	捇	採	捪	振	掃	挏	控		〈手部〉
1419	1394	1387	1383	1265	1069	1059	932 1716	851 1068	791	758 1723	642	373 1733		

掘	排	掉	授	掃	捷	捻	捺	捷	据	捨	捨	捧	採	挳
1727	1726	1725	1724	1723	1431 2119	1722	1721	1720	1719	1718	1718	1717	1716	1386

捠	捐	捒	捌	揭	描	措	掩	推	控	接	探	掠	捉	掛
2082	2080	2078	2073	1738	1737	1736	1735	1734	1733	1732	1731	1730	1729	1728

敏	敘	敘	敕	敎	敘	敚	敚		〈攴部〉		捒	捬	捻	搔	捥
1397 1741	992	992 1739	981 1743	980	535	517	517				3269	3032	2850	2434	2248

〈文部〉		敢	敗	椵	救	敎	敎	敎	敎	敎	敎	敚	啓	救
		2089	1744	1742	1742	1740	1740	1740	1740	1740	1740	1677	1647	1436

旅 �ᅟ 〈方部〉 断 断 斬 〈斤部〉 斜 斜 斛 〈斗部〉 斎

1401　1400　　　　　1749　1749　1748　　　　　1747　1747　1746　　　　　　　1745

晝 훔 晋 泉 〈日・曰部〉 旣 旣 〈无部〉 旈 旆 族 族 旋

944
1753　892　821　455　　　　　1402
1752　1402　　　　　2446　1950　1751　1751　1750

胭 〈月部〉 朡 曇 曇 晧 曾 曼 曹 脣 晨 晦 晡 晃

489　　　　　2655　3275　2346　2196　1758
2105　1757　1756　1755　1755　1754　1336　1290

脩 脊 唇 唇 脛 脚 望 望 脆 脂 脂 胎 脵 朗 朙

1872　1871　1871　1871　1870　1869　1760　1760　1545　1542　1542　1444　1410　1410
1759　818

楏 梭 梧 桿 梨 泰 〈木部〉 脞 脥 望 腦 腦 脫 脫

833　830
1769　829　570　550A　6　　　　　3724　3411　2758　1874　1874　1873　1873

巢 巢 槖 蚕 梅 梎 栬 根 桹 梐 梇 梼 桌 梛 桃

1761　1761　1430　1430　1430
1763　1423　1418
2270　1417　1417　1417　1416　1415　1411　1096　840

梩 桯 桯 梻 棥 梵 梳 梱 械 梨 梢 梡 條 梓 梁

2087　2125　2200　1775　*1774*　1773　1772　1771　1770　1768　1767　1766　1765　1764　1762
　　　　　　　　　　3840

〈歹部〉　　耊 耑　　〈止部〉　　欶 欷 欲　　〈欠部〉　　桸 桼 閑 菜

　　　　　1780　1751　　　　　　2134　1776　1776　　　　　3051　2780　2334　2110

殺 殺 殺　　〈殳部〉　　殖 郷 郷 殘 残 残 残 殊 殟

1436　1436　1436　　　　　　2135　1988　1940　1860　1435　1435　1435　1434　847

越　　〈氏部〉　　毟 耗 毬 毫　　〈毛部〉　　毘　　〈比部〉　　毆 殽 殻

2305　　　　　　2591　1779　1779　1778　　　　　389　　　　　2469　2089　1777

淺 氣 淨 淵 淥 淶 淹 沱 淛 淏　　〈水部〉　　氣　　〈气部〉

1125　　　　　　　　　　　　　　　　　　　　　　393
1798　1124　1123　1109　1089　1089　855　855　724　589

涉 淂 湮 涽 涓 淲 淶 淚 沠 淵 涅 浦 湵 凄

1780　1698　1643　1594　1594　1454　1454　*1454*　1453　1453　1450　1449　1447　1306　*1292*
　　　　　　　　　　　　　　　　　1794　　　　　　　　　　　　　　　　　1786

淀 淑 清 清 混 湥 深 淫 淤 涼 涸 涵 液 涯 淞

| 1792 | 1793 | 1791 2662 | 1791 | 1790 2153 2775 | 1789 | 1789 | 1788 3818 | 1787 | 1785 | 1784 | 1783 | 1782 | 1781 | 1780 |

潤 淶 剿 剿 淵 淕 淫 済 渓 渇 渋 添 淳 淨 淡

| 2137 | 2137 | 2137 | 2137 | 2137 | 1954 | 1803 | 1803 | 1802 3547 | 1801 | 1800 | 1799 | 1797 | 1796 | 1795 |

渁 淖 涱 淕 滲 淘 淛 淯 淦 洘 游 湥 涼 涼 渚

| 3856 | 3065 | 2791 | 2780 | 2774 | 2481 | 2473 | 2473 | 2385 | 2258 | 2151 | 2147 | 2141 | 2141 | 2138 |

烁 焄 然 然 臾 覀 焉 焉 夎 鬲 烽 焗 炰 〈火部〉

| 2902 3441 | 2796 3346 | 2168 | 2168 | 1963 | 1834 | 1805 | 1805 | 1804 | 1804 | 1804 | 1128 | 946 |

族 將 将 〈爿部〉 爽 〈爻部〉 爺 〈父部〉 爱 艒 〈爪部〉

| 1472 | 1341 | 1341 1678 | | 1806 | | 2498 | | 2424 | 270 | |

牽 牾 〈牛部〉 岛 〈牙部〉 牓 牍 牒 牁 〈片部〉 牲 牍

| 1807 | 578 | | 150 | | 3758 | 3758 | 2499 | 330 | | 3696 | 1472 |

猟猪猜猜猛猊猗犾　〈犬部〉　　犵犿犂犁牽

1812　1811　1810　1810　1809　1808　885　601　　　3759　2596　2596　2173　1807

珲琢理球望望望罜現　〈玉部〉　率　〈玄部〉　猿

2202　2180　1816　1815　1760　1760　1760　1140　622 / 1814　　　1813　　　2500

〈田部〉　庸　〈用部〉　産産　〈生部〉　瓳瓶　〈瓦部〉　琄琉

1692　　　1819　1819　　　1818　1817　　　2801　2800

魚異異畦㬉畢略骨益畜畄䜌畨留當

1963　1823　1823　1822　1821　1820　1730 / 1821　1610　1476　1466　1466　1465　1465　1465　356

痳瘉痒痎　〈疒部〉　疏　〈疋部〉　兽黿畲曽禅黄

3075　2805　1824　1472　　　2190　　　3302　2661　2227　2105　2053　1969

皻皺　〈皮部〉　習皎皋皐　〈白部〉　發　〈癶部〉

3077　3077　　　1866　1825　1475　750 / 1475　　　1149

眷 配 眴 智 着 　〈目部〉

1828　1593　1481　1160　734

盖 盉 盗 盛 益 盒 　〈皿部〉

2870　2122　1827　1826　1476　323

務 稀 　〈矛部〉

1638　1638

鼎 鼎 眭 眦 睦 眠 眼 眺 眸

2683　2683　2517　2325　2198　1831　1831　1830　1829

袿 　〈示部〉

608

硋 硝 硍 硫 砕 研

3767　3638　2810　2203　1167　1166 / 1832 / 2205

(1167) ... 1166 1832 2205

粆 疾 矧 　〈矢部〉

1751　1472　894

祷 禍 補 程 視 祭 祭 票 票 袿 桊 祥 祡 祉

3769　2528　2272　2212　1906　1835　1835　1834　1834 / 2229　1750　1504　1499 / 1833　1497　1493

窒 窊 窄 窅 窒 窊 窂 窂 窗 　〈穴部〉

1837　1324　1179　1021　1004　831　599　395　330

移 秸 　〈禾部〉

1836　1535

〈竹部〉　翌 竡 章 章 竟 崎 音 竒 　〈立部〉

1865　1841　1840　1840 / 2733　1839　1683　1255　1040

窌 窊 窓

3094　2214　1838

箋 筑 筺 筝 笹 符 笠 筈 笛 第 筓 笑 筬 箭

2825　2225　2224　2222　1847　1845　1844　1843　1842　931
1846　830　267　263　172

〈糸部〉 粜 籹 粲 番 肃 蕭 粘 粗 粕 粒 料 〈米部〉

4075　3102　2545　2187　1852　1852　1851　1850
4091　1849　1848　1398

紺 紛 紹 紳 細 累 紬 紫 紫 絲 索 紙 細 乳 絃

1859　1858　1858　1857　1856　1855　1854　1853　1853　1853　1528　1523　1519　861　767

罞 〈网部〉　瓵 罊 〈缶部〉　紺 絪 絚 経 絆 組 終 終

1757　　　406　138　　　3326　2839　2843　1863　1862　1861　1860　1860

習 翌 翌 狱 狨 〈羽部〉　章 羞 〈羊部〉　罣 置 罜 眾

1866　1865　1865　995　789　　2311　1864　　2554　2554　2553　2266

耜 耛 耜 〈耒部〉　需 〈而部〉　毫 耆 〈老部〉　習

1867　1867　1867　　2937　　1534　1533　　1866

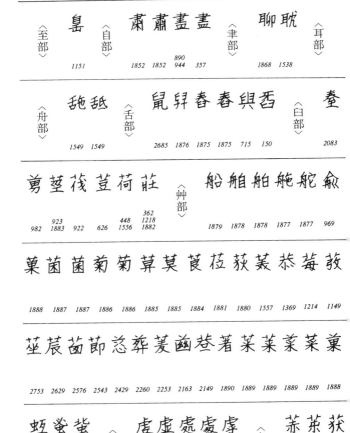

〈至部〉 臮 1151

〈自部〉 肅 蕭 畫 盡 1852 1852 890 944 357

〈聿部〉

聊 耽 〈耳部〉 1868 1538

〈舟部〉 舐 舐 1549 1549

〈舌部〉 鼠 舛 舂 舂 與 舀 2685 1876 1875 1875 715 150

〈臼部〉

臺 2083

荺 莛 莈 苙 荷 莊 〈艸部〉 982 923 1883 922 626 448 1556 362 1218 1882

船 舶 舶 舳 舵 舲 1879 1878 1878 1877 1877 969

菓 菌 菌 菊 菊 荳 莫 莨 茥 荻 莢 恭 莓 敔
1888 1887 1887 1886 1886 1885 1885 1884 1881 1880 1557 1369 1214 1149

莝 莀 茵 節 怒 葬 莠 菡 堵 著 菜 菜 菜 菜 菓
2753 2629 2576 2543 2429 2260 2253 2163 2149 1890 1889 1889 1889 1888

蚯 蛬 蚩 〈虫部〉 1220 378 183

虛 虛 處 處 虖 〈虍部〉 1892 1892 1891 175 161

菻 菻 荻 3441 3315 3300

術 術 街　　　　衃　　　蚴 螢 蚖 蛇 蛆 蚤 蚤

〈行部〉　　　　〈血部〉

1896　1896　1895　　　　　2266　　　3941　3349　1894　1894　1893　1560　1560

衪 袆 袷 袿 袴 袴 袋 袈 衰 衰 裒　　　術

〈衣部〉

1904　1903　1902　1901　1900　1900　1898　1897　1562　912　757　　　1896

〈角部〉　　竟 覍 視 規 覎　　　覂　　　袗 裔 裔

〈見部〉　　〈襾部〉

　　　2277　2277　1906　1905　458　　　1614　　　3674　2589　2589

詗 詗 訛 訥 訽　　　觙 觡 觕 觖 觔 觓 觔

〈言部〉

1163　1006　965　549　486　481　　　2596　2595　2595　2595　1910　1746　268

証 訬 訾 詟 訢 訳 許 設 訪 訣 訟 詝 訛 訛 詐

　　　　　　　　　　　　　　1909　　1907
　　　　　　　　　　　　　　　　　2977
885　2601　　2601　2405　2279　1914　1913　1912　1911　1910　2894　1908　3795　1907　1568

〈豕部〉　　豎 短 斜　　　試 詬 講 攲 詈 詧 詫 意

〈豆部〉

　　3150　2200　132　　　3797　3682　3543　3371　3371　3371　3139　2964

販	貨	貪	貧	貼	貶	貶	阮	貳	貫	〈貝部〉	死	豚	豙
1918	1917	1916	1916	1575	1744	1744	888	363	141 1920		1915	1915	684

赦	〈赤部〉	貝	購	賢	貪	賊	貧	貿	責	責	責	貪
1922		3947	3549	3373	3158	2619	2302	2302	2297	1921	1921	1919

〈身部〉	跃	政	趾	〈足部〉	赳	越	超	赴	起	〈走部〉
		846 1924	501 1923		3161	2305	2304	1232	636	
3949										

軟	転	軒	〈車部〉	躯	躬	舫	躰	舩	航	舳	舫	舷	舩
1950	1927	1926 2721		3691	2560	1925	1538	1538	1538	1538	1270	906	823

逓	逞	述	逸	逕	逵	迎	逑	逡	〈辵部〉	斬	裵	軛	較
1241	1239	929	928 1932	772	770	637	558	275		4030	3950	2908	2626

逞	逝	連	逼	迷	造	速	逋	途	逐	通	透	逵	近	逎
1929	1928	1590 3516	1589	1589	1588	1587	1586	1585 2385	1584	1583 1586	1583	1358	1358	1248

郵 郭 部 邿 邼　〈邑部〉　　遐 遶 逮 進 週 逸 逢 逡

1938　1937　1936　642　530　　　2899　2634　1935　1934　1933　1932　1931　1930

釈　〈釆部〉　醑 醉 酖 酖 覃 配　〈酉部〉　鄉 鄉 鄉 都

1943　　　　3179　1942　1941　1941　1594　1593　　　1940　1940　1940　1939

釚 釛 釣 釣 釟 釵　〈金部〉　量 野 野　〈里部〉　釈

3185　2644　1945　1945　1302　44　　　2327　1944　1944　　　　1943A

阿 陳 陸　〈阜部〉　們 悶 閉 閉　〈門部〉　敋 敋　〈長部〉

257
750　1602　91　　　2059　1947　1946　1946　　　2952　1103

定 隆 険 陸 陥 陶 陵 陳 陰 陰 陪 賦 陥 陸

010　1956　1955　1954　1953　1952　1951　1950　1949　1949　1948　1652　1605　1599

〈頁部〉　零 雪 雪　〈雨部〉　雖 雀 隻　〈隹部〉　陽 陽 脚

　　　1959　1958　1958　　　　2658　1957　1606　　　　2336　2336　2054

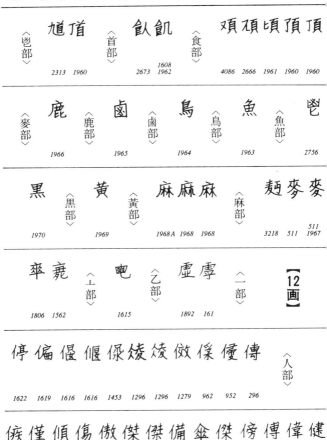

〈邑部〉　尌 啻　2313　1960

〈首部〉　飤 飢　2673　1962　1608

〈食部〉　頯 頄 頃 頂 頂　4086　2666　1961　1960　1960

〈麥部〉　鹿　1966

〈鹿部〉　鹵　1965

〈鹵部〉　鳥　1964

〈鳥部〉　魚　1963

〈魚部〉　邕　2756

黑　1970

〈黑部〉　黃　1969

〈黃部〉　麻 麻 麻　1968A　1968　1968

〈麻部〉　麵 麥 麥　3218　511　511　1967

崒 堯　1806　1562

〈土部〉　乸　1615

〈乙部〉　虛 寧　1892　161

〈一部〉

【12画】

停 偏 偓 偃 倸 倰 倰 倣 倈 偅 傳　1622　1619　1616　1616　1453　1296　1296　1279　962　952　296

〈人部〉

俟 僅 傾 傷 傲 傑 傑 備 傘 傑 傍 傅 偉 健　2399　2367　2366　2365　2362　2359　2359　3154　1975　1974　1973　1972　1971　1624　1976

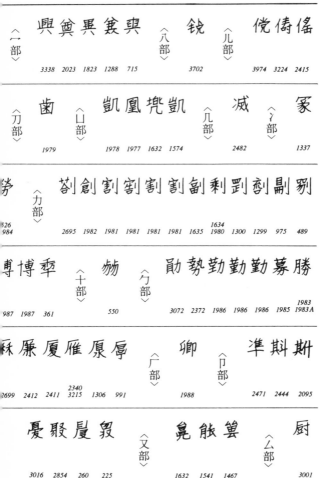

〈一部〉
興 3338　奠 2023　異 1823　蓑 1288　與 715

〈八部〉
鋭 3702

〈儿部〉
侻 3974　傅 3224　傜 2415

〈刀部〉
歯 1979

〈口部〉
凱 1978　凰 1977　塊 1632　凱 1574

〈几部〉
減 2482

〈冫部〉
冢 1337

勞 626
984

〈力部〉
刕 2695　創 1982　割 1981　割 1981　割 1981　割 1981　副 1635　剩 1634 1980　剴 1300　劀 1299　副 975　劉 489

專 987　博 1987　尃 361

〈十部〉
觞 550

〈勹部〉

勛 3072　勢 2372　勤 1986　勤 1986　勤 1986　募 1985　勝 1983 1983A

楙 2699　廉 2412　厦 2411　雁 2340 3215　原 1306　辱 991

〈厂部〉
卿 1988

〈卩部〉
準 2471　斛 2444　斯 2095

憂 3016　聚 2854　晨 260　叕 225

〈又部〉
巟 1632　骸 1541　篡 1467

〈厶部〉
厨 3001

啓 唔 嘆 睃 詰 詰 㖾 單 喠 蜀 唒 咽 駢 〈口部〉

| 1647 | 1645 | 1512 | 1488 | 1311 2606 | 1311 | 1144 | 1025 | 998 | 525 | 489 | 488 | 201 |

喜 喚 喚 喘 喙 喙 喋 喉 喉 善 善 喤 啼 喾 蕓

| 1997 | 1996 | 1996 | 1995 | 1994 | 1994 | 1993 3357 | 1992 | 1992 | 1991 | 1991 | 1990 | 1990 | 1990 | 1662 |

啫 喔 萱 喰 喪 單 喬 喬 喫 喫 喻 喻 喧 喇 喞

| 2376 | 2374 | 2038 | 2005 | 2004 | 2003 | 2002 | 2002 | 2001 | 2001 | 2000 | 2000 3364 | 1999 3358 | 1998 | 1998 |

圖 圓 〈口部〉　嗦 喋 喋 喏 嚣 喔 喦 品 虞 嗞 喯

| 335 | 92 | | 3683 | 3368 | 3358 | 3148 | 2979 | 2973 | 3917 | 2660 3918 | 2582 | 2379 | 2377 |

塈 塤 堀 筶 塄 堪 坐 塋 壾 欺 〈土部〉　圏 圍

| 1760 | 1658 | 1658 | 1213 | 1144 2016 | 783 2011 | 718 | 433 | 353 | 138 | | 2006 | 500 1253 2007 |

塔 塁 堕 塔 塒 場 堵 報 堰 堤 塚 堡 堅 窒 塈

| 2022 2026 | 2019 | 2018 | 2017 | 2016 | 2015 | 2014 | 2013 | 2012 | 2010 | 2009 | 2009 | 2008 | 1965 | 194 |

夛 〈夕部〉
2392

壷 壺 壹 〈士部〉
1662 2021 *1* 472
1662 2020

尭 塂 塚 塗 堦 堹 〈土部〉
3441 3241 2387 2385 2338 2026

媱 媜 娹 婣 媰 媥 〈女部〉
1828 1669 1669 1667 1380 1014

奨 奥 奢 奠 報 〈大部〉
2495 2025 2024 2023 2013

孳 〈子部〉
746

媲 媛 婰 媼 媬 媼 婿 媛 媚 媒 婿
3559 2721 2721 2398 2398 2395 2030 2029 2028 2027 2026

寁 寔 寓 寒 寒 寐 富 寄 寀 惢 寉 實 惢 〈宀部〉
2107 2035 2034 2033 2033 2032 2031 1674 1337 1047 *1021* 744 741
1158

尉 尋 對 尋 〈寸部〉
1680 698 524 166

宣 銨 甯 窟 寧 寬 寛 寖 寍 〈寸部〉
3738 3391 2725 2725 2725 2403 2403 2402 2248

〈尸部〉
驒 戦 営 〈业部〉
4009 2432 2038

景 就 〈小部〉
2414 2039

尋 尋 尊 尊 〈小部〉
2037 2037 2036 2036

省 袅 嵊 箪 墊 嵒 嵒 堂　〈山部〉　　屏 屢 属 蚤 屎

1158　1107　1107　1041　985　752/3848　752/3848　750　　2996　2727　2040　749　528

帽 帯　〈巾部〉　巽 異　〈已部〉　處　〈巛部〉　歳 歳 嵐 崎

2043　1355　　2042　2042　　1230　　2467　2467　2041　1683

厠 厲 厥 康　〈广部〉　毳 幾 幾 兹　〈幺部〉　幅 幄 帽

2047　2034　1806　1306　　2046　2046　2046　1461　　2045　2044　2043

〈弋部〉　算　〈廾部〉　廂 廇 廅 廃 廄 厩 廉 廃 廃 廊

2036　　3096　3003　3003　2858　2858　2731　2412　2049　2049　2048

蕭 蕭　〈王部〉　弾 弼 弼 強 弱 發　〈弓部〉　餐 弑 貳

1852　1852　　2053　2052　2052　1694/2051　3253　1359　1149　　2978　2050　11/363

御 悠 健 脩 徧 假 假　〈彳部〉　尨 彰　〈彡部〉　觳 景

2054　1702　1624　1268　1207　769　294　　3211　2938　　3057　2414

愁 悩 憙 惠 惫 愰 愋 怨 糸 惡 〈心部〉 循 復 徧

1670 / 1380 2065 / 1379 / 1371 2061 3012 / 1047 / 1034 / 999 / 709 / 433 1713 2062 / 695 / 2057 / 2056 / 2055 2321

愕 愉 愉 愉 愉 惰 惰 惣 惑 惑 悶 悲 惠 悖 悳

2067 / 2066 / 2066 / 2066 / 2066 / 2064 / 2064 / 2063 2850 / 2060 / 2060 / 2059 / 2058 / 1713 / 1709 / 1707

戟 戟 戝 〈戈部〉 愒 惢 愳 愡 惛 惥 愃 愃 慌 愠

2070 / 2070 / 1001 / 3257 / 3018 / 3016 / 2503 / 2418 / 2375 / 2350 / 2350 / 2069 / 2068

揆 掔 揑 捏 挽 振 插 罪 〈手部〉 雇 扉 〈戸部〉 戚

1395 / 1395 / 1391 / 1391 / 1388 / 1387 / 374 / 225 / 2344 / 2071 / 2425

揆 揃 揃 揉 掣 掌 拼 揭 描 描 揞 掘 授 掭 捺

2076 / 2075 / 2075 / 2074 / 2073 / 2072 / 1876 / 1738 / 1737 / 1737 / 1735 / 1727 / 1724 / 1722 / 1721

揺 援 援 援 揮 揚 握 换 換 揚 揖 插 插 提 揉

2087 / 2086 / 2086 / 2086 / 2085 / 2084 / 2083 / 2082 / 2082 / 2081 / 2080 / 2079 / 2079 / 2078 / 2077

栽		搣	撖	撰	撰	揩	惚	搭	搭	搤	提
〈支部〉	〈支部〉										
	981	3265	3161	3035	3035	3029	2850	2439	2439	2433	2250B

斄	敷	数	敬	敦	散	散	敢	敝	愍	敧	敇	敨	救	馻
3264	3040	2443	2092	2091	2090	2090	2089	2088	1722	1669	1436	1436	981	820

旗	粤	旒		斳	斯	斯		斑	斐	斌	
			〈方部〉				〈斤部〉				〈文部〉
2755	2680	1401		2683	2095	563		2094	2093	1697	

厔	畫	晵	晻	脏	會	會	會	曐		旡	旣	
									〈日・曰部〉			〈无部〉
1074	944	821	819	813	295	295	295	196		1402	1402	

晶	晴	晴	晢	唎	晰	景	普	晥	晚	着	尟	婚	婚	晉
2101	2100	2100	2099	2099	2099	2098	2097	2096	2096	1890	1875	1667	1667	1405

朙	期		督	量	最	最	替	曾	曽	曾	晥	暑	智
		〈月部〉											
818	736		2515	2327	2107	2107	2106	2105	2105	2105	2104	2103	2102
	2109												

腎 腋 脾 脾 脹 朞 朝 朝 勝 勝 肺 腩 腌 宵 胞

2247　2246　2245　2245　2244　2109　2108　2108　1983　1983　1869　1410　1409　1336　907

楸 槑 槑 槑 棟 椹 桙 椙 椏 棻　　〈木部〉　　腸 腸 腕

1413　1411　1411　1411　1087　841　828　571 2129　433　178　　　　3779　3152　2248

棋 棉 棄 梱 棃 椀 椾 棠 探 畬 棧 棲 梅 椛

2112　2111　2110　1771　1768　1766 2122 2523　1762　1761　1731　1466　1432 2117　1431 2119　1430　1428 2128

椒 椚 植 植 椅 棺 棹 森 棟 棚 棗 棓 棒 棊

2127　2126　2124　2124　2123　2121　2120 3617　2118　2116　2115　2114　2113　2113　2112 2521

欺　〈欠部〉　榥 梡 梅 棽 楼 楒 椀 検 桼 極 極

2132 2603　　　3283　3280　2761　2527　2462　2455　2248　2131　2130　2130　2130

殘 殣 殘　〈歹部〉　焱 雌 愸 媂 萠　〈止部〉　欹 款 欽

1435 2136　690　116　　　3147　2658　2004　1354　978　　　2134　2134　2133

〈毛部〉 𣪠 貫 簑

3368 1920 850

〈母部〉 毇 毇 毇 穀

2469 2469 2469 1777

〈攴部〉 殖 鄉

2135 1940

淺 溍 㳿 渡 減 游 渥 溻 渾

〈水部〉

1440 1114 1107 1034 2142 997 873 2151 871 750 651

毬 毯 毬 毫

3575 2519 2519 1778

淯 溪 渴 添 湆 渾 溁 溗 深 溢 涼 涵 湆 湼 渺

1803 1802 1801 2150 1799 1797 1790 2153 1789 1789 1789 1788 1785 1783 1451 1450 1449

測 潔 溫 温 潙 渦 渥 渤 渠 渟 減 渚 測 淵 淫

2148 2147 2146 2146 2145 2145 2144 2143 2141 2140 2139 2138 2137 2137 1803

滿 灣 湿 湯 湮 湧 湧 湛 湖 湊 淼 渺 港 港 港

2162 2161 2160 2159 2158 2157 2157 2156 2155 2154 2152 2152 2149 2149 2149

漿 漾 溂 溉 漏 㴗 滯 滔 游 湏 湏 湴 湏 漏 滋

3059 2793 2789 2783 2782 2776 2486 2485 2478 2474 2474 2385 2351 2321 2163

烈	羔	兼	爲	焔	欻	焯	烝	無		〈火部〉	滿	滄	滃	澄
1455	1288	1288	1131 2171	877	875	596	276	140 143 2165			3471	3416	3060	3060

熏	然	烴	爲	燒	煮	煮	然	然	然	焔	焦	無	焚	奐
3346	3294	2579	2292	2170	2169	2169	2168	2168	2168	2167	2166	2165	2164	1963

雅	〈牙部〉	牋	牍	牒	〈片部〉	牉	〈爿部〉	爺	釜	〈父部〉
2342		2825	2499	2116		3059		2498	1595	

猶	猾	猫	猥	猪	猲	〈犬部〉	犂	犀	犆	犆	犇	〈牛部〉
2178	2177	2176	2174	1811 2175	982		2173	2172	1458	1458	724	

琥	琢	琖	斑	琴	斑	琱	〈王部〉	猒	猴	猨	猢	奨	猶
2181	2180	2179 2512	2094	2094	2094	1696		2697	2500	2500	2500	2394	2178

甦	甡	甤	甥	甦	〈生部〉	瓬	〈瓦部〉	瑕	琴	琱	瑀
2721	2186	2185	2185	2184		3304		2502	2183	2182	2181

〈疋部〉	䀏	疊	番	堲	異	異	晦	畫	〈田部〉	甯	〈用部〉
	3765	2189	2187	2019	1823	1823	1468	890 2188		1692	

發	發	登	〈火部〉	痣	痢	痘	痳	疫	痛	痦	〈疒部〉	疎
1149	1149 2195	1106A 2194		2883	2193	2191	1472	1147	959 2192	704		2190

〈皿部〉	皴	皷	菽	〈皮部〉	皋	皓	酟	皕	〈白部〉	發
	3077	3077	1779		2958	2196	1849	11B		1149

睿	聂	映	睍	睇	着	睅	眢	〈目部〉	窐	盐	盗	盛
2861	2683	2519	2518	2198	1890 2199	1831	1160		2725	2390	1827 2197	1826

硝	砮	硘	〈石部〉	短	〈矢部〉	舒	舒	〈予部〉	睯	眠	眂
2201	1647	1647		2200		2249	2249		2917	2900	2900

神	祍	祍	祍	〈示部〉	确	碑	砼	硯	硬	硬	硫	碑	硝
1173	608	608	608		3081	2810	2206	2205	2204	2204	2203	2202	2201

程 程 稈 稅 税 移 稍 秬 稀　〈禾部〉　祷 禔 禄 祥

2212 2212 2211 2210 2210 2209 976 618 532 3769 3310 2207 1499
　　　　　　　　　　　　　 2213　　2208

寛 窖 窗 窓 窄 穽 窏　〈穴部〉　豪 粯 稉 梁 稜 稈

2403 2214 1838 1838 1673 1179 611 3091 3087 2546 2544 2535 2533

筐 篇　〈竹部〉　竦 端 望 善 童 童 竣 竢　〈立部〉　窗

316 172 3519 2822 2758 2421 2216 2216 2215 963 3481
2224

策 答 筒 筑 筑 筏 筥 筋 筈 筆 筅 笋 筈 等 等

2228 2227 2226 2225 2225 2223 2222 2221 2219 2218 2217 1510 2219 560 550A
　　　　　　　　 3315　　　　　　　　　　 3500　　 1057　　 2220

〈糸部〉　舜 粭 梁 粧 粥 粤 粟 粟　〈米部〉　簏 笛 笺

3296 3198 2544 2232 2231 2230 2229 2229 2829 2827 2825

絞 綒 絕 絶 結 結 絝 経 絅 絮 索 総 絛 絡 糸

2236 2235 2234 2234 2233 2233 1900 1863 1856 1855 1528 1500 1192 1112 405
　　　　　　　　　　　　　　　　　　　　　　　　　　　　　　 2242

絿 緐 綈 絜　綾 耕 結 絹 絵 統 絨 絨 給 絇

3649　3331　3104　3061　2845　2550　2547　2547　2243　2241　2240　2240　2239　2238

耆　〈老部〉　翁　〈羽部〉　绪 羨　〈羊部〉　罸　〈网部〉　紙

1533　　332　　3650　2557　　2553　　3820

脊 聑 照 耿 聟 聑　〈耳部〉　耕 耕　〈耒部〉　需　〈而部〉

2855　2854　2854　2854　2026　549　　1535　1535　　2937

舶 朕　〈舟部〉　舂 舄　〈臼部〉　臺　〈至部〉　舌 皋 臲　〈自部〉

1878　1409　　1875　174　　1027　　3257　1475　1208

葨 荃 菜 莝 菓 蕎 蒸 萸 菫 蕱 華 萬　〈艸部〉　舠

934　933　932　923　838 1888　758　702　678　633　621　619　24　　3662

菜 菓 菌 菊 蓍 菴 華 莘 莘 華 莓 菬 菀 蓍 葽

1889　1888　1887　1886　1864　1689　1557　1557　1557　1557　1214　1212　1211　1076　982

椛 萃 葅 菴 菱 菰 菩 葉 蒳 菩 勤 募 蒜 着 著

2257　2256　2255　2254　2253　2252　2250
2250A
2250B　2218　2162　1991　1986　1985　1968　1890　1890

菩 菻 慈 葛 葛 萩 葬 堃 葬 葉 菜 菜 葉 落 落

2867　2836　2576　2575　2575　2571　2260　2260　2260　2259　2259　2259　2259　2258　2258

蛸 蛮 蛦 蛤 蚤 蛙 畫 〈虫部〉 虛 〈虍部〉 螢 萊

2875　　2265　2264　2263　2263　2262　2262　　　　　1892
2261　　　　3349　3347

裒 〈衣部〉 衝 街 衙 街 術 〈行部〉 衆 衇 〈血部〉

1745　　　　2926　2926　2587　2267　1896　　　　2266　1546

裛 〈両部〉 褂 䮚 裍 裡 裝 補 裙 裕 裂 裂 裁 袂

3675　　　　3995　3421　2594　2588　2273　2272　2271　2270　2269　2269　2268　1902

鮑 觛 〈角部〉 覧 覼 覚 覘 覘 視 規 規 〈見部〉 裛

2278　2278　　　　3536　3488　2277
3106A　2276　2275　1906
2274　1905　1905　　　　3675

訬訴設註評說詙詞訷習 〈言部〉 觪觧解

訬	訴	設	註	評	說	詙	詞	訷	習		觪	觧	解
2279	2279 2736	1910	872 2281	705	700	454	448 703	438	225		2595	2595	2595

詛評評訟詔詷詒註詐詑詎誉証診診

詛	評	評	訟	詔	詷	詒	註	詐	詑	詎	誉	証	診	診
2289	2288	2288	2287	2287	2286	2286	2285	2285	2284	2284 2602	2283	2282	2280	2280

象 〈豕部〉 睿 〈谷部〉 詅說訛訣訰詠詠詈詞

象		睿		詅	說	訛	訣	訰	詠	詠	詈	詞
2292		3233		3540	2896	2609	2608	2601	2291	2291	2290	2290

貳貰貯貶貟貪貶貮 〈貝部〉 貁 〈豸部〉 蒙象

貳	貰	貯	貶	貟	貪	貶	貮		貁		蒙	象
2296	2295	2294 3602	2293	2023	1919	1895	363		884		2868	2292

〈走部〉 賝賖賊賣賀賀貿貼費貸買買貴

	賝	賖	賊	賣	賀	賀	貿	貼	費	貸	買	買	貴
	2900	2900	2619	2618	2303	2302	2302	2301	2300	2299	2298	2298	2297

疏距距跛跤趺趺 〈足部〉 趄越起超越起

疏	距	距	跛	跤	趺	趺		趄	越	起	超	越	起
2620	2308	2308	2307	2306	2306	2306		3550	2305	2304	2304	2230 2305	927

軒 軽 軸 転 〈車部〉 躯 躬 躾 躯 躰 躰 〈身部〉 跳

2661B 2310 2309 2202　　　3691 1538 1340 906 447 447　　　2623

逐 逍 送 退 逮 逎 逸 〈辵部〉 辜 〈辛部〉 輭 董 輾

211
451
1236 1932
1584 1241 1240 1239 1935 275 2314　　　2311 2552　　　3999 3170 2661B

游 遇 遅 逶 逋 遂 違 逵 達 逵 逬 逑 逯 進 週

2319 2318 2317 2316 2316 2316 2315 2315 2315 2313 2312 1935 1935 1934 1933

郵 〈邑部〉 通 逶 逻 遠 道 道 過 過 遍 運 逰 游

1938　　　3694 2637 2637 2636 2631 2323 2322 2322 2321 2320 2319 2319

酦 酬 酣 酘 酢 酔 醉 酖 酤 酤 醤 〈酉部〉 都

3385 2641 2326 2325 2325 1942 1942 1941 1849 860 474　　　1939 2324

釵 釜 鈔 鈞 〈金部〉 量 野 甼 〈里部〉 釉 釆 〈釆部〉

558 503
1595 1595 2329 2330　　　2327 1944 265　　　858 970

〈镸部〉

鈑 戔 釟 鈎 鉱 鈖 釻 鋬 鈍 欽 錦 鈄 鈄

3564 3562 2651 2649 2646 2644 2331/3697 2330 2328 2133 1945 1747 1747

開 開 閇 間 閑 閇 閆 開 開 閈 開 閆 〈門部〉 镹

2335 2335 2335 2335 2334 2333 2333/3064 2332 2332 1946 1946 112 2952

隆 隆 隆 隆 隆 隆 陶 陰 阮 陏 隙 陲 〈阜部〉 閔

1956 1956 1956 1956 1956 1956 1952 1949 1601 1248 1144 1030 2422

焦 〈隹部〉 隠 随 階 階 隊 隊 陽 陲 陼 隙 隈 隄

1712 2935 2339 2338 2338 2337 2337 2336 2158 2138 2016 2012 2010

霄 萠 〈雨部〉 雅 雅 雇 雇 雇 集 集 雅 雄 雁 隼

1336 306 2656/3216 2534 2344/3957 2344 2344 2343 2343 2342/2656 2341 2340 2166

靮 靭 〈革部〉 耐 畗 〈面部〉 斐 〈非部〉 霙 雲 零 雷

2347 545/2347/2348 1196 499 2093 2937 2346 2345 1958

飲　〈食部〉　頑頑傾須順項頃　〈頁部〉　斐　〈韭部〉

2352　　2678 2666 2366 2351/4013 2350 2349 1961　　2093

〈鳥部〉　髭　〈髟部〉　傌馭駄　〈馬部〉　飭飭飥飦飯　〈食部〉

2678　　2678　　3114 2354 1609　　2675 2675 2669 2353 2353

〈齒部〉　黑　〈黑部〉　黍　〈黍部〉　黃　〈黃部〉　麭　〈麥部〉　鳥

1970/2357　　　　2355　　　　1969/2356　　　2305　　　1805

齊　〈工部〉　薑舠亂　〈乙部〉　乮　〈丿部〉　【13画】　齒

810　　3304 1258 431　　1557　　　　　1979

傯傳傯傈傫　〈人部〉　駁禀亶衰晉變齊齎

1625 296 165 165 109　　3421 2536 2358 2004 1745 1006 810 810

傾傷債傳傲傭傰傭催傑傑傑備備備

2366 2365 2364 2363 2362 2361 2361 2361 2360 2359 2359 2359 1976 1976 1976

擧	〈八部〉	僮	傔	儘	褭	儌	僞	債	僧	僧	働	僉	僅
1342		3800	3737	3226	3131	2960	2687	2615	2370	2370	2369	2368	2367

鹵	〈凵部〉	滅	馮	〈冫部〉	愈	寫	〈冖部〉	奧	黃	爽	擧
1979		2482	679		3258	174		2025	1969	1806	1342

勲	勤	〈力部〉	剝	劉	劋	劇	劇	剽	創	劍	刪	〈刀部〉
2371	1986		3025	3025	3116	2967	2967	2371	1982	1302	687	

陸	〈卩部〉	播	喪	傘	準	〈十部〉	勛	勵	勠	勧	勢	勢
1954		2999	2004	1975	1293		3509	3038	3025	2373	2372	2372

憂	數	奪	疊	疊	〈又部〉	厤	厩	厭	厲	〈厂部〉	勢	隘
3016	2968	2716	2189	2189		3841	2731	2731	2340		3118	2654

嗩	嗄	喜	唯	唬	彙	盡	喫	嗤	號	處	〈口部〉	叡
2375	2374	1997	1996	1990	1662	1662	1512	996	201	175		3279

嗉 嗄 鞍 猷 䚪 虞 覤 稿 嘆 嗤 嗤 嗣 嗲 嗟 嗜

3542　3238　3195　2697　2582　2582　2528　2528　2380　2379　2379　2378　2377　2377　2376

塗 塚 堙 臺 〈土部〉　園 團 圍 圉 圖 團 烏 圓 〈囗部〉

1585　1289
2385　2387　750　196　　　　　2381　1317　500　500　499　335　135　2382　　92

填 塞 塚 塚 塘 塘 塝 塑 塊 塔 報 堪 塋 堭 墮

2389　2388　2387　2387　2386　2386　2384　2384　2383　2017　2013　2011　1965　1661　1602

〈夕部〉　愛 夋 〈夂部〉　塞 黗 墨 墨 塀 墓 塩 塩 塩

　　　　2424　1226　　　　　3312　3245　2919　2919　2473　2391　2390　2390　2390

毀 婁 嫛 娶 〈女部〉　猷 鳲 奬 奧 奥 〈大部〉　夢 猛

1666　1666　346　346　　　2697　2657　2394　2025　2025　　　　　2392　1809

寠 寡 寋 〈宀部〉　嬰 媿 嫐 嫋 嫉 嫂 嫁 媾 媼 媱

1337　1053　743　　　3445　2426　2401　2400　2399　2398　2397　2396　2395　1671

窮 寮 蜜 窪 寧 寛 臺 寝 宴 富 盜 寅 索 賓

3093 2993 2874 2725 2725 2403 2402 2402 2107 2031 1676 1675 1528 1441

誉 〈⺍部〉 尠 〈小部〉 尊 尊 對 對 對 〈寸部〉

〈九部〉

2405 2404 2036 2036 1300 1022 524

峯 嵯 嵩 嵧 崟 嵃 〈山部〉 屇 屟 屟 扇 〈戸部〉 就

2407
2407 2407A 2406 2389 2385 238 2782 749 749 528 2039

幹 〈干部〉 幕 幌 幋 〈巾部〉 順 〈巛部〉 巀 嗇 歲 歲

2410 2409 2408 2064 2427 3978 2517 2467 2467

〈弋部〉 舁 〈廾部〉 雁 廚 廉 廉 廈 廊 庵 廇 〈广部〉

2025 4069 3001 2412 2412 2411 2048
2413 1689 1353

嗜 〈心部〉 微 徭 從 得 〈彳部〉 彙 彙 歸 〈彐部〉 毓

1365 2416 2415 1363 296 2414 2177
2414 1354 2050

愚 愍 意 愈 愈 愁 愁 惹 想 想 慌 慍 博 悰 恚

2423　2422　2421　2420 2630　2420　2419　2419　2418　2417　2417　2430 2069　2068　1987　1714　1371

慮 惷 愍 煎 愾 慨 慈 慄 愼 愼 愼 愧 感 愛 愛

3015　2745　2532　2490　2431　2431　2429　2428　2427　2427　2427　2426　2425　2424　2424

辨　〈手部〉　戡 感 賤 戦 鹹 戲　〈戈部〉　蒸 急 備 恩

225　　　　　3927　3260　2625　2432　1826　1157　　　　3368　3258　3254　3016

㧃 揵 捷 搾 搽 搜 挙 搏 搐 搿 搕 搞 搥 搂

1723　1720　1720　1507 2441　1395 1395　2437　1342　798 1393　793　682　556　556　555　554

搬 搗 搔 損 搨 搖 插 搽 掣 搽 掩 搽 撩 搂

2438　2436　2434　2433　2417　2087 2435　2079　2076　2073　1738　1735　1731　1730　1723

敲 敬 敫 啟 敲 敎 敵　〈攴・支部〉　搿 搞 撰 摂 携

2092　2092　2081　1435　1181　1149　3038　　　　3266　2442　2442　2442　2440

〈方部〉　鼐　新　新　〈斤部〉　斠　斟　〈斗部〉　鼓　敷　毀　數

2683　2445　2445 3345　　2444　2444　　2684　2684　2469　2443

幹　匙　暑　暒　景　曇　暗　晃　暎　會　〈日・曰部〉　斖　旇　旋

2410　2404 3585　2103 2448　2100　2098　1757　1403　1290　1075　295 2451　　2680　2446　1750

睹　暴　暍　暮　暚　暄　暗　暗　暟　暖　暖　暇　暇　幹

3614　3042　2821　2757　2567　2491　2450　2450 3366　2449 2491　2449　2449 2491　2447　2447　2410

腕　腕　腥　勝　勝　賸　豚　腦　腦　腳　腪　胃　勝　〈月部〉

2248　2248　2144　1983　1983　1983　1983　1874　1874　1869　1199　1199　1983A

森　〈木部〉　腩　腮　腴　腺　腹　腹　腸　臂　腰　腰　腫　腦

238　　3779　3714　3076　2568　2567　2567　2566　2565　2565　2565　2564　2563

椹　椾　椰　楡　楓　椿　棗　楺　楯　槭　模　槀　槸　楱　楹

1486　1483　1432　1432　1428　1422 2465　1411　1162　1157 2460　1092　1088 1430　893　829　722　571

楠 楚 楚 楕 椿 橐 椅 楒 棄 様 楎 黎 椙 鑫

2455　2454　2454　2453　2452　2414　2123　2111　2110　2077　2012　1768　1627　1504

楔 禁 楽 楅 楪 楼 椌 楮 楮 楮 業 業 楫 椚 椚

2767　2527　2466　2464　2463　2462　2461　2460　2460　2459　2458　2458　2457　2456　2456

歇 款 歓 欹 歐　〈欠部〉　　柔 椰 櫛 柔 橡 様 概

2617　2134　1995　1776　843　　　　　3880　3751　3751　3238　3106　2770　2768

殯 殫 殤 殖 殟 残　〈歹部〉　　堵 嵯 歳 歳 歳　〈止部〉

3416　3287　2528　2135　1940　1435　　　　3890　3376　2467　2467　2467

毡 氄　〈毛部〉　　毅 㲉 㲉 毇 毇 毇 殿 殿　〈殳部〉

3575　1897　　　　3057　3057　2820　2469　2469　2469　2468　2468

澁 溥 滚 滚 滛 淸 涵 漫 溺 滑　〈水部〉　　氀　〈氏部〉

　　　　　1788　　　　　　528　273
1800　1797　1789　1789　3818　1786　1783　1449　2480　2483　　　　　812

溝	溝	溜	準	源	滋	滿	漥	湿	潊	溱	湊	溫	湏	溪
2473	2473	2472	2471	2470	2163	2162	2160	2160	2156	2154	2154	2146 2477	2056	1802 2476

滝	漢	滯	滔	滓	滅	滂	滂	溺	溶	溯	溢	溢	溟	溝
2488	2487	2486	2485	2484	2482	2481	2481	2480	2479	2478	2475	2475	2474	2473

煴	燥	剷	煞	粘	筠	〈火部〉	濫	溪	濤	澍	漾	漠	滾
2146	2077	1455	1436	571	526		3621	3547	3472	3290	2793	2785	2775

煭	照	煥	煤	煑	熍	煙	煙	煊	煖	煎	煌	煖	煮	焊
2495	2495	2494	2493	2492	2492	2492	2492	2491	2491	2490	2489	2449	2169	2167

爺	〈父部〉	亂	〈爪部〉	爱	燄	輝	熏	蒸	煳	煩	照
1197 2498		431		3627	3478	3168	2796 3952	2579	2497	2496	2495

獻	猲	猿	猶	默	〈犬部〉	犐	犛	〈牛部〉	牒	斯	牎	〈片部〉
2501	2500	2500	2178	1137		2850	1456		2499 3357	2095	1838	

〈瓦甘部〉	瑪	瑠	瑟	瑞	瑰	瑙	瑕	瑕	琴	瑚	〈玉部〉		獀
	3073	2800A	2505	2504	2503	2503	2502	2502	2183	1139A			2866

喊	畬	畚	畺	畫	當	〈田部〉	輔	〈用部〉	當	甍	瓶
1652	1466	1466	1465	890	323 356 2506		2908		2705	3304	1817

痾	痺	痺	痴	痛	瘩	痒	痙	痞	〈疒部〉	疂	鼻	畷	畷
2510	2509	2509	2508	2192	1706	1705	1649	892		3764	2958	2507	2507

〈目部〉	盟	盟	盟	盞	盡	〈皿部〉	皺	皺	〈皮部〉	瘦	瘆
	2513	2513	2513	2179 2512	357		3077	3077		3076	3076

睿	睿	鼎	睫	睨	睦	睤	睥	督	睡	睧	睐	睛	睯	睛
3233	3233	2683	2519	2518	2517	2516	2516	2515	2514	1874	1828	1410	1160	892

祿	裋	〈示部〉	碍	碑	碗	碇	碁	碎	硯	矮	〈矢石部〉	睒
2207	1750		3767	2810	2523	2522	2112	1167	1166	2520		3636

（碑: 2525）

禂 褝 裪 褔 裕 禅 褔 福 禎 禍 褐 禍 禁 祿 禄

3769　3370　2819　2819　2819　2531　2530　2530　2529　2528　2528　2528　2527　2526　2207

窀　　〈穴部〉　　椆 稟 稜 稚 稗 稡 稢 稱 稱 稔　　〈禾部〉

1735　　　　　　2537　2536　2535　2534　2533　2256　1724　1506　1506　361 2532

箋 筺　　〈竹部〉　　竭 靖 竪 廉　　〈立部〉　　寐 窪 窪 窟 寐

1769　617　　　　　　2821　2662　2539 3150　2412　　　　　3407　2788　2788　2538　2032

筅 箏 筴 筒 節 筵 筮 筶 策 筯 箘 筋 筆 筆

2831　2828　2828　2824　2543　2542　2541　2540　2228　2226　2224　2221　2218　2218

〈糸部〉　　粮 糞 粡 粳 粲 粱 梁 籽　　〈米部〉　　籌 䇺 筱

　　　　　3648　3501　3418　2546　2545　2544　2544　2209　　　　　3862　3771　3499

絳 絜 続 綯 継 經 絹 壊 統 絨 經 細 索 漿

3329　3061　2551　2550 3868　2549　2548　2547　2384　2241　2240　1863　1856　1528　1522

蕃　蒸　蒅　菁　葺　葱　葛　菱　萱　蒜　萩　蒽　煎　煎　蔂

2580　2579　2578　2577　2577　2576　2575　2573　2573　2571　2571　2490　2490　2490　2458

虜　蜉　虜　號　〈庀虫部〉　薩　薑　蕩　羮　蒿　萹　箱　蓋　蒲　蒙

2581　2151　1892　201 2583　　3663　3530　3342　3122　3099　3096　2870　2869　2868

術　衒　〈行部〉　蜊　蜊　蜂　蜂　蝥　蛾　蛹　虜　虞　虜

1896　1895　　3730　3730　2586　2586　2585　2585 3788　2584　2582　2582　2581

裹　裏　髟　裝　褧　襃　裉　衮　喪　袴　褢　袴　〈衣部〉　衙

2588　2588　2400　2273　2273　2271　2271　2270　2004　1900　1225　1223　　2587

賧　覎　覔　〈見部〉　裭　裩　褚　裳　褸　裾　裸　裟　裔

2277　1830　810　　3133　2880　2878　2843　2594　2593　2592　2591　2589

訓　誅　訛　詺　詹　〈言部〉　触　解　鮮　鮮　解　解　〈角部〉

1570　1413 2610　1069　326　185　　2596　2595　2595　2595　2595　2595

話 詁 詳 詮 詭 詫 詩 試 詣 詵 詥 詢 詋 善 詥

誄 誊 誤 諍 詬 詿 誉 誠 誇 誇 � 該 該

〈豆部〉

貪 貮 賅 賷 賈 〈貝部〉 貇 〈豸部〉 貇 蒙 〈豕部〉 豊

賀 費 貯 賻 賊 賊 賈 資 資 賄 賃 賂 貴 貴 齊

跶 跡 跧 〈足部〉 越 越 趂 趙 〈走部〉 賍 贅 賞

骸 躯 躬 躱 躯 〈身部〉 跱 跡 践 踠 跳 路 跪

辟 辞 皐 〈辰部〉　鞆 較 軽 軽 輀 載 〈辛部〉〈車部〉

3383　2628　2552　　3950　2626　2310　2310　1926　1001

逐 達 達 逆 運 逍 遑 邊 逡 逮 邊 導 〈辵部〉　農

2316　2315　2315　2312　1636　1628／2632　1623／2633　1239　1239　1114　275　275　　2629

遠 違 遂 遁 逾 逵 道 過 遍 遍 逼 運 遊 遇 遅

2634　2634　2631　2631　2630　2339　2323　2322　2321　2321　2320　2320　2319　2318　2317

鄉 陪 鄄 〈邑部〉　邊 遜 逆 適 遙 逛 遣 遠 遠 逋

1940　1939　1938　　3384　3381　3174　2913　2910　2910　2637　2636　2636　2635

酨 酨 酬 酵 酬 酪 酩 猷 酔 〈酉部〉　鄙 鄕 鄕 〈釆部〉

3178　3178　2641　2641　2641　2640　2639　2178　1942　　2915　2638　1988

鉋 鉈 鉄 鉄 鈴 鈴 鈾 鈸 〈金部〉　單 量 〈里部〉　耆

2644　2644　2643　2643　2642　2642　739　266　　3916　2327　　2855

鉻	〈長部〉		鑒	銀	鉏	釧	鑛	鉦	鈎	鉢	鉞	鈆	鉛	鉋
2622			4031	3566	3184	2651	2651	2650	2649	2648	2647	2646	2646	2645

陷	陵	陌	陸	陸	〈阜部〉		闇	開	關	�循	間	閑	〈門部〉
1605	1350	1307	338	91 1954			3400	2932	2932	2928	2855	2115	

惟	雄	雋	〈隹部〉		隱	隙	隘	險	陻	隔	隔	随	陸	陪
656	2341	957			2935	2655	2654	2654	2653	2652	2652	2339	1956	1948

迪	〈面部〉		霧	電	雷	零	零	雷	〈雨部〉		隻	雌	雉	雉
49			3817	2661A 2661B	2660	2659	2659	1136			2716	2658	2657	2657

衿	韵	〈音部〉		韌	靱	〈韋部〉		鞁	鞍	靴	鞁	鞀	〈革部〉
81	100			2348	2348			2684	2684	2663	1519	1518	

頂	顧	顧	頬	頻	頓	頓	頒	頑	預	頌	頎	〈頁部〉		韵
080	3957	3957	2951	2668	2668	2668	2667	2666	2665	2664	2366			3822

養 飾 飾 飽 飽 飼 飯 飭 飩 飯 飣 飡 飲 〈食部〉

3199　2675　2675　2674　2674　2673　2353（2672）　2670　2669　2353　2352　2352　2352（2671）

髧 〈髟部〉　　　奠 〈高部〉　　　駻 嗎 馱 馴 馳 媽 〈馬部〉

2678　　　　2772　　　　3582　3114　2948　2677　2676　1010

鳩 鳶 鳩 鴆 鳥 鳫 〈鳥部〉　　　魞 〈魚部〉　　　寇 彪 〈鬼部〉

2681　2681　2681　2680　2680　2340　　　2679　　　3211　3211

廣 〈黃部〉　　　麩 〈麥部〉　　　麁 〈鹿部〉　　　鴈 鳳 鳹 鳰 鳩

3003　　　　3842　　　　4091　　　3215　2955　2682　2682　2681

替 〈一部〉　　　【14画】　　　鼠 〈鼠部〉　　　鼓 〈鼓部〉　　　鼎 〈鼎部〉

2106　　　　　　　　　2685　　　　2684　　　　2683

僕 〈人部〉　　　㚟 褒 稟 稟 稟 〈土部〉　　　亂 龜 乱 〈乙部〉

80
2688　　　3131　3131　2536　2536　2536　　　2686　1615　431

僚 像 像 僣 僧 傾 傾 傑 傴 儀 幹 傘 爾 傴 倦 傝

2689				2370									1631			
2993	2687	2687	2692	2691	2366	2366	2359	2299	2268	2108	1975	1852	2690	1281	1278

〈刀部〉　潔　〈冫部〉　兢　〈儿部〉　優 傴 傳 儒 儛 僧 曆

	3061		2693		3439	3224	3223	3223	3022	2749	2692

〈厂部〉　翠　〈十部〉　區 匱　〈匸部〉　劇 剳 劃 剶 剴 剾

	2853		2970	2696		2967	2695	2694	2137	1634	975
				3618							

嘼 嘦 嘉 嘂 嗇 嗦　〈口部〉　鼓　〈又部〉　厤 歷 厭 厬

705	695	658	320	238	197	2684	2699	2698	2697	2023
		2702							3607	

嘗 嘖 嗾 嘈 嗹 嘊 嘅 嘆 嗣 嗣 嘮 嘚 嘔 搹 嘘

2705	2704	2700	2700	2700	2609	2431	3054	2378	2378	2374	1359	2703	841	705
							2380					843		
							2701							

團 圓 圖 圖 圖　〈口部〉　臺 嵒 嗶 嗝 嘐 器 嘘 嘘

2708	1083	499	499	499		4054	3848	3604	3600	3119	2979	2706	2706
				2707									

塾 麈 塵 塀 塩 塎 堵 場 埀 墅 境 埶 臺 〈土部〉

2711 2710 2710 2709 2390 2390 2017 2015 1965 1944 | 1839 2712 3764 | 1655 196

〈夊部〉 壹 壽 〈士部〉 墟 壇 趨 壜 壚 墇 墨 墨 增

3286 2714 | 3513 3244 3161 2984 2984 2934 2919 2919 2713

嫠 嫛 〈女部〉 奬 奪 奭 〈大部〉 猓 夥 〈夕部〉 夢

2362 513 | 2394 2717 2716 2001 | 2715 2715 | 2392

學 孵 〈子部〉 嫣 嫚 嫩 嫩 嫩 嫣 嫡 嫗 嫖 嫩

746 519 | 2989 2743 2721 2721 2721 2720 2720 2719 2718 2362

寢 寠 寒 牸 婉 寠 寨 寎 寤 寙 亶 窫 寬 寧 〈宀部〉

2402 2388 2388 2294 1894 1838 1485 1449 1379 1181 1020 742 | 521 2403 | 5A 2725

寮 審 蜜 寧 寧 實 寠 寠 寠 寠 寠 察 察 寝 寢

2993 2990 2874 2725 2725 | 744 2724 2723 2723 2723 2723 2723 2722 2722 2402 2402

屍屝層屢　〈戸部〉　尌厨尉尊對　〈寸部〉　竇賓

3690　2782　2728　2727　　3279　3001　2371　2036　524 2726　　3313　3151

〈干・糸部〉　幔幙滯　〈巾部〉　蒿嵩㠀島嶌嶋　〈山部〉

2730　2409　1584　　2406　1662　1348　1348　1348　1348 2729

廝廨慶甂廓廐廄廏塵廣　〈广部〉　齒樂斡

3251　3251　3015　2858　2732　2731　2731　2731　2367　223　　2549　2466　2410

微復　〈彳部〉　彰　〈彡部〉　豨　〈彑部〉　彜　〈廾部〉　廎

2416　2056　　2733　　1811　　2394　　3930

愍慔憜恝慘愻厭悠悃　〈心部〉　瘷德徴微

2427　2409　2064　1800　1714 2739　1702　1580　1275　780　　3819　2735　2734　2416

憎憭慳愷慣慢慠慟慚慕態態愬慨息

2749　2748　2747　2745　2744　2743　2742　2741　2740　2738　2737　2737　2736　2431 2746　2427

馘	戰	戟	餞	截	〈戈・戸部〉		愿	聰	惶	愆	憲	愿	憪	愻
3562	2432	2070	1982	96 2750			3823	3517	3306	3273	3258	3014	3014	2911

搢	搜	撥	搦	摠	搭	掩	搽	搿	據	撄	摯	〈手部〉	嗣
2087	2076	2076	2075	2063	1843	1735	1722	808	807	807 1719	723		2378

播	撥	摵	搭	摠	樣	摸	標	摧	摘	摑	摜	槒	擎	搗
3034	3033	3027	2886	2850	2770	2769	2754	2753	2752	2751	2744	2442	2438	2436

敷	歐	敲	數	敪	〈攴部〉		變	數	〈支部〉		撻	操	擅	摧
3040	2857	2772	2443	2424			3213	2443			3329	3269	3267	3266

暝	〈日・曰部〉	旗	〈方部〉	斳	斵	斷	斵	〈斤部〉	整	輓	敷
1291		2755		2886	2095	1749	1749		3273	3264	3040

膳	膂	〈月部〉	題	暴	厰	暮	暮	暢	營	曷	曉	敽	憂
1201	492		3715	3042	2697	2757	2757	2756	2705	2196	2104	2090	1757

棚	榮	〈木部〉	膜	膏	瞀	腿	塱	膳	朝	堅	膵	膜	勝
1097	1026 2762		2862	2861	2860	2859	2758	2376	2108	1760	1541	1409	1296

構	構	榜	榛	榎	楷	榦	榨	標	巢	榛	槃	槑	槝	槝
2763	2763	2761	2760	2759	2452	2410	1764	1762	1761	1528	1450A	1430	1420	1415

檻	霜	槗	槀	槃	槽	槃	様	様	模	槃	概	槎	榊	槍	槌
3616	3573	3281	3091	3079	3045	2820	2770	2770	2769	2768	2768	2767	2766	2765 4002	2764

毓	〈毋部〉	殼	毀	〈殳部〉	厥	歎	歌	歇	歎	欽	歇	〈欠部〉
912		2772	2469		3341	2379	2771	2374	2134	2133	1995	

湯	滾	漱	渊	滷	滴	渟	漼	滯	滲	滠	漆	〈水部〉	毓
2159	2153 2775	2143	2137	1965 3062	1959 2776	1797	1781	1449	1449 2774	528	6 2780		3331

漏	漉	漂	漂	漁	漢	漢	滯	滔	滑	滑	漥	滿	滿	滿
2782	2781	2779	2779	2778	2487	2487 2786	2486 2773	2485	2483	2483	2385	2162	2162	2162 2777

熒 〈火部〉
526

激 潛 漿 漾 漸 漲 漬 漫 漣 漠 演 漑
3290 3063 3059 2793 2792 2791 2790 2789 2787 2785 2784 2783

熇 燊 熱 熟 煩 熏 熊 態 熊 熄 熔 默 �!! 誉
3757 3296 3071 3069 2797 2796 2795 2795 2795 2794 2479 3700 2168 1970 693

獋 獍 猥 〈犬部〉 爾 〈爻部〉 羓 㼚 亂 〈爪部〉 爰
1812 1137 1137   2798   2640 2434 431   3777

〈瓦部〉 環 瑪 瑳 璟 瑣 瑣 璃 瑠 〈玉部〉 獄 獠
  3484 3082 2802 2801 2801 2801 2800A 2800   2799 1812

牆 當 〈田部〉 解 〈用部〉 甦 〈生部〉 嘗 斠 〈甘部〉 畽
1467 356   2595   2186   2705 2444   2803

瘇 瘀 瘌 〈疒部〉 疑 〈疋部〉 暍 裏 異 暘 愢 嗣 輿
2564 2399 2047   1908 2804   3765 3501 3229 2756 2422 2378 1823

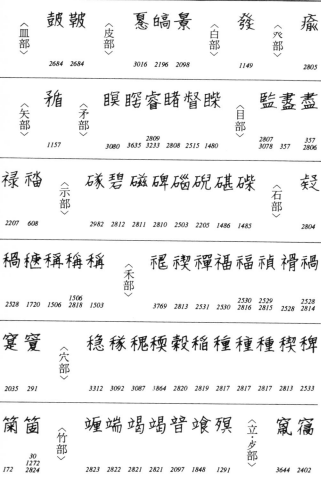

〈皿部〉

鼓 鞁
2684　2684

〈皮部〉

慂 皜 景
3016　2196　2098

〈白部〉

發
1149

〈癶部〉

瘱
2805

〈矢部〉

雉
1157

〈矛部〉

瞑 睎 睿 睹 督 睐
3080　3635　3233　2808　2515　1480
　　　　　　　　　2809

〈目部〉

監 盡 盡
2807　3078　357　357　2806

禄 禃
2207　608

〈示部〉

碬 碧 磁 碑 磰 硯 磓 磔
2982　2812　2811　2810　2503　2205　1486　1485

〈石部〉

慤
2804

稠 穂 稱 稱 稱
2528　1720　1506　1506　1503
　　　　　　　2818

〈禾部〉

裋 禊 禪 福 福 禎 褙 禍
3769　2813　2531　2530　2530　2816　2528　2814
　　　　　　　　　2529　2815

窨 寠
2035　291

〈穴部〉

穏 稼 穊 稬 穀 稻 種 種 種 稧 稗
3312　3092　3087　3864　2820　2819　2817　2817　2817　2813　2533

箣 箇
172　30　1272　2824

〈竹部〉

喹 端 竭 竭 瞀 喰 殞
2823　2822　2821　2821　2097　1848　1291

〈立・歹部〉

窩 竂
3644　2402

算算箕篓箌第策箌筋箍篊簌箈篰

2828　2828 2827 2825 2695 2228 2228 2228 2221 1511 758 678 232 172
　　3176　　　　　　　　　　　　　2826　　　　2830

精精槊粋　〈米部〉　　箔箐箞篇箌篓管筘箙

2834 2834 2545 1515　　　3771 3497 3319 3099 3095 2970 2831 2830 2829
　　　　　2833

網綱綠線綠網綩絜維絵綿　〈糸部〉　糈糀

2839 2838 2836 2836 2836 2537 2096 1858 1641 1223 137C　　3321 2835
　　　　　　　　　　2837　　2846　　　　　3842

緺綫総練緒緊縣綾綽綻綺綸綴綴網

3353 3104 2850 2849 2848 2847 2846 2845 2844 2843 2842 2841 2840 2840 2839
　　　　　　　3103

羛　〈羊部〉　罜罰署置　〈网部〉　錢缺　〈缶部〉　缙缾

2458　　　3776 2851 2852 2554　　3178 1817　　3566 3511
　　　　　　　2555

聞　〈耳部〉　耗　〈耒部〉　翠翢翟　〈羽部〉　羮羯隘義

509A　　　1537　　2853 2641 1732　　3777 3199 2654 2558
1646
2855

腐 臀 〈肉部〉　　肇 肇 書 〈聿部〉　　賦 睡 聚 敵 智 聝

2858　2247　　　　2857　2857　1407　　　　3580　2856　2854　2090　2026　1868

舑 〈舌部〉　　興 晨 寫 與 〈臼部〉　　臺 〈至部〉　　臭 〈自部〉

1549　　　　3338　1755　174　29 2864　　　196 2863　　　2854

蕾 蔾 䔉 藝 〈艸部〉　　艘 艐 䑸 雛 〈舟部〉　　舞 〈舛部〉

1467　1007　836　621　　　3339　1450A　1409　1114　　　2865 3121

蓄 蒸 幕 夢 墓 蓥 葉 菜 落 菩 菩 蒞 菴 華 華

2580　2579　2409　2392 3307　2391　2260　2259　2259　2258　2097　1991　1881　1689　1557　1557

蓂 鞍 蓐 蔲 鞆 蔦 蒤 蓑 蓋 捕 蒲 補 蒙 蒔 蒐

3229　3195　3132　3122　2940　2873　2872　2871　2870　2869　2869　2869　2868　2867　2866

蜻 蜩 蜜 蚤 蜓 蜑 蜑 〈虫部〉　　號 〈虍部〉　　蓀 藍 褻 蓰 〈　部〉

2876　2875　2874　2585　1894　1559　1559　　　　201　　　　3870　3667　3535　3320

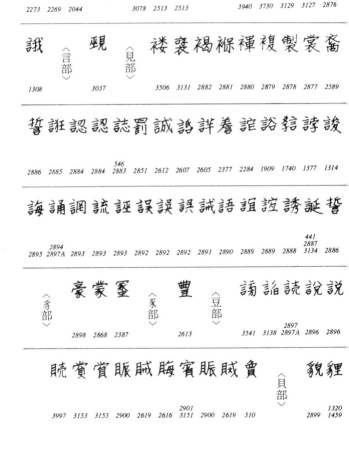

裝 裂 裎 〈衣部〉
2273 2269 2044

監 盥 盟 〈血部〉
3078 2513 2513

蝟 蝥 蝶 蝸 蜻
3940 3730 3129 3127 2876

誐 〈言部〉
1308

覎 〈見部〉
3037

褛 褒 褐 褓 襌 複 製 裳 裔
3506 3131 2882 2881 2880 2879 2878 2877 2589

誓 誑 認 認 誌 罰 誠 語 詳 誊 詮 詥 誙 誖 誜
2886 2885 2884 2884 2883[546] 2851 2612 2607 2605 2377 2284 1909 1740 1377 1314

誨 誦 調 誷 誣 誤 誤 誤 誠 語 詒 詫 誘 誕 誓
2895 2897A[2894] 2893 2893 2893 2892 2892 2892 2891 2890 2889 2889 2888 3134[2887] 2886[441]

豪 蒙 蜜 〈豕部〉
2898 2868 2387

豐 〈豆部〉
2613

誢 詣 読 說 説
3541 3138 2897A[2897] 2896 2896

賕 賞 賞 賑 賦 賄 賓 賑 賦 賣 〈貝部〉
3997 3153 3153 2900 2619 2616 3151[2901] 2900 2619 510

貌 貍
2899[1320] 1459

程 跥 踁 〈足・身部〉 越 趨 趙 趀 趐 〈走部〉 赫 〈赤部〉

212　2190　1870　　3550　3161　2904　2621　3550　　2902 3441

豚 輕 輔 輓 輌 〈車部〉 躬 躊 躬 躯 踊 踞 踐 跽

309　1927 2310 2909　2908　2907　2906　　4059　3948　2899　886 2905　2904　2903　2625　2621

遁 遡 道 遅 遲 遜 漸 遮 遡 邊 〈走部〉 辞 〈辛部〉

631　2478　2323　2317　2317　2042 2911　1589 1928 1749 2912　1304　275　　2628

郶 鄧 部 〈邑部〉 遭 遭 適 遙 遣 遣 遠 遠 違 違

915　1245　961 2915　　2914　2914　2913　2910　2637　2637　2636　2634　2634　2634

墨 嘗 堂 〈里部〉 醑 酸 酸 酷 酷 酵 〈酉部〉 鄭

2919　1286　1286　　3385　2918　2918　2917　2917　2916　　2934

戔 衛 銚 銑 銅 銃 銀 鉋 鋳 鉤 鈄 銘 鉾 〈金部〉

927　2926　2925　2923　2922　2921　2920　2645　2643　2330　811　326 2924　266

駆	馭	駄	馼	潟	〈馬部〉	馘	〈首部〉	䬸	飴	飲	飾	飴
2949	2948	2948	2677	679 3255		2952		4007	2944	2944	3397	2675 2947 2675

髪	髮	髣	髡	髣	髦	〈髟部〉	骭	骰	骸	〈骨部〉	駐	駅
2952	2952	2951	2678	286	143		909	905	846		3202	2950

鮑	〈魚部〉	蒐	魂	槐	〈鬼部〉	鬥	〈鬥部〉	髻	髣	髪
2954 3906 4016 4084		2953	2953	1613		3707		4064	3424	2952

〈黒部〉	麹	麳	〈麥部〉	鳲	鳶	鳴	鳳	鳩	鳶	鳶	〈鳥部〉
	3842	618		2957	2957	2956	2955	2341	1957	1348	

齊	齊	齊	〈齊部〉	鼻	鼻	〈鼻部〉	劓	熏
810	810	810		2958	2958		3912	3346 3626 3952

偓	儉	儁	價	僵	〈人部〉	齋	齎	舞	〈亠部〉	【15画】
1616	1285 2965	957 3601	671 2961	338		3658	1644	1562		

雁 優 儛 億 憶 儀 僻 僵 僕 像 債 儌 歛 俚

4069　3439　3121　2964　2964　2963　2962　2960　2688　2687　2364　2167　1965　1628

剒　〈刀部〉　凜凜　〈冫部〉　罠憲憲　〈宀部〉　髉　〈儿部〉

975　　　　　2966　2966　　　　3931　3258　3258　　　　2962

〈厂部〉　尉　〈十部〉　匲　〈匸部〉　劉 劉 劇 劇 劇 劃 剣

　　　3070　　　2970　　　2968 2968 2967 2967 2967 2694 1302
　　　　　　　　　　　　　　　　　　　　　　　　　　　2969

噉 噎 嘿 嚛 喩　〈口部〉　叒 叕　〈厶部〉　厲 歷 鷗 儀

1648 1643 3221 481 332　　2215 187　　2971 2698 2340 1346
　　　　1309

器 噎 嘶 噂 嘸 嘲 嘱 嘩 賬 嘘 嘗 戰 噂 嘴 嚅

2979 2978 2977 2976 2975 2974 2973 3793 2900 2706 2705 2432 2230 2058 1995
　　　　　　　　　　　　　2972

墥 墮 墊　〈土部〉　圖 圖　〈口部〉　嘲 骼 噐 噴 噴 噐

2018 2018 621　　1083 499　　3976 3828 3302 2980 2980 2979
　　2986

機 墳 舗 墟 隉 墜 墨 増 增 境 塾 鼓 塩 墳 墉

					2919		2713						
3074	2987	2981	2984	2982	2982 2985	2713	2983	2712	2711	2684	2390	2383	2018

鍋 甕 〈大部〉 〈夕部〉 壽 壽 〈士部〉 墰 墟 墟 壞 壞 壇

2715	1562		525	525		3739	3482	3482	3245 3245 3244

嬰 嫣 嬌 嬉 隓 婿 婚 鎪 〈女部〉 棄 棄 奬 齋

3445	3444	2989	2988	2030	2030	2028	2028	2716	2716	2394 2137

審 蜜 寧 寮 寝 寰 寒 寧 實 實 實 寫 〈宀部〉

									174	
2990	2874	2725	2993	2402	2388	2033	1333	744	744	744 2991

劈 履 履 層 層 〈戸部〉 導 壽 〈寸部〉 窶 箋 寬

			2728						
3525	2996	2996	2995	2728		2994	525	3195	3195 2992

幡 幟 幞 帰 〈巾部〉 噐 巺 〈工部〉 巤 黨 〈山部〉 劈

2999	2998	2997	1354	2979	1351	3626	3626	3630

厰 厴 廎 鴈 廢 廄 廦 廗 塵 應 廣 〈广部〉 幣 幣

2697 2412 2412 2340 2049 3004 1505 1380 1353 763 536 223 3005 3000 3000

彊 彈 彈 〈弓部〉 馮 幣 幣 〈廾部〉 魘 廫 廟 塵 尉

3253 2053 2053 3007 3255 3006 3006 3965 3486 3003 3002 3001

憖 憤 〈心部〉 徹 德 徴 僕 〈彳部〉 影 徎 彰 〈彡部〉

1377 777 3011 3010 3009 2688 3008 2037 411

慶 慭 慰 慮 慮 慧 憎 慜 勲 慭 憫 憮 憜 慫 憎

3015 3014 3014 3013 3013 3012 3017 2749 2742 2741 2740 2422 2067 2064 1776 1711

憺 憝 蕊 懐 懐 憘 憑 憫 憨 憮 憤 憚 憔 憐 憂

3453 3451 3305 3262 3262 3256 3255 3024 3023 3257 3022 3021 3020 3019 3018 3016

戧 〈手部〉 戾 〈戸部〉 戴 戳 戲 戲 戮 戡 〈戈部〉 憍 憙

2468 3455 3995 3026 3026 3025 2750 4010 3979

撩	撈	摯	摩	摩	摳	搭	揝	撢	擘	擐	攄	擔	撛
3029	3029	3028	3027	3027	2442	2439	1736	1731	1730	1387	807	796	796

〈攴部〉	鼔	〈攴部〉	擐	撗	擊	撲	撰	播	撮	撫	撤	撒
	2684		3245	3052	3037	3036	3035 3176	3034	3033	3032	3031	3030

〈斤部〉	齋	毅	〈文部〉	敷	敷	敵	毆	敳	數	數	毆	數
	3973	1695		3040	3040	3038	2949	2684	2443	2443	849	445 2443 3039

〈月部〉	替	暴	暫	歠	影	景	橝	晼	〈日・曰部〉	新	斲
	3090	3042 3748	3041	3008	3008	2169	1173	1081		2445	1749

樞	橾	橧	〈木部〉	贏	膠	膝	膚	膜	膋	膓	膓	縢	豚
841 3049	582	137A		3446	3605	3118	3117	2862	2860	2567	2566	1983	1915

模	槃	樂	樓	樓	橆	橺	橦	槩	橘	樟	樛	樑	橯	樞
2769	2768	2466 3046	2462	2462 3047	2130	2126	2124	1905	1843	1840	1775	1762	1215	841

檀 橘 橋 𣐃 㭝 権 横 樫 標 標 槽 槻 樞 榛 樣

3461　3282　3281　3279　3279　3053
3053A　3052　3051　3048　3048　3045　3044
4089　2873　2780　2770
3050

歎 歃 歎 㰤 歓 歐 〈欠部〉 槃 樋 榴 檣 檣 橛

3054　3038　2380
3054　2374　2352　843
3055　　3900　3750
3781　3504　3465　3465　3462

毅 穀 毆 聲 〈殳部〉 殣 殣 殰 㶚 〈歹部〉 歔 歓 歎

3057　2820　849　509　　3899　3676　3504　3025　　3284　3056　3054

滯 潷 潘 潊 潗 濟 澹 澔 澔 漧 濱 㶚 澁 〈水部〉

2486　2484　2472　2138　2033　1803　1795　1444　1444　1442　1441　1439　870
1800
3066

潤 潛 潜 潜 潟 潔 潔 潑 漿 潜 漆 潭 漆 漢

3064　3063　3063　3063　3062　3061　3061　3060　3059　3063　2780　2779　2774　2487

灌 灌 猪 濡 濤 提 湯 激 激 漬 㵎 澄 潮 潮

3928　3928　3756　3471　3471　3385　3342　3290　3290　3068　3067　3067　3065　3065

燦 燃 默 勲 熱 埶 熱 熨 褻 熟 熮 憔　　〈火部〉　潭

3477　3294　3221　3072　3071　3071　3071　3070　3069　3069　3019　3019　　　　　3982

獢 獧 獢　〈犬部〉　牘　〈爿部〉　覼　〈爪部〉　埶 爐 熮

1812　1812　1812　　　3497　　　2751　　　3685　3627　3477

籤 畾 罾 畱 樸　〈田部〉　瓔 環 璃 瑿 瑟 璆　〈玉部〉

3074　2660　1467　1467　896　　　3929　3484　3073　2812　2505　1815

皆 魄　〈白部〉　瘫 瘞 療 瘍 瘦 瘄　〈疒部〉　蕾 寠 橐

2106　1849　　　4069　3486　3486　3254　3076　3075　　　3640　3604　3501

瞑 斡 箹　〈目部〉　盤 監 盟 盤 盡　〈皿部〉　皺　〈皮部〉　皞

1479　　　　　　　　　　　1464
3080　1161　1158　　3079　3078　2513　1552　357　　　3077　　　2196
　　　　　　　　　　　　　　　　　3079

磁 磋 碩 磂 磔 碌 磅　〈石部〉　稴 稑　〈矛部〉　睡 瞋

2811　2802　2653　2203　1802　1420　497　　　2765　1162　　　2514　2375
　　　　　　　　　　　　　　3083

積 襇 禰 禪 福 福 襠 〈示部〉 磔 磔 磐 磊 確 磧

3310 3087 3309 2531 2530 2530 2043   3547 3086 3085 3084 3081 3081

稽 稽 稽 稷 稻 稻 稻 穡 穉 稼 〈禾部〉 褥 褖

3090 3090 3090 3087 2819 2819 2819/3088 2580 2534 1066/3089   3769 3405

龍 〈立部〉 窨 窯 窮 寶 寶 窳 窺 〈穴部〉 黐 穗 稿

1508   3094 3094 3093 2389 2389 2032 1290   3220 3092 3091/3665

篇 範 箸 箱 箭 筱 算 箍 節 筑 箆 箴 箊 〈竹部〉 龍

3099/3107 3098 3097 3096 3095 2830 2828 2826 2543/2832 2217 1681 1596 1419   1508

總 緬 緲 緘 〈糸部〉 糉 糒 糊 糎 精 〈米部〉 築 篆

2838 2045 1522 997   3864 3218 3102 3101 2834   3315 3100

緯 緬 緩 緩 編 編 緣 緣 締 線 緊 緤 總 緒 練

3110/3323 3109 3108 3108 3107 3107 3106/3106A 3105 3104 3103 2881 2850 2848 2849/3111

罷 罰 羀　〈网部〉　絕 緾 繞 緒 縷 繁 緯 緯 織 緻

3115　2851　2554　　　4025　3935　3652　3566　3506　3331　3323　3323　3113　3112

聲　〈耳部〉　耦　〈耒部〉　翸 翦 翫　〈羽部〉　羹　〈羊部〉　罷

509　　　　　　1627　　　　1633
　　　　　　　　　　　　　3116　3116　888　　　　　3777　　　　　3115

舗 鍉　〈舌部〉　臺　〈至部〉　臧 臨 藏　〈臣部〉　聰 聯

2981
3120　1549　　　2083　　　　3125　3659　3125　　　　　3517　3516

〈艸部〉　艶　〈色部〉　艘 艠 艀 艔 般　〈舟部〉　舞　〈舛部〉

3717　　　3339　1450A　1114　1114　748　　　　3121

暮 慕 蕙 葱 葱 堇 裳 蘗 陵 蔆 蕥 蕳 蓉 蔭 藝

2757　2738　2738　2576　2576　2391　2271　2259　2253　2253　2184　1880　1557　1255　621

蔗 蒿 薝 蕩 薝 藏 蔭 陰 蔓 蕠 蕶 莞 蔑 蔦 蓮

3870　3665　3344　3342　3304　3125　3124　3124　3123　3122　3122　3122　3122　2873　2872

蠅 蝶 蝮 蝨 蝗 蜻 蝟 蝱 〈虫部〉 虒 〈虍部〉 蕭 〈屮部〉

3789 3129 3128 3127 2876 2584 2177 1221 1978 4079

褒 襃 襄 〈衣部〉 衛 衞 衝 衛 衛 衙 〈行部〉 蝁 蝎

3131 1566 1566 3350 3350 3130 3350 2323 2323 3905 3875

諅 諄 誰 詮 諍 〈言部〉 觰 〈角部〉 覎 〈見部〉 褫 褥

2611 1797 1641 481 277 2512 2277 3133 3132

諍 請 請 談 諄 諂 調 調 誹 課 課 誕 誣 誠 誼

3142 3141 3141 3140 3239 3139 3138 3137 3137 3136 3135 3135 3134 2893 2891 2889

豎 〈豆部〉 誼 誤 諫 謚 諜 謁 諾 諸 綻 論 諒 諏

472 3799 3367 3362 3359 3357 3149 3148 3147 3146 3145 3144 3143

買 賑 賣 賣 〈貝部〉 貌 貌 〈豸部〉 豪 〈豕部〉 豎 豎

2302 1637A 510 510/3156 2899 1808 1778/2898 3279 3150

贊 賑 質 質 貪 賦 賦 賢 賠 賞 賜 賓

〈走部〉

3160　3159　3158　3158　3157　3157　3157　3155 / 3373　3154　3153　3152　3151

躶 躾 駝 䠶　〈身部〉　踪 踞 踐 踏 踦 踣　趣

2592　2520　3167 / 3378　3166　　3165 / 3690　3164　3163　3162 / 3552 / 3553　724　80　〈足部〉　3161

餞　〈辰部〉　辨　〈辛部〉　輪 輩 輦 㷃 輝 輙　〈車部〉

2629　　2628　　3171　3170　3169　3168　3168　2906

遲 遮 遭 適 逢 遯 遊 遺 遲 達 遰 逢 遂

〈辵部〉

2317 / 3173　3172　2914　2913　2910　2631　2631　2620　2317　2315　1928　1804　103

鄰 鄙　〈邑部〉　遽 遶 遼 遺 選 遵 遵 遷 遷 遷 遷

3401　2915　　3556　3383　3382　3177　3176　3175　3175　3174　3174　3174　3174

噇 釐　〈里部〉　醤 醐 醇 醬 醆 醋 醉 醂　〈酉部〉

1286　990　　3696　3385　3179　2705　2512 / 3178　2325　1942　1785

鋤 鋒 銹 銳 銳 錢 鋼 銅 鋪 銷 鑫 銃 〈金部〉

3184　3183　3182　3181　3181　2927　2922　2649　1912 2981 3186　1451　1140　933C

隱 〈阜部〉　　閲 閲 闔 〈門部〉　　鋁 鋑 銷 鑄 鋏 鉈 鈬

2935　　　　3189　3189　498　　　4034　3953　3699　3188　3187　3185　3185

震 〈雨部〉　　雉 雉 離 〈隹部〉　　隸 〈隶部〉　　隣 隤 隊 隊

3191　　　　3711　3733　3711　　2562　　　3190 3401　2987　2982　2982

〈頁部〉 �首　〈音部〉　鞦 鞊 鞋 鞍 〈革部〉　霓 霊 霈 震

3897　　　3820　3196　3194 137D 3195　　3896　3193　3192　3191

頎 賢 頜 頷 頚 頊 頬 頤 頤 頤 頰 頲 頊 煩 頼

3957　3918　3823　3716　3413　3413　3411　3197　3197　3197　2668　2668　2665　1263　585

餞 餐 餓 餓 餌 養 養 飼 蝕 饇 餝 颮 〈風・食部〉

3577　3416　3201　3201　3200　3199　3199　3198　3126　2675　2670　360

駽 駕 駒 駛 騺 駐 罵 碼 駞 駟 駟 駐　〈馬部〉　餅

3205　3205　3204　3203　3203　3202　3114　3082　2949　2949　2949　1413　　3578

髮 髫 髮　〈髟部〉　槀　〈高部〉　骭　〈骨部〉　駞 駝 碼 駠

2952
3209　2951　1567　　　3665　　　447　　　3207　3207　3206　3206

魯　〈魚部〉　魃 魃 魅　〈鬼部〉　融　〈鬲部〉　鬐 髳 髫 髭

3213　　3212　3212　3211　　　3102　　　3964　3424　3210　3208

鴫 鴉 鴈 鴦　〈鳥部〉　鮒 鮖 鮊 鯊 鮍 鮌 鮏 鮒 鮨

　　　　　2340　　　　　　　　　　　　　　　　　　　　　　　3214
3591　3216　3215　1957　　4087　3966　3726　3726　3586　3429　3428　3427　3426
　　　　　　　　　　　　　　　　　　　　　　　　　　　　　　　　3832

〈黍部〉　麾　〈麻部〉　麩 麪 麩　〈麥部〉　麁 麚　〈鹿部〉　鴎

　　　3219　　　3218　3911　3217　　　4091　3839　　　4019

〈乙部〉　耒 耒　〈丿部〉　【16画】　齒　〈齒部〉　鼎　〈鼎部〉　黎

　　　3542　1288　　　　　　　1979　　　2683　　　3220
　　　　　　　　　　　　　　　　3222

儕 傳 傅 儔 儒 儩 儀 儀　　　煎 齋　　　黿

〈人部〉　〈土部〉

3225 3224 3224 3224 3223 3152 2963 2963　　2631 810　　1615

　　　蓮　　　僅 凝 舘 舘 舘 曾 簷 簹 儘 儕

〈八部〉　〈儿部〉

3228　　3974 3459 3420 3420 3420 3307 3227 3227 3226 3225

劉 劃 劑 劍 劔 劒 劒 劒 劓　　　凝　　　冀

1303
2968 2693 3231 1302 1302 1302 1302 1302 975　　　3230　　3229

〈厂部〉　髯　〈卩部〉　錮　〈勹部〉　　勳 勸　〈力部〉　劚 劉

1777　　　3093　　　　3072
3232 2373　　3642 2968

嗷 噘 噣 噤 篜 黍　〈口部〉　嶽 叡　〈又部〉　曆 曆 歷

2001 1996 1994 1993 1359 695　　3481 3233　　2699 3274 2698
3285

墶　〈土部〉　囊 墻 噸 嘶 噪 噎 噫 噤 器 器 噦 嗣

196　　3977 3492 3240 3239 3238 3237 3236 3234 2979 2979 2557 2378
3880 3235

壔	罋	壁	壁	墾	擗	墜	甏	罋	臺	墻	壚	堀	墈	塌
3243	3243	3242	3242	3241	2962	2337	1965	1944	1659	1658	1658 2538	1658	1605	606

森		壽	嗇	壺		壇	墻	墜	壤	壊	壇	壇
	〈大部〉				〈士部〉							
2165		525	472	472		3764	3482	3402	3246	3245	3244	3244

實		學		孃	嬙	嬰		奮	奮	奮	奮
	〈宀部〉		〈子部〉				〈女部〉				
744		746 3249		3248	2400	1226		3247	3247	3247	3247

	屬		導	尊	對		覩	憲	憲	寏	憲
〈山部〉		〈尸部〉				〈寸部〉					
	2040		2994	2716	524		3314	3258	3258	2723	2034

�287	塵		幽		幬	歸		巖	路	嶮	嶷
		〈广部〉		〈糸部〉			〈巾部〉				
2340	763		1749 2234		2730	1354		3848	2622	1955 3250	338

	彊		興	舜		廧	廩	廨	勵
		〈弓部〉			〈廾部〉				
	3253		3338	531		3482	3252	3251	2367

憹 懛 憽 憾 〈心部〉　　徼 徶 僻 徹 儀 僕 僕 〈彳部〉

2743　2428　2425　1052　　　　3557　3384　3383　3011　2963　2688　2688

懷 懐 懈 憾 憶 憶 憇 憩 憙 憑 儣 罷 慈 憂 慰

3262　3262　3261　3260　3259　3259　3257　3257　3256　3255　3254　3020　3018　3016　3014

撓 擔 擇 擇 撻 〈手部〉　　戯 戲 戰 〈戈部〉　　憨 憿

806　796 564 564 231　　　　3293　3026　2432 3263　　　　3607　3451
　　3271　　3268

撻 撲 摯 擊 捌 携 擣 擅 撿 憗 撜 撤 擄 擋 據

3264　3036　3028　3028　2754　2440　2436　2358 3267　2131　2087　2076　1738　1719 926 807 1719 3270 3272

歠 斃 散 敷 斅 斂 〈攴部〉　　攘 操 擅 擅 攤 擁 撼

3034　3006　2980　2092　2090　431　　　　3852　3269　3267　3267　3266　3266　3265

齰 齰 塑 替 曉 替 奮 〈日・曰部〉　　戠 〈方部〉　　整 整 敆

3090　3090　2495　2106 2104 3276 1405　235　　　2998　　　3281　3273　3038

羸	膵	膳	膨	膠	縢	膝	膾		暴	曉	暿	曇
3446	3336	3335	3334	3119	3118	3118	1201	〈月部〉	3719	3490	3292	3275

樊	橃	檪	橛	槫	撰	櫻	襯	橡	槇	嚮	樸		贏
2359	2223	2165	1766	1621	1535	1427	1436	1101	1096	578	137 385	〈木部〉	3446

橈	樹	樵	樵	檥	横	穀	橫	橅	概	橲	樂	橫	橢	橘
3280	3279	3278	3278	3277	3052	2820	2770	2769	2768	2760	2466	2456	2453	2452

歙		榮	鞪	橥	檀	機	機	機	機	橋	橘	橋	橋
332	〈欠部〉	3840	3603	3501	3461	3283	3283	3283	3283	3282	3282	3281	3281

髣		彈	殢		嵶	嶟		歱	歔	歎	歙
1777	〈殳部〉	3287	3286	〈歹部〉	3890	3804	〈止部〉	3979	3284	3054	1997 3256

漫	落	滿	過	激	澕	澂	燐	澮	澠	瀠	澤		殼
2778	2258	2162	2145	1801	1795	1792	1780	1449	1119	1110	594 3288	〈水部〉	3038

營	黨	〈火部〉		瀟	瀉	濤	濁	激	濃	潰	滿	濕	溫	漆
2038	1286			3855	3624	3472	3291	3290	3289	2790	2789	2789	2781	2780

燗	燕	燕	燐	燈	燃	熾	熺	臺	熹	熟	熊	橫	燒	煩
3299	3298	3298	3296	3295	3294, 3293	3292	3292	3292	3069	2795	2489	2170 3297	2164

瓊	瑤	璬	〈玉部〉		樊	獸	獲	獻	獨	默	〈犬部〉		燗
3762	2800	1139			3612	3302	3300	2697	1137 1458 3301	1137			3299

瘢	〈疒部〉		奮	疊	〈田部〉		甌	〈瓦部〉		瓢	〈瓜部〉		璙
2244			3247	2189			3303			3303			3762

瞕	瞠	瞞	〈目部〉		甍	甑	監	〈皿部〉		礜	〈癶部〉		甕
3634	3306	3305			3304	892 3307	2390			2194			4069

磨	礫	磺	確	〈石部〉		矯	矯	矯	〈矢部〉		矡	〈矛部〉		瞩
3308	3084	3083	3081			3492	2365	2102			1162			4081

魯	凜	稻	穋	犖	穐	〈禾部〉	禦	禓	禩	〈示部〉	磨
3090	2966	2819	1174	736	621		3309	3067	1171		3308

搰	寢	窲	窻	窳	褊	窺	〈穴部〉	穇	穏	穎	穌	積	榮
2538	2402	2032	1838	1449	1181	439 3314		3503	3312	3311	3310	3310	3092

答	篏	箱	嗬	篠	笛	篅	〈竹部〉	竟	嘡	〈立部〉	窺	簍
2541	2540	2452	1998	1847	1844	902		3861	2822		3314	3313

篦	篝	筳	篩	筐	篤	簒	簿	築	築	範	範	簑	節
3986	3862	3320	3320	3319	3318	3317	3316	3315	3315	3098	3098	2871	2543

緫	經	緄	緊	縈	繍	縣	縣	〈糸部〉	糖	糖	精	〈米部〉
2850	2838	2408	1526	1526	1526	1024	1024		3322	3322	3321	

繞	繁	縱	縫	穀	縛	縛	緫	緫	縊	縊	緯	緯	緻	緣
3381	3331	3330	3329	3327	3326	3326	3325	3325	3324	3324	3323	3323	3112	3106

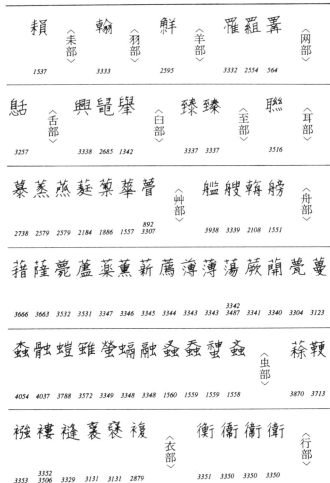

頼 〈耒部〉 1537　　翰 〈羽部〉 3333　　鮮 〈羊部〉 2595　　罹 3332　羅 2554　罘 564 〈网部〉

舓 〈舌部〉 3257　　興 3338　鼂 2685　舉 1342 〈臼部〉　　臻 3337　臻 3337 〈至部〉　　聯 3516 〈耳部〉

幕 2738　蒸 2579　燕 2579　蕤 2184　薬 1886　蕐 1557　薔 892 3307 〈艸部〉　　艦 3938　艘 3339　鞔 2108　艕 1551 〈舟部〉

藉 3666　薩 3663　薨 3532　蘆 3531　薬 3347　薫 3346　薪 3345　薦 3344　薄 3343　薄 3343　蕩 3342 3487　蕨 3341　蘭 3340　薨 3304　蔓 3123

蝨 4054　骷 4037　螳 3788　雖 3572　螢 3349　蝙 3348　融 3348　蟲 1560　蟲 1559　蠚 1559　蠱 1558 〈虫部〉　　蕀 3870　鞭 3713

褪 3353　褸 3352 3506　褙 3329　襄 3131　褻 3131　複 2879 〈衣部〉　　衡 3351　衞 3350　衛 3350　衛 3350 〈行部〉

諧 誂 詩　〈言部〉　覧 覧 親 親 親 覩　〈見部〉　褶 襯

1620
3361　1573　703　　3536　3536　3355　3355　3355　2808　　3995　3511

誤 謁 諾 諸 論 譲 諄 謡 誤 諴 諺 諢 譽 諦 論

　　3149
3356　3369　3148　3147　3145　3143　3139　3138　3035　2891　2602　2597　2405　2279　1911

諱 諱 諱 論 諭 論 諭 諮 諮 諫 諦 謐 諼 誼 謀

3365　3365　3365　3364　3364　3364　3364　3363　3363　3362　3360　3359　3358　3358　3357

諢 諼 誑 譌 謳 諼 諼 諷 謡 謂 謀 諺 諺 諄 譜

4056　4056　3799　3795　3682　3451　3451　3371　3371　3370　3368　3367　3367　3366　3366

販 賣 賁　〈貝部〉　頬 貓 貓 豬　〈豸部〉　豬 豫　〈豕部〉

1918　1644　1644　　2899　2178　2176　1811　　1811　71
　　　　　　　　　　　　　　　　　　　　3756　3372

賅　〈足部〉　〈赤部〉　賷 賴 賴 賴 睹 賆 賢 賦 賜 賚

3574　　　　3945　3375　3375　3375　3374　3374　3373　3157　3152　2297

輹	輸	輗	〈車部〉	躰	〈身部〉	蹏	蹄	踵	踴	踦	踰	踏
3379	3379	1926		3167 3378		3377	3377	3376	2904	2631	2630	2624

遺	選	遵	遲	遷	遷	〈辵部〉	辟	辧	辨	〈辛部〉	輸	輸
3177	3176	3175	3174	3174	3174		3242	225	225 3380		3379	3379

酸	醗	醜	醒	醐	醍	醱	醫	〈酉部〉	還	避	遼	遶
3809	3809	3559	3386	3385A	3385 3385A	2352	474		3384	3383	3382	3381

錄	録	鋼	錢	錞	銅	鑫	銹	錢	〈金部〉	穀	〈釆部〉	醎
3388	3388	3387	2927	2925	1696	1140	811	69 2927 3392		2820		3910

〈長部〉	鉦	錇	鍊	鈍	錺	錯	�	錦	錣	綴	錠	錘	錆
	3895	3566	3399	3398	3397	3396	3395	3394	3393	3393	3391	3390	3389

隨	險	険	〈阜部〉	閽	閻	閼	闕	閂	閹	悶	〈門部〉	塹
2339 3403	1955	1955 3250 3404		3400	3400	3024	2932	2071	1704	1704		2559

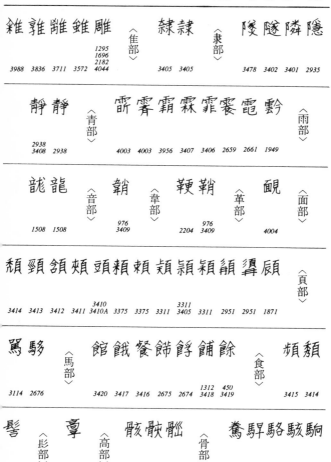

雑	雎	雕	雖	雕		隸	隷		陵	隧	隣	隱
				1295	〈隹部〉			〈隶部〉				
				1696								
				2182								
				4044								
3988	3836	3711	3572			3405	3405		3478	3402	3401	2935

靜	静		霹	霽	霸	霖	霏	霎	電	黔	
		〈青部〉									〈雨部〉
2938											
3408	2938		4003	4003	3956	3407	3406	2659	2661	1949	

龍	龍		鞘		鞭	鞘		靦	
		〈音部〉		〈韋部〉			〈革部〉		〈面部〉
			976			976			
1508	1508		3409		2204	3409		4004	

頰	頸	頷	頻	頭	頼	頼	頽	穎	穎	顄	導	頋	
				3410				3311					〈頁部〉
				3410A									
3414	3413	3412	3411		3375	3375	3311	3405	3311	2951	2951	1871	

罵	駮		館	餓	餐	飾	餁	舗	餘		頬	頰
		〈馬部〉								〈食部〉		
								1312	450			
3114	2676		3420	3417	3416	2675	2674	3418	3419		3415	3414

髻		亭		骸	骹	體		鴛	駻	駱	駭	駒
	〈髟部〉		〈高部〉				〈骨部〉					
3424		1937		3423	3423	1874		3901	3582	3422	3421	3204

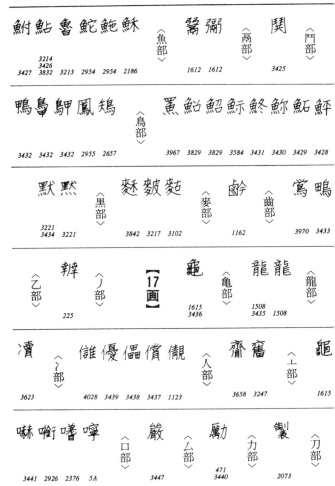

鮒 鮎 魯 鮀 鮑 鮇 〈魚部〉 鬻 彌 〈髙部〉 闋 〈門部〉

3427　3214
　　　3426
　　　3832　3213　2954　2954　2186　　1612　1612　　　3425

鴨 鳦 馴 鳳 鳼 〈鳥部〉 罴 鮎 鮹 鯄 鮱 鮣 鮖 鮮

3432　3432　3432　2955　2657　　3967　3829　3829　3584　3431　3430　3429　3428

默 黒 〈黒部〉 麬 麲 麮 〈麥部〉 齔 〈齒部〉 鴬 鴫 〈龍部〉

3221
3434　3221　　3842　3217　3102　　1162　　3970　3433

〈乙部〉 辮 〈丿部〉 【17画】 龜 〈亀部〉 龍 龍 〈龍部〉

　　　225　　　　　　　　　　1615　　　1508
　　　　　　　　　　　　　　3436　　3435　1508

瀆 〈冫部〉 儺 優 儡 償 儭 〈人部〉 齋 奮 〈亠部〉 龜

3623　　4028　3439　3438　3437　1123　　3658　3247　　1615

嚇 嚥 嚚 嚀 〈口部〉 嚴 〈厶部〉 勵 〈力部〉 剴 〈刀部〉

3441　2926　2376　5A　　3447　　471　　2073
　　　　　　　　　　　　　　3440

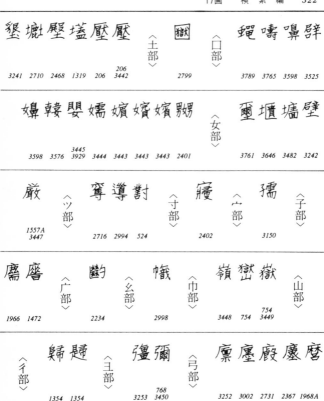

墾 墟 壓 塇 壓 壓 〈土部〉 嶽 〈口部〉 琠 嶹 嘼 壁
3241　2710　2468　1319　206　206 3442　　　　2799　　　　3789　3765　3598　3525

嬶 嚢 嬰 嬬 嬪 嬪 嬪 嬲 〈女部〉 壐 壇 墻 壁
3598　3576　3445 3929　3444　3443　3443　3443　2401　　　3761　3646　3482　3242

嚴 〈ツ部〉 奪 導 對 〈寸部〉 癢 〈疒部〉 孺 〈子部〉
1557A 3447　　　2716　2994　524　　　2402　　　3150

麕 麿 〈广部〉 黝 〈糸部〉 幟 〈巾部〉 嶺 嶽 嶽 〈山部〉
1966　1472　　　2234　　　2998　　　3448　754　754 3449

〈彳部〉 歸 騽 〈玉部〉 彊 彌 〈弓部〉 廩 塵 廐 廎 麿
　　　1354　1354　　　3253　768 3450　　　3252　3002　2731　2367　1968A

〈戈部〉 懧 懦 應 懇 懇 懇 憶 憐 憑 〈心部〉 徹
　　　3453　3453　3452　3451　3451　3261　3254　3018　2423　　　3011

擡	搴	擊	撲	擥	攋	搗	擁	撣	〈手部〉		戴	戲	戯
3457	3266	3037 3456	3036	2754	2750	1738	801	564			3455	3026	3026 3454

曘	曓	暾	齠	曑	〈日部〉		嚴	嗀	散	〈支部〉		擬	擦
3635	3042	1825	853	695			3447	3269	2090			3459	3458

臀	膾	膺	臝	膝	霽	朡	臀	膻	膽	體	腄	〈月部〉		鼌
3524	3523	3521	3446	3118	3117	1825	1201	1201	1201 3522	447	213			3924

檢	橵	椹	樸	〈木部〉		髓	臘	臝	臉	膵	膓	臆	臂
2131 3464	1769	571	385			3828	3779	3778	3636	3633	3527 3779	3526	3525

〈止部〉		檥	簏	樔	檮	攀	檣	檐	橬	檀	樏	穀	櫃	檥
		3992	3840	3752	3750	3747	3465	3463	3462	3461	3269	2820	2759	2457

濱	濱	瀞	鴻	澤	〈水部〉		毡	氊	〈毛部〉		敫	〈攴部〉		踈
1441	1441 3475 3753	1123	1116	594			3466	3466			509			1354

濛 濛 濘 潋 瀨 渭 瀁 潯 濂 濕 濟 濟 澀 澀 瀆

3469　3469　3468　3290　3197　3068　2793　2778　2163　2160　1803　1803　1800　1800　1441
　　　　　　　　　　　　　　　　　　　　　　　　3467　　　3470

燥 燃 䁖 營 〈火部〉 潃 灂 瀉 潤 濯 濯 濤 濤 濡

3477　2795　2495　2038　　　　3871　3856　3624　3569　3474　3474　3472　3472　3471
　　　　　　　3476

牆 牆 〈爿部〉 爵 爾 爾 〈爪部〉 礁 燵 燭 燹 燧 燦

3482　3463　　　　3481　2628　202　　　　3494　3480　3479　3478　3478　3477

獻 獸 獲 獲 獻 獵 獧 獵 獸 〈犬部〉 犝 犠 〈牛部〉

3302　3302　3300　3300　2501　1812　1812　1812　1137　　　　3759　3483

〈广部〉 霻 〈田部〉 曇 〈生部〉 甋 甋 甋 〈瓦部〉 環 〈玉部〉

　　　3275　　　1074　　　3631　2194　137A　　　3484

瞯 睥 堲 〈目部〉 盪 〈皿部〉 皞 〈白部〉 療 癌 癉 癅

3305　2517　2495　　　3487　　　891　　　3486　3485　3020　3019

矯 矯 〈矢部〉 豫 〈矛部〉 瞷 瞹 瞰 瞭 瞬 瞥 瞱 瞱

3492　3492　　　71　　　　4081　3635　3491　3490　3489 3634　3488　3306　3306

癘 癘 〈穴部〉 魏 穗 〈禾部〉 禪 禔 〈示部〉 礁 磯 〈石部〉

1181　1181　　　3921 3092 3496　　　3495　896　　　3494　3493

簇 簀 簒 築 篦 篽 簌 觶 〈竹部〉 竃 竅 窺 寮

3498 3987　3497　3317　3315　3035 2890 3309　2755　1681　　　3931　3644　3314　2993

縱 縫 縣 〈糸部〉 糠 糟 薰 糞 糘 糖 〈米部〉 觴

3330 3505　3329　1024　　　3503　3502　3501　3501　2232　1850　　　3500

絕 繰 繋 繡 織 繃 績 總 縺 縷 縷 縮 縱 繁

4025　3774　3773　3653　3512　3511　3509　3508　3507　3506　3506　3504　3353 3331 3510

翼 翼 翳 翳 翻 〈羽部〉 羮 〈羊部〉 罅 罅 絲 〈缶部〉

3515　3515　3514　3514　2641　　　3777　　　3513　3513　258

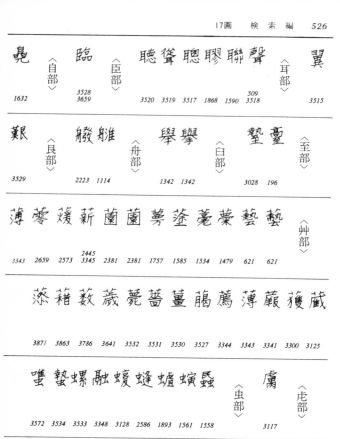

臱　〈自部〉　1632

臨　〈臣部〉　3528 3659

聴　聳　聰　聯　聯　聲　〈耳部〉　3520 3519 3517 1868 1590 509 3518

翼　3515

艱　〈艮部〉　3529

艤　�　〈舟部〉　2223 1114

舉　擧　〈臼部〉　1342 1342

鼇　臺　〈至部〉　3028 196

薄　蓼　燠　薪　薗　薗　薴　薟　薧　薬　藝　藝　〈艸部〉　3343 2659 2573 2445 3345 2381 2381 1757 1585 1534 1479 621 621

蒸　藉　薮　薉　薨　薔　薑　鵑　薦　薄　薇　獲　蔵　3871 3863 3786 3641 3532 3531 3530 3527 3344 3343 3341 3300 3125

嚖　螫　螺　融　蟐　蜂　蟷　蟆　蟲　〈虫部〉　3572 3534 3533 3348 3128 2586 1893 1561 1558

虜　〈虍部〉　3117

禱　襃　褻　褞　褒　襦　褐　襞　〈衣部〉　3791 3535 3535 3353 3131 2936 2882 2273

衝　儒　衛　〈行部〉　3351 3350 1032

講 譁 謇 謓 謝 謷 〈言部〉 觲 〈角部〉 親 覧 〈見部〉

2396
3543　2377　2377　2375　2279　1587　　　　　　　3967　　　　　3355　3536

謇 謄 謄 譖 謠 謔 謚 謡 譙 詞 謐 謰 謭 謷 譽

3371
3538　3537　3537　3502　3545　3360　3359　3138　2885　2771　2598　2597　2426　2426　2405

護 謪 謗 謹 謹 謝 講 講 謙 謙 謗 謚 謎 譙

3884　3796　3793　3546　3546　3544　3543　3543　3542　3542　3541　3540　3539　3538

賣 〈貝部〉 豫 〈豕部〉 谿 谷 豁 谿 谿 〈谷部〉 豀 豀

510　　　　　　　71　　　　　2655　3548　3548　3547　1802　　　　　　4056　4056

蹋 跟 〈足部〉 趨 〈走部〉 賷 賺 賤 贅 購 購 賣

3162
3553　2859　　　　　3550　　　　　3973　3887　3686　3686　3549　3549　510

轄 轄 輿 轉 〈車部〉 蹕 躊 蹤 蹴 蹈 蹇 跪 跪 蹈

3555　3555　3554　1927　　　　　4029　3948　3690　3689　3552　3551　3377　3377　3553(3162)

邀 遠 還 避 導 遼 遷 邃 邊　〈辵部〉　　辟 辨　〈辛部〉

3557　3556　3384　3383　3175　3092　1935　1842　275　　　　3881　225

鎰　〈金部〉　　醬 醬 醜 醒 醛　〈酉部〉　　嚮 鄹　〈邑部〉　　邁

933A　　　　　3696　3696　3559　3386　2376　　　3738　3401　　　　3558

錯 鍪 鍬 鍐 鍛 鍔 鎬 鎘 錨 鍊 錄 鏻 鑒 鎚

3566　3565　3565　3564　3564　3563　3562　3562　3560　3399 3561　3388　3183　2923　2644

闊 闈 闋 闐 闇　〈門部〉　　鬠　〈長部〉　　鍳 鏤 鉬 鍾 鍵

3569　3567　2932　2932　2450　　　　2377　　　　4031　3813　3697　3568　3567

雖 奮　〈隹部〉　　隸 隸　〈隶部〉　　隱 隊　〈阜部〉　　闌 闈 闈

3572　3247　　　　3405 3571　1935　　　3570　2982　　　3854　3705　3705

霤 霯 霡 霞 霜 霙 霄 霠 霢 霦　〈雨部〉　　雝 離

4061　3955　3817　3574　3573　3406　3117　2659　2402　109　　　3711　3711

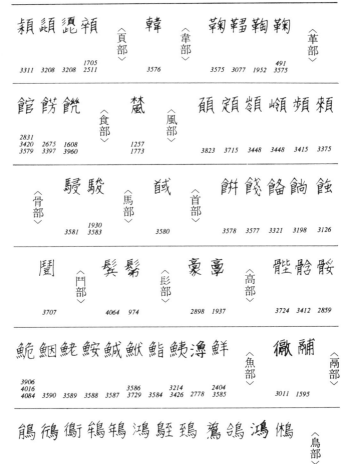

頼 頏 頌 頴　〈頁部〉　韓　〈韋部〉　鞠 鞾 鞠 鞠　〈革部〉

3311 3208 3208 1705/2511　3576　3575 3077 1952 491/3575

館 餝 餞　〈食部〉　螱　〈風部〉　顑 顁 顖 嶺 頻 頼　

2831/3579 3420/3397 2675/2675 1608/3960　1257/1773　3823 3715 3448 3448 3415 3375

〈骨部〉　駸 駿　〈馬部〉　馘　〈首部〉　餅 餞 餡 餇 蝕

3581 1930/3583　3580　3578 3577 3321 3198 3126

鬮　〈鬥部〉　髪 鬃　〈髟部〉　豪 亳　〈高部〉　骴 骼 骸

3707　4064 974　2898 1937　3724 3412 2859

鮑 鮈 鮀 鮟 鮇 鮍 鮨 鯖 鮞 鮮　〈魚部〉　徹 鬲

3906/4016/4084 3590 3589 3588 3587 3586/3729 3584 3214/3426 2778 2404/3585　3011 1595

鷦 鴮 鴴 鴣 鴣 鴻 駐 鴣 鴦 鴿 鴻 鵂　〈鳥部〉

3731 3594 3594 3593 3593 3592 3591 3591 2957 2681 1116 235

黛 點 點　〈黒部〉
3596　1130　1130／3597

黏 黐 黏 黍　〈黍部〉
3102　3102　1851／3595　1261

麹　〈麥部〉
3842

鵝
3732

龜 龜 亂　〈乙部〉
1615　1615　431

【18画】

齢　〈齒部〉
3600

歡 齋　〈齊部〉
1186／1803　1745／3599

競　〈儿部〉
2693

儲 億 儵 儶　〈人部〉
3602　2964　1275　957／3601

舊 歡 饔　〈臼部〉
3247　1803　1745

嚙 嚔 嚕 噿 嘆 蟖 嚧　〈口部〉
3605　3604　2380　2377　1996　1311　708

叢　〈又部〉
3603

鞦　〈几部〉
225

孃　〈女部〉
3248

夒　〈夂部〉
1322

墾 壜 壞 壘 辨　〈土部〉
3241　3002　3002　2019／3606　225

噄
3976

彌　〈彳部〉
768

廩　〈弓部〉
3252

幨　〈广部〉
2997

竄 竊　〈巾部〉
2388　1181

〈宀部〉

搿	擴	攃	〈手部〉		懴	懯	懲	灪	憹	懕	〈心部〉		覆	禐
	808										2697			
2075	3609	806			3851	3608	3608	3305	3016		3607		3675	3439

〈攴部〉		擎	撲	攆	擾	擿	擅	擦	撆	攪	撤	攝	攜	擇
		4049	3747	3611	3610	3460	3267	3030	3027	2754	2752	2442	2440	2085

曼	〈日部〉		旛	〈方部〉		觔	斷	〈斤部〉		斃	敳	〈攴部〉		鼓
2189			2998			2299	1749 3613			3612	2092			2684

檬	橢	〈木部〉		韺	臍	臟	臂	羸	〈月部〉		曜	曜	曙	暴
1092	137C			3991	3658	3780	3525	2592			3615	3615	3614	3042

歟	歡	〈欠部〉		攀	櫂	檻	橢	橋	權	櫃	櫄	橒	櫐	橺
											2696			
3619	3054			3747	3617	3616	3465	3465	3053	3618	2452	2112	1430	1416

瀨	澤	瀋	〈水部〉		嗀	毅	毉	毉	〈殳部〉		歸	踈	〈止部〉
		248									1354		
1123	594	651			3233	3057	474	474			3620	1354	

〈火部〉

漱	溎	瀟	瀑	瀉	瀆	瀆	濾	濫	濟	濱	濆	�
3982	3871	3855	3625	3624	3623	3623	3622	3473 3621	1803	1441	1441	1123

牆		爵		燼	燻	燿	燐	戳	爀	熒	燼
3482	〈爿部〉	3628 3481	〈爪部〉	3627	3626	3615	3296	3293	2902	2008	1404

甕	甌		瓊	璧	璧		獻	獵	獷	
3632	3631	〈瓦部〉	3762	3630	3630	〈玉部〉	2501	1812 3629	1812	〈犬部〉

瞬	瞾		鹽		皦		療	癖	癒	
3634	2189	〈目部〉	2390	〈皿部〉	1825	〈白部〉	2966	2962 3633	2805	〈广部〉

禱	禮		礫	礑	礎	礒	礎	磺		瞼	瞻
2207	270 3639	〈示部〉	3860	3638	3637	3493	2982	2522	〈石部〉	3636	3635

竄	鼠		穰	穫	穢	薔	穡	積	穟		禮
3931	3644	〈穴部〉	3643	3642	3641	3640	3640	3310	3092	〈禾部〉	2531

簪	簪	簀	簡	簡	簎	薄	旗	簇	簻	簾	簾	〈竹部〉	露
3647	3647	3646	3645	3645	3320	*3343*	2755	2755	2541	1353	1353		3955

繡	繞	繙	繕	織	犛	繘	繪	〈糸部〉	糯	糧	〈米部〉
3653	3652	3651	3650	3649	2844	2838	2243		3864	3648	

〈耳部〉	翻	翻	〈羽部〉	羮	〈羊部〉	罇	〈缶部〉	繿	繭	繅
	3656	3656		3777		2036		4085	3655	3654

釁	舋	〈臼部〉	覰	臨	蹼	〈臣部〉	朇	〈肉部〉	職	聴	聯
3174	746		3659	3659	2688		2721		3657	3520	3516

薩	薤	藝	〈艸部〉	艟	艤	〈舟部〉	舐	舙	〈舌部〉	擧	舊
2250A 3663 3663A	1320	621		3662	2457		2607	2607		3661	235 3660

藤	藤	蘊	藍	藉	蘭	藻	蔌	薔	藥	薫	獲	藏	藤
3669	3669	3667	3667	3666	3665	3665	3603	3531	3347	3346 3626 3664	3300	3125 3668	2760

蟬	融	蟄	蟲	〈虫部〉	蘿	蕾	蘊	藻	蟇	藉	薔	藩	藩
3671	3348	2095	424 3672		4091	4079	3874	3871	3867	3863	3679	3670	3670

覆	〈襾部〉	襠	禮	襦	襟	〈衣部〉	衞	〈行部〉	蠕	蠅	蟶
3675		3674	3353	1224	1223		3130		3875	3789	3673

讀	謄	謔	謷	謗	〈言部〉	觴	〈角部〉	観	觀	〈見部〉	覆
2704	2377	2289	1587	705		3678		3677	3676		3675

讓	闢	競	謦	謾	謳	謰	謬	謫	謨	謹	謐	謚	謗
3885	3881	3861	3800	3683	3682	3681	3681	3680	3679	3546	3540	3366	3360

贈	賻	贅	贄	贓	賦	勵	斂	斂	〈貝部〉	豐	〈豆部〉
3687	3686	3686	3685	3946	3157	2299	1744	1744		2613 3684	

蹟	露	蹯	蹣	蹙	蹴	蹤	蹔	蹬	蹟	〈足部〉	趨	〈走部〉
3998	3955	3890	3689	3688	3688	3165 3690	3041	2623	1581 2620		2792	

辤 辯　〈辛部〉

轆 輴 轉　〈車部〉

軀 軀　〈身部〉

2628　2094　　　　　3692　3379　1927 3693　　　3691　3691

〈里部〉　釀 醬 醹 醴 醫　〈酉部〉　邇 遵 邊 邊　〈辵部〉

3891　3696　3678　3502　474 3695　　3694　3175　275　275

鉏 鐼 鐯 鏗 鑄 鏵 � 鎦 鎴 鍼 鐵　〈金部〉　毉 鼇

3697　3555　3396　3387　3188　3183　3183　2968　2764　2643　2643　　　2469　990

镸　〈長部〉　鏠 鏠 鎮 鎮 鎮 鎧 鎔 鏁 鏁 鏁 鎌 鎌

3964　　　3704　3703　3702　3702　3702　3701　3700　3699　3699　3699　3698　3698

隸　〈隶部〉　隋 隤　〈阜部〉　鬬 鬩 闞 闓 雋　〈門部〉

3405　　　3828　3623　　　3707　3706　3706　3705　957

霸 霡 霊　〈雨部〉　雞 難 離 雛 雜 雙 雯　〈隹部〉

3956　3896　109　　　3838　3712　3711　3709　2936 3710　109 3708　109

額 題 顋 〈頁部〉　　韻 〈音部〉　　鞭 鞾 〈革部〉　　靗 〈青部〉

3716　3715　3714　　3822　　3713　1579　　113

饒 饌 餗 饈 〈食部〉　　願 顎 顕 類 類 顂 顏 顏

3961　3958　2674　913　　3823　3720　3719　3718　3718　3718　3717　3717

〈高部〉　　髀 髀 髀 〈骨部〉　　駤 驗 騒 騒 騎 駞 〈馬部〉

3724　3724　3724　　3723　3723　3722　3722　3721　3207

鮫 鯊 鯉 鰹 鰹 鮪 〈魚部〉　　濤 〈鬲部〉　　鬪 〈鬥部〉　　嚞

3726　3726　3725　3590　4014　3587　3586　3729　　857　　3425　　2898

鵜 鴝 鵑 鴟 鼌 鵠 鵏 〈鳥部〉　　鮤 鮹 鯡 鮭 鮂

3732　3732　3731　3432　3432　1444　140　　3832　3730　3728　3727　3726

〈麻部〉　　麳 麰 麰 麿 麗 〈鹿・麥部〉　　鴛 鵤 賦 蘽 鷔 鵝

3217　3217　4046　4046　1966　　3735　3734　3733　3733　3733　3733

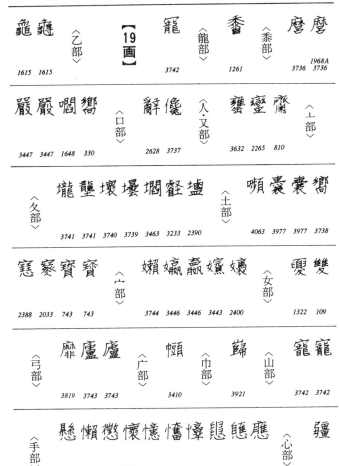

龜 龜 〈乙部〉
1615 1615

【19画】

寵 〈龍部〉
3742

黍 〈黍部〉
1261

麿 麿
3736 1968A
3736

嚴 嚴 嚙 嚮 〈口部〉
3447 3447 1648 330

辭 儵 〈人·文部〉
2628 3737

甕 罋 襾 〈土部〉
3632 2265 810

〈夂部〉

壦 壨 壞 壞 壩 壧 壏 〈土部〉
3741 3741 3740 3739 3463 3233 2390

嚽 嚢 嚢 嚮
4063 3977 3977 3738

竄 竄 寶 寶 〈宀部〉
2388 2033 743 743

嬾 孀 孏 孀 孃 〈女部〉
3744 3446 3446 3443 2400

嬰 雙
1322 109

〈弓部〉

靡 廬 廬 〈广部〉
3819 3743 3743

幀 〈巾部〉
3410

巋 〈山部〉
3921

寵 寵
3742 3742

〈手部〉

懸 懶 懲 懷 憶 憓 憹 愳 懇 應 〈心部〉
3849 3744 3608 3262 3259 3021 1709 1704 536 536
3746 3745

疆
2712

嚴 斅　　斆　　�ʼ 攀 擩 攘 擽 攇 撥 撍

〈支部〉　　〈支部〉

3447　3036　　2443　　4022　3747　3317　3245　3036　3032　2434　806

橯　〈木部〉　臟 臘 臕 膩 臙　〈月部〉　曠 曝 曟　〈日部〉

796　　3780　3779　3779　3779　3527　　3749　3748　1755

殰　〈歹部〉　齢　〈止部〉　櫟 櫛 櫨 櫡 櫃 櫧 櫔 櫪 櫻

　　　　　　　　　　　　　　　　　3750

3927　　3600　　3752　3751　3781　3097　3045　2459　2165　2126　1427

瀟 瀦 瀨 瀨 瀕 瀑 潜 邋 瀧 瀧 瀺 漳 瀞　〈水部〉

　　　　　　　　　　　　　　2488

3856　3756　3755　3755　3753　3625　3063　2776　3754　2488　2160　1797　1123

犣　〈牛部〉　牘　〈片部〉　牆　〈爿部〉　爆 爐　〈火部〉　灌 爞　

2173　　3758　　3482　　3757　3627　　3928　3928

瓊 瓊 瓊 璽　〈玉部〉　獸 獸 獻　〈犬部〉　犢 犢

　　　　　　　　　　　3302

3762　3762　3762　3761　　3302　3760　2501　　3759　3759

瞜 〈目部〉	癡癡癢 〈疒部〉	疇疆 〈田部〉	瓣 〈瓜部〉
3307	2508 2508 3766 1824	3765 3764	225 3763

凜 〈示部〉	礒礙 〈石部〉	矗 〈矢部〉	矱 〈矛部〉	矑矑
2966	2811 1487	3778	1162	4063 4063

竊竊 〈穴部〉	穫積積穩穩襧 〈禾部〉	禱禰
1181 1181	3642 3414 3414 3312 3312 1506	3769 3768

簿簿簣簷簽 〈竹部〉	蟻 〈立部〉	竈竄竆籠簗
3771 3771 3497 3463 2970	2963	3931 3644 3093 3093 2402

繮繑繹繹繰繫繶繪繫 〈糸部〉	糒 〈米部〉	籔
4005 3867 3775 3775 3774 3773 3108 2243 3772 511	3321	3933

職聽 〈耳部〉	羸羹 〈羊部〉	罷羅羅羇 〈网部〉
3657 3520	3778 3777	4052 3776 3332 3776 2554

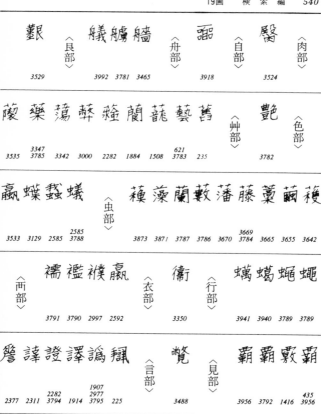

艱

〈艮部〉

3529

艤　艫　艢

3992　3781　3465

〈舟部〉

䨋

〈自部〉

3918

臘

〈肉部〉

3524

醿　藥　蕩　薜　薤　蘭　蘓　藝　薦

　　3347

3535　3785　3342　3000　2282　1884　1508　　621
　　　　　　　　　　　　　　　　　　　3783　235

〈艸部〉

艶

〈色部〉

3782

蠃　蝶　蝱　蟻

　　　　2585

3533　3129　2585　3788

〈虫部〉

蕷　藻　蘭　藪　藩　藤　藁　繭　蘐

　　　　　　　　　　3669

3873　3871　3787　3786　3670　3784　3665　3655　3642

〈襾部〉

襦　襤　襥　蠃

3791　3790　2997　2592

〈衣部〉

衞

〈行部〉

3350

蠖　蟷　蝐　蠅

3941　3940　3789　3789

譬　譁　證　譯　譌　翾

　　　　2282　　　1907
　　　　　　　　　　2977
2377　2311　3794　1914　3795　225

〈言部〉

覒

〈見部〉

3488

覇　覇　覈　覇

　　　　　　435
3956　3792　1416　3956

夒　警　譜　譏　識　譎　譖　譕　譏　譔　譚　譟　譖　潮　譁

　　　　　　　　　　　　　　　　3140
　　　　　　　　　　　　　　　　3239
3884　3800　3799　3797　3797　3796　3680　3679　3544　3538　3798　3035　2976　2974　2972
　　　　　　　　　　　　　　　　　　　　　　　　　　　　　　　　　　3793

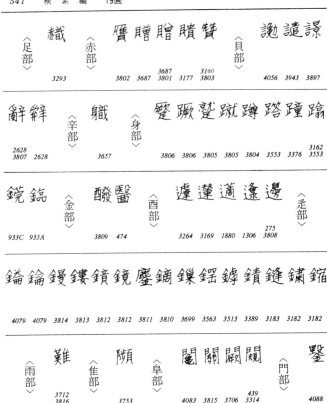

〈足部〉 轍 3293

〈赤部〉

贋 3802　贈 3687　贈 3687
3801　贖 3177　賛 3160
3803

〈貝部〉

譾 4056　譴 3943　譟 3897

辭 2628
3807　辤 2628

〈辛部〉

軄 3657

〈身部〉

蹩 3806　蹴 3806　蹙 3805　蹴 3805　蹲 3804　蹭 3553　蹺 3376　蹻 3162
3553

鏡 933C　鎬 933A

〈金部〉

醶 3809　醫 474

〈酉部〉

遷 3264　邁 3169　遹 1880　遼 1306　邊 275
3808

〈辵部〉

鐹 4079　鐹 4079　鏝 3814　鏤 3813　鏞 3812　鏡 3812　鏖 3811　鏑 3810　鏫 3699　鎧 3563　鐯 3513　鏪 3389　鏈 3183　鏽 3182　鏥 3182

〈雨部〉

難 3712
3816

〈隹部〉

隤 3753

〈阜部〉

闖 4083　關 3815　闚 3706　閲 439
3314

〈門部〉

鍪 4088

鞱 3821　鞴 3820　鞂 3194　鞠 3077

〈革部〉

靡 3819

〈非部〉

霪 3818　霧 3817　霖 3407　靈 3193　霽 1958　霽 1958

額		韻 韻 響		韜 韛 韓 韛		韆
	〈頁部〉		〈音部〉		〈韋部〉	
2664		3822 3822 3738		3821 3820 3576 1726		3820

餡 饂 饒 饍 饕		顚 顛 額 顕 類 纇 纇
	〈食部〉	
4007 3826 3322 2376 810		3824 3824 3823 3719　3718 3415 3415　3825 3753 3753

髓 骴		驕 驊 驎 驏 騎 駿 駿 駿 駆	
	〈骨部〉		〈馬部〉
3828 2564		4010 4009 3827 3827 3721 3583 3583 3581 2949	

鱀 鯳 鮒 鮒 鯰		鬂		豪		骼 骭
	〈魚部〉		〈髟部〉		〈高部〉	
3431 3431 3427 3427 3832　3214 3426		4013		2898		3963 3828

鵄 鵬 鶍 雛		鯖 蘓 鯱 鯰 鯨 鯛 鯛 鯔 鯯
	〈鳥部〉	
3216 3834 1977 1607　2955		4042 3873 3833 3831 3830 3829 3829 3589 3431

麗 麒 麑 麓		鹼		鶇 鶏 鶊 鷎 鶏 鵑
	〈鹿部〉		〈鹵部〉	
3841 3839 1808 3840　1774		1795		3909 3838 3837 3836 3836 3835

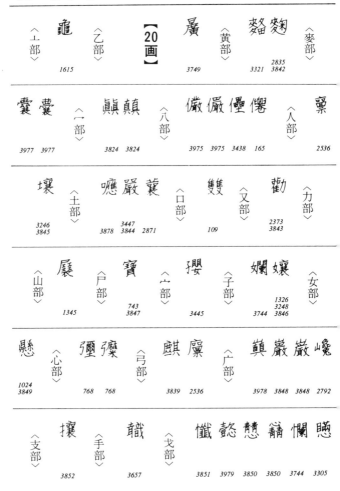

〈土部〉

龜 〈乙部〉
1615

【20画】

屬 〈黄部〉
3749

麲 麲 〈麥部〉
3321　2835
3842

囊 囊 〈宀部〉
3977　3977

顚 顚 〈八部〉
3824　3824

儼 儼 僵 儽 〈人部〉
3975　3975　3438　165

稟 2536

壤 〈土部〉
3246　3845

嚥 嚴 嚢 〈口部〉
3878　3447　2871
3844

雙 〈又部〉
109

勸 〈力部〉
2373　3843

〈山部〉

屧 〈尸部〉
1345

寶 〈宀部〉
743　3847

孆 〈子部〉
3445

孄 孃 〈女部〉
1326　3248　3846
3744

懸 〈心部〉
1024　3849

彊 彌 〈弓部〉
768　768

麒 廩 〈广部〉
3839　2536

〈广部〉

巽 巖 巖 巉 3978　3848　3848　2792

〈支部〉

攘 〈手部〉
3852

職 〈戈部〉
3657

懺 懿 戀 讟 懰 矑 3851　3979　3850　3850　3744　3305

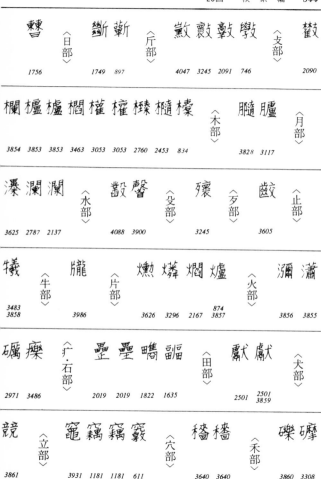

	〈日部〉		〈斤部〉				〈攴部〉	
曹		斬 靳		數 嗀 敦 斅				斅
1756		1749　897		4047　3245　2091　746				2090

欄 櫨 櫨 橺 權 権 樣 檷 檖		〈木部〉		臏 臚		〈月部〉
3854　3853　3853　3463　3053　3053　2760　2453　834				3828　3117		

瀑 瀾 瀾		〈水部〉		斀 磬		〈攴部〉		殰		〈歹部〉		齸		〈止部〉
3625　2787　2137				4088　3900				3245				3605		

犧		〈牛部〉		朧		〈片部〉		爈 爗 爛 爐				〈火部〉		瀰 瀟
3483 3858				3986				3626　3296　2167 874 3857						3856　3855

礦 礫		〈疒・石部〉		罍 罍 矘 韹				〈田部〉		獻 獻		〈犬部〉
2971　3486				2019　2019　1822　1635						2501 2501 3859		

競		〈立部〉		竉 竊 竊 竂				〈穴部〉		穭 穭		〈禾部〉		礫 礋
3861				3931　1181　1181　611						3640　3640				3860　3308

糯 糴 〈米部〉 籍 籍 籌 簾 簝 篝 簼 簏 簿 〈竹部〉

3864 1943 　 3863 3863 3862 3646 3499 3316 3316 2829 3771

耀 〈羽部〉 纏 繪 纂 繿 繿 纓 辮 繼 繻 〈糸部〉

3615 　 3935 3868 3867 3790 3790 3327 3107 2549 1854
　　　　　　　　　　　　　　　　　　 3865 3866

蕙 譓 鞫 鏊 〈艸部〉 艦 〈舟部〉 聽 〈耳部〉 穫 〈耒部〉

2573 2573 1886 1412 　 3869 　 3520 　 3642
　　　　　　　　　　 3938

藮 蘇 蘆 藻 藷 藤 臍 穫 薑 藥 蘗 蕉 蕉 藹 蕙

3873 3873 3872 3871 3870 3669 3669 3642 3530 3347 3278 3278 3278 3149 2573

〈角部〉 覺 〈見部〉 襦 〈衣部〉 蠕 蠠 蠑 蟊 〈虫部〉 蘊

2277 　 925 　 3875 3655 3349 1559 　 3874
3876

護 議 譬 讋 警 譏 譜 譟 譩 譮 譛 譯 〈言部〉 觸

3884 3883 3881 3878 3800 3800 3799 3238 3236 2607 2469 1914 　 3877
　　　　　　　　　　 3879 3880 　　　　　　 3882

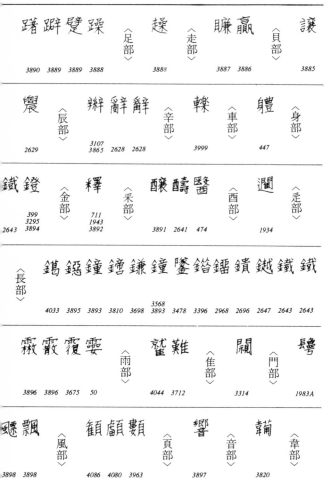

蹋 躃 躄 躁 〈足部〉　趱 〈走部〉　賺 贏 〈貝部〉　讓

3890 3889 3889 3888　3888　3887 3886　3885

饗 〈辰部〉　辮 辭 辭 〈辛部〉　輭 〈車部〉　軆 〈身部〉

2629　3107 3865 2628 2628　3999　447

鐵 鐙 〈金部〉　釋 〈釆部〉　釀 醻 醫 〈酉部〉　邇 〈辵部〉

399 3295　711 1943　3891 2641 474　1934
2643 3894　3892

〈長部〉　鵭 錫 鐘 鐣 鐮 鐘 鑒 鎔 鐕 鐥 鐖 鐵 鐵

　4033 3895 3893 3810 3698 3568 3478 3396 2968 2696 2647 2643 2643
　　　　　　　　　3893

霢 霰 覆 霴 〈雨部〉　鼇 難 〈隹部〉　闞 〈門部〉　鱻

3896 3896 3675 50　4044 3712　3314　1983A

蠣 飄 〈風部〉　顡 顧 顢 〈頁部〉　響 〈音部〉　鞴 〈韋部〉

3898 3898　4086 4080 3963　3897　3820

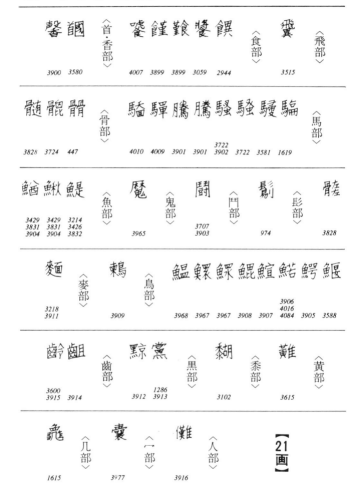

馨 韾 〈首・香部〉
3900 3580

饕 饉 鞿 饕 饌 〈食部〉
4007 3899 3899 3059 2944

飜 〈飛部〉
3515

髓 髏 骭 〈骨部〉
3828 3724 447

驕 驊 騰 騰 騒 騒 驂 騙 〈馬部〉
　　　　　　　　3722
4010 4009 3901 3901 3902 3722 3581 1619

鰌 鰍 鯷 〈魚部〉
3429 3429 3214
3831 3831 3426
3904 3904 3832

魔 〈鬼部〉
3965

鬪 〈鬥部〉
3707
3903

髟 〈髟部〉
974

髊 〈骨部〉
3828

麵 〈麥部〉
3218
3911

鷑 〈鳥部〉
3909

鰛 鰥 鰈 鯢 鱣 鮨 鰐 鰻 〈魚部〉
　　　　　　3906
　　　　　　4016
3968 3967 3967 3908 3907 4084 3905 3588

齡 齟 〈齒部〉
3600
3915 3914

黥 黨 〈黑部〉
　　1286
3912 3913

黏 〈黍部〉
3102

虄 〈黄部〉
3615

龕 〈几部〉
1615

囊 〈一部〉
3977

儺 〈人部〉
3916

【21画】

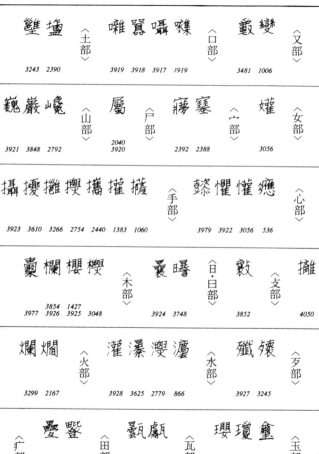

矍 鹽 〈土部〉	囉 囂 囁 囃 〈口部〉	叡 變 〈又部〉
3243 2390	3919 3918 3917 3919	3481 1006

巍 巖 嶢 〈山部〉	屬 〈戸部〉	癆 寒 〈宀部〉	孃 〈女部〉
3921 3848 2792	2040 3920	2392 2388	3056

攝 擾 攦 攪 攜 攉 攎 〈手部〉	懿 懼 懽 癮 〈心部〉
3923 3610 3266 2754 2440 1383 1060	3979 3922 3056 536

藁 欄 櫻 櫻 〈木部〉	曩 曙 〈日・曰部〉	斁 〈攴部〉	攏
3854 1427 3977 3926 3925 3048	3924 3748	3852	4050

爛 燗 〈火部〉	灌 瀑 瀅 瀘 〈水部〉	獵 殞 〈歹部〉
3299 2167	3928 3625 2779 866	3927 3245

〈广部〉 疊 醫 〈田部〉	甗 甗 〈瓦部〉	瓔 瓊 瓫 〈玉部〉
2189 1106A	3739 3631	3929 3929A 3762 3761

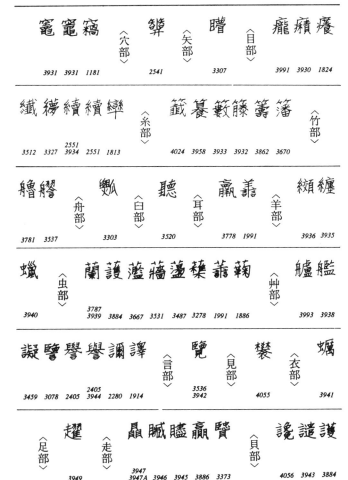

竈 竈 竊 〈穴部〉
3931　3931　1181

矠 〈矢部〉
2541

瞳 〈目部〉
3307

龐 癪 癢 〈疒部〉
3991　3930　1824

纖 襪 續 績 纅 〈糸部〉
2551
3512　3327　3934　2551　1813

籤 簒 籔 籐 籌 籓 〈竹部〉
4024　3958　3933　3932　3862　3670

艪 艠 〈舟部〉
3781　3537

皫 〈臼部〉
3303

聽 〈耳部〉
3520

羸 羕 〈羊部〉
3778　1991

纈 纏 〈羽部〉
3936　3935

蠟 〈虫部〉
3940

蘭 護 薀 蘠 蘯 藜 蕭 鞠 〈艸部〉
3787
3939　3884　3667　3531　3487　3278　1991　1886

艫 艦 〈艸部〉
3993　3938

擬 譬 譽 譽 譋 譯 〈言部〉
2405
3459　3078　2405　3944　2280　1914

覽 〈見部〉
3536
3942

襻 〈衣部〉
4055

蠣
3941

趯 〈足部〉
〈走部〉
3949

晶 賍 矙 贏 贄 〈貝部〉
3947
3947A　3946　3945　3886　3373

譏 譴 護
4056　3943　3884

辯	〈辛部〉	轟 轜 轝 轞	〈車部〉	軀	〈身部〉	躍 躍 躊	
225 3951		3950 3555 3554 1926		3443		3949 3949 3948	

釋	〈采部〉	醺 醇	〈酉部〉	遺 邋	〈辵部〉	䢇	〈辰部〉
1943		3952 3179		3177 2910		2629	

鍻 鐫 鐙 鍔 鑢 鐮 鍋 鑄 鏽 鋹 鐵 鐱 鐟	〈金部〉
4033 3953 3894 3814 3811 3698 3562 3188 3182 2645 2643 3954 1302 671	

霊 霸	〈雨部〉	鼇	〈隹部〉	闇	〈門部〉	镾 镾	〈長部〉	鑰	〈音部〉
3193 435 3956		4070		3463		768 768		4079	

韡	〈韋部〉	鞭 鞽 韃	〈革部〉	�面	〈面部〉	露 霶 霵	
2663		3713 2663 2663		3019		3955 3817 3289	

飀 飃	〈風部〉	顧 顧 顧 顧 囁 顤	〈頁部〉	韽	〈音部〉
3916 3898		4080 3957 3957 3957 3918 3019		3897	

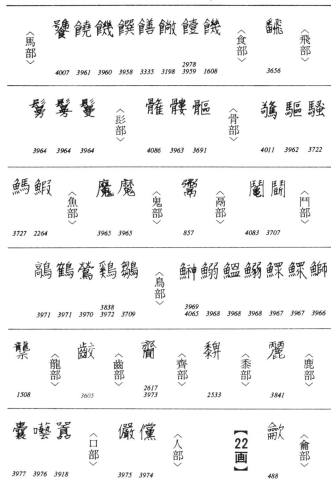

〈馬部〉
饕 饒 饑 饌 饍 饮 饐 饿
4007　3961　3960　3958　3335　3198　2978 3959　1608

〈食部〉

䰾
3656
〈飛部〉

鬖 鬗 鬘
3964　3964　3964
〈髟部〉

髀 髏 髐
4086　3963　3691
〈骨部〉

驁 驅 騷
4011　3962　3722

鰢 鰕
3727　2264
〈魚部〉

魔 魇
3965　3965
〈鬼部〉

齎
857
〈鬲部〉

闠 鬫
4083　3707
〈鬥部〉

鷊 鶴 鶯 鷄 鶲
3971　3971　3970　3838 3972　3709
〈鳥部〉

鰰 鰯 鰮 鰯 鰊 鰥 鰤
3969 4065　3968　3968　3968　3967　3967　3966

龏
1508
〈龍部〉

齮
3605
〈齒部〉

齎
2617 3973
〈齊部〉

黐
2533
〈黍部〉

麗
3841
〈鹿部〉

囊 囈 囂
3977　3976　3918
〈口部〉

儼 儻
3975　3974
〈人部〉

【22画】

龡
488
〈龠部〉

巓 巖 巘 巖 〈山部〉 鶴 〈宀部〉 嬰 〈女部〉 鰹 〈土部〉

3978 3848 3848 752 　 3971 　 2718 　 4014

臓 臕 〈月部〉 曝 〈日部〉 攎 〈手部〉 廳 〈广部〉

〈木部〉 3780 3994 3596 　 3748 　 3264 　 224

灘 瀟 濃 灑 〈水部〉 歡 〈欠部〉 櫳 欂 欞 權 欐 欁

3982 3855 3289 1110 　 3056 3981 4050 3603 3438 3980 2936 2820

穰 〈禾部〉 礵 〈石部〉 疊 〈田部〉 璃 〈玉部〉 牆 〈爿部〉

3246 3643 　 3984 756 2189 3983 3762 　 3482

糴 〈米部〉 籠 籟 鞠 撿 〈竹部〉 競 〈立部〉 竊 〈穴部〉

3988 　 3986 3932 3842 3987 3498 3861 1181 3985

聾 聽 〈耳部〉 羇 〈网部〉 罐 罎 〈缶部〉 纜 纏 〈糸部〉

3991 3520 3990 　 3989 　 4051 3739 　 4085 3935

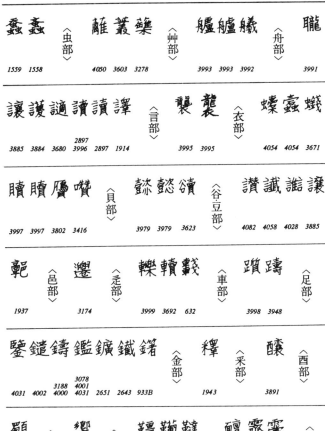

蠶 蠶 〈虫部〉
1559　1558

蘿 藪 藥 〈艸部〉
4050　3603　3278

艫 艣 艤 〈舟部〉
3993　3993　3992

矓
3991

讓 護 讁 讀 讀 譯 〈言部〉
　　　　2897
3885　3884　3680　3996　2897　1914

襲 襲 〈衣部〉
3995　3995

蠣 蠧 蟻 〈虫部〉
4054　4054　3671

贖 贖 贗 嚍 〈貝部〉
3997　3997　3802　3416

讌 懿 㔉 〈谷・豆部〉
3979　3979　3623

讚 讖 譙 讓
4082　4058　4028　3885

鄿 〈邑部〉
1937

邐 〈辵部〉
3174

轢 轤 轣 〈車部〉
3999　3692　632

躓 躊 〈足部〉
3998　3948

鑒 鑣 鑄 鑑 鑛 鐵 鐼 〈金部〉
　　　3188　3078
　　　　　4001
4031　4002　4000　4031　2651　2643　933B

穭 〈釆部〉
1943

釀 〈酉部〉
3891

顥 〈頁部〉
4037

響 〈音部〉
3897
4006

韁 鞴 韃 〈革部〉
4005　3820　3264

靤 霽 霾 〈雨・面部〉
4004　4003　3469

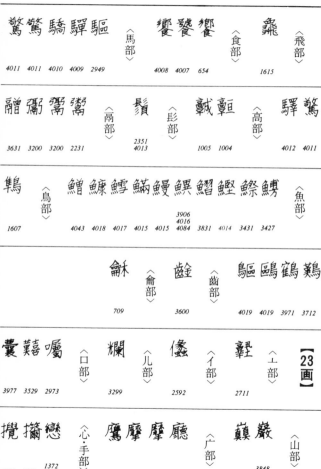

驚 4011　驚 4011　驕 4010　驛 4009　驅 2949　〈馬部〉

響 4008　饕 4007　饗 654　〈食部〉

靆 1615　〈飛部〉

醴 3631　彌 3200　霽 3200　鬻 2231　〈鬲部〉

鬢 2351　髟 4013　〈髟部〉

戇 1005　亶 1004　〈高部〉

驛 4012　驚 4011　〈高部〉

鷦 1607　〈鳥部〉

鱛 4043　鰊 4018　鱈 4017　鰰 4015　鰻 4015　鰾 3906／4016　鱚 4084　鰹 3831　鰺 4014　鰶 3431　鱒 3427　〈魚部〉

龠禾 709　〈龠部〉

齒金 3600　〈齒部〉

驅鳥 4019　鷗 4019　鶴 3971　鷄 3712　〈鳥部〉

【23画】

囊 3977　囍 3529　囑 2973　〈口部〉

爛 3299　〈爿部〉

儻 2592　〈イ部〉

韏 2711　〈土部〉

攪 4022　攦 1722　戀 1372／4021　〈心・手部〉

鷹 4069　麿 3219　麾 3219　廳 224　〈广部〉

巔 3978／3848　巖 4020　〈山部〉

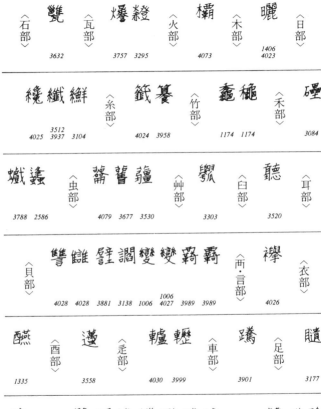

〈石部〉
巊
3632

〈瓦部〉
爂 甖
3757 3295

〈火部〉
欜
4073

〈木部〉
曬
1406
4023

〈日部〉

纏 纎 繡
3512
4025 3937 3104

〈糸部〉
籤 籑
4024 3958

〈竹部〉
龝 穱
1174 1174

〈禾部〉
磩
3084

蠟 蠢
3788 2586

〈虫部〉
蘺 蕾 蘁
4079 3677 3530

〈艸部〉
玃
3303

〈臼部〉
聽
3520

〈耳部〉

〈貝部〉
讐 齹 躄 謫 戀 變 羇 羈
1006
4028 4028 3881 3138 1006 4027 3989 3989

〈襾・言部〉
襷
4026

〈衣部〉

醮
1335

〈襾部〉
遾
3558

〈辵部〉
轤 輕
4030 3999

〈車部〉
躚
3901

〈足部〉
贖
3177

巤
768

〈長部〉
鑒 錭 鑢 鑯 鑑 鑄 鑛
2651
4088 4034 4034 4033 4031 3188 4032

〈金部〉
醤 醯 醵
3502 3298 2325

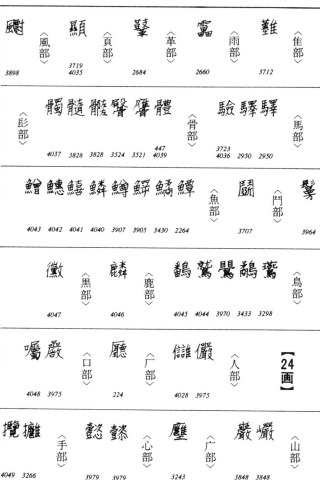

颸 〈風部〉 3898

顯 〈頁部〉 3719 4035

鞏 〈革部〉 2684

霳 〈雨部〉 2660

雦 〈隹部〉 3712

髑 4037　髓 3828　髏 3828　髻 3524　髯 3521　體 447 4039 〈骨部〉

驗 3723 4036　驛 2950　驛 2950 〈馬部〉

鰽 4043　鱇 4042　鱚 4041　鱗 4040　鱒 3907　鮮 3905　鱙 3430　鱏 2264 〈魚部〉

鬭 3707 〈鬥部〉

鬢 3964

黴 4047 〈黒部〉

麟 4046 〈鹿部〉

鷛 4045　鷙 4044　鸎 3970　鷸 3433　鷥 3298 〈鳥部〉

嚼 4048　嚴 3975 〈口部〉

厲 224 〈厂部〉

儸 4028　儾 3975 〈人部〉

【24画】

攬 4049　攮 3266 〈手部〉

懿 3979　懿 3979 〈心部〉

麠 3243 〈广部〉

巘 3848　巇 3848 〈山部〉

籬 〈竹部〉 4050	礤 礳 3848 3308	〈石部〉 鹽 2390 4071	〈皿部〉 灘 3856	〈水部〉 �攔 4073

〈虫部〉	艶 〈色部〉 3782	羈 4052	〈网部〉 矗 罐 3632 4051	〈缶部〉 纏 3935 〈糸部〉

〈貝部〉	讖 讓 讒 讔 4058 4057 4056 3538	〈言部〉 襷 襷 4055 4026	〈衣部〉 蠹 蠚 蠶 4054 4053 1559 1559	

〈酉部〉	邁 1934 〈走部〉	軀 4059 〈身部〉	躩 3551 〈足部〉	趨 3949 〈走部〉 鼠 3947A

顫 3823 〈頁部〉	靄 靈 3193 4061 4062 〈雨部〉	雔 2343 〈隹部〉	鏵 鑪 3563 874 〈金部〉	釀 3891 4060

鱠 3523 〈魚部〉	鬢 鬟 4064 4064 〈髟部〉	驒 驉 3422 3206 〈馬部〉	颼 3898 〈風部〉	顰 4063

鷁鷺鷹鶼 〈鳥部〉　鱛鰻鰤鱆鱩鰻鱸鱣

4070　4070　4069　3836　　　4068　4066　4066　　3969　4015　4065　3967　3830　3725
　　　　　　　　　　　　　　　4067　4067

〈广部〉　嚴龗　〈乙・女部〉　【25画】　龠 〈龠部〉　齹齹 〈齒部〉

　　　3056　1615　　　　　　　　488　　　3914　3910

灡漁灣 〈水部〉　欟欄欟 〈木部〉　曬 〈日部〉　廳廄

3982　2778　2161　4074　　4073　3463　3044　4089　　3479　　4072　2732

籟籭 〈米部〉　〈竹部〉　矔矙矚 〈目部〉　爥爛 〈火部〉

　　3575　3320　　　3491　3491　122　　3479　3299

讇讘 〈言部〉　觀 〈見部〉　羈 〈网部〉　蠻蠢 〈虫部〉　糶

3236　1999　　3677　4078　3989　4052　4077　　4076　3788　　4075

顠顠 〈頁部〉　鑒鑪鑱 〈金部〉　躝 〈足部〉　臟 〈貝部〉

3720　3719　　4088　4079　3567　　3553　　3946

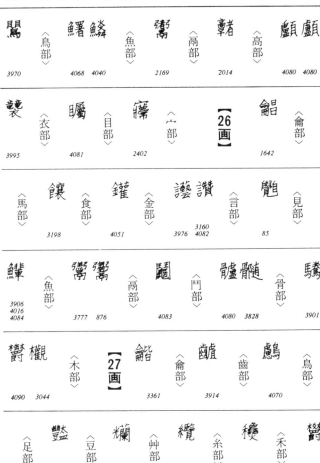

驫
〈鳥部〉
3970

鱪鱗
〈魚部〉
4068　4040

鬻
〈鬲部〉
2169

韇
〈高部〉
2014

顥顥
〈頁部〉
4080　4080

褭
〈衣部〉
3995

矚
〈目部〉
4081

寢
〈宀部〉
2402

【26画】

龤
〈龠部〉
1642

〈馬部〉

饟
〈食部〉
3198

鐘
〈金部〉
4051

讛讚
〈言部〉
3976　3160
　　4082

覵
〈見部〉
85

鱻
3906
4016
4084
〈魚部〉

鬻鬻
〈鬲部〉
3777　876

鬭
〈鬥部〉
4083

髗髄
〈骨部〉
4080　3828

驕
〈馬部〉
3901

欝欍
〈木部〉
4090　3044

【27画】

龤
〈龠部〉
3361

齜
〈齒部〉
3914

鸕
〈鳥部〉
4070

〈足部〉

豒
〈豆部〉
3782

蠬
〈艸部〉
3299

纜
〈糸部〉
4085

穢
〈禾部〉
1174

欝
4090

鱸 鑢 〈魚部〉　4087　3905
鼟 〈高部〉　2462
颷 飊 〈風部〉　3898　1257
顴 〈頁部〉　4086
躝　4029

龝 〈龜部〉　1174
齯 〈齒部〉　3605
鸖 〈鳥部〉　3971
鱸 〈魚部〉　4087

〈言部〉
蠹 〈虫部〉　4054
藝 〈艸部〉　4088
欟 欙 〈木部〉　2343　1411
【28画】

〈鳥部〉　4086
髏 〈骨部〉　3056
驪 〈馬部〉　4088
鑿 〈金部〉　3782
豔 〈豆部〉
譬　1999

蘲 〈衣部〉　2189
〈艸部〉
欟 〈木部〉　4089
【29画】
齾 〈齒部〉　3234
鸘 〈鳥部〉　3982

檣 〈爿部〉　3482
【30画】
鬱 〈鬯部〉　4090
鑿 〈金部〉　4088
襷 〈衣部〉　1565

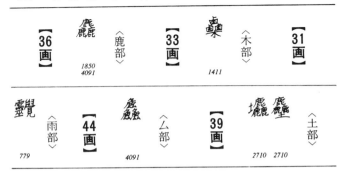

あ

音訓索引

（一）本文編本文所収の親字に対する音訓を五十音順に配列した。
カタカナ見出しは音、ひらがな見出しは訓を示す。見出し内の配列
は掲載ページによっている。＊印は仮名の字母。

（二）

（三）

あ／ア／あ

＊悪	悪	＊阿	於	呼	＊安	鴉	窪	痾	蛙	椏	啞	烏	＊阿	阿	亜
一七七	一七七	九二	八八	八七	七七	一六六	一四八	二三一	二三三	一五二	一五三	一五七	九二	九二	四六

ア／ああ

殰	鞋	陞	愛	挨	埃	哀	憙	噯	戱	嗟	悪	烏	阿	於	乎	噯	＊愛
三八三	三八二	三五五	三三四	三三四	三三四	三三四	二八一	二八〇	三五八	三三二	一七七	一五七	九二	八八	八七	二八〇	三三五

あう／あいま／あいて／あいつ／あいだ／あい

遇	期	逢	値	相	合	会	叶	間	四	仇	渠	間	却	藍	際	逢	相	靄
三九五	一五四	三五二	一三二	一二〇	一五六	一五二	一二四	三九六	一一	一三二	二九六	三九六	一五五	三五四	三五四	三五二	一二〇	四四七

あかい／あか／あおさば／あおぐ／あおぎり／あお／あえてする／あえぐ／あえて／あお

赤	赤	朱	丹	鱓	扇	昂	却	仰	栄	葵	青	碧	青	敢	肯	喘	遭
六〇	六〇	一四	一三		二九	二三九	一五五	八一	一〇〇	三五五	九一	二九六	九一	一八六	一八六		三五五

あかね／あがなう／あがない／あかつき／あがた／あかす／あかし／あかがね

茜	莧	贖	購	償	贖	購	曙	暁	旦	県	飽	明	験	証	信	銅	赫	紅
三五五	三三二	三一三	三一一	二〇九	三一三	三一一	一九一	一八六	一一	一五四	四〇〇	八一	三九一	八三	三〇二	三八〇	三五五	一三

あぎ／あき／あかるい／あかるむ／あがる／あからめる／あかり／あからむ／あがめる／あきど／あきと

顎	飽	晶	秋	明	明	明	躍	騰	揚	挙	昂	上	燈	明	赤	明	崇
三八六	四〇〇	一八六	八三	八一	八一	八一	三九三	三九二	三三九	三三六	二三九	八	三〇二	八一	六〇	八一	三一五

あきらか／あきら／あき／あきない／あきなう

灼	旭	白	弁	丙	晃	買	貿	販	商	估	市	買	販	商	顎	額	商
六一	四一	三九	三六	一一	一九一	三三九	三二一	三三九	一一二	一一二	一五二	三三九	三三九	一一二	三八六	三八七	一一二

諦 叡 睿 彰 察 粲 煥 晰 暁 晶 著 章 皎 爽 彬 朗 哲 炳 炯 昭 映 亮 的 明

あくるひ　あくま　あくび　あく　　アク　あきんど　あきらめる　あきらめ　あきれる　あきる　あきらかにする

翌 明 魔 欠 開 空 明 渥 握 幄 悪 唖 賈 呆 厭 飽 呆 諦 諒 毗 曠 顕 瞭

あごひげ　あご　　あさ　　あげる　あげまき　あける　あけぼの　あけつらう　あけがた　あけ

晨 夙 顴 顋 顎 額 駕 揚 揭 挙 上 開 空 明 屮 曙 蘭 論 黎 赤 朱 丹

あざやか　あざむく　あさひ　あざひ　あざなう　あざな　あざける　あざけり　あざ

鮮 粲 謠 謾 瞞 誕 誣 詐 詒 詑 欺 偽 旭 糾 倩 嘲 嘲 浅 字 朝 麻

あしし　あじかなし　あじか　あしか　あしおと　あしあと　あじ　あした　あし　あざわらい　あさり

鰶 夙 旦 否 齎 趾 蹴 止 味 蘆 醜 趾 脛 脚 悪 毒 足 発 定 凶 嘲 嘲

あしなえ　あせる　あせ　あぜ　あずまや　あずける　あずけ　あずかる　あずかり　あす　あじわい　あしらう　あしらい

遊 游 焦 眦 畝 畔 汗 亭 預 預 預 干 預 翌 味 味 遇 待 遇 贄 寒 跂 曙 朝

あそびめ　あそぶ　あだ　あた　あたえる　あたる　あたい

齋 賞 賜 授 俵 付 予 与 能 備 値 直 沽 価 讎 敵 寇 冤 怨 仇 呪 咫 游 娼

第1段

読み	漢字	頁
いたわる	庸	一五
イチ	一	六
	乙	六
いちば	市	七〇
いちじるしい	著	三
いちご	苺	三
いち	市	七〇
	著	三
イッ	乙	六
	一	六
いつ	佚	四九
	逸	三
	溢	三
	五	三
	稜	一五
	霊	三
	出	三
いつか	害	三
いづ	斉	三元
いつく	友	三元
いつくしみ	恩	三
	愛	三
いつくしむ	慈	三六
	仁	三
	哀	欠

第2段

読み	漢字	頁
	欺	三〇
	訛	五三
	偽	五三
	弗	三元
	巧	三七
いつわる	謡	三六
	謔	三六
	嗚	三元
	憎	三六
	詐	三六
	欺	三〇
いつつ	訛	五三
	偽	五三
	耶	三
	姦	九
	邪	八三
	妄	三元
	仮	三二
	巧	三七
	五	三
	寵	三三
	憮	三六
	慈	三六
	愛	三三

第3段

読み	漢字	頁
	幼	三七
	艸	三
	緒	三元
いとぐち	紬	三六
	叙	三六
いとう	厭	七
いど	圧	三六
	井	三
いと	縷	三〇〇
	線	三六
	綸	三元
	純	三六
	糸	三
いてる	亙	四一
いでいで	将	三六
	謁	三六
	謡	三六
	矯	三元
	誕	三元
	誑	三五
	誣	三五
	陽	三〇六
	詐	三〇
いとけない	詒	三〇一

第4段

読み	漢字	頁
いにしえ	古	三三
	電	三三
いなびかり	電	三三
いなずま	申	三四
いながら	稿	三六
	坐	三四
いなか	僻	三五
いな	鄙	三三
	郊	三六
いどむ	俚	五九
いとまごいする	稲	三五
いとま	否	五三
	誂	五三
	挑	三三
	訣	三一
	暇	三六
いとなむ	偟	六六
いとなみ	営	一八三
	事	六六
	営	一八三
いとすじ	縷	三〇〇
	綸	三元
	稚	三三

第5段

読み	漢字	頁
いひ	粲	三三
いばり	溺	三元
いばら	尿	七五
	楚	三七
いのる	禱	三三
説	説	三五
いのり	祈	八六
	禱	八六
いのち	祈	八六
	命	三七
いのしし	猪	三元
いのこ	豚	三元
いねる	寐	三五
いねむり	睡	三四
いね	稲	三五
	乾	三元
	寝	三七
いぬい	眠	三五
	狗	三九
	戌	八五
いぬ	犬	四三
	故	三〇三
	昔	八三
	往	欠

第6段

読み	漢字	頁
	競	三五
	餝	三三
	禁	三三
	敬	一六
	勅	六八
	戒	八七
いましめる	警	三三
	縛	三五
	誡	三五三
いましめ	禁	三三
	勒	三二
いまさら	戒	八七
いま	今	四八
いほり	今	四八
	廬	三三
いぶる	菴	三三
いぶす	庵	三〇〇
	燻	三五
いぶくろ	薫	三三
いぶかる	燻	三五三
	薫	三三
います	胃	三三
	訝	三五
	怪	充

第7段

読み	漢字	頁
	俗	九五
	俚	五九
いやしい	左	二
いや	不	二
	礼	三三
いもうと	妹	三三
	蕎	三三
いも	妹	三三
	芋	三三
いむ	諱	二六
いみな	忌	六七
	諱	二六
いみき	忌寸	六七
いみ	諱	二六
いまわしい	忌	六七
いまだ…あらず	忌	六七
いまだ	未	三元
	遅	一四三
	坐	三四
	在	三七
	警	三三
	厳	三五
	縛	三五
	誠	三五

readings (right to left): いやしい／いやしき／いやしくも／いやしむ（いやしめる）／いやす／いよいよ／いらえ／いらえる／いらか／いらざる／いり／いりえ

卑九一　陋一二六　恪一三六　猥一六五　僻一六四　鄙一三三　苟九〇　卑一三三　鄙一三三　医一一五　薬三七六　弥二七七　愈二六八　逾二六八　答一一三　鷹一三五　蕁一三四　贄一三六　圦一六六　湾一五二

---

readings (right to left): いろどる／いろよし／いろり／いろ／いれずみ／いれる／いろい／いろいろ／いろくず／いろこ／いろどり

羅一五一　入七　居八六　冶八六　炒一六二　射一六六　煎一三五　鋳一三六　墨一三五　顆三八〇　入七　内三一　函三〇二　容一三五　納一〇〇　色一五四　栄一三〇　綺二九一　種二三三　鱗二九三　鱗二九三　采一五一　彩一五六

---

readings (right to left): イン／いわんや／いわれ／いわや／いわし／いわく／いわお／いわう／いわい／いわ

彩一五六　絵一二九　艶二一九　炉八六　鑓八五　岩一六六　磐二〇一　厳二〇二　賀一二六　慶一二六　岩一六六　磐二〇一　厳二〇二　云二三二　伜四六　窟二三三　由一六八　謂二四〇　兄一二六　呪八五　況一〇一　刎二一〇

---

readings (right to left): インチ／いん／うい／う（big「う」）

允一三二　匂一六八　引二二六　印一七七　因一八九　咽二二三　姻一二二　胤一三二　音一一五　胤一三二　院四五　婬一六四　淫一六四　寅二一六　陰二七一　飲一九九　隠二三〇　藤三一八　霆二三六　韻二三六　院四五　咐二五八

う

readings (right to left): うかがう／うかがい／うかがえる／うお／う

干九　右一九三　宇二〇五　字二〇五　有一九二　羽一四一　芋二一九　迂二五三　雨二二九　胡一六二　烏一六二　卯一八九　宇二〇五　有一九二　雲二三〇　飲一九九　鵜二九二　初五七　憂二五八

---

readings (right to left): うけがう／うけ／うぐいす／うく／うき／うかれを／うかれる／うかる／うかぶ／うかべる／うかつ

間二八四　覘二四一　観二四一　偵五九　候六一　俟六二　伺六二　伺六二　魚二九一　饉一九九　饉一九九　樹二三四　餓一九九　稼二三三　蒔三二〇　殖二〇二　植二一九　飢一九八　栽二一八　饉一九九　饉一九九　餓一九九　飢一九八

---

readings (right to left): うけがう／うけ／うぐいす／うく／うき／うかれを／うかれる／うかる／うかぶ／うかべる／うかつ

諾二六八　肯一二六　請二四一　鶯二九二　鶺二九三　鯎二九三　浮一五三　浮一五三　嫖一二四　浮一五三　受一二九　浮一五三　漂一五三　浮一五三　泛一五二　整二三九　鏑二三六　穿二三三　諜二四一　窺二三三　迫二五四　聘二三四　睥二二一　睨二二一

索引ページ（音訓索引）。各欄は「読み」「漢字」「頁数」で構成される。以下、各横帯を右から左の読み順で示す。

第1帯

うつる	写・映・移・遷・伝・播
うつろ	空・洞
うつわ	器・具
うで	腕
うてな	台
うとい	疎・迂
うとし	疎
うとむ	疎
うながす	促・催・督
うどん	鈍
うなぎ	鰻
（他）	盆・遠・麗・趣

第2帯

うなじ	項
うなずく	領・領・点・頷
うなる	呷・哦
うね	畝・畦・頃
うねめ	女・朶
うば	姥・婆
うばいとる	劫
うぼう	奪・褫
うぶ	産
うべ	宜
うべなう	肯
（他）	稜・塵・囀・簒

第3帯

うま	馬・午
うまい	美・旨
うまき	美
うまし	美
うます	牧
うまや	駅・廄
うまやど	廄
うまる	埋
うまれ	産・生
うまれつき	性
うみ	海・溟
うむ	産・生・字・倦・厭
うめ	梅・宜
（他）	誕・諾

（小字の読み）うめく・うめざけ・うめる／うもれる・うやうやしい／うやまう／うら

第4帯

うらみ	呷・医
うらむ	埋・埋
うらめしい	共・恭
うらやむ	拳
うらうら・うららか	粛・敬・仰・儼
うる	卜・背・浦
うりよね・うり	卜
うらかた	裏
うらない	卦・卜・筮
うらなう	占・相・筮
（他）	敬・粛

第5帯

うらみ	怨・恨
うらむ	恨・怨
うらめしい	憾・冤
うらやむ	羨
（他）	非・悔・悲・慍・憾・恨
うるおい	潤
うるおう	湿・沢
うるむ	閏
うるち	買
うるし	沽・売
うるしをぬる	估
うるわしい	韃・瓜・麗

第6帯

うれ	愁・患
うれい	麗・嬉
うれしい	美・佳
うろ	潤・梗
うろこ	漆・鱗
うわ	露・濡・潤・湿
うわぎ	洽
うわごと	露・濡
うわさ	潤・渥
うわさする	涵・洽
うわべ	沢・濡

（最下段）

うわべ	皮
うわさする	噂・噂
うわさ	囀・袿
うわごと	表
うわぎ	鱗・鱗
うわ	熟・売
うろこ	騒・羅
うろ	憫・憂
うれ	虞・愁
うれる	慍・悴・患
うれえる	虞・騒・羅・憫・憂

え

陽	植	云	耘	愠	運	雲	蘊	繧	繧	純	饂		兄	会	回	江	衣	衣	依	廻	韋
一〇六	二九	三一	六一	一六六	三三	三七	三四	三四	三三	三三	三六		三三	三三	七七	四一	四七	四七	六九	一〇一	三七

えい
エイ

エイ ／ **えがく** ／ **エーカー**

恵	烏	絵	慧	穢	江	衣	図	返	延	画	柄	盈	要	重	笑	得	絵	縁	餌	櫺	永	曳
三六	一三一	一九	三六九	三三三	四一	四七	一五	六三	六八	八七	一六八	三一〇	三三	一六八	一五九	一九六	一六	一六六	一三五	一四九	一九	一五

泳	英	栄	映	洩	盈	営	詠	裔	睿	影	鋭	叡	殪	頴	衛	嬰	嬴	翳	贏	瑛	噎	画	描
八八	八八	一〇〇	一〇一	一〇三	三一〇	一五八	一五八	二六六	三六七	一七二	二七八	二七八	二二三	二六八	二六六	二六六	一二三	二二一	一二三	一三一	一四九	八七	一七九

えこう ／ えさ ／ えしゃく ／ えぞ ／ えだ ／ えだち ／ えだだち ／ えだみち
エキ

亦	役	易	疫	益	液	腋	駅	繹	剔	衹	餌	挹	魸	繪	夷	支	枲	条	枝	派	梢	徭	歧
三二	八七	八七	九九	一六七	一六七	一六九	二二五	二七九	一七一	一三五	一三五	一七一	一二三	二六四	二六	一四七	一五二	八五	八五	一〇七	一四九	三五三	八二

えな ／ えにし ／ えのき ／ えび ／ えびす ／ えびら ／ えみし ／ えみ ／ えむ ／ えもの
エッ

悦	粤	越	鋺	噎	謁	閼	胞	胎	縁	榎	餌	蛇	夷	戎	狄	胡	蛮	虜	簸	笑	夷	笑	獲
三二	二六九	一〇五	三三〇	一四九	二三〇	二三〇	一六六	一六六	一六六	一七〇	一三五	四〇一	二六	四二	六一	二一三	三二〇	三二七	三四	二五九	二六	二五九	二六三

える ／ えりくび ／ えり ／ えらぶ ／ えらい ／ えやみ

疫	厲	偉	豪	択	為	詮	撰	選	衿	銜	衿	魸	領	衿	止	刊	刻	彫	得	琠	選	獲	顋
九九	二六七	二四〇	三六九	一八六	一八九	二五五	一八八	一五三	三二三	二三三	三二三	一二三	二二六	三二三	一二二	一四二	六八	一九六	一九六	二六八	一五三	二六三	三二七

エン

鑄	鋺	円	奄	宛	延	沿	炎	垣	怨	爰	苑	衍	俺	冤	宴	捐	袁	偃	掩	焉	堰	媛	掾
三三〇	三三〇	一五三	一〇四	一〇四	六八	八八	八八	一六九	一八三	二八二	二三〇	一三三	一三三	一二三	一三五	一七一	二〇四	二三九	一七二	二三九	一七一	一八三	一七二

オ

お

えんしょう

お	おいたつ	おいて	おい	おい

汚 硝 艶 檐 閻 燕 緣 鳶 演 厭 鉛 遠 筵 猿 煙 塩 園 菴 焔 淵 援

おいぼれ　おいはぎ　おいのく

耄 劫 迫 那 乎 干 長 甥 姪 隱 緒 雄 御 麻 於 於 男 尾 小 淤 惡 於 於

オウ　おいる　おいめ　おいぼれる

鴨 横 嫗 嘔 幌 媼 奥 風 黃 翁 桜 皇 段 歐 枉 押 往 応 央 王 老 償 負 耄

おおい　おおう　おおな　おうと　おうし　おうぎ　おう

多 巨 巾 大 終 竟 畢 訖 嫗 首 特 扇 昂 逮 追 負 旺 生 鴨 鴛 鴦 鷹 鷺 甕

おおう　おおいに　おおいなり　おおい

儔 蒙 蓋 幕 掩 屏 被 盍 冒 奄 庇 大 泰 宏 広 太 饒 覆 蓋 蒙 衆 盍 冒 庇

おおぼら　おおなみ　おおとり　おおぜい　おおきみ　おおいわ　おおおび

鮑 濤 鴻 鳳 煩 砲 衆 誑 課 命 仰 令 達 王 恢 厖 巨 大 江 紳 佩 覆 翳 翼

おかす　おかげ　おか　およそ　おおやけ　おおむね　おおみず

侮 奸 犯 母 干 蕀 壚 陸 堆 皐 封 阜 岡 坏 丘 総 例 切 表 官 公 概 率 洪

二一

おしすすむ　おしせる　おして　おしひらく　おしむ　おしょう　おしめ　おす　おそい

推	抵	排	推	屯	呇	悋	惜	愛	慳	裸	尚 和	圧	牡	押	挨	捺	推	雄	厭	晩

印　璽　推　排　抵

おそれ　おそう　おそれる　おそろしい　おだやか　おだわる

妥	教	恐	懼	臆	諱	戦	慄	悼	恐	畏	恂	怯	怖	兇	兄	懼	憚	虞	恐	畏	怖	襲	遅

おどかす　おとうと　おとがい　おと　おっと　オッ　おちいる　おちつく　おちる　おち

脅	顎	頼	頷	頤	弟	響	音	声	佚	夫	乙	頼	墜	零	隕	落	堕	安	陥	遠	落	脱	穏

おどす　おとす　おとしいれる　おとしあな　おとこだて　おとこぎ　おどし　おとこ　おどける　おどこ

嚇	縅	脅	威	頼	墜	零	隕	貶	落	堕	陥	窄	縅	威	侠	侠	郎	男	夫	士	諧	諧	嚇

おの　おにやらい　おに　おなじ　おどろき　おどろく　おどろかす　おとろえる　おどる　おとる　おどり　おとずれる　おとずれ

己	儺	鬼	同	驚	駭	愕	驚	駭	驚	駭	衰	躍	踊	跳	劣	躍	踊	聘	訪	問	信	便

おびやかす　おびと　おびだま　おびただしい　おびきだす　おび　おばしま　おば　おのれ　おのずから　おのずと　おのく　おのこ　おのおの

劫	首	佩	夥	撞	帯	欄	檻	姑	予	己	戦	慄	栗	自	自	郎	男	子	毎	各	鉞	斧	斤

おもう　おもいたつ　おもい　おもむき　おみな　おまもり　おぼえる　おぼれる　おびる

象	惟	思	念	以	企	想	重	衷	思	念	心	面	主	嫗	臣	護	溺	没	覚	帯	佩	剝	脅

索引（おもう〜おんな）

読み	漢字	頁
おもうに	想	三五
おもおもしい	意	二三五
	憶	一六〇
おもがい	懷	二六八
	臆	一六〇
おもかげ	顧	四〇一
	意	二三五
	重	二七六
おもし	颺	一八七
	佛	六六
	圧	六五
	重	二七六
	表	一五
おもて	面	二七六
	壬	四八
	佞	三九
	阿	四九
おもねる	詔	三五
	旨	一四二
おもみ	況	八五
おもむき	姿	九一
おもみ	致	九二
	情	一七七

読み	漢字	頁
おもむく	意	三五
	概	一四一
およそ	趣	三三
および	観	三三七
およぶ	韻	三六九
およぼす	氏	二九一
	赴	二九
	湊	一七四
おり	趣	三三
	趨	三二
	徐	二九
	徐	二九
	重	二七六
	錘	三九一
おもんみるに	臆	一六〇
おもんじる	重	二七六
おもわく	惟	一六七
おもんぱかり	慮	一二七
おもんぱかり	虞	一二六
おもんばかる	慮	一二七
おもんぱかる	虞	一二六
おや	親	一二〇
おやゆび	拇	八〇
およぐ	泳	八六

読み	漢字	頁
およそ	游	九二
	凡	九一
および	及	九一
	逮	一三四
おれ	及	九一
	迄	一三一
	迨	一二六
おろか	追	一二九
	既	一三四
おろがむ	訖	三五二
おろす	及	九一
	折	八六
	牢	二〇八
おろそか	淤	一六〇
	圏	一二三
	滓	一七五
	節	二五七
おわす	際	四二五
	機	一六二
おわします	檻	一六二
	織	三六七
	織	三六七
おわり	降	四〇六
	処	二三

読み	漢字	頁
おわる	折	八六
居	居	一八六
	摧	一一五
	織	三六七
	折	八六
おれ	俺	三九
	呆	五二
	疎	二五五
おろか	愚	一二二
	痴	二三一
	魯	四二五
おろがむ	拝	八〇
おろす	下	六
	卸	七一
おろす	降	四〇六
	浪	一七四
おろそか	疎	二五五
	坐	五三
	坐	五三
御	御	一六三
	課	三四八
	十	四二
	尾	一五五
	季	七七

読み	漢字	頁
おんな	女	二〇
オンス	唖	三五二
オン	雄	四〇六
おん	御	一六三
	穏	二六八
	遠	一三二
	媼	一一三
	温	一七三
	恩	一二二
	音	三七一
オン	愛	一一三
	怨	一五一
おわんぬ	了	八
おわる	薨	三〇二
	竣	二七八
	就	八六
	終	三六六
	竟	二七八
	畢	二四三
	訖	三五二
	既	一三四
	卒	七一
	了	八
	終	三六六

か

カ

家　夏　個　科　架　河　果　呵　卦　価　佳　花　何　仮　瓜　可　加　火　化　个　下

課　稼　嘩　箇　歌　榎　寡　夥　嘉　靴　禍　瑕　暇　廈　嫁　過　渦　貨　訛　袈　菓　偽　華　荷

か

攲　駕　嘉　閑　賀　鹿　蚊　家　香　香　邪　彼　*佳　*我　*可　*加　平　日　予　譌　譁　霞　鍋　崋

カイ　　　　　　　　　　　　　　　　　　　　　　　　　　　ガ

会　刈　介　鵝　餓　駕　雅　蛾　衙　賀　訝　峨　哦　架　俄　芽　臥　画　我　呀　瓦　疋　牙　*哥

絵　堺　喙　械　晦　掛　偕　韋　皆　界　海　悔　恢　廻　拐　怪　届　乖　個　改　戒　快　回　灰

ガイ　　　　　　　　　　　　　　　　　　　　かい

外　橲　桧　飼　榁　買　峡　貝　膾　諧　懈　懐　廨　壊　潰　誨　誡　話　解　罫　塊　開　階　街

かいおけ　かいこ　かいぞえ　かいつぶり　かいつむり　かいな

腕　鳩　鳩　相　蚕　槽　礒　鎧　骸　骸　蓋　溉　概　該　慨　街　凱　猊　涯　豈　害　咳　劾　亥

ガク　　かぐ　　　　かく

額	顎	鍔	楽	愕	岳	学	臭	殼	掻	斯	昇	記	書	欠	攪	鶴	穫	鹹	蟇	獲	確	閣	赫

かけ　　　　かくれる　かくれいわ　　かくのごとく　　　かくし　かくして　かくす

闕	賭	掛	竇	蟄	隠	晦	匿	磯	隠	斯	乃	瞰	竇	蔵	蔭	隠	秘	匿	去	乃	某	鰐

かこい　　　かご　　かげろう　　　　　　　　　　かける　　　　かけごと　かけす　かけはし　　がけ　　　　　かげ

牢	籠	簏	筐	蜻	闕	賭	駆	馳	掛	架	県	系	欠	桟	柵	鴿	賭	岸	翳	蔭	影	景	陰

かざす　　かざし　　　　　かさ　　　　かこめ　　　かこつ　　かこう　かこつける

翳	簪	翳	蓋	層	嵩	量	傘	笠	痒	鴟	縷	遠	葦	牢	囲	寅	託	卿	託	囲	郭	帷	埒

かし　　　かざる　　　　かざり　　　　　かさねる　　　かさなる

菓	飾	修	錺	飾	文	襲	鍾	複	層	累	重	加	襲	重	襲	鍾	複	層	累	套	重	加

かしら　かじゃ　かしましい　かしどり　かしずく　かしこむ　かしこくも　　かじか　かしぐ　かしこい　かじか　　　かじ

冠	長	伯	元	冶	姦	鴿	傅	傅	畏	聡	賢	慧	畏	熹	鮖	權	橈	楫	舵	樫	債	貸

かすか　　　　かず　　　　かす　　　　　かしわで　　かしわ

幽	仄	箇	算	数	量	員	品	糟	滓	貸	粕	借	仮	膳	膳	拍	題	頭	霸	領	首	頁	帥

Band 1

| readings (左→右) | かせ | かすり | かずら | | | | | かすめる | かすむ | かすみ | かずのこ | かずとり | かすがい |

| 紹 | 械 | 桴 | 校 | 緕 | 紹 | 剽 | 鈔 | 掠 | 寇 | 拷 | 抄 | 劫 | 霞 | 翳 | 霞 | 鯑 | 籤 | 篝 | 鎹 | 梃 | 微 | 冥 |

Band 2

readings（左→右）: かたい … かた … かぞえる・かぞ … かせぐ・かせいと・かせぎ・かぜ（かざ）

| 固 | 牢 | 潟 | 模 | 準 | 象 | 型 | 肩 | 形 | 片 | 方 | 算 | 数 | 料 | 計 | 楮 | 稼 | 備 | 拊 | 桴 | 稼 | 拊 | 絽 | 風 |

Band 3

readings（左→右）: かたち・かたじけなす・かたじけない・かたし・かたくな・かたくみ・かたぐ・かたき・かたがた

| 容 | 相 | 姿 | 采 | 状 | 形 | 忝 | 忝 | 堅 | 剛 | 槪 | 頑 | 担 | 雛 | 敵 | 仇 | 旁 | 片 | 齦 | 確 | 硬 | 堅 | 剛 |

Band 4

readings（左→右）: かたむく・かたまる・かたまり・かたほとり・かたぶく・かたはら・かたぬぐ・かたな・かたどる

| 戻 | 仄 | 固 | 塊 | 団 | 偏 | 傾 | 脅 | 裸 | 刀 | 類 | 擬 | 模 | 像 | 象 | 容 | 肖 | 類 | 観 | 貌 | 態 | 像 | 頌 | 象 |

Band 5

readings（左→右）: かたわら・かたより・かたよる・かたる・かたり・かたらう・かたらい・かためる・かたむける

| 側 | 旁 | 倚 | 近 | 僻 | 頗 | 偏 | 倚 | 偏 | 騙 | 譚 | 談 | 噂 | 語 | 話 | 譚 | 談 | 語 | 拐 | 語 | 語 | 固 | 傾 | 傾 |

Band 6

readings（左→右）: カツ・カッ・かちん・がちょう・かちどき・かち・かたんず・かたわれ

| 闊 | 轄 | 豁 | 騰 | 褐 | 葛 | 滑 | 筈 | 割 | 渇 | 活 | 曷 | 括 | 合 | 餅 | 鶻 | 凱 | 贏 | 褐 | 捷 | 徒 | 難 | 隻 | 傍 |

Band 7

readings（左→右）: かつら・かつて・かつぐ・かつお・かつえる・かつえ・ガツ・ガッ・かつ

| 椿 | 桂 | 嘗 | 曾 | 担 | 鰹 | 蛔 | 儀 | 鐘 | 餓 | 飢 | 儀 | 饉 | 餓 | 飢 | 合 | 月 | 贏 | 勝 | 捷 | 勉 | 剋 | 克 | 且 |

かりそめにも　かりに　かりる　かる　かるい　かるがるしい　かるがゆえに　かれ　かれい　かれいい　かれいす

愉　権　苟　仮　借　借　藉　刈　狩　猟　駆　穫　軽　故　肆　軽　乃　伊　彼　渠　餉　橇　餉　餉

かれる　　　　　かろんじる　かろんず　かろやか　かろし　かろがろし　かろうじて　かわ　かわかす　かわく

枯　嘎　涸　辛　軽　軽　軽　瓦　呍　哦　侮　猢　儼　軽　川　皮　河　革　側　枯　乾　燥　枯　乾

かわるがわる　かわる　かわり　かわらけうま　かわら　かわす　かわせみ　かわず　かわす

渇　燥　交　蛙　翠　厠　瓦　駱　変　更　化　代　更　易　狎　迭　変　革　換　替　遷　代　交　更

カン

狎　干　欠　冊　卅　刊　甲　奸　汗　完　旱　杆　肝　侃　函　官　巻　冠　咸　姦　看　矜　竿　浣

陥　乾　勘　患　梡　涵　貫　喚　堪　寒　換　敢　棺　款　稗　醂　間　閑　勧　寛　幹　感　漢　煥

かん　　　　　　　　　　　　　　　ガン

煖　慣　管　箝　衛　関　歓　監　緩　憾　撼　燗　翰　諫　還　領　館　環　瞰　艱　豻　駻　檻　簡

かん　　　　　　　　　　　　　　　ガン

観　馘　灌　艦　鰊　鑑　罐　丸　元　含　岩　岸　玩　眼　雁　頑　鴈　領　顔　贋　願　厳　貫　監

かんのき
かんなぎ
かんな
カンチョウ 灌頂
かんじょう
カンジョウ
かんざし
かんがみる
かんがみ
がん
かんがえ
かんがえる

閂　霊　巫　鉋頂　眼　簞　笄　叉　鑑　稽　勘　案　校　考　攷　意　心　癌　罐　燗

キ

き

かんばしい
かんむり
かんばせ
かんばつ

岐　希　妓　虫　気　机　危　伎　企　木　支　己　寸　　魁　冠　顔　面　馨　香　芳　関

寄　基　亀　飢　鬼　起　記　翅　耆　既　帰　姫　軌　艸　紀　祇　癸　祈　岐　季　奇　其　汽　忌

き

嬉　鳴　器　綺　箕　旗　匱　跪　詭　毀　愧　達　貴　稀　期　棋　棄　揮　揆　幾　喜　規　悸　崎

ギ

伎　生　木　木　支　羈　羇　饑　麒　騎　簣　櫃　磯　諱　窺　熹　機　熙　冀　麾　輝　巍　毅　槻

きえる
きがき
きがく
ききがき
ききがき
ききめ
ききん
きく
キク

蛾　義　逵　欺　偽　祇　歧　宜　技　妓　伎　罪　樹　貴　期　幾　喜　黄　豈　記　城　祈　季　来

麹　鞠　菊　凶　能　効　雉　書　鯤　利　乙　熄　滅　消　蟻　巍　議　蟻　犠　擬　戯　儀　誼　疑

以下は漢字索引（読み順）である。縦書きの各欄は「読み（上）／漢字（中）／頁（下）」の形で、右から左へ読む。

第一段（きく ～ きざむ）

読み	漢字	頁
きく	利	四七
	効	七一
	聴	八〇三
	菊	二六
	聞	三六九
きくいただき	鵄	三六八
きこえ	閧	三六九
きこえる	響	三三三
きこす	閧	三六九
	閧	三六九
きこり	樵	三六八
きさき	后	一四七
	妃	一三二
きざし	兆	一三二
	胎	一三
	候	一三
きざす	幾	一五二
	徴	一五二
	機	一六二
	兆	一三二
	段	一五四
	陸	一五六
きざはし	階	二九六
きざむ	切	一一二

第二段（きし ～ キツ）

読み	漢字	頁
	刊	一二二
きせる	刻	七一
きそう	彫	一六五
	款	二九五
	瑚	二九一
きし	鍱	二八五
	汀	二一九
	岸	二七一
	浜	二二〇
きしき	涯	二一五
きじ	淳	二一五
きず	婎	一三二
きずく	儀	一六一
きずつく	乙	一六
きずな	蘗	三二二
	創	一八一
	傷	一八一
	瑕	二九一
	嶂	二八〇
	城	九一
	築	二六五
	創	一八一
	傷	一八一
	糧	二三二

第三段（きぬ ～ キツ／キチ）

読み	漢字	頁
きっさき	諳	三二六
	橘	二六五
	詰	二八〇
	喫	六二
きび	訖	二八〇
きびしい	迄	二四五
	汽	二一八
	吃	五六
	吉	五六
きのと	乞	九
きのこ	吉	五六
きのえ	来	四二
きのう	至	四〇
きね	階	二九六
きぬた	陸	一五六
きぬがさ	汚	二四二
きぬいと	来	四二
きぬ	鍛	二八五
きつね	鍛	二八五
きづな	北	一二一
	競	二二六
	着	一九六
	衣	二三一
	羈	三二二

第四段（きぬ ～ きみ）

読み	漢字	頁
	廬	二六五
	酷	二五二
	急	二〇一
	稷	二七〇
	黍	一九一
	牙	八六
きめ	乙	一六
	菌	三二二
	甲	八一
	昨	一三二
	築	二六五
	杵	二五二
きまる	午	八一
	砧	二八六
	鬚	三三一
きみ	純	二八四
	絹	二八四
きまり	帛	八〇
きへい	狐	二六八
きびす	絆	二八四
	鋒	二八五
	鉱	二八五
	鋭	二八五
きっさき	標	一三二

第五段（キャ ～ キャク／ギャク／キュウ）

読み	漢字	頁
キャ	脚	一六九
きもの	衣	二三一
	胆	一七〇
	肝	一七一
きめる	訣	二八〇
	決	二一八
	理	二九五
	決	二一八
きみ	目	一六九
	皇	一七八
	帝	八〇
きまる	君	五八
	后	一四七
きまり	王	二八九
ギャク	元	一七
	公	一三
	決	二一八
	紀	二八四
	律	一〇一
	決	二一八
	騎	三二八
	踵	三一九
	厳	二六八
キャク	緊	二八六

第六段（キュウ ～ キョ／ギョ）

読み	漢字	頁
キュウ	枢	二五二
	急	二〇一
	泣	一八六
	咎	五八
	究	二七〇
	灸	一八六
	求	二一八
	臼	一七八
	朽	二五二
	吸	五六
	休	四一
	旧	一三二
	丘	一六
	仇	三二
	弓	一一
	及	九
	久	八
ギャク	九	六
	逆	二四六
	虐	二六八
キャク	脚	一六九
	客	六九
	却	五七
	却	五七

第七段（キョ ～ ギョ）

読み	漢字	頁
	据	二八六
	挙	一五六
	炬	一八六
	拠	一五五
	拒	一五五
	居	六七
	巨	五七
	去	五七
	牛	八六
ギョ	魚	三二五
キョ	窮	二七〇
	廐	二六五
	鳩	三二六
	舅	一七八
キュウ	給	二八四
	球	二九五
	毬	一九一
	救	一六五
	躬	三一七
	宮	八二
	韭	三三二
	赳	三一九
	糾	二八四
	級	二八四

キョウ　　　　きよい　　　　　　ギョ

兄　凶　潔　澄　皎　清　浄　冽　饗　漁　馭　御　魚　圉　遽　歔　距　墟　嘘　裾　距　渠　許　虚

挟　恭　恐　香　矜　狭　恟　峡　俠　況　怯　協　供　京　享　狂　孝　夾　亨　叫　匡　共　兇　叶

薑　矯　頬　禊　興　橋　彊　篋　嬌　誆　境　競　筐　喬　卿　郷　経　竟　教　強　脇　脅　胸

キョク　　　　　　　　　　　ギョウ

極　亟　局　旭　曲　尭　凝　業　暁　形　行　刑　仰　杏　驚　驍　饗　韁　警　響　競　鏡　疆　嚮

　　　　　　　きる　　　　　　　ぎり　　　　　きり　　きよらか　きらう　きよめる　きよまる　きよし　ギョク
　　　　　　　　　きりそろえる　　きりん

被　穿　前　服　刷　衣　伐　切　麟　麒　剤　義　錐　霧　雺　栄　桐　浄　忌　清　清　淑　玉　踔

　　　きわまる　きわた　　キロメートル　キログラム　　きれる　きれぎれ　きれ
　　　　　　きわ　　キロリットル　　　　　　　　　きれ

竟　谷　究　亙　棉　際　奸　籵　粁　粍　糎　竡　瓩　延　切　片　片　巾　錐　霧　樵　窮　截　着　揃　断　斬　著　剪

　　　　　　　　　　　　　　　　　　　　きわみ
　　　　　　　　　　　　　　　　　　　　きわめる
　　　　　　　　　　　　　　　　　　　　きわめて　　　キン

金　欣　近　均　勻　今　斤　巾　饉　窮　審　極　勘　研　効　究　亙　極　窮　極　至　饔　窮　極

くちさき～くれる

第1段

読み	くちさき	くちばし	くちなわ	くちひげ	くちびる	くちもと	くちる	クツ	くつ	くつがえす	くつがえる	くつばみ	くつろぎ	くつろげる	くつろぐ

唖	噪	蛇	噪	髭	齦	唇	吻	朽	屈	堀	掘	宿	杏	靴	傾	覆	履	顛	躓	衛	寞	寛	寛
一五	八一	六一	四三	三九	六四	六五	四一	三六	三五	三六	三三	八二	三三	三三	三三	二五	三三	三三	三二	三三	三三	三三	三二

第2段

読み	くに	くど	くどくど	くわ						くにつかみ	くぬぎ	くばり	くばる			くび				

衿	竃	諄	地	州	邑	邦	国	或	洲	域	郷	祇	椚	賦	分	班	配	頒	賦	尢	級	胡	衿
三五	三五	三	三二	六四	六五	六四	六四	八	四	六	八	三	一九	一七	二	一二	三六	四六	一	三	三	三二	二三

第3段

読み	くむ				くめ	くも	くもり	くもる	くやしい	くやむ	くら		くびる	くびみ	くま	くみ	くみひも	くみとる	くみ

首	頸	瓔	筥	衡	冽	藏	踵	冽	絞	�588	窪	窪	阿	熊	列	党	酌	組	部	隊	儔	斛	組
二六	三九	三九	六三	三二	三六	一九	三九	三六	五七	六二	六二	二九	六二	六二	二三	四五	六三	三五	六四	三六	三六	一六

第4段

読み	くらい					くらら		くめ？			くむ								

勺	辮	浚	酌	組	斛	織	久	云	雲	曇	翳	曇	梅	梅	梅	宅	府	倉	庫	蔵	鞍	麁
九	一九	二六	六三	三五	三六	二二	九	三二	六三	二六	二六	二六	二〇	二〇	二〇	二六	二七	二七	三二	三二	三五	三五

第5段

読み	位		くらべる	くらし	くらす	くらむ	くらます	くらう	くりや	くり	くる	くるい	くるう	くるおしい	くるしい	くるしみ

位	官	昏	杳	幽	味	級	冥	班	柞	晦	莫	慌	暗	溟	蒙	暝	蔑	僖	菁	吃	食	咳	喋
咒	八二	八二	八二	一〇	三三	三三	三六	三五	八二	八六	八二	三九	三九	六七	六九	六八	六八	八四	八四	二六	二六	三五	五二

第6段

読み	くるしむ			暮		くるま	ぐるどの	くるしめる	くるめく	くるわ	くれ			くれない	くれる

喫	喰	暮	暮	方	比	倫	校	較	昧	晦	瞞	眩	瓦	栗	廚	来	繰	狂	狡	狂	苦	困
一五	一〇	三三	三三	三七	三六	三三	三三	三三	四二	八六	四七	三七	三三	三三	三三	三三	一三	六七	六七	六七	六六	六五

第7段

読み	くれる					くれない		くれ		くるわ	くるめく			くるしむ

艱	困	苦	惚	窘	艱	難	苦	殷	車	俥	興	眩	郭	廓	呉	昏	莫	晩	暮	臙	紅	呉	莫
四〇	六五	六六	三九	三二	四〇	七一	六六	三九	六四	六五	三九	三七	八四	八五	一二	八四	八二	三三	三三	三九	三五	一二	八二

第一段（け・ケツ）

読み	漢字	ページ
ゲッ	訣	一七
	結	二九九
	傑	三〇〇
	竭	一三〇
	潔	三〇三
	蕨	三三〇
	闕	三三〇
	譎	三三〇
	蹶	三三一
けつ	月	一八七
けっして	決	一〇四
けづめ	距	一〇四
けなす	貶	四一〇
げに	実	一六六
	諒	一八七
けぶり	煙	三三〇
けぶる	熏	一〇五
	燻	三三一
けまり	毬	三〇二
	鞠	一〇一
けみす	閲	三三〇
けむい	煙	三三〇
けむがる	煙	三三〇

第二段（け・ケン）

読み	漢字	ページ
けむしろ	氈	三六八
けむたい	煙	三三〇
けむり	煙	三三〇
けむる	煙	三三〇
け	毛	一七六
けもの	獣	三四四
けり	鳧	三五三
ける	蹶	三三一
けわしい	阻	一三六
	陀	二八九
	峨	一八四
	峻	二七五
	崎	二七五
	険	一一八
	嶮	一九〇
	巌	一八六
	厳	一八六
	欠	一〇三
	犬	二七九
	件	六四
	見	七三
	券	八〇
	肩	八六
	巻	七五

第三段（ケン）

漢字	ページ
妍	九八
県	一〇〇
建	一〇一
研	三二〇
倹	二三
倦	二二
兼	五六
剣	三九
拳	四五〇
軒	三二〇
健	二九
牽	五三
眷	二八六
険	一一八
喧	一二三
圏	五〇
堅	一二三
検	一九一
硯	一六六
絢	三六九
間	一一九
煖	三三〇
献	三三
絹	三七二

第四段（ゲン）

漢字	ページ
見	七三
玄	二六六
幻	三三
元	六二
鰹	三五四
譴	三四九
鵑	三五三
験	三五三
顕	三五二
鎌	三二三
繭	三七三
瞼	二八七
健	二九
謙	三四八
蹇	三三一
賢	三四二
諠	二六六
嶮	一九〇
憲	一六二
権	一九二
慳	一六二
遣	三一三
萱	三二九

第五段（コ・ケンリ・こ）

読み	漢字	ページ
去	去	一二三
乎	乎	三一
戸	戸	一六
己	己	一二
＊己	己	一二
ケンリ／権利	権利	一九二
	儼	二六
	験	三五三
	厳	一八六
	諺	三四八
	源	二六六
	減	二五九
	衒	一七七
	眼	二八六
	現	二八五
	眩	二八七
	原	三七
	限	三一〇
	彦	一八
	弦	一六九
	言	三三

第六段（こ）

漢字	ページ
袴	三七二
虚	一七一
涸	二六〇
屓	三七
壺	一一七
庫	一五三
個	二三
胡	三一〇
枯	一九四
故	一〇四
弧	一六九
孤	八九
虎	六八
股	三一六
狐	二八一
沽	二五七
拠	四五六
姑	九四
固	五一
呼	六四
估	二三
巨	一二七
古	五五
＊去	去	一二三

ゴ

第七段（こ）

漢字	ページ
五	三五
期	一四七
黄	三七〇
許	三四九
紛	三五四
故	一〇四
児	五六
此	四五二
＊古	古	五五
＊己	己	一二
小	二〇
子	一〇
顧	三五二
糊	三六九
箇	三七六
箇	三七六
鼓	三五八
賈	三二三
誇	三四八
雇	三五七
辜	四〇二
孤	八九
琥	二八六
湖	二六一

ごいし
ごいし
こい

碁　棋　礫　鯉　濃　請　恋　護　誤　語　碁　期　棋　御　悟　娯　囲　後　吾　呉　洰　伍　午　互
三　三九　三一　三六　三　三六　三　三　三　三　三五　三五　三五　六六　二九　三　三　三〇　三七　三七　三一　三　三五　三

コウ
こいねがう
こいしい

扣　好　后　向　光　仰　交　互　甲　弘　広　尻　巧　叩　功　孔　公　亢　口　工　翼　希　乞　恋
四一　二六　二六　二六　一五　一三　一三　一三　一三　一九　一七　一七　一七　一五　一四　一四　一六　一三　一〇　一〇　二六　二六　九　一六

肱　狗　狎　杭　昂　拘　岬　庚　幸　岡　効　更　攻　抗　宏　孝　坑　匣　劫　亨　行　考　江　攷
六六　七〇　六六　六二　六二　六〇　七七　七七　七七　七六　七二　七二　五九　五九　五九　五五　五五　五五　五一　五一　四六　四四　四三　四二

皋　浩　校　桁　格　晃　候　香　頁　郊　虹　荒　苟　紅　皇　狡　洪　洽　恒　後　厚　候　看　肯
八七　八四　八三　八二　八二　八二　八九　八八　八七　八二　二二　二二　二二　二二　一九　一九　一八　一八　一〇　一〇　九九　九八　八八　八六

幌　嫦　項　蛤　絞　硬　皓　港　慌　喉　鳳　黄　袷　皎　控　康　寇　偟　高　降　貢　航　耕　盍
三二　三二　三〇　三〇二　一九　一八　一八　一一　一八　一〇　一八　一七　一七　一六　一六　一五　一五　一五　一二　一二　一一　一二　一二　一七

糠　閧　鋼　衡　興　簧　膠　稿　閣　醛　膏　綱　煩　彀　構　慷　鈎　鑛　邉　較　訌　粳　煌　溝
三〇〇　二九　二九　二九　二六　二六　二六　二六　二五　二五　二五　二五　二三　二三　二三　二二　二二　二二　二二　二〇　二〇　二〇　二〇　二九

こう

洸　縞　講　頭　請　辞　項　恋　求　劫　老　公　乞　亙　攬　羹　曠　闔　藁　嚙　鴻　購　講　薨
三五　三九　三〇一　三〇一　二七　二七二　二七二　二六　八〇　五一　五四　三　九　三二二　三二二　三二二　三二一　三二〇　三二〇　三〇四　三〇四　三〇二　三〇二　三〇二

ゴウ

右端見出し（右→左）：ゴウ／ごう／こうがい／こうこう／こうし／こうじ／こうぞ

ゴウ	号　合
ごう	劫　恒　拷
こうがい	剛　強　毫
こうこう	郷　傲　業
こうし	慷　豪　嚳
こうじ	轟　合　笄
こうぞ	簪　孝　糀　犢　麹　楮

補助読み：こうばしい／こうぶる／こうべ／こうむる／こえ／こえる／こおり／こおむ

第2段

見出し（右→左）：コク／ゴク／こく／こおり

	馨　顧　被　元　頁　首　頭　顧　被　冒　馨
	吸　声　肥　音　響　肪　跋　越　超　逾　青　蒙　氷　郡

補助読み：こおる／こおろぎ／こがす／こがらし／こがれる／こく

第3段

見出し（右→左）：コク／こ

	亙　凍　蜻　焦　凩　焦　石　克　告　谷　刻　国　剋　哭　斛　黒　酷　穀　石　扱　斛　極　獄

補助読み：こぐ／こぐち／こけ／こける／こけら／こげる／ここ／ここに／こごえる

第4段

見出し（右→左）

	皮　苔　鱗　鱗　焦　此　是　妓　茲　斯　凍　干　云　今　思　是　愛　妓　茲　焉　粤

補助読み：こころ／こごる／こごる／ここの／ここの／このつ／ここの／こころ／こころみる

第5段

見出し（右→左）：越／九

	九　心　凝　気　肝　肺　胃　衷　情　意　精　懐　臆　臆　感　志　志　意　試　課　験　試　嘗

補助読み：こころよい／こころよわい／こし／こざ／こさ／こさと／こさめ／こし／こしかけ／こしき／こじき／こしぬけ／こじょう／こしもと／こしらえる／こしらえ／こす

第6段

見出し（右→左）：越／コツ

	課　験　快　逞　蔭　蔭　卓　漆　要　越　腰　興　越　椅　瓶　乞　罌　婢　誣　拵　拵　超　越

補助読み：こすい／こする／こせて／こそ／こそる／こぞりて／こたえ／こたえる／こたつ／こち／こつ

最下段（コツ）

漉　濾　狡　末　梢　標　刷　揃　社　挙　挙　対　答　膺　対　応　答　諾　膺　煙　鮟　鯒　勿　忽

さとい									さとし	さとうきび	さとう	さといも	さとし								さとしぶみ	さとす
哲	恵	悧	敏	智	叡	聴	芋	糖	諸	巧	喩	睿	叡	諭	檄	訓	弁	暁	覚	詮	諭	譬

さとり					さとる													さなぎ	さね	さば
会	知	悟	喩	智	覚	諭	了	会	知	悟	喩	暁	覚	解	睿	叡	猶	蛹	弁	核	鮀

さび			さびしい	さびら	さびれる	さびる	さま		さます	さまざま	さまたげる		さもにる		さら
鱚	裁	裁	銹	錆	寂	錆	寂	寂	侍	侍	候	状	態	様	翁	冷	覚	妙	礙	冗	彷	彷	偟

さむい				さむらい	さむる	さめる		さもにたり	さや	さら
漂	冱	凄	凄	寒	凜	寒	士	侍	侍	冷	覚	醒	仏	彷	彷	鬚	鬚	室	鞘	皿	更	盤

さらう	さらし	さらす		さらに	さる		さるこうべ	さるなし	ざる	ざれごと	されど	される	さわ	ざわ	さわがし
浚	曝	曝	暴	曝	露	曝	又	去	申	除	猿	笊	机	髏	髑	顱	戯	併	戯	沢	皋	噪

	サン	さわる		さわり	ぎわやか		さわぐ	さわぎ
騒	躁	騒	噪	騒	譟	躁	爽	障	触	三	山	杉	参	珊	桟	蚕	惨	産	傘	散	瑢

														ザン							

| 蓋 | 粲 | 慙 | 算 | 酸 | 撒 | 賛 | 選 | 醍 | 纂 | 粲 | 懺 | 簒 | 霰 | 纉 | 饌 | 讃 | 残 | 惨 | 斬 | 慚 | 暫 | 竄 | 儳 |

し

しや
ジャ
シャ

邪　社　紗　鯊　藉　瀉　謝　遮　硨　煮　奢　赦　斜　捨　偖　紗　射　砂　酒　卸　者　舍　車　社

ジャク　　　　　　　しやく　　　　　　　　　　　　　　　　　シャク

寂　弱　若　蒻　爵　酌　尺　勺　潟　綽　爵　釈　酌　借　析　昔　赤　灼　杓　石　尺　勺　惹　蛇

シュ　しやちほこ　しやぶる　しやべる　しやれこうべ　　　　　　　　　ジュ

諏　種　腫　須　娶　酒　珠　殊　株　首　狩　取　朱　守　主　手　顱　喋　舐　鯱　鯱　惹　着　雀

シュウ　　　　　　　　　　　　　　　　　　　　　　ジュ

舟　州　囚　収　襦　濡　儒　嬬　樹　儒　豎　需　誦　就　授　従　呪　受　寿　戍　鬚　鐘　輸　趣

皺　蒐　聚　酬　萩　葺　楫　愁　集　衆　就　週　習　羞　終　執　修　臭　秋　洲　拾　宗　周　秀

ジュウ　　　　　　　　　　　　　　　　　　　　　シュク

渋　従　重　柔　拾　乳　狃　住　戎　充　汁　廿　什　十　入　鷲　雔　襲　蝤　蹴　繍　醜　鍬　銹

しゆくば　しゆくつぎ　ジュク　しゆく　　　　　　　　しゆうと　シュク

郵　亭　次　伝　駅　伝　熟　塾　駅　電　縮　粥　粛　淑　宿　候　叔　夙　舅　縦　獣　銃　絨　揉

ジュン／じゅばん／ジュツ／シュツ

純　殉　准　盾　洵　旬　巡　瞬　儁　駿　竣　逡　梭　浚　悛　峻　春　俊　旬　襦　術　述　戌　出

しゅんじょ／じゅん／じゅん／ショ

杵　所　岨　初　疋　処　且　弟　旬　鶉　醇　遵　諄　潤　馴　詢　準　楯　順　閏　筍　循　淳　隼

ショウ／ジョ

小　鋤　舒　除　徐　叙　序　助　汝　如　女　藷　曙　諸　緒　署　黍　菹　渚　暑　岨　庶　書　祖

炒　沼　松　昌　昇　招　性　承　尚　姓　姜　肖　抄　床　声　庄　壮　匠　生　正　召　少　升　井

梢　捷　娼　商　唱　陞　袖　笑　穽　秤　称　祥　症　烝　消　従　将　宵　荘　省　相　星　昭　政

傷　鈔　象　詔　証　装　粧　梢　硝　焼　焦　椒　晶　掌　勝　訟　舂　脩　紹　章　痒　清　渉

償　鞘　踵　縦　樵　餉　賞　衝　箱　漿　憔　障　誦　裳　精　彰　嘗　像　頌　鉦　詳　睫　照　奨

すずり　すすりなく　すする　すずろ　すずろに　すそ
すだく　すたる　すたれる　ずつ　すでに　すてる

薦 饗 硯 歔 漫 蕭 裙 裔 裾 嘲 集 破 廃 廃 荒 宛 已 既 業 去 舍 卸 捐

すな　すなお
すなどり　すなどる　すなはら　すなわち

捨 釈 廃 棄 遺 沙 砂 木 朴 侃 淳 順 馴 質 漁 漁 漠 仍 乃 便 則 廼 酒 曾

すね　すのこ　すばしり　すべ　すべし　すべからく…　すべて　すべる

遅 幃 遷 脛 鮭 簀 術 須 一 凡 切 毎 咸 畢 都 惣 渾 統 総 踊 儘 迄 部 統

すぼむ　すます　すみ　すみか　すみなわ　すみやか　すみやか

滑 督 領 総 監 窄 住 済 澄 濾 角 炭 栖 純 廉 煤 稜 栖 棲 墨 迅 倏 捷

すみやかに　すむ　する　すりけす　すりける　すやる　すもも　ずるい　ずるい　…するわい　…するわい
ずるどい　…するわい　…するわい
する
すれる

濾 蹶 跚 住 清 済 棲 澄 皇 李 廃 抹 刷 為 研 摩 磨 擦 狡 尖 利 鋭 哩 擦

すわる　スン　ずん　スン　せ　セ
セイ　ゼ

寸 駿 寸 座 坐

世 井 是 灘 瀬 瀬 勢 勢 畝 背 声 伖 世 施 世 世

逝 盛 凄 清 皆 栖 凄 窄 砌 省 牲 星 政 青 斉 性 征 姓 制 声 西 成 生 正

						そうろう
					そえ	
			そえる			
ソク						

側	速	捉	息	則	促	足	束	仄	儲	傍	添	副	弐	儲	添	副	扣	弐	丞	介	候	贓	臓

| | | そこなう | | | そこ | | | | | | | | ソク | | | | そぐ | | | | | | |

暴	損	傷	残	害	虐	毒	危	底	賊	続	粟	属	族	俗	覿	殺	削	簇	熄	嗾	触	塞	測

| | | そそぐ | | | | | | | | | | | | | | そしる | | そして | そざつ | そこねる | | | |

瀉	潑	漑	浣	酒	注	沃	吐	譏	謗	誹	誣	毀	訾	短	非	皆	刺	少	謗	誹	扠	麈	損

| | | そなえ | そとば | そと | | そで | そつ | | ソツ | そち | そだてる | そだつ | | そだち | | そぞろに | | | そぞろ | | そそのかす | | |

備	陣	具	供	守	塔	外	袖	袂	帥	率	卒	帥	育	育	育	漫	坐	翁	漫	嗾	唆	灌

| | | その | それむ | それみ | | | そなわる | | | | | | | | | | | そなえる | | そなえもの | | |

苑	廼	其	开	乃	嫉	猜	猜	詮	備	修	全	饌	薦	膳	饗	撰	備	具	供	充	饌	供	警

| | | そむく | そまる | そまやま | そまぎ | そま | そびえる | | そばめ | | そばだつ | | | | | | | | そば | | | | |

叛	乖	戻	弐	北	反	八	染	杣	杣	杣	聳	嬬	妾	側	仄	傍	側	岨	近	辺	載	該	園

| そる | | そらんじる | そらよむ | | そらす | | | そら | | | そもそも | そも | | そめる | | そむける | | | | | | | |

反	�003	譜	逸	反	乾	空	宙	宇	意	抑	抑	染	初	染	背	錯	違	畔	倍	韋	負	背	孤

それ
それがし
それかれ
それぞれ
それる
そろい
そろう
そろえる
そろばん
ソン

尊	酒	拵	村	忖	存	算	揃	剪	汰	揃	斉	揃	逸	簡	夫	某	乃	該	某	其	髟	剔	剃

〜そん
そん
ソン
ぞんずる

存	存	孫	蹲	餐	噂	遜	損	巽

た　　　　　　　　　　　　　　　　　　　　　　　　　　　　タ　　**た**

タ

| *多 | *田 | *田 | *太 | 驒 | 駝 | 鮀 | 駄 | 鉈 | 詫 | 訑 | 咤 | 沱 | 佗 | 汰 | 佗 | *多 | 多 | 他 | *太 | 太 |

ダ

| 駝 | 鮀 | 駄 | 楕 | 惰 | 嫷 | 堕 | 蛇 | 舵 | 唾 | 拿 | 茶 | 陀 | 沱 | 妥 | 兌 | 朶 | 打 | *堂 | *唾 | *柁 | *佗 | *当 | 宅 |

タイ　／　**ダース**

| 泰 | 帯 | 別 | 退 | 迨 | 苔 | 胎 | 耐 | 殆 | 怠 | 待 | 剃 | 対 | 兌 | 体 | 台 | 代 | 太 | 大 | 叮 | 驒 | 儸 | 糯 | 懦 |

ダイ　／　**たい**

| 迺 | 弟 | 台 | 代 | 内 | 大 | 乃 | 鯛 | 黛 | 撻 | 戴 | 頽 | 諦 | 駘 | 飴 | 腿 | 態 | 滞 | 隊 | 貸 | 替 | 逮 | 袋 | 堆 |

たおす　／　**たえる**　／　**たえ**　／　**たいれつ**　／　**たいらにする**　／　**たいらげる**　／　**たいらか**　／　**たいら**　／　**だいみょう**　／　**タイマツ**　／　**タイサイ**

たか　／　**大才** **たおれる**　／　**たおやか**

| 仆 | 禁 | 絶 | 堪 | 勝 | 能 | 耐 | 尅 | 任 | 妙 | 隊 | 衡 | 成 | 夷 | 平 | 坦 | 平 | 侯 | 炬 | 題 | 醍 | 第 | 迺 |

たか　／　**たかい** **たがう** **たがいに** **たがい** **たかい**

| 箍 | 鷹 | 額 | 隆 | 高 | 隼 | 躓 | 顛 | 踶 | 艶 | 磧 | 僵 | 傯 | 倒 | 仆 | 繊 | 嫋 | 媛 | 巓 | 艶 | 磧 | 弊 | 僵 | 倒 |

たがう **たがいに** **たがい** **たかい**

| 背 | 非 | 迭 | 乖 | 左 | 互 | 迭 | 差 | 互 | 巍 | 嵩 | 喬 | 隆 | 崇 | 高 | 陟 | 峻 | 阻 | 昂 | 卓 | 危 | 仰 | 丘 | 兀 |

たわごと・たわむれる・たわむ・たわめる・たわら・タン

垂　噛　撓　俳　戯　諧　弄　嫐　戯　採　俵　丹　反　旦　但　坦　単　炭　段　胆　耽　咳　探

ダン・たん

淡　貪　酖　堪　湛　短　宣　嘆　端　綻　憚　歎　誕　談　壇　檀　鍛　壊　譚　贉　反　段　団　男

ち

ち

だん・だんだん・だんまり

段　断　弾　暖　楠　媛　談　弾　樟　譚　糯　灘　男　層　壇　層　黙　　千　地　池

ち

ち・ちいさい・ちえ・ちか・ちかい

治　知　知　祉　値　恥　致　筈　智　遅　痴　稚　置　雉　褫　綴　褫　嚔　躓　千　千　地　弛

ちがい・ちかう・ちがえる・ちかごろ・ちかし・ちかずく

池　血　乳　治　知　致　遅　褫　小　瑣　繊　智　近　邇　近　殆　約　幾　盟　誓　親

ちがい（チク）・ちかみち・ちから・ちきり・ちぎり・ちぎる

差　矢　約　盟　督　差　違　違　近　間　爾　近　迫　昵　瀬　径　力　税　権　巾　契　契　期

ちちめる・ちちむ・ちちみ・ちちまる・ちちのみたまや・ちちざけ・ちち・ちすじ・ちじらおり・チク・ちがい

嬶　竹　畜　逐　筑　蓄　築　穀　苗　冑　胤　父　乳　翁　禰　酪　醒　禰　縮　緊　縮　塵　約

と

テイ　てあて　てあし　であり　デイ

而 帝 亭 転 弓 弓 弟 逢 肢 秩 丁 壬 氏 汀 低 体 呈 廷 弟 定 底 抵 邸 亭

剃 帝 訂 貞 酊 庭 悌 逓 停 偵 第 逞 啼 堤 提 淳 睇 程 艇 碇 禎 艇 逎 鼎

デイ　てがた　てがみ　てがる　デカリットル　テキ

綴 締 諦 蹄 醒 鵜 泥 濘 禰 溺 両 寧 券 帖 契 状 牘 釘 簡 狄 的 剔 笛

丁寧　てすり　てだて

てじか　てぐるま　でく　デキ　できもの　てこ　てごし　デシグラム　デシメートル　デシリットル

荻 摘 滴 適 敵 擲 鏑 糴 溺 腫 偏 簣 杵 簀 輿 近 跛 粉 紛 干 檻 欄 行 法

テツ　デッ　でっちる　てのうち　てのひら　てのへり　てへん　てへれば　てら　てらう　てらす　てる

術 謀 迭 姪 哲 暇 鉄 綴 撤 徹 涅 捏 掌 掌 者 者 範 寺 刹 衙 光 照 光

テン　てれる　でる

顛 諂 塵 殿 壙 貼 覘 嵩 転 添 淀 展 点 恬 呑 店 典 伝 天 照 出 輝 照

デン　でんどの　デンシャ　デンキ　ト

繹 田 伝 淀 粘 臀 殿 電 鮎 臀 電 殿 電気 電車

土 戸 斗 止 吐 図 杜

な

(漢字検索索引：読み順 ナ／な)

読み見出し（上段）： な　な　な　ナ

第1段（漢字 右→左）：七　那　奈　奈　南　納　難　儺　名　那　奈　名　南　菜　菜　魚　難　内　亡　無　靡

読み：ない／ナイ　なう　なえ　なお　なお　なおる　なお・…ごとし　なおす　なか　ながあめ　ながい

第2段（漢字 右→左）：糾　苗　仍　尚　直　猶　由　医　治　直　療　矯　治　直　中　癒　央　仲　裏　霖　霽　永　呂

読み：なかど　なかごろ　なかさ　ながさ　ながしめ　ながしめ　なかしめにみ　ながす　なかす　なかたがい　なかだち　なかで　なかば　なかほど　なかま　ながめ

第3段（漢字 右→左）：長　脩　媒　中　長　眇　眇　鳴　流　隙　媒　点　中　分　半　央　中　朋　侶　党　僚　儕　眺

読み：ながめる　ながら　なかれ　ながれ　ながれる　なぎ　なぎさ　なきさけぶ　なく

第4段（漢字 右→左）：詠　眺　詠　曝　乍　勿　毋　末　莫　流　泌　流　混　溺　鳴　凪　和　汀　岸　渚　号　牟　泣

読み：なぐ　なぐさみ　なぐさむ　なぐさめる　なくす　なぐりつ　なげき　なげかわしい　なげく

第5段（漢字 右→左）：慨　嘆　嗟　啼　哭　号　慟　嘆　嗟　嘆　擲　擲　投　殴　蔑　慰　慰　弄　慰　和　凪　鳴　啼　涙　哭

読み：なす　なじむ　なじる　なし　なさけ　ナゴン　なごやか　なごむ　なげる

第6段（漢字 右→左）：為　作　成　譲　詰　狃　微　無　莫　梨　末　不　慈　情　仁　納言　和　擲　投　歉　歎　慷　慟

読み：なでる　なつめ　なづける　なつく　なつかしむ　なつかしい　なつ　ナツ　なだめる　なだ　なた　なぞらう　なぞ　な…そ　なする

第7段（漢字 右→左）：撫　憮　棗　名　懐　懐　懐　夏　捺　納　賺　宥　難　洋　鴕　擬　準　准　謎　勿　准　抹　就

第1段

など	等	なま	鮮
なな	七	なま	生
ななたび	七	なべがね	銑
ななつ	七	なべ	鍋
ななめ	斜	なぶる	嫐
なに	何	なふだ	刺
なにがし	某	なびく	靡
なの	奈	なびきふす	優
なの	胡	なびきふす	廉
なの	那	なます	膾
なまける	懶		
なまける	怠		

第2段

なみだ	鮎
なみだ	鮟
なみだ	鯰
なみだつ	冶
なめしがわ	妊
なめらか	冶
なめる	妖
なやます	嬌
なやみ	鮮
なやむ	訛
なまめかしい	斜
なまめく	鈍
なまり	鉛
なまり	凡
なまもの	次
なまる	並
なみ	浪
なみ	波
ならい	常
なら	尋
なら	濤

第3段

なみだ	泣
なみだ	涙
なみ	浪
なみ	連
なみ	章
なみ	鞄
なみ	滑
ならす	舐
ならす	膂
ならび	悩
ならび	艱
ならびに	蹇
ならぶ	難
ならぶ	屯
なら	吃
なら	悩
なら	渋
なら	艱
なら	蹇
なら	難
なら	楢
なら	俗
なら	習
なら	慣

第4段

なり	併
なり	並
なり	列
なりわい	比
なる	方
なれ	双
なれども	二
なれる	丼
ならわし	並
ならわし	隣
ならべる	輩
ならべる	班
ならべる	倫
ならべる	両
ならべる	双
ならべる	鳴
ならべる	慣
ならべる	馴
ならべる	習
ならべる	准
ならべる	倣
ならべる	効
ならべる	狙
ならべる	儀

第5段

なんぞ	狙
なんじ	忸
なん	乍
ナン	馴
なわて	鳴
なわ	就
なわ	成
なわ	生
なわ	業
なわ	鳴
なわ	態
なわ	業
なわ	也
なわ	儀
なわ	慣
なわ	習
なわ	俗
なわ	例
なわ	班
なわ	並
なわ	輩
なわ	偶
なわ	配
なわ	丼

第6段

なんぞ…ざる	奈
なんなんとす	那
なんぞ…ざる	巨
なんなんとす	爾
なんなんとす	若
なんなんとす	而
なんなんとす	汝
なんなんとす	女
なんなんとす	乃
なんなんとす	何
なんなんとす	難
なんなんとす	楠
なんなんとす	軟
なんなんとす	納
なんなんとす	南
なんなんとす	男
なんなんとす	暖
なんなんとす	縛
なんなんとす	索
なんなんとす	苗
なんなんとす	褻
なんなんとす	慣
なんなんとす	馴
なんなんとす	狎

に

第7段

爾
児
弐
尼
仁
仁
二
二
僅
垂
向
闖
蓋
渠
豈
盍
烏
害
奚
胡
曷
底

ぬ

ぬか	糠　梗　縫
ぬかす	額　拝
ぬかずく	叩　頓
ぬかる	抜
ぬかるみ	泥　漏
ぬき	濘　泥　緯
ぬきがき	抄　鈔
ぬきでる	壬　抜
ぬきんでる	抜
ぬく	抜　抽　脱　繹

ぬ	布
ぬくい	温　脱
ぬくむ	暖　脱
ぬぐう	拭　幣
ぬくもる	温　刷　主
ぬける	温　暖　牝
ぬさ	幣　劫
ぬし	主　窃
ぬすっと	偸　盗
ぬすびと	賊　睥
ぬすみ	盗　窃
ぬすみみる	睥　偸
ぬすむ	窃　盗　賊　偸　盗
ぬの	布　攘　賊

ね

ネイ	沼　淳　滑　濘　塗　濡
ね	褐　子　涅　禰　禰　涅　子　子　年　価　念　音　音　値　峰
ねがう	願　冀
ねがい	希　尚
ねがわくは	幸　将
ねかす	幾
ねぎ	禰　寝　願
ねぎらう	葱　労　訝

ネツ	尚
ねたむ	願　冀
ねたみ	価　淳
ねずみ	寧　佞
ねじる	嶺　熱
ねじける	寝　根
ねこ	根
ねごと	猫
ねぐら	栖

ねる	舐　葱　膠　糊　粘　埴　熱　捏　嫉　猜　妬　妬　鼠　捻　僻　邪　佞　邪　囈　疏　猫　栖
涅槃	涅　槃
ねり	捏
ねりがね	埴
ねりぎぬ	粘
ねめる	妬　鼠　捻　僻　邪　佞
ねむ	妬　邪
ねむい	猫　疏
ねむる	眠　睡　眠　睡　瞑　睫　脱　閨　氏　伺　狙　覘　愬　練　鋼　練　寐　寝　練　錬　年　念
ねもと	根
ねや	邪
ねらう	狙　伺

ホン　ねん　ねんごろ

の

の	捻　粘　然　稔　燃　念　苦　拳　勤　寧　諄　懇　乃　乃　之　之　砥　能　野　農
ノ	乃　之

は

バク　　　　　　　　　　はぐ　　　　　　　　　　はく

爆	曝	瀑	縛	漠	幕	博	莫	麦	襀	剝	刔	瀉	履	噴	嘘	嘔	掃	欧	帚	佩	伯	吐

ばける　　　　　ばけもの　　はげむ　はげみ　　はげます　　はげしい　はけ　　はぐくむ

幻	化	魅	鬼	怪	化	奮	勉	励	励	激	厲	勧	励	激	厲	劇	凛	烈	頰	刷	養	育	孚

はし　　　　　　はさむ　　はさまる　　はざま　　はとび　はこぶ　　　　　　　　　　　　　　　　　　　　はこ

偏	序	挟	夾	扱	雑	介	硲	峡	谷	輸	搬	運	般	運	櫃	篋	箱	筥	筐	函	匣	合	匡

はじまる　　はじまり　はしぶとがらす　はしばみ　はしか　はじく　はしため　はじかみ　　　　　　　　　　はじ

始	始	初	太	鴉	榛	婢	弾	薑	疹	櫨	醜	慚	愧	羞	恥	恧	橋	箸	端	階	椅	喙	梁

はじらう　はしら　　　　はじめて　　はじめる　　　　　　　　　　　　　　　　　　　　　　　　　　　　　はじめ

慚	恥	柱	肇	載	創	始	肇	初	肇	端	載	業	創	首	哉	前	冠	長	初	先	元	大	一

はすのさき　はずな　はずかしめ　はずかしい　はず　　　　　　　　　　　　はじる

荷	轡	外	羞	恥	筈	芙	醜	慚	愧	羞	恥	恧	忸	蹶	躄	趨	趣	馳	迸	逸	赴	奔	走

はたおる　はだえ　はたあし　はだ　　　　　　　　　　　　　　　　　はた　　　　　　はぜ　　はずれる　はずむ　はずみ

織	膚	旆	膚	秦	織	機	轍	幡	端	旗	旒	秦	畠	旆	将	畑	馳	櫨	鯊	脱	外	弾	機

Band 1

読み	漢字	番号
はやい	夙	七三
	早	四二
	快	六七
	盃	六四
	急	二三
	狡	二四九
	敏	三〇
	疾	三五二
	速	三五一
	捷	二五一
	駿	四七三
	迅	三六五
	吹	五九
はやし	林	一六三
	囃	三九六
はやす	生	一五
	囃	三九六
はやて	灘	三五八
はやぶさ	颯	四二
はやめる	隼	四二
はやまる	早	四二
はやりうた	謡	二六七
はら	胞	三二

Band 2

読み	漢字	番号
はら	原	一二
	腹	三一
	薔	一六一
はらい	払	一六三
ばら	袚	
はらう	祓	二五五
	払	一六三
	刷	五〇
	帚	一五七
はらす	祓	二五五
はらか	掃	一六五
はらばう	雪	三四七
	褫	
	攘	一七二
はらみ	館	三六四
はらむ	晴	一〇八
	霽	
	伏	二六
	妊	六六
	孕	二九
	胚	三二
	壬	一五
	孕	二九

Band 3

読み	漢字	番号
はり	妊	六六
	身	六二
	胎	三二
	胚	三二
はらわた	腸	三二
	臓	三三
はりがみ	針	一二八
はりつけ	張	一〇六
はりねずみ	梁	一七一
はりつけ	榛	一七二
はる	帖	二〇三
	桀	
	礫	一五〇
	貼	三〇四
はるか	猥	二六七
	春	一〇〇
	張	一〇六
	貼	三〇四
	杳	八二
	膨	二六二
	悠	二五
	沙	二五〇
	遙	三七三
	遼	三六九

Band 4

読み	漢字	番号
はれ	遙	三七三
はるけし	杳	八二
はるばる	遼	三六九
	晴	一〇八
はれもの	腫	三三
はれる	霽	二五〇
	腫	三三
	晴	一〇八
	腫	三三
	霽	二五〇
	凡	九
	反	一〇
	半	二三
	氾	二四六
	犯	二四九
	帆	一五七
	伴	二五
	判	四六
	坂	二五九
	阪	三五七
	板	八五
	泛	八五
	版	八六
	叛	七一

Band 5

読み	漢字	番号
はん	班	一三六
バン	畔	一五五
	般	二五七
	絆	一六六
	販	二四六
	斑	一三七
	飯	一七一
	搬	一〇九
	煩	二〇六
	頒	二五九
	幡	一五九
	播	二七〇
	範	二四二
	繁	二四三
	幡	一五九
	藩	二五九
	蹣	二五三
	攀	一七二
	欅	二五三
	藩	二五九
	伴	四六
	判	四六
	板	八五
	挽	一二五

Band 6 — **ヒ　ひ**

読み	漢字	番号
ばん	晩	二九
はんぞう	番	二三三
はんでん	蛮	二五二
はんべり	輓	二三六
はんぶん	盤	二三五
	磐	二三五
	番	二三三
	鷭	二三八
	圏	三五六
	椋	一三九
	殿	三三〇
	半	二三
	侍	八九

Band 7 （＊ 比）

読み	漢字	番号
彼	彼	大
	批	五九
	庇	五六
	否	五〇
	妃	六六
	皮	三六
	比	一六
	比	一六

Band 8

漢字	番号
披	一六
泌	一四五
肥	三二
非	八八
卑	七一
畀	二七〇
秕	一八六
飛	三七〇
疲	二一三
秘	一八七
被	二五四
婢	六八
悲	二四四
斐	二二六
脾	三三
費	一〇四
跛	二四一
痺	二一四
碑	一五〇
鄙	三五五
罷	一七四
誹	二三〇
避	三六九
罪	一七四

ビ　　　　　　　　　　　　　　　　　　　　　　ひ

毗	弥	尾	燈	飯	陽	*悲	*備	梭	*飛	*非	杼	氷	*火	*火	*比	*日	日	緋	晶	譬	糜	䩄	臂

ひかえる　　　ひかえ　ひかえる　ひえ　ひうち　ひうちいし　ひいでる　　ひいき　ひい

扣	控	副	扣	冷	稗	燦	燦	傑	英	秀	晨	晨	瀰	楠	鼻	微	寐	媚	備	美	眉

ひきいる　　ひき　ヒキ　　　　　　ひかる　　　　　　ひかり　ひがむ　ひがみ　ひがた　ひがし　ひかげ

帥	皺	疋	匹	輝	赫	照	煥	皓	光	曜	煥	晃	明	光	僻	僻	潟	東	影	景	掣	控	按

ひくい　　　　　　　　　　　　　　　　　　　　　　ひく　ひきしめる　ひきまく　ひきうす

低	攣	繹	輓	惹	援	掣	弾	牽	曼	挽	退	係	抽	延	曳	引	幔	帷	検	磨	督	率	将

　　　　ひさしい　　　　　ひける　　　　ひこ　　　　ひげ　ひぐらし　ひくもる　ひくめる　ひくまる
　　　　　　　　　　　　　ひさご　ひさぐ　ひざ

弥	尚	久	檜	箱	庇	瓢	売	膝	彦	引	鬢	髭	犇	須	蜩	翳	低	低	矮	陋	卑	俗

ひた　ひそめる　　　ひそむ　　ひそかに　ひそか　ひじり　ひぞう　ひじゃく　ひじ　ひし　ひざまずく　ひざぶし

鎰	蟄	蟄	潜	隠	秘	間	密	窃	私	間	密	私	脾	聖	杓	斗	醬	臂	肱	菱	跪	膝	曠

　ひつ　　　　　　　ヒツ　　　ひだり　ひだ　ひたすら　　ひたる　ひたい　ひたす

函	匣	謐	筆	弼	畢	泌	必	匹	漬	酖	淫	浸	左	平	灌	濡	漬	淫	涵	浸	染	題	額

ひろい

拓　瀰　曠　闊　豁　蕩　誕　漫　漢　滂　寛　渾　普　博　浩　衍　洋　恢　杳　坦　宏　亙　氾　弘

　　　　　　　　ヒン　　　　　ひろめる　　ひろびろ　ひろまる　　　　ひろし　　ひろさ　　　　ひろげる　　　　　　　　　　　　　ひろがり　ひろがる

彬　浜　品　牝　演　拡　弘　広　広　沙　博　宏　幅　繙　広　蔓　張　衍　拡　氾　広　拡　摘　拾

ふ

びん　　　　　　　　　　　　　　　　　　　　　　ビン

不

贇　壜　瓶　贇　嬪　憫　鑞　懲　貧　瓶　罠　秤　敏　便　顰　瀕　嬪　頻　賓　貧

埠　釜　浮　哺　俯　赴　負　訃　附　阜　芙　斧　怖　府　扶　巫　孚　缶　布　付　父　夫　仆　不

　　ブ　　　　　　　　　　　ふ

分　不　麩　歴　婦　府　布　不　甫　譜　鮒　麩　賦　敷　輔　誣　腐　鳧　秎　普　富　傅　符　婦

ふえる　　　　ふえ　　　ブウ　　　　　　フィート　　ぶ　　　　　　　　　　　　　　　　　　　　　　　フウ
　　　　　　　　　　　　　　　　　　　　　　　　　　ふいご

益　管　笛　毋　富　風　封　缶　夫　轌　吠　歩　舞　撫　憮　嘸　豊　無　部　歩　武　奉　侮　毋

　　　　　　　　　　　　　　フク　　　　　　　　　ふかまる　　　　　　　　ふかい
　　　　　　　　　　　　　　　　　　　　　ふきめる　　　　　　　　ふか
　　　　　　　　　　　　　　　　　　ふき　　ふかめる

鞴　覆　蝮　複　簏　腹　福　復　幅　副　服　伏　兵　蒔　深　深　深　洞　幽　刎　鱶　増　殖　茲

ふゆ　ふらす　フラン　フランス　ふり　ぶり　ぶりき　ふりむく　ふる　ふるい

篩　震　故　先　旧　古　歴　掉　降　振　故　雨　旧　顧　鉞　鰤　挽　態　挽　口　仏　仏　雨　冬

フン　ふれる　ふれぶみ　ふれ　ふるまい　ふるびる　ふるす　ふるさと　ふるえる　ふるう

吻　刎　分　触　觝　檄　詔　檄　触　詔　布　号　挙　旧　古　郷　震　競　篩　奮　震　揮　掉　振

ブン　ぶんまわし　ふんどし

へ

辺　辮　弁　戸　　規　褌　閨　啳　蚊　文　分　糞　奮　憤　噴　墳　雰　焚　紛　粉　忿
*　*　*

ベ　ヘイ

弊　幣　塀　聘　睥　斃　閉　瓶　屛　陛　炳　柄　幷　併　並　兵　平　丙　辺　弊　遍　部　経　変
　　　　　　　　　　　　　　　　　　　　　　*　*　*　　*

へそ　へす　…べし　べし　へさき　ヘクトグラム　ヘクトリットル　ベキ　へき　ページ　ベイ

臍　損　圧　容　可　艫　站　庖　糸　甓　癖　壁　壁　僻　碧　頁　餅　謎　袂　米　皿　斃　餅　笓

へび　べに　へど　へつらう　へっつい　へつらい　ベツ　へだて　へだてる　へだたり　へだたる

蛇　巳　也　脂　紅　欧　諛　諂　媚　諛　諂　竈　甓　蔑　別　隔　間　阻　隔　障　隔　県　阻　隔

へン　へる　へり　へりくだる　へら　へらす　へや

返　辺　片　歴　損　減　経　衰　耗　謙　遜　縁　耗　純　辺　減　殺　捐　削　笓　塾　曹　室　房

ほ

ぼんやり　　ポンド　　ぼん　　　　　　　　　　　ポン

惚　磅　封　听　盆　煩　梵　盆　品　犯　凡

毛　三六　四〇　一五　三一　三　一三　一〇　九　四〇　九

ま

（マ／ま）

第1段

読み（右→左）：まい／まいなう／まいひめ／まいらす／まいる／マイル／まう／まえ／まえがい／まえがき／まがう／まがき／まかす／まがごと

漢字（右→左）：
末　麻　摩　魔　末　真　真　馬　馬　麻　満　間　間　摩　馬　毎　米　妹　枚　昧

第2段

読み（右→左）：まかせる／まかない／まかない／まかり／まかなう／まかる／まがる／まき／まきぞえ／まきもの／まぎらす

漢字（右→左）：
埋　邁　舞　賂　賂　賄　妓　奉　哩　参　詣　前　舞　卿　紛　紛　柴　牆　藩　籬　禍　任　委

第3段

読み（右→左）：まく／まくら／まぐさ／まけ／まげ／まげもの／まける

漢字（右→左）：
負　託　許　属　賄　賄　任　罷　曲　罷　句　曲　迂　拘　枉　弧　牧　篇　槙　薪　累　巻　軸　紛

第4段

読み（右→左）：まげる／まご／まごころ／まこと

漢字（右→左）：
紛　紛　紛　幕　膜　巻　席　帷　幄　幔　蒔　撒　播　潑　秣　菎　枕　負　曲　圏　負　輪

第5段

読み（右→左）：まことに／まさに／まさかり／まさに／まさご／まさこ

漢字（右→左）：
諛　諒　愃　誠　詢　款　悼　真　衷　洵　是　信　的　実　固　孚　允　懇　誠　忠　丹　孫　枉　曲

第6段

読み（右→左）：まじない／まして／まじえる／まざる／まさに…せんとす／まさに…べし／まさめ／まさる

漢字（右→左）：
懇　允　実　洵　真　涼　寒　詢　誠　諒　孤　正　昌　政　柾　祇　斤　鉞　方　旦　多　応　政

第7段

漢字（右→左）：
祇　祇　雅　端　適　将　当　柾　多　勝　愈　増　賢　優　邁　交　混　弁　交　雑　兄　況　矧　呪

まじり／まじりけない／まじりけなし／まじる／まじろぐ／まじわり／まじわる／ます

斗	升	錯	雑	際	接	参	伍	交	午	互	叉	際	瞬	錯	雑	廁	混	交	冗	粋	醇	雑	符
一七	一六	二三五	二三五	一五五	一二三	一三五	七一	一〇二	一七	一二九	一五四	一五五	一五四	二三五	二三五	二五四	一〇二	一〇二	一四二	一六一	一六四	一六三	一七

ませる／ませがき／ますめ／ますます／まず／まずしい

字	牟	助	枡	倍	益	添	滋	増	先	貧	窮	竃	況	浸	益	滋	増	漸	量	棚	籬	交	混
一三六	四一	六八	八三	二二	二〇	二〇	五二	三〇	一二二	二九〇	二三一	二五二	三二三	一二七	二〇	五二	三〇	一五三	一〇二	一〇二	二二六	一〇二	一〇二

また／まただら／またたく／またたき／まち／まちぶせる／まちがい／まちまち／マツ

雑	錯	又	也	亦	再	股	俟	復	椏	遷	瞬	瞬	斑	丁	市	町	街	襠	誤	要	区	末	抹
二三五	二三五	七	七	九	一二三	一五三	八六	一二五	二八〇	二六九	一五四	一五四	二六八	六	八〇	六七	一〇一	二三六	二三六	二三	二四	一九	八〇

まつ／まつげ／まったく／まつり／まつりごと／まつる

沫	秣	茉	伺	松	俟	待	等	遅	遅	須	需	睫	全	完	粋	祀	祭	奠	政	祀	祠	祭	奠
八五	三六	二八九	二九	九五	八六	一二三	一〇一	二六九	二六九	二五一	二五一	二七〇	四五	四五	一六一	六七	一六六	二〇一	八七	六七	一六六	一六六	一七二

まないた／まどか／まどう／まとい／まとう／まと／まで／まて

桄	目	眼	皆	学	学	逃	免	避	招	召	招	募	磨	邀	似	面	稀	塗	瞼	幻	現	随	継
二八一	三二	二六八	二三一	三六	三六	二六九	四九	二六九	八三	八三	八三	五二	二八三	二七六	三七	二四八	二七九	二三一	二七〇	一六六	一六五	二六五	一二二

まま／まぼろし／まぶた／まぶす／まばら／まのあたり／まねる／まねく／まねき／まぬかれる／まぬかる／まなぶ／まなじり／まなこ

継	見	参	謁	請	観	面	塗	虫	蝮	豆	実	魔	戎	衛	警	護	守	戍	保	傅	擁	禦	護
一二二	六一	一三五	一六一	一六一	二五五	二四八	二三一	二五六	二八九	二六	五六	二七六	一五〇	二三	二二	一三三	六八	一五〇	八七	一二五	二二九	二八一	一三三

まみえる／まみし／まむし／まみれる／まみゆ／まめ／まもり／まもの／まもる

む

第1段

読み	漢字	番号
む	六	三
む	車	四
む	武	四
む	務	八一
む	無	一四
む	夢	三三
む	舞	二九
むい	六	五
むかう	向	五五
	対	二三
	郷	六一
	趣	六一
むかえ／むかえる	迎	六六
	衝	二三
	逢	
	邀	
	響	
	尚	六六
	往	六六
むかし	昔	六六
むかばき／むかひめ	幅	一八二
むき	嫡	一六二
むぎ／むぎこ	面	二七
	麦	五三

第2段

むし	虫
	饕
むさぼる	貪
むさぼりくう	婪
	饗
むことり	婚
むこう	向
むごい	酷
むこ	惨
	甥
	婿
むける	向
	骸
	骨
	髑
むくろ	償
	報
	酬
むくいる	償
	酬
	果
むくい	剝
むくらう／むくろ	向
	麩

第3段

むすぼれる	鬱
むすぶ	締
	結
	約
むすこ	括
	丑
むすび	結
	息
むずかしい	難
	熏
	蒸
むす	烝
	薦
	寧
むしろ	筵
	席
	扨
	毟
むしる	鈍
むしばむ	蝕
むしば	食
	蝕
	蠱
	蠹

第4段

むすめ	女
むっとする	娘
むつぶ	嬢
むつまじい	噎
	歔
むつむ	噎
	饐
むち	咽
	噎
むだ	冗
	徒
	贅
むたび	六
	笞
むち	鞘
	鞭
むちうつ	杖
	笞
	撻
むっかしい	鞭
	六
むっき	眼
	褫
	褥

第5段

むね	致
	胸
	抱
	宗
	旨
	曠
	憮
	廓
むなしい	虚
むな	婁
むなぎ	空
	沖
むなしい	乏
むね	口
	棟
	胸
むべ	睦
	昵
むねとする	睦
むねぎ	睦
	睦
	昵
	慍
	六

第6段

	簇
	群
	族
	鬱
	叢
	簇
	端
	群
	斑
	邑
むら	村
	疋
むむし	丘
	美
	馬
	反
むす	宜
	宗
むらす	極
むれる	臆
むれ	膺
むらがる	懐
むらさき	極
むらさと	棟

め

第7段

め	女
ﾒ	女
め	碼
	馬
	米
	米
	目
	女
むろう	室生
	槌
むろ	室
	穴
	蒸
	群
	隊
	蒸
	落
	党
	紫
	鬱
	叢

メイ
めあわせ
めあて

盟 三三
溟 二三九
冥 三三
迷 二三六
明 八二
命 六七二
名 六七
配 六三
妻 六四九
女 七二〇
星 一〇三
雌 一六七
眼 六二一
馬 二三七
面 六八
芽 六七五
妻 六四九
妻 六二一
免 六四一
米 三三三
牝 三二
目 三二
目 三一

めぐらす
めくら
めぐむ
めがかすむ
メートル
めかけ
めえ
めいめい
めい

還 二六九
運 二五五
廻 二〇二
拘 四〇七
回 二〇一
瞢 二六二
盲 六一四
恵 三六八
芽 三五四
潤 三九三
恩 三六八
恵 四〇四
施 六七
妾 二五九
瞢 二六三
米 三三三
長 九二
各 九六
妊 二六九
謎 一五二
瞑 六六五
鳴 一六五
銘 一四四
酩 三三二

めぐり
めぐりあう
めぐりあわせ
めぐる

循 一六八
週 二五四
転 一四九
旋 一四三
般 一三〇
廻 二〇二
周 九七
個 九七
囲 五四
行 四四四
巡 一六九
回 二〇一
円 二六七
運 二五五
遭 一四〇
運 二五五
週 二五四
廻 二〇二
周 九七
囲 五四
円 二六七
繞 三二九
環 三二九
遶 二六九

めす
めじるし
めしぶみ
めしつかい
めしどり
めしうど
めしい
めざす
めし

雌 一六七
聘 六二八
募 一六六
食 七七四
命 六七二
召 一三五
令 一三五
識 一九一
檄 一九一
隷 一九一
僕 一八九
囚 一八六
盲 六一四
鍍 四二二
徴 四一〇
飯 七六三
食 七七四
芽 六一六
破 三六一
繞 三二九
環 三二九
遶 二六九
還 二六九
運 二五五

メン
めをつぶる
めのと
めをむ
めり
めのう
めまい
めどき
めでたい
めどる
めど

麺 三三五
緬 四六九
綿 四六九
棉 四五一
面 六八
免 六四一
瞑 六六五
耗 六二一
欠 六六九
眩 六二九
母 六一八
瑙 四三一
聘 六二八
娶 二六二
篝 一一一
卦 七一一
寵 三三二
賀 二三二
瑞 三三一
滅 三五一
珍 六三九
奇 六七六
希 二二
徴 一一

も
めんこ
めん

も

モウ
もうす
もうける
もうけ

盲 六一七
妄 三六六
毛 六一九
亡 九
藻 一三一
蒙 三二〇
裳 二六九
喪 一六一
茂 三五九
母 六一八
毛 六一九
謨 一五三
模 八八
茂 三五九
母 六一八
毛 六一九
駒 二三六
麺 三三五
雌 一六七
面 二七
牝 三三

啓 六一三
首 二六一
奏 二六八
告 二九一
白 六六九
申 六七一
儲 一八六
舗 六一三
設 一五八
贏 二三一
儲 一八六
設 一五八
益 四六一
利 一〇六
孟 二六二
濛 四一四
儚 一九〇
蒙 三二〇
網 四六三
罔 四六三
猛 三八〇
望 三〇八
耗 六二一
耄 六二一

（以下、索引の各欄を 読み → 漢字（掲載頁） の順に、印刷されている並び〔左から右〕で翻刻する。実際の読み順は右から左。）

第1段（もうせん～もし）

読み：もうせん／もうで／もうでる／もえぎ／もえさし／もえのこり／もえる／もがさ／もぎとる／もく／モク／もぐ／もぐってとる／もぐる／もし

漢字：脱　若　尚　如　潜　撈　笔　杢　目　黙　木　笔　痘　疹　萌　燃　炎　爐　鑪　緑　詣　詣　甎　謁

第2段（もち～もしくは）

読み：もち／もたれる／もたらす／もだす／もたす／もたげる／もだえる／もたい／もす／もす／もしも／もしくは／もじ

漢字：屯　託　凭　癨　黙　託　凭　擡　薔　慎　悶　悶　襃　裳　裙　燃　若　儻　若　尚　穀　字　儻　設

第3段（もって～もちいる）

読み：もって／もっこ／もっ／モッ／もちごめ／もちづき／もちまえ／もちいる

漢字：已　簀　舂　摯　握　据　執　持　俠　保　有　物　質　分　望　糯　須　庸　用　以　餅　餌　望　持

第4段（もてなす～もっとも）

読み：もてなす／もてあそぶ／もっぱら／もつれる／もっとも

漢字：饗　遇　享　挑　抨　玩　弄　篤　醇　亶　純　粹　専　幷　一　綏　縺　最　甚　尤　将　式　用　以

第5段（もと～もどす）

読み：もと／もとい／もどかしい／もどす

漢字：嘔　復　欧　戻　熟　基　質　酵　源　許　基　素　根　原　柄　表　始　体　因　先　本　旧　古　元

第6段（もとづく～もとめる・もとどり・もどる）

読み：もとづく／もとより／もとどり／もとめ／もとめる／もどり／もどる

漢字：悖　逆　乖　戻　左　干　戻　邀　諒　需　討　索　捜　要　求　干　乞　需　求　瞥　憑　基　因　本

第7段（もとどり～ものみ・ものがたり・ものさし・もの）

読み：もどる／もとより／もの／ものいみ／ものうい／ものがたり／ものさし／ものしり／ものけ／もののふ／ものの／ものみ／もはら／もはや／もまた

漢字：亦　専　業　楼　偵　候　武　兵　士　怪　識　度　尺　咄　懶　斎　者　物　職　雅　素　故　固　戻

ブロック1

読み	漢字	頁
もみ	籾	三〇
もみがら	稃	一五〇
もみじ	栬	一九二
もみじ	椛	一五二
もむ	揉	一六〇
もめ	揉	一六〇
もめごと	縺	一六〇
もめん	棉	一七五
もも	百	五四
もも	股	六六
もも	桃	二六九
もも	腿	三三二
もも	髀	二六六
ももたび	百	五四
もやいぶね	紡	一五二
もや	紡	一五二
もやう	靠	三三五
もやす	火	二九
もやす	燃	三五二
もよおす	催	三〇二
もらい	黄	三〇三
もらい	黄	三〇三
もらす		
もり		

ブロック2

読み	漢字	頁
もらす	洩	一〇七
もり	渫	一七三
もる	漏	一七三
もれ	守	二八八
もれる	杜	三六九
もろ	盛	二八四
もろい	傅	六六
もろこし	森	二八六
もろみ	漏	一七三
もろもろ	冢	一三三
	塚	二七五
	盛	二八四
	漠	一七三
	漏	一七三
	洩	一〇七
	漏	一七三
	洩	一〇七
	潑	一〇七
	衆	二三七
	諸	二三八
	脆	二五四
	儚	三三八
	唐	三三四
	精	三〇〇
	九	六

ブロック3

モン

漢字	頁
共	二三三
百	五四
卒	七七
苗	五七
品	六八
軍	六六
師	二六
旅	二〇一
烝	一四七
庶	二三六
衆	二三七
群	二三一
蒸	二三五
慮	二三一
諸	二三八
黎	三六四
醜	三三三
類	三六四
文	二七
門	九二
紋	一四四
啣	三三三
問	二五三
悶	二六八

読み	漢字	頁
もん	閠	二九二
もんどころ	門	九二
もんばん	閣	三四〇
もんめ	闕	三三七
	紋	一四四
	閽	三六一
	夂	三

や　　　　　　　　ヤ　　　　や

や

箭　家　耶　屋　屋　室　哉　哉　弥　夜　矢　乎　也　八　爺　野　耶　夜　冶　也
　　　　＊　＊　　　＊　　　　　＊　　　＊　　　　　　　　　　　　　九

ヤード
ヤール
やいと
やいば
やがて
やかた
やかん
やから
やかましい
やきもの
ヤク

訳　益　約　疫　阨　扼　役　亦　厄　磁　輩　属　族　譁　姦　牖　頓　館　宅　刃　灸　碼　碼　歒

やくしょ
やく

閣　衛　署　曹　省　府　廷　寺　庁　爆　熹　燃　熱　煳　焼　焚　炎　官　妬　灼　火　鑰　躍　薬

やくにたつ木
やくにん
やくびょう
やくめ
やぐら
やくわり
やさしい
やける
やしき
やしない
やしなう

養　飼　培　畜　哺　育　牧　孝　養　塵　第　邸　氏　優　易　焼　署　櫓　楼　職　官　疫　吏　材

やすし
やすむ
やす
やしろ
やじり

寝　寐　停　栖　息　宴　臥　安　休　寧　靖　康　泰　恬　悌　易　安　靖　悌　祠　社　鎬　族　舗

やだけ
やせる
やすんず
やすんじる
やすり
やすらか
やすらう
やすめる
やすまる

篠　癘　痩　毀　妥　燕　撫　慰　億　靖　尉　保　鑢　諡　穏　寧　恬　妥　安　憩　休　休　熄

やつ
やつがれ
やっこ
やつす
やっつ
やつやつしい
やつれる
やど
やとい
やとう

備　雇　倩　備　雇　抱　館　寓　宿　邸　舎　次　伝　襄　憔　悴　襄　襄　八　奴　僕　奴　八

ゆき　ゆぎ　ゆく　ゆくゆく　ゆげ　ゆごて　ゆさぶる　ゆすぶる　ゆすり　ゆする　ゆずる

縁　之　祈　雪　鱈　靫　靫　之　云　征　往　如　逝　適　趨　邁　行　汽　韜　揺　揺　禅　揺　伝

ゆたか

ゆめ　ゆめぶくろ　ゆみがた　ゆみ　ゆびさす　ゆび　ゆばり　ゆづる　ゆっくり　ゆだめる　ゆだねる

夢　韜　弧　弓　指　指　旋　便　弦　緩　榜　委　饒　穣　優　豊　寛　裕　浩　衍　譲　謙　遜　禅

ゆるす　ゆるし　ゆるぐ　ゆるがせ　ゆるがせにする　ゆるい　ゆる　ゆらめく　ゆらぐ　ゆめみる　ゆめゆめ

舒　釈　赦　許　容　宥　侑　免　可　允　舒　赦　許　忽　忽　蕩　緩　揺　揺　揺　努　夢

よ

ゆわえる　ゆれる　ゆり　ゆるやか　ゆるめる　ゆるむ　ゆるみ

預　誉　余　予　与　結　揺　緩　緩　綽　寛　遅　従　緩　弛　駑　緩　弛　弛　聴　縦

よい　よあけ　よ

酔　宵　美　佳　良　利　旨　吉　令　曙　晨　早　旦　葉　欲*　夜*　余　四*　代*　代　世　世　歟　與

よいこめ　ヨウ

溶　徭　傭　陽　葉　湧　揺　揚　痒　庸　容　要　洋　俑　杳　妖　羊　用　幼　孕　夭　梁　懿　善

よう

酊　八　蓉　瑤　鷹　瓔　鷹　蠅　鎔　曜　邀　膺　謡　擁　癰　養　窯　遥　踊　漾　様　厭　蛹　腰

ら

読み（上段）：
わび｜わにざめ｜わに｜わななく｜わな｜わたる｜わたり｜わだち｜わたり｜わたす

漢字・番号：
侘 究｜佗 究｜鰐 究 鰐 究｜兢 究｜慄 三芝｜悸 三先｜蹄 三先｜罠 三｜逾 三去｜渡 三三｜済 三元｜渉 三元｜航 三六｜度 三一｜弥 六｜亙 三｜渡 三元｜済 三元｜辺 三六｜軌 三三｜逾 三元｜渡 三元｜授 三天

読み（中段上）：
わらわ｜わらび｜わらじ｜わらう｜わらいよろこぶ｜わらい｜わら｜わめく｜わびる｜わびしい

漢字・番号：
妾 三｜童 元六｜蕨 三｜鞋 究｜嘲 元究｜嗤 三三｜啞 三毛｜笑 元先｜咲 先先｜呵 空｜欣 公六｜薬 三三｜穢 三毛｜稿 元｜秤 空｜喚 三｜謝 三｜侘 究｜佗 究｜索 四三｜佗 究｜詫 言三

読み（中段下）：
われ｜わるもの｜わるがしこい｜わるい｜わる｜わりふ｜わりあい｜わり｜わらんじ

漢字・番号：
俺 三三｜言 空｜我 空毛｜吾 毛七｜余 四先｜予 三｜兒 三｜凶 空｜讒 三三｜狡 空先｜悪 三毛｜姦 空一｜凶 一｜割 三｜剖 四六｜析 金六｜符 三毛｜契 先九｜券 空一｜支 三毛｜率 空三｜割 三｜鞋 究｜童 元六

ゑ

読み：
ぬ｜キ｜わん｜ワン｜わるし｜われる｜われら｜われ

漢字・番号：
為 元六｜居 六七｜委 三｜井 三｜韋 三六｜為 元六｜井 三｜銚 三四｜碗 三三｜碗 三三｜腕 究九｜湾 空三｜椀 三七｜悪 三毛｜割 三｜破 四先｜我 空毛｜等 三六｜朕 三三

ん　…をして　｜　**を**　ヲ　｜　エ

漢字・番号：
无 三毛｜令 三三｜緒 三六｜遠 空三｜越 四四｜於 八六｜尾 八五｜平 三三｜平 三三｜平 三三｜衛 究七｜慧 三六｜恵 三六｜恵 三六

平仮名音順索引

表中、和数字は「文字編」本文の所収ページを、また固・中・近の各記号は古代・中世・近世の別をそれぞれ示す。

ち

字母	頁
千	九
地	四
弥	四七
池	四一
治	四五
知	一八二
致	四一
智	二八六
遅	三六
馳	三三

つ

字母	頁
川	九
津	四七
徒	二五八
都	二七七

（た節末）

字母	頁
唾	三五
堂	二五二
當	三九

て

字母	頁
弓	一五
天	三五
而	四二
侶	二九
亭	二〇一
帝	一〇一
傳	二三
轉	一七二

（頭）

字母	頁
頭	二九

と

字母	頁
刀	七
与	一八
土	一六
戸	一七
斗	一六
止	一六
東	二八
度	一〇二

（と節続）

字母	頁
徒	二八
砥	二五
途	二五八
都	二七七
登	二六
等	一五九

な

字母	頁
名	三五
那	六四
奈	七七
南	九〇
菜	一七〇
難	三三

に

字母	頁
二	六
仁	三
丹	三三
尓	二四
尼	二七

（に節続）

字母	頁
而	四二
耳	五五
児	五四

ぬ

字母	頁
奴	二六
努	一五
怒	一〇二

ね

字母	頁
子	二〇
年	三六
念	一六
音	二七
根	三三
寝	三三五
熱	三四
禰	三三

の

字母	頁
乃	六
之	九
能	一二
野	二五
農	二二二
竪	二五
濃	三二

は

字母	頁
八	七
半	二四
羽	四三
波	八六
者	八八
破	五四
婆	二五〇
葉	五四
頗	五五
盤	二六六

ひ

字母	頁
日	六七
比	九六
火	九二
非	二九
飛	二五
備	一五四
悲	一六六

ふ

字母	頁
不	二
布	三七
婦	一五四

へ

字母	頁
反	三二
弁	六二
変	九二
倍	二一〇

（へ節続）

字母	頁
経	一六
部	二五
遍	二三一
弊	三五
邊	三二

ほ

字母	頁
本	二九
奉	七五
宝	七五
保	七七
報	一八二
穂	三六七

ま

字母	頁
万	八
末	二九
真	三三
馬	二三四
麻	一七
満	一九二

（ま節続）

字母	頁
間	三〇九
萬	二三〇
摩	二六三

み

字母	頁
三	八
民	二九
見	三三
身	六四
美	二三
微	二三五

む

字母	頁
无	一五〇
牟	四二
武	一八四
務	一五一
無	一九四
夢	二〇
舞	二六九

め
女　古〜近　一〇
目　近　三一
米　古〜中　四三
免　古〜近　六九
妻　近　七四
面　古〜近　一一七
馬　古〜近　一四七

も
毛　古〜近　一八
无　古〜中　三五〇
母　古〜近　二九
茂　古〜近　八九
蒙　古〜中　二五〇
裳　古〜近　二三〇

や
也　古〜近　九
夜　古〜近　七四
哉　近　九八
屋　古〜近　一〇〇
耶　古〜中　一一三

ゆ
由　古〜近　三〇
喩　古〜中　一八二
遊　古〜近　二〇五

よ
与　古〜近　八
世　近　三三
代　近　三三
余　古〜近　四九
夜　古〜中　七四
欲　古〜中　一六三
餘　古〜近　四九

ら
良　古〜近　六三
落　古〜近　二〇〇
等　古〜中　一九七
羅　古〜近　三二四
蘭　近　三二五

り
利　古〜近　五〇
李　古〜中　五九
里　古〜近　六五
梨　古〜近　一六一
理　古〜近　一六五
輪　近　二七三
離　近　三一七

る
流　古〜近　一三四
留　古〜近　一三六
累　古〜近　一六八
類　古〜近　三一八

れ
礼　古〜近　三一
料　古〜中　一三〇
連　古〜近　一四五
麗　古〜中　三三九

ろ
呂　古〜中　五三
婁　古〜中　一五三
楼　古〜中　二一八
路　古〜近　二一九
論　近　二七一
魯　近　二七六
露　古〜近　三四〇

わ
王　古〜近　一九
和　古〜近　七三
倭　近　一一一
輪　古〜近　二七三

ゐ
井　古〜近　一三
居　近　七三
委　近　七五
為　古〜近　一〇八

ゑ
恵　古〜近　一一八
慧　古〜中　二六一
衛　古〜近　二六七

を
乎　古〜中　三三
尾　古〜近　五五
越　古〜近　二〇四
遠　古〜近　二三一
緒　近　二四八

ん
无　古〜近　三五〇

片仮名音順索引

エ	ウ	イ	ア
江兄	有宇	伊	阿安
四三	四元	三	九三

キ	カ	オ	衣
木支己寸	香我可加	於	衣
七七二〇	二八七五三二四	八二	四四

サ	コ	ケ	ク	幾
	古去己	気介	久九	幾
	五四二	四三	八六	一〇五

セ	ス	シ		
世	数須為寸	之	散佐左	
三	三〇三〇六八	九	六八四九七	

チ	タ	ソ		
知地千	多田他太	曽		
七七九	七七三四三二五	一六一		

ナ	ト	テ	ツ	
	止刀	弖天	州力	
	八七	三五〇一五	三九七	

ネ	ヌ	ニ		
根礼子	奴	尓仁二	難奈七	
三三三一一〇	二六	三二五三六	三二七七四六	

フ	ヒ	ハ	ノ	
不	比	者波八	乃	
二	二六	八八六六七	六	

表中、和数字は「文字編」本文の所収ページを、また国・中・画の各記号は古代・中世・近世の別をそれぞれ示す。

平仮名画数別索引

和数字は「文字編」本文の所収ページ。

万葉仮名一覧・索引

算用数字は「文字編」掲載の親字番号を示す。

上段

き ki (甲)	が ga	か ka	お ö	え ě	う u	い i	あ a
支 129	賀 2303　奇 721　河 856	箇 30/1272/2824　哥 2771	加 180	飫 4096	意 2421　哀 999　亜 433	禹 2346	汙 395　射 1340　伊 288　阿 91
岐 530/846	俄 956　宜 742　柯 2334	珂 1086　架 4	乙 4	憶 3259　埃 1319　衣 427	卯 186	有 383　易 820　夷 342　安 38
吉 324/2407A	峨 1346　我 550　歌 2771　何 448　謌 2771　迦 1943A	於 812		依 669	兎 673　于 38　怡　以 169　足 63
伎 290/514/557	餓 3201/7388　蛾 2585　舸 1558　甲 259　賀 2303	応 224/536		愛 2424	菟 353　宇 353　異 1823　婀
妓 514	鵝 3733　何 448　軻 1966　鹿 1966　汙 395　嘉 658/2702	隠 2935	榎 2759	得 1698　鳥 1964　已 58/412/1402　鞅
枳 831	河 856　介 83/933D　伽 1261　香 1261　可 195	淤 1787	荏 1787	紆　羽 408　移 1836

下段

げ ge (甲)	け ke (甲)　ぐ gu	く ku (乙)　ぎ gī (乙)	き kī (乙)　ぎ gī (甲)
下 28/135A	来 580　祁 1337　家 677　具 190	衢 5/45/492　勾 33/33A　口 5　久 33/33A/2804　疑 2804	基 1657　幾 2046　帰 1354　嵜　伎 290/514/557　祇 269/1168　棄 2110
牙 150	啓 1647　結 2233　計 1229　遇 2318	約 920　苦 9　玖 9　宜 742　規 1905	木 137　貴 2297　祇 269/1168　祁 1168　企 287
雅 2526	稽 3090　兼 1288　奚 1324　隅 1324	倶 4095　丘 156　九 9　義 2558/3908　既 1402　城 1005	奇 721　芸 621　寸 52/544A/2220
夏 1322	険 1955　谿 3547　求 585	矩 1482/2198　来 580　鳩 2681　擬 3459　己 57　綺 2842	岐 530/846　来 580
霓	監 3078　雞 3838　愚 2423	褰 3313　区 103　君 478　気 393　忌 544/544A	儀 2963　杵 105/827
	異 1823　價 671/2961　虞 2582	屨 190　句 2556　群　機 3283　紀 1190	蟻 2585/3788　耆 1533/2376

上段

し si	ざ dza	さ sa	ご gö (乙)	こ kö (乙)	ご go (甲)	こ ko (甲)	げ gë (乙)	け kë (乙)
思1044　斯2095	裝2273　社608	娑1216　草446　佐2354	其76 676 1088	挙1342　虚1892	己57　児458	吾490　古189 1071	皚3908　義2558	愷1451　気393
偲34　之	奨1340　射1718	散453　作　沙593 1164	期736 2109	興3338　忌1379	悟485　呉713	粉1513　固1085	凱1574	飼2673
寺354　芝423	蔵3125　謝3544	者904　差1351	碁2112	木137　巨218	娯1327　胡1206	故189　枯1085	介83 933D	挙1342
侍655　子51	耶930 1197　瑳2802	左216　柴1099	凝3230	莒187　去2892	誤327 1042　後814	祜1170 1489　胡1206　高1611	概2768　慨2431	戒551　希532 2208
詩2601　次389	躾1340　礒2802 3310	積3310　酢2325	語2890	渠2141　居747	虞2582　顧3957	庫1357	削976　該2608	開2332　既1402
師1352　志546 2883	奢2024	狭1136　紗1522	御2054	拠807　許1913	籠　侯950		導1698	階2338　毛143

下段

そ tso (乙)	ぞ dzo (甲)	そ tso (甲)	ぜ ze (甲)	せ se	ず dzu	す su	じ zi
曾2105	俗960　泝2478	楚2454　是2454	紬1080　脅1856	世155　孺3150	受698　素1526	寸52 544A 2220　須2351 4013	児458　緇1072　自415 2958　施3637　礎145　水202　司205 205A　四205 205A
僧2370	嗽　濡	是1080	迫927　西428	授1724　輸3379	栖2119　周419 699 1933	弐363　慈2429	士47　絶630　足2445 3345　新2290　詞2290　式11
増2713	蘇3873　簇2541	制682　狭1136	勢2372	殊1434　殊1434	渚2138　州358 1117	爾2798　耳412	仕162　泊864　為1131　進1934　事162 652　紫1853
憎2749	宗737　噌3237	瀬3755　斉810		聚2854	酢2325　酒1594	茸202　司3761	璽1461　茲965　信421　色377　旨377
則975	祖1171	栖2119　施1072		箕3497	主159　珠1462	珥1403　時2628	辞2600　試2370　僧2370　使660　指1064 1542
所787	十6 17	剤1303　背1202		儒3223	秀609　数2443	餌3200　尽357	始732　石268 1746　時1403　死391

上段

で de	て づ te du	つ tu	ぢ di	ち だ ti da	た ta	ぞ dzö (乙)
伝 296	代 167　諦 3360　手 128　弖 242·762·4092	豆 626　豆 626	屠 1939	旋	遅 2317　池 398　市 219	知 894　陀 939　田 257　多 341	鐸 535
殿 2468	田 257　而 345·411·444·791·4092　氏 242　低 762	頭 3460·3410A　頭 444·3410A	観 2808	川 55·856	治 861　膩 1843　血 425　智 2102	太 113·1183·1848　立 272　侈 663	叙 535·992
而 345·411·412	价 671　底 762	価 671	弩 499	図 900	突 1238　追 1238　賦 1238	地 338　遅 2317　芽 916　至 416	大 49·49A　哆 163　他 163
涅 1450·1450A	直 671·893·1280　天 49B·114	堤 2010　提 2078	菟 1586	通 1586	恥 1367　馳 2676　乳 651	地 338　嚢 3977　大 49·49A　丹 68	存 349
提 2078	泥 871·3468　磐 893·1280	堤 2010　提 2078		徒 1362　津 1114	尼 214	致 1548　陳 257·1602　儛	拖 2948　駄 2948
弟 540·1375	庭 537·1358	題 3715　帝 1031		途 1585　管 2831	泥 398·855	撾 43　千 43　娜	党 1286　当 356

右端（ぞ dzö 乙・甲）
ぞ	甲
序 2619	衣 427
	苑 1211
賊 2619	背 1202
	層 2728
鋤 3184	茹
鉏 3184	贈 3687
	諸 3147

下段

ね ne	ぬ nu	に ni	な na	ど dö (乙)	と tö (乙)　ど do (甲)	と to (甲)
宿 1672	尼 214	寐 212　奴 363　弐 2169　煮 2169　尼 214　爾 2798　乃 6·1034	七 6　奈 722	滕 1212　抒 6·11A·17　苔 560	十 560　等 560　土 46	親 2808　戸 127·15·1675　刀 1675　耐 1196
埿 871·3468	泥 871·3468	努 469　藝 2184　似 440　耳 412　迩 3694　儞 3916	色 421　那 641	栖 830　杼 7·1037·1582　滕 1964	鳥 1964　止 139　度 1034	屠 467　利 132·1229·3053A·3707
涅 1450·1450A	念 775　怒 1043　農 2629	煎 2490　而 345·411·412　二 11·27	魚 1963　南 985	耐 1196　特 1458	常 1687·1106A·2877·2194　登 1106A·2194·2142　渡 1034·2142	徒 1362　杜 577　礪 2971
	濃 3289	你 1506　柔 830　仁 78	菜 1889　難 3712·3816	藤 3669	迹 1581·2620　澄 3067　奴 212　度 1034·2385	塗 2385　速 1587
祢	沼 859	珥 859　丹 68　人 12	嘗 2705　寧 2725	騰 3901	正 139　得 1698　怒 1043　渡 1034·2142	妬 727　玉 46
根 1417	宿 1672	尼 214　荷 1556·135A　日 135A	娜 605　男 605	等 560	劉 3901　騰 3901	図 499·1939　都 1939　延 1484

上段

ぶ bu	ふ fu	び bī (乙)	ひ fī (乙)	び bi (甲)	ひ fi (甲)・ば ba	は fa・の nö (乙)	の no (甲)
歩 844	夫 115/297　輔 2908	敷 3040	布 220	糜 3154/3136	備 1976　彼 769　非 943	寐 2032　姝　譬 3881	氷 244　比 142
部 1936	扶 554　府 765	不 65/482	肥 907	被 1567　悲 2058	毗 1106/1106A	負 1231	婆 1666　婆 1666
府 765	符 1845/1019A　生 255	否 482	飛 1258	秘 1500　斐 2093	婢 1668	飯 2353　卑 984	簸 378/1560
文 131	浮 1446　歴 2698	負 1231	乾 61　妃 346	肥 907	鼻 2958	檜 3135　賓 408/864/437/3319	泮 437
柔 266/1090/1233	赴 1288/1233　経 1863	部 1936	眉 1160　火 146	弭 146	毗 1106/1106A　臂 3525　磨 3303　絆 1862/2259　葉 2259　房 786/134	方 134　野 1944	
鷲	甫 2908　粉 1513	媚 2028	樋 768	弥 768	避 3383　日 135/135A　魔 3965　巴	速 1587　薄 3343　芳 620	硒 7/1037/1582

（は fa）盤 1464/1552/3079　播 3034　波 869　破 1488/1541　幡 1273/2999　八 14　羽 408/864/437/3319　泊　伴　篭 3319
（の nö 乙）乃 7/1034/1582　能 1541
（の no 甲）努 469　怒 1043　弩 267　奴 212　野 1944

下段

む mu・み mī (乙)	み mi (甲)	ま ma・ぼ bo	ほ fo・べ bë (乙)	へ fë・べ be (乙)	べ be (甲)	へ fe (甲)
茂 922　謨 3679/1829　车 479	未 236/1829　彌 3856	麿 768　馬 1609　麻 1968	煩 2496　袍 113	太 493/962　保 2031　富 1273	戸 127　倍 1273	弁 225/539　部 1936	返 639　俤
霧 3817　無 140/143/2165　武 845	味 702　弭 702	民 243　魔 3965　摩 3027	明 818　菩 2250	譜 3799　穂 3092　倍 1273	凡 40/347　毎 392	俳 1264　陪 1948	便 953　隔 2652　遍 2321　敝
務 1638　鵡 527　尾 527	寐 2032　美 1194	真 1287　末 237　番 2019	報 2013　褒 556　抱　菩 2250		沛 3192　閇 1946　別 465	蔽 275　辺 275	笑
儛 3121　六 91　微 2416	湄 26A　三 26A/26A	前 978　満 2162　蕃 238	陪 1948　宝 743　本 238		杯 829　閉 1946　辨 3380	鞞 1598　陛 221	平 221
謀 3368　无 2165/4092　身 631/1814/3447	見 622/1814/3447	鬼 1613　万 24	費 2300　百 11B/402　品 1000		背 1202　経 1863　部 1863/3956	聲 435/225/3956/539	覆 435/225　弁 225
夢 2392　模 2769　箕 2827	視 1906	莽 3303　磨 3303	衰 360　帆 822　朋 656		珮 656　䜌　謎 1247		重 1247　反 110/1103

上段

ら ra	よ yö(乙)	よ yo(甲)	ゑ ye	ゆ yu	や ya	も mö(乙)	も mo(甲)	め më(乙)	め me(甲)
等 560	良 617·3144	世 155	余 256·450·1603	用 397	江 382	曳 258 · 臾 14 · 由 719	八 140·141·241	夜	母 墓 2391 · 裳 509A·1646·2855	聞 265 · 毛 143 · 眼 1479 · 米 33A·404	謎 3539 · 売 510
囉 3332·3776	羅 324	吉 29 · 与 1339	容 1339	吉 324 · 延 766	庚 · 遊 2319	矢 267·1836 · 移 2004	喪 2059 · 悶 1430·1468	梅 547	畝	忘 · 母 728 · 妹 140·141·241	迷 1237 · 綿 137C·2846 · 咩 2846
邏 1445	浪 205·205A	四 58·205A·412·1402	己 1776 · 欲 839	枝 2809·3233·3364	叡 2000	喩 1027 · 屋 37	也 2877	裳 3368	莽 922	謀 99 · 蒙 922 · 茂 · 勿 392 · 毎 1077 · 昧 1609	馬
攞 2466	郎 1245·2405·450·3419	誉 719	夜 1087	柄 1226	要 2159 · 湯 1944	椰	野 3679	謨 2870 · 藻 1790	望 881 · 物 1430	梅 1251	面
濫 3621	楽 2665 · 代 167	預 71·3372	豫 1692	庸 2910	愈 2420·2630	揶 930·1197	耶 2757 · 暮 1310	哭 935 · 門 134 · 方 · 浼	涜 50·396	女
		遙 2910	兄 170		瑜 2738 · 琊 2004	楊 2738	慕 1646 · 喪 1646 · 問 131 · 文 265	目 1237	迷		

下段

を wo	ゑ we	ゐ wi	わ wa	ろ rö(乙)	ろ ro(甲)	れ re	る ru	り ri
鳥 1964 · 少 118 · 乎 161	穢 3641 · 恵 1371	藍 3667 · 韋 1253	渦 2145 · 和 309·709	里 645·961	路 2622	戻 552 · 礼 270	楼 2462 · 留 1465	煎 467·3053A · 利
鳴 2956 · 叫 705 · 呼 3012	慧 1036 · 廻 443	蘭 · 位 32	丸 1968A · 呂 492	侶 2782	漏 313	列 2727 · 屨 1439	流 1768	啾 · 梨
塢 605 · 男 袁 1002	咲 1971 · 偉 1131	為 3171	輪 951 · 侶 3872	盧 2800	例 664 · 蘆 2800	硫 645·961	釐 · 里 645·961	
惋 2848 · 緒 2636 · 遠 890	画 735 · 委 3370	謂 741 · 宛 3013	慮 2462	楼 313	烈 · 盧 2800	類 1816	理	
雄 2341 · 怨 1047 · 衛 3350	萎 75 · 井 3955	浣 · 盧	露 1590	連 2782 · 漏 2800	瑠 3401	隣		
弘 227 · 越 2230·2305 · 隈 1016	威 1811·2175 · 猪 2535	倭 3213 · 稜 3220	魯 1665	黎 · 婁 13	入			